21世纪经济管理新形态教材·财税系列

税收理论与实务

（第二版）

刘爱明 ◎ 主　编

何晓蓉　李世辉　贺　勇 ◎ 副主编

清华大学出版社

北京

内 容 简 介

本书全面而深入地介绍了我国现行税收制度及其具体税种的征收管理方法。全书共分为十一章，涵盖了总论、增值税、消费税、城市维护建设税与教育费附加税、关税和船舶吨税、企业所得税、个人所得税、资源税类、财产税类、行为税类以及税收征收管理法等各个层面。

本书的特色如下：①注重课程思政，将思政教育与专业教育有机结合；②强调实用性和可操作性，对主要税种进行详细分析，体现最新政策导向，并提供二维码方便查阅相关法规；③注重前沿性和可读性，及时反映税收理论与实务最新动态，结合真实案例进行深度解读，并融入企业合法纳税筹划方法。

本书适合作为会计学、财务管理、财政学等专业教材，也可供会计、审计、税收等领域从业人员学习与参考。

图书在版编目（CIP）数据

税收理论与实务/刘爱明主编. —2 版. —北京：清华大学出版社，2024.5
21 世纪经济管理新形态教材. 财税系列
ISBN 978-7-302-66049-1

Ⅰ. ①税… Ⅱ. ①刘… Ⅲ. ①税收理论－中国－高等学校－教材②税收管理－中国－高等学校－教材 Ⅳ. ①F812.42

中国国家版本馆 CIP 数据核字(2024)第 070814 号

责任编辑：付潭娇
封面设计：汉风唐韵
责任校对：王荣静
责任印制：宋　林

出版发行：清华大学出版社
　　　　网　　　址：https://www.tup.com.cn，https://www.wqxuetang.com
　　　　地　　　址：北京清华大学学研大厦 A 座　　　　　　邮　　　编：100084
　　　　社 总 机：010-83470000　　　　　　　　　　　　邮　　　购：010-62786544
　　　　投稿与读者服务：010-62776969，c-service@tup.tsinghua.edu.cn
　　　　质 量 反 馈：010-62772015，zhiliang@tup.tsinghua.edu.cn
　　　　课 件 下 载：https://www.tup.com.cn，010-83470332
印 装 者：三河市铭诚印务有限公司
经　　　销：全国新华书店
开　　　本：185mm×260mm　　　　印　　张：21.5　　　　字　　数：494 千字
版　　　次：2011 年 8 月第 1 版　　2024 年 5 月第 2 版　　印　　次：2024 年 5 月第 1 次印刷
定　　　价：62.00 元

产品编号：104401-01

第二版
序

首先感谢相关高校同行使用本教材第一版和提出的宝贵意见，第一版的多次加印是我们继续修订出版的最大动力！近年来，为了适应社会经济发展的需要，我国税制持续改革，精彩纷呈，比如：在税收法定原则下，印花税等多部以暂行条例形式实施多年的行政法规在总结多年征管实践的基础上上升为法律；在"费改税"方针下，排污费等通过立法成为环境保护税；"营改增"从局部试点推广到全国、营业税正式废止；为公平税负及加强征管，个人所得税开始实行综合所得汇算清缴及专项附加扣除；在"百年未有之大变局"背景下，国家出台大量扶持小微企业、促进创新创业、产业升级及稳外贸稳外资的减税降费优惠政策；在"双循环"发展战略下建立海南自贸港、给予粤澳深度合作区最优惠税收待遇等。"金税四期"赋予了税务机关基于大数据进行税收征管和反避税的科技手段，实务中也查处了一系列有重要影响的偷税案例，这些进展都对税法的理论学习和实践应用提出了与时俱进的要求。

本次修订仍维持了第一版的大致架构，修订依据截至 2024 年 3 月 31 日之前国家税务总局网站"政策法规"栏目公布的相关税收法律、法规，并修正了第一版在使用过程中发现的一些错漏之处，就主要税种提供了一些税法解读、涉税案例分析和常见纳税筹划思路，期待更适合读者的教学需求。每章后配套练习题，相关参考答案可供任课教师下载参考使用。

本书按数字化教材要求建设，以适应信息化时代的发展。每一个税种均有大量法律、法规和部门规章来规范征纳双方的权利义务关系，但一方面受教材篇幅限制，另一方面为了详略得当，本书在介绍其主要内容的基础上，对相关知识点涉及的法律、法规和部门规章均相应给出二维码。读者可通过扫码阅读更详细的内容，如某文件或条款已修订或废止，通过扫码后能在该文档上找到该项修订所依据的新的法律、法规和部门规章，便于读者实时掌握该法律法规的修订、有效与废止情况。

本次修订的具体分工如下：中南大学商学院刘爱明副教授担任主编，负责提出修订纲要并进行全书合成总撰，并修订重写第一章总论、第二章增值税、第三章消费税、第六章企业所得税和第七章个人所得税；中南林业科技大学何晓蓉研究员修订重写第四章城市维护建设税与教育费附加、第五章关税和船舶吨税；湖南工商大学会计学院贺勇副教授修订重写第八章资源税相关税收、第九章财产税相关税收；中南大学商学院李世辉教授修订重写第十章行为税及其他相关税收、第十一章税收征收管理法。

在本书撰写过程中，中南大学商学院会计硕士研究生甘韦绮、李雨茗、文典、杨雅婕、邓思思、喻一梦、胡珍珍等做了许多资料收集和文稿校对工作，在此表示感谢！

感谢清华大学出版社责任编辑付潭娇老师辛勤细致的工作，使本书得以顺利出版！

限于编者水平有限，本书仍可能存在错漏和不足，敬请各位读者不吝指教！联系邮箱为 1450691104@qq.com。

刘爱明

2024 年 4 月于湖南长沙

目 录

第一章

总　论

【学习目标】

　　本章要求重点掌握税收的概念、特征、税制要素的构成；一般掌握税收原则、税收分类及我国的分税制财政体制及其改革趋势；理解税收管辖权、重复征税及其减除的抵免法、税收饶让；了解税法与税收法律关系、税法的制定与实施。

第一节　税收的概念、特征与原则

一、税收的概念

　　税收是政府为了满足社会公共需要，凭借政治权力，按照法律预先规定的标准，强制无偿地参与社会产品分配以取得财政收入的一种形式。税收的概念包含了以下几方面的内容。

（一）税收是国家取得财政收入的一种重要工具，其实质是一种分配关系

　　国家行使职能必须有一定的财政收入作为保障。国家取得财政收入的形式除税收以外，还有发行货币、国有资产经营收入、债务收入、规费收入、罚没收入等，其中税收几乎是所有国家最主要的财政收入形式。财政部网站公布的 2022 年全国一般公共预算收入决算表显示，全国一般公共预算收入 203 649.29 亿元，其中扣除留抵退税、出口退税后全国税收收入 166 620.10 亿元，非税收入 37 029.19 亿元，税收收入占公共预算收入的比重为 81.82%。

（二）国家征税的依据是政治权力，它有别于按要素进行的分配

　　征税的过程实际上是国家参与社会产品的分配过程，国家与纳税人之间形成的这种分配关系与社会再生产中的分配关系不同。税收分配以国家的存在为前提，由国家来组织，国家在税收分配中居于主导地位，而一般分配则是以各生产要素的所有者为主体所进行的分配；税收分配是国家凭借政治权力进行的分配，纳税人只能服从国家的意志并依法纳税，而一般分配则是基于生产要素所进行的分配。

（三）税收分配的目的是满足社会公共需要

　　国家通过税收形式取得财政收入的目的，是保证国家的财政支出以满足社会公共需要，包括政府弥补市场失灵，促进公平分配的需要。满足社会公共需要的物品称社会公共

物品，社会公共物品具有非独占性和非排他性，它只能由社会公共权力机关——国家（或政府）来提供。税收是国家提供公共物品最重要的财力保证。

二、税收的特征

税收的特征是由税收的本质所决定的，通常概括为税收的"三性"：强制性、无偿性和固定性。这是税收分配形式区别于其他财政分配形式的标志，是税收本质属性的外在表现，是区别税与非税的外在尺度和标志。

（一）强制性

强制性是国家凭借政治权力，通过法律形式对社会产品进行的强制性分配，而非纳税人的自愿缴纳。税收的强制性是国家权力在税收上的法律体现，是国家取得税收收入的根本前提。单位和个人都必须依法纳税，否则就会受到法律的制裁。税收的强制性是税收同债务收入、规费收入、国有资产经营收入等显著的区别。

（二）无偿性

无偿性是指国家征税，既不需要直接偿还，也不需要对纳税人付出任何直接形式的报酬。即缴纳税款后国家和纳税人之间不再有直接的返还关系，纳税人丧失了该财产的所有权和支配权。由于税收具有的这种单方面转移价值的特点，才派生出了税收强制性特征。但我国的社会主义税收"取之于民，用之于民，造福于民"，政府收税后，通过为纳税人提供社会公共物品和服务间接地作出了补偿。

（三）固定性

固定性是指国家征税，是以法律形式预先规定的方法和标准，连续规范地定量课征。税收固定性既可以保证国家财政收入的及时、稳定和可靠，也可以保护纳税人的合法权益不受侵犯。

税收的"三性"是一个完整的统一体，它们相辅相成，缺一不可。其中，无偿性是核心，强制性是保障，固定性是对强制性和无偿性的一种规范和约束。

三、税收的产生

税收产生的经济条件是生产力的发展、剩余产品的出现及大量增加。原始社会没有税收，原始社会末期，随着生产工具的进步和第二次社会大分工的出现推动了社会生产力的发展，人们在满足了自身的基本生存需要后尚有部分剩余产品，这为税收的产生提供了必要的物质前提。剩余产品的出现及大量增加引起了人们为了自身的利益占有剩余产品的欲望，这也为私有制和国家的产生准备了物质前提。

税收产生的政治条件是国家的产生。因为生产力的发展使人们可以单独同自然界作斗争而取得劳动成果，无须联合劳动共享成果，但自原始社会以来氏族成员的社会安全等社会公共需要依然存在，而且日益增大，这就形成了整体利益和局部利益的矛盾。为了解决这个矛盾，原始氏族公社的领导成员就只能运用社会公共权力，建立军队、警察等类似的暴力机器，强制无偿地取得一部分社会财富以满足社会公共需要。这一运用社会公共权力建立军队、警察等暴力机器的过程，也就是国家产生的过程；国家运用政治权力强制无偿地取得的收入，就是税收。

税收同国家一样，也经历了一个产生、形成、发展与完善的过程。奴隶制国家刚形成时，国家财政收入主要包括依靠拥有土地所有权而获得的"地租"性质的收入、直接支配的奴隶劳动成果、战败国献贡品和掠夺性收入。当时的财政形式是非常古老和不典型的，作为典型财政收入形式的税收是在国家公共权力日益增强、奴隶主或自由民土地私有制形成后产生。马克思说："直接税，作为一种最简单的征税形式，同时也是一种最原始最古老的形式，是以土地私有制为基础的那个社会制度的时代产物。"总之，土地私有制产生越早越典型的地方，税收的产生也越早越典型。在中国，夏代是第一个奴隶制国家，我国最早的历史文献《尚书·禹贡》有"禹别九州，随山濬川，任土作贡"和"九贡九赋"的记载；《孟子·滕文公上》则说："夏后氏五十而贡，殷人七十而助，周人百亩而彻，其实皆什一也。贡者，校数岁之中以为常。"夏代的"贡"有租税和献纳两种含义，是中国古代税收的雏形。在几千年的发展过程中，我国赋税制度经历了周代的"百亩而彻""初税亩"，汉代的"算缗""海税"，唐代的"租庸调法""两税法"，明代的"一条鞭法"及清代的"摊丁入亩"等各种制度。

四、税收的作用

税收的存在同国家的存在有着本质的、内在的联系，国家的存在是税收存在的决定因素。

（一）国家财政需要税收

国家要实现其职能，离不开一定的物质基础，税收是国家取得财政收入的重要手段，能够为国家及时、稳妥、有效地取得财政收入，满足国家实现其职能的物质需要。

（二）社会财富公平分配需要税收

税收是一种凭借政治权力的分配手段，它可以改变社会财富的自然分配状况，改变各阶级、各阶层及个人对社会财富的占有份额，促使社会财富按照社会公认的公平原则进行分配，如企业所得税及个人所得税等。

（三）经济稳定增长需要税收

国家经济职能的目标是要达到国民经济的稳定增长，要实现这个目标必然需动用一定的经济手段。税收作为一个重要的隐形手段，用于宏观经济调控可以有效地促进国民经济的稳定增长，如消费税、车辆购置税及房产税等。

（四）国际经济交往需要税收

国际经济交往是发展一国社会生产力的客观要求。各国在国际经济交往中，都涉及一个维护本国主权及经济利益的问题，而税收是维护本国主权及经济利益的最通用、最有效的手段之一，如关税、进口环节增值税和消费税、船舶吨税等。

（五）税收具备的基本特征决定税收必然存在

税收是一种具有强制性、无偿性、固定性形式特征的分配手段。由于这些特征使得税收在实现国家职能中优于其他经济范畴或手段，具有其他经济范畴或手段不可替代的优点，因而税收必然由国家所运用，也必然存在。

尽管税收在现代社会中的地位越来越重要，但它并不是"万能"的。在社会主义市场经济条件下，市场对资源配置起决定性作用，因此，税收不得妨碍市场对资源的有效配置，而只能弥补市场的不足，解决市场失灵问题。

五、税收原则

税收原则是税制的建立、改革、调整、执行和税收措施的采取、实施所遵循的指导思想。制定税收原则的客观依据是生产力发展水平、社会经济制度和国家的经济形势、政治形势及其任务的要求。由于各个国家（地区）的财政税收体制不同，税法的基本原则也有差别。目前学术界对税收原则内容有多种研究成果，下面主要介绍税收法定原则、税收公平原则、税收效率原则和实质课税原则。

（一）税收法定原则

税收法定原则是指征税和纳税都必须有法律根据，并且依法征税和纳税。它是税法中一项十分重要的原则，是现代民主与法制原则在税收关系中的集中体现，如《中华人民共和国宪法》第 56 条规定："中华人民共和国公民有依照法律纳税的义务。"此规定体现了税收法定原则的要求，但对依法征税和单位课税未作规定。《中华人民共和国税收征收管理法》第 3 条规定："税收的开征、停征以及减税、免税、退税、补税，依照法律的规定执行；法律授权国务院规定的，依照国务院制定的行政法规的规定执行。任何机关、单位和个人不得违反法律、行政法规的规定，擅自作出税收开征、停征以及减税、免税、退税、补税和其他同税收法律、行政法规相抵触的决定。"2015 年 3 月 15 日，第十二届全国人民代表大会第 3 次会议修订的《中华人民共和国立法法》第 8 条第 6 款规定"税种的设立、税率的确定和税收征收管理等税收基本制度"只能制定法律。

在我国现有的 18 个税种中，已有 12 个完成立法，目前仅有增值税、消费税、关税、土地增值税、城镇土地使用税和房产税这 6 个税种，仍是由国务院根据原第六届全国人民代表大会在 1985 年 4 月 10 日的授权制定的行政法规性质的暂行条例。且《增值税法》《消费税法》《土地增值税法》等法律草案均曾在 2019 年面向社会公开征求立法意见，需经过实践检验当条件成熟时将由全国人民代表大会制定为法律。

（二）税收公平原则

税收公平原则是税法的基本原则之一，是国家运用法律手段干预财政经济生活的体现。税收公平是指不同纳税人之间税收负担程度的比较，条件相同的纳税人纳相同的税，条件不同的纳税人纳不同的税，使税负合理。税收公平原则包含税收横向公平和税收纵向公平。

税收的横向公平原则，是指在一个国家内要使税收普遍课之于一切应纳税的自然人和法人，相同的收入缴纳相同的税收，除非法律另有规定，任何企业和个人不得有任何形式的免税特权。横向公平要从实质上来看，要避免形式公平而实质不公平的情况，如个人所得税计征不仅要考虑纳税人的所得，还要考虑其家庭负担情况的差异，这也是现行《中华人民共和国个人所得税法》增加了三岁以下婴幼儿照护、子女教育、继续教育、住房租金、住房贷款利息、赡养老人、大病医疗等专项附加扣除的原因。

税收的纵向公平原则，是指经济能力或纳税能力不同的纳税人应当缴纳不同的税收，即以不同的方式对待条件不同的纳税人。对纳税能力强的多课税，纳税能力弱的少课税，无纳税能力的则不课税。一般来讲，采取累进税率征税可以较好地满足这种要求。

一般来说，衡量税收公平的标准大体有 3 种，其一是以受益为标准，其二是以负担能力为标准，其三是以纳税人感受的牺牲程度为标准。

（三）税收效率原则

税收效率原则要求国家征税要有利于资源的有效配置和经济机制的有效运行，提高税务行政管理效率。税收效率原则可分为税收经济效率原则和税收征管效率原则两个方面。

税收经济效率原则，是指使税收对资源配置和经济机制运行的影响最优化，尽可能保持"税收中性"。税收中性包括两方面的含义：其一是国家征税使社会所付出的代价应以征税数额为限，不能让纳税人或社会承受其他的经济牺牲或额外负担；其二是国家征税应避免对市场机制运行产生不良影响，特别是不能超越市场机制而成为影响资源配置和经济决策的决定力量。税收中性只是一种理想状态，提倡税收中性并不意味着排斥税收调控经济的职能。

税收征管效率原则，是指以最少的税收成本获取最多的税收收入。税收成本包括税收行政成本和税收奉行费用。税收行政成本是指税务机关为行使征税职责而发生的各种费用支出；税收奉行费用是指纳税义务人为履行纳税义务而发生的各种费用支出。降低税收成本，提高税收征管效率的途径主要有：一是要运用先进科学的方法管理税务，以节约征收费用；二是要简化税制，使其尽可能全面、系统、协调、简明、稳定，便于依法执行，尽量使纳税人方便、省时、省事、省征收费用和奉行费用等。

税收公平原则与税收效率原则往往难以同时兼顾。税收公平原则强调通过运用税收杠杆干预经济生活，缩小纳税人收入分配的差距，保持社会和谐稳定。税收效率原则强调税收中性，不干预经济，通过市场机制实现资源的最优配置。一般来讲，西方资本主义发达国家政府寄希望于通过征收所得税、财产税和社会保障税等直接税来缓解收入分配差距所引发的社会矛盾，因而往往更注重税收公平；而发展中国家的首要问题是经济发展问题，所以许多发展中国家的税收政策带有较多的税收效率倾向，通常以增值税、消费税等间接税为主导税种。我国在经历了多年的经济高速发展之后，东西部之间、城乡之间的贫富差距问题日渐严重，党中央提出建立社会主义和谐社会、共同富裕和"两个一百年"等奋斗目标，废除了在我国有数千年历史的农业税，不断提高个人所得税起征点和税前扣除等，意味着我国税制改革将从原先的"效率优先，兼顾公平"转向更为注重税收公平原则。

（四）实质课税原则

实质课税原则是指当纳税人某种行为所呈现的法律形式与其经济实质不一致时，税务机关应抛开法律形式的束缚而直接针对其经济进行实质课税。实质课税原则最大的用途在于反避税领域，它是弥补税法漏洞的重要方法，是对形式课税原则的重要补充，并没有违背税收法定原则。在解释此税法时，应依据纳税人的经济事实和实质而不是交易行为的法律形式来判断真实纳税义务。纳税人的税负应该保证实质公平，只要其交易的经济实质相同，即便其法律形式或名义不同，也应作相同处理。所以，坚持实质课税原则体现了对税收公平的法律理念的追求。大陆法系国家的"实质课税原则"，相当于英美法系国家的"实质重于形式原则"。

第二节　税法与税收法律关系

一、税法的定义

税法是国家制定的用以调整国家与纳税人之间在征纳税方面的权利与义务关系的法律规范的总称。它是国家依法征税、纳税人依法纳税的行为准则，其目的是保障国家利益和纳税人的合法权益，维护正常的税收秩序，保证国家的财政收入。

税法与税收密不可分，税法是税收的法律表现形式，税收则是税法所确定的具体内容。税法就是国家凭借其权力，利用税收工具的强制性、无偿性和固定性的特征参与社会产品和国民收入分配的法律规范的总称。

二、税收法律关系

税收法律关系在总体上与其他法律关系一样，都是由权利主体、权利客体和税收法律关系的内容 3 方面构成的，但在论述 3 方面的内涵上，它所具有权利主体的一方只能是国家、体现国家单方面的意志、权利义务关系具有不对等性及财产所有权或支配权单向转移等特点。

（一）税收法律关系的构成

（1）权利主体。权利主体即税收法律关系中享有权利和承担义务的当事人。我国税收法律关系中的权利主体一方只能是国家，由国家税收机关包括各级税务机关、海关代表国家来行使征税职责；另一方是履行纳税义务的人，包括法人、自然人和其他组织，在华的外国企业、组织、外籍或无国籍人，以及有来源于中国境内所得的外国企业和组织。

与一般民事法律关系中主体双方权利与义务平等不一样，虽然税法法律关系中权利主体双方的法律地位是平等的，但因为主体双方是行政管理者和被管理者的关系，所以双方的权利和义务是不对等的。这也是税收法律关系中的一个重要特征。

（2）权利客体。权利客体即税收法律关系主体的权利、义务所共同指向的对象，也就是征税对象。比如，所得税法律关系客体就是生产经营所得和其他所得；流转税法律关系客体就是货物销售收入或劳务收入。税收法律关系客体是国家利用税收杠杆调整和控制的目标，国家在一定时期根据客观经济形势发展的需要，通过扩大或缩小征税范围调整征税对象，以达到限制或鼓励国民经济中某些产业、行业发展的目的。

（3）税收法律关系的内容。税收法律关系的内容即权利主体所享有的权利和所应承担的义务，它规定权利主体可以有什么行为，不可以有什么行为，若违反了这些规定，须承担相应的法律责任。所以，它是税收法律关系中最实质的部分，也是税法的灵魂。《中华人民共和国税收征收管理法》及其实施细则和相关税收法律、行政法规规定了国家税务机关和纳税人的权利义务。

（二）税收法律关系的产生、变更与消灭

税法是引起税收法律关系的前提条件，但税法本身并不能产生具体的税收法律关系。税收法律关系的产生、变更和消灭，必须有能够引起税收法律关系产生、变更和消灭的客观税收法律事实。这种税收法律事实，一般是指税务机关依法征税的行为和纳税人的经济活动行为，发生这种行为才能产生、变更和消灭税法法律关系，如纳税人开业经营即产生税收法律关系，纳税人转业或停业就造成税收法律关系的变更或消灭。纳税人履行纳税义务是税收法律关系消灭的最常见的原因。

（三）税收法律关系的保护

保护税收法律关系实质上就是保护国家正常的经济秩序，保障国家财政收入，维护纳税人的合法权益。税法中关于限期纳税、征收滞纳金和罚款的规定，《中华人民共和国刑法》对构成逃税、抗税罪给予刑罚的规定，以及《中华人民共和国税收征收管理法》中对纳税人不服税务机关征税处理决定可以申请行政复议或提出诉讼的规定等，都是对税收法律关系的直接保护。这种保护对权利主体双方而言是对等的，不能只保护一方而对另一方不予保护；对权利享有者的保护，就是对义务承担者的制约。

第三节　税　收　制　度

一、税收制度的概念和特征

（一）税收制度的概念

税收制度简称税制，它有广义和狭义之分。广义的税收制度是指一国的各种税收组织体系，是国家以法律程序规定的征税依据和规范，它由国家的一整套税收法规组成。具体包括各种税法（税收根本法、条例、实施细则及一般征税法令和解释）、税制结构、税收管理体制和征收管理办法等。狭义的税收制度是指一国各种税收及其要素的构成体系，包括税收分类和税制要素。理论界一般都认为税收制度应为广义的税收制度。

（二）税收制度的特征

（1）法定性。任何税收制度都必须借助一定的法律形式，对税务机关代表国家征税和纳税人的纳税行为加以规范，借以规范各种税收分配关系。尽管我国还有《增值税暂行条例》等许多税收法规属于行政性税收法规，还不是严格意义上的税法，但同样具有法律效

力，税收征纳双方都必须以此为准绳，除非税收法规变动，否则任何部门、单位和个人都不得随意变动，没有选择的自由，只能照章执行。

（2）征纳主体双方地位不平等。现代国家征税，政府须先征得纳税人（人民）的同意，但税收制度一经确定，政府代表国家享有实施权，居于主导地位，政府还可以依法单方面产生、变更和停止执行一些税收制度，而纳税主体（纳税人）只能依法被动地服从国家的意志。

（3）税收制度以税务机关为主，由司法机关协助实施。税务机关（包括海关）是代表国家（政府）实施税收制度的专门机关，是征税的主体。由于征税必然使纳税人无偿地失去一部分财产的所有权，在纳税人的纳税意识不强的情况下，必然会遇到各种阻力甚至暴力，这就需要国家司法机关协助税务机关实施。

二、税制要素

税制要素是税收制度的构成要素，又是税收制度的表现形式。税法"八要素说"认为，税制要素包括课税对象、纳税人、税率、纳税环节、纳税期限、纳税地点、税收减免和税收加征等。其中，课税对象、纳税人、税率是构成税收制度的三个最基本要素。

（一）课税对象

课税对象又称征税对象，是征税的客体，表明对什么征税，是征税的标的物。某一种税制的全部课税对象构成该税的征税范围。课税对象按其性质不同，通常包括流转额、所得额、财产、资源和特定行为、特定目的等，通常也相应将税收分为流转税、所得税、财产税、资源税、行为税和特定目的税等类别。

与课税对象有关的概念主要有税目、计税依据等。

1. 税目

税目是课税对象的具体项目，反映具体的征税范围，代表征税的广度。除房产税、耕地占用税等少数税种由于征税对象比较简单，征税范围比较明确且易于掌握，没有必要另行规定税目外，大多数税种的征税对象都比较复杂，征税范围内的项目繁多，且税种内不同的项目之间需要采用不同的税率档次进行调节，这就需要对征税对象作进一步的划分，作出具体的界定，这个规定的界限范围就是税目。

设置税目的方法有列举法和概括法两种：

（1）列举法。是将应税商品或经营项目、收入项目等采用一一列举的方法，分别规定税目，必要时还可以在税目之下划分若干个子目，如我国现行消费税采用列举法共设置了15个属于其征税范围的税目。

（2）概括法。就是按照商品大类或行业采用概括方法设置税目，如增值税征收范围概括为销售货物，提供加工、修理修配劳务，销售服务，无形资产或者不动产等。采用概括法设置的税目数量少，查找方便，便于征管，但税目设置过粗，不便于实行差别税率。

2. 计税依据

计税依据又称课税依据，是税收制度中规定的计算征税对象应纳税额的根据，在理论上也被称为税基。在税收制度发展过程中，常被采用的计税依据有人口、财产、收益、消费、所得等。不同税种的计税依据表现形态一般只有两种：一种是价值形态，即以征税对象的价值为计税依据；另一种是物理形态，即以课税对象的数量、重量、容积、面积等为计税依据。

（二）纳税人

纳税人又称纳税义务人，是税法中规定的直接负有纳税义务的单位和个人，是纳税的主体。纳税人包括自然人和法人。

自然人是指依法享有法定权利，并承担法律义务的公民个人。

法人是相对于自然人而言的，是指依法成立，能够独立地支配财产，并能以自己的名义行使法定权利和承担法律义务的社会组织。在我国并不是所有的社会组织都是法人。

与纳税人有关的概念有负税人、代扣代缴义务人、委托代征人。

（1）负税人。负税人是指最终负担税款的单位和个人。纳税人缴纳税款，但不一定就是负税人。

（2）代扣代缴义务人。代扣代缴义务人也称扣缴义务人，是指有义务从所持有的纳税人收入中扣除应纳税款并代为缴纳的企业、单位或个人。扣缴义务人不负有纳税义务，但必须依法代扣代缴税款。

（3）委托代征人。委托代征人是指受税务机关委托代征税款的单位和人员。委托代征是税款征收的一种方式，一般适用于距税务机关较远的地区和零星分散的税源。

（三）税率

税率是应纳税额与课税对象之间的数量关系或比例，是计算税额的尺度。税率的高低直接关系到纳税人的负担和国家税收收入的多少，是国家在一定时期内的税收政策的主要表现形式，是税收制度的核心要素。

按照税率的表现形式，可以分为比例税率、累进税率和定额税率3类。

1. 比例税率

比例税率是对同一课税对象不论数额大小，都按同一比例征税，税额占课税对象的比例总是相同的。我国现行的增值税、城市维护建设税、企业所得税等多数税种都采用比例税率。

2. 累进税率

累进税率是按课税对象数额的大小，划分不同的等级，随着课税数额增大而增高的税率。累进税率主要有全额累进税率、超额累进税率和超率累进税率等。

（1）全额累进税率，就是课税对象数额适用某一级税率时，即以全部数额按照与之对应的税率进行计算。

（2）超额累进税率，即把课税对象按数额大小划分为若干级距，分别以不同级距之间的数额为基础计算每一级距的应纳税额，再将分别计算出的税额相加的累进税率制度。现行个人所得税中工资薪金所得和综合所得适用7级超额累进税率、劳务报酬适用3级超额累进税率。

（3）超率累进税率，以课税对象数额的相对率为累进依据，按超额累进方式计算应纳税额的累进税率。现行土地增值税以房地产项目土地增值率的不同采用4级超率累进税率。

3. 定额税率

定额税率又称固定税额，是按课税对象的计量单位直接规定应纳税额的税率形式。目前采用定额税率的有城镇土地使用税、车船税，以及消费税中的"成品油""啤酒"税目等。

拉弗曲线——税率水平的确定

美国经济学家阿瑟·拉弗（Arthur Laffer，1979）提出税率水平是有限度的，在一定限度内，税率 r 提高，税收收入 R 将增加，因为税源不会因税收的增加而等比例地减少；但当税率提高超过一定限度 m 后，就会影响人们工作、储蓄和投资的积极性，导致税收因税率上升而增加的幅度小于因税基收窄而减少的幅度，税收总收入下降。m 点之后的区域被称为"税收禁区"（图1-1）。

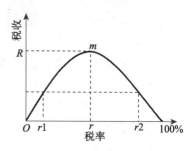

图1-1 拉弗曲线

（四）纳税环节

纳税环节是指对处于不断运动之中的课税对象，税法规定应该缴纳税款的环节。

纳税环节应选择在商品流转的必经环节和税源比较集中的环节，税收收入才有保证，并降低征管成本。目前，流转税中的增值税实行"多环节课征制"，消费税实行"单环节课征制"，其他各税种课税通常都属于"单环节课征制"。消费税中的卷烟、电子烟在后期改革为在生产和批发环节均征税，超豪华小汽车在生产和零售环节均征税。

（五）纳税期限

纳税期限是指纳税人在发生纳税义务后，应缴纳税款的期限。各种税收都必须明确规定税款缴纳的期限，这是税收的固定性特征在时间上的体现。我国现行各税种规定的纳税期限大致有按日缴纳、按月缴纳、按年缴纳和按次缴纳等多种形式。

与纳税期限有关的概念有纳税义务发生时间、纳税申报期等。

（1）纳税义务发生时间，是指纳税人发生应税行为，应当承担纳税义务的起始时间。

（2）纳税申报期，亦称为纳税计算期，是指纳税人发生纳税义务后，就计算缴纳税款的内容和有关事项向税务机关提出书面申报的期限。

（六）纳税地点

纳税地点指纳税人在发生纳税义务后，缴纳税款的地点。确定纳税地点应遵循以下原则：①按隶属地域管辖纳税；②按税种隶属向税务局、海关等不同征收机关纳税；③独立核算的企业在所在地税务机关就近纳税；④特殊行业，如国家铁路集团公司、工农中建等各大银行总行等可由总机构或总公司汇总向总公司或总机构所在地税务机关纳税。

（七）税收减免

税收减免是对某些纳税人和课税对象给予鼓励和照顾而减免税收负担的制度。减免税属于税收优惠措施。

税收减免除税法列举的减免项目外，一般都属于定期减免性质，规定有具体的减免期限，到期就恢复征税。实施减免税的具体形式主要包括减税、免税、起征点和免征额。

（1）减税。减税是对纳税人应纳税额少征一部分税款或者通过降低法定税率而减少纳税人的一部分负担，又称为税收减征。

（2）免税。免税是对纳税人和课税对象免予征税，又称为税收免征。

（3）起征点。起征点是计税依据达到国家规定数额开始全额征税的界限。例如，财政部 国家税务总局公告2023年第19号规定，2023年1月1日至2027年12月31日，对月销售额10万元以下的增值税小规模纳税人，免征增值税。

（4）免征额。免征额是计税依据总额中免予征税的数额。它是按照一定标准从计税依据中预先减除的不予征税的数额，只对超过该数额的部分征税。免征额体现了量能负担的公平原则，保证税收不影响纳税人的基本生活，如个人所得税综合所得中6万元/年的基本扣除额。

（八）税收加征

税收加征是国家对某些纳税人和课税对象予以加重税收负担的制度。它在体现财政收入原则和量能负担原则的同时，往往还有"寓禁于征"或限制某些过高收入的目的。主要包括地方附加和加成征收两种形式。

（1）地方附加。地方附加是地方政府按照国家规定的比例在正税之外加征的一部分属于地方财政收入的税款。正税，通常是指按税法规定的税率征收的税款，而将正税以外随正税同时征收的附加称为副税。我国目前主要有教育费附加和地方教育附加。

（2）加成征收。加成征收简称加成，是指在按规定计算出税额后，再加征一定成数的税额，如个人一次取得劳务报酬原适用20%的比例税率，但对纳税人一次取得劳务报酬所得畸高时，适用加征五成或十成的办法征收个人所得税，形成事实上的3级超额累进税率。

三、税收分类

税收分类是对税种的归类，是根据税制构成的基本要素和基本特征，将性质或特征相同或相近的税种归为一类，以区别于其他税种。这些分类方法不具有法定性，但将各具体税种按一定方法进行分类，在税收理论研究和税制建设方面用途相当广泛，作用很大。

（一）以课税对象的性质为标准分类

我国现行税制按课税对象的性质分为流转税、所得税、资源税、财产税、行为税和特定目的税等六大类。

1. 流转税类

流转税是以商品、劳务和服务在生产或流通过程中的流转额为课税对象的各种税收的统称。流转额包括商品流转额和非商品流转额。所谓商品流转额，一般是指在商品交换过程中，因销售或购买商品而发生的货币收入金额或支付金额。非商品流转额，一般是指因经营活动所取得的服务或劳务收入金额。我国现行的流转税主要包括增值税、消费税、关税等税种，将分别在本书第二章、第三章和第五章予以介绍。

流转税具有以下特点：

（1）流转税以商品流转额和非商品流转额为课税对象，计算比较简便。

（2）企业只要发生销售商品或者提供劳务和服务的行为，不论盈亏都产生流转税的纳税义务，因而税收收入较为稳定、可靠。

（3）流转税一般都易于转嫁，纳税人往往并不是最终的负税人。

一般来说，发展中国家为了迅速发展经济，税收制度更加注重效率原则，往往以流转税作为税制结构中的主体税种，如我国 2022 年全国税收总收入 166 620.10 亿元中，国内增值税 48 717.71 亿元，国内消费税 16 698.81 亿元，进口货物增值税 18 964.79 亿元、进口消费品消费税 1 029.99 亿元，增值税和消费税合计占当年全部税收收入比重的 51.26%。

2. 所得税类

所得税是以所得额为课税对象的各种税种的统称。所得额是指纳税人的收入总额扣除为取得收入而发生的成本、费用、税金及损失后的余额。我国现行的所得税主要包括企业所得税和个人所得税两个税种，将分别在本书第六章和第七章予以介绍。

所得税具有以下特点：

（1）课税对象是纳税人的所得额。与流转税相比，在税率既定的前提下，所得税额的多少直接取决于纳税人所得的多少，而不是直接取决于商品或劳务的流转额。

（2）所得税一般不易转嫁。所得税的纳税人同时又是负税人，二者通常是一致的。

（3）所得税的计算征较为复杂。这不但要求懂得税法，而且通常要求懂得会计准则，否则计算的所得额及所得税额就不准确。因此，所得税的课征技术条件要求比较高，容易出现申报不实和稽征较难的弊端。

（4）所得税对经济有稳定作用。所得税的税源较为广泛，负担普遍，加之为了体现量能负担原则，所得税大多数实行累进税率，所得多者多征，所得少者少征，无所得者不征，这使累进税率的所得税制有"内在稳定器"之称。

一般来说，西方发达国家为缓解社会矛盾，税收制度更为注重税收公平原则，往往以所得税作为税制结构中的主体税种，如美国 2021 年在全国税收总收入 42 559 亿美元税收中，个人所得税 32 763 亿美元，占比 76.98%、公司所得税 4 562 亿美元，占比 10.72%。

3. 资源税类

资源税类是以资源的开发和占用为课税对象的各种税收的统称。我国主要对矿产资源和土地资源的开发和占用征税，现行税法体系中属于资源税类的税种包括资源税、土地增值税、城镇土地使用税和耕地占用税。本书将在第八章介绍资源税的相关税种。

一般来说，资源税类税种的征税范围仅限于特定的自然资源，如我国征收资源税的自然资源包括原油、天然气、煤炭、其他非金属矿原矿、黑色金属矿原矿、有色金属矿原矿和盐；城镇土地使用税课税对象是城市、县城、建制镇和工矿区内的国有和集体所有的土地资源。但由于各种条件的限制，不可能对人们占用和开发利用自然资源的行为全部课税。

4. 财产税类

财产税是对纳税人拥有的或属其支配的财产所征收的一类税收的统称。它并不是对全部财产课税，通常是对某些特定的财产课税。我国现行税制中财产税类只有房产税、契税和车船税，这3个税种将在第九章中予以介绍。

财产税具有以下特点：

（1）财产税是对财产的实际数量或实际价值加以课征，是对财产"存数"的课税。

（2）财产税的计税价格难经核实，征收较难。

（3）财产税是直接税，一般不能转嫁。

5. 行为税类

行为税是国家对某些特定行为课征的各种税收的统称。我国是运用行为税较多的国家。我国现行行为税有车辆购置税、印花税等。本书将在第十章对这两个税种予以介绍。

6. 特定目的税类

特定目的税是国家为达到某种特定的政策目的所课征的各种税的统称。我国的特定目的税主要有城市维护建设税、土地增值税、耕地占用税和环境保护税等。土地增值税和耕地占用税兼有对土地资源征税的资源税作用。本书将在第四章介绍城市维护建设税、第八章介绍土地增值税和耕地占用税、第十章介绍环境保护税。

特定目的税具有以下特点：

（1）国家开征某种特定目的税具有特定的政策性目的。它不仅是为了开辟财源，增加财政收入，更主要的是为了配合国家的宏观经济管理需要，贯彻国家的某些经济政策。

（2）特定目的税具有因时制宜的特点。特定目的税的设置和废止，往往时间性很强，不像流转税和所得税等税类那样具有较长时间的稳定性。

（二）以税收权限为标准分类

税收权限包括税收立法权、税收收入归属权和税收征收管理权等。按税收权限，税收可分为中央税、地方税、中央与地方共享税。该分类方法将在本章第四节"税收管理体制"中的"分税制"部分做详细介绍。

（三）以税收负担转嫁的难易程度为标准分类

根据税收负担转嫁的难易程度，各税种可分为直接税和间接税两大类。

（1）直接税。直接税是指那些不能转嫁或难以转嫁的税种，其特点是纳税人同时是负税人，一般不发生税负的转嫁，国家与负税人之间的税收分配关系是直接的。一般来说，所得税类和财产税类税种都属于直接税。

（2）间接税。间接税是指比较易于转嫁的税种，其特点是国家直接向纳税人征税，由纳税人将税负转嫁给负税人，最终由负税人承担税款。由于国家与负税人之间介入了纳税人，国家与负税人之间的税收分配关系变成间接关系。一般来说，对各种商品、劳务、服务所征的流转税属于间接税。

当然，直接税和间接税是相对而言的，事实上，几乎所有的税收都有转嫁的可能。

（四）以税收与价格的关系为标准分类

以税收与价格的关系为标准，税收可分为价内税和价外税。

（1）价内税。价内税是指税款是商品价格的组成部分。我国现行税制中，消费税是典型的价内税。

（2）价外税。价外税是指税款不是商品价格的组成部分，而需要价外征收，即税款是价外附加的。我国现行税制中，增值税是典型的价外税。

（五）以计税依据的表现形式为标准分类

以计税依据的表现形式为标准税收可分为从价税、从量税和复合税。

（1）从价税。从价税是指以课税对象的价格为计税依据的各种税。比如，增值税属于从价税，对课税对象实行从价定率计征。

（2）从量税。从量税是指以课税对象的实物量为计税依据的各种税。从量税实行定额税率，其税额比较稳定，不随价格变化而变化。比如，消费税中的"成品油""啤酒""黄酒"税目。

（3）复合税。复合税是指既有从价计征又有从量计征的税种。我国现行消费税中的"卷烟"和"白酒"税目是典型的复合税。其中甲类卷烟在生产环节除 56% 的比例税率外，还征收 150 元/标准箱的定额税率，在批发环节征收 11% 的比例税率和 250 元/标准箱的定额税率；粮食白酒比例税率为 20%，定额税率为 0.5 元/500 克。

第四节　税收管理体制

一、税收管理体制的概念

税收管理体制是在中央和地方之间划分税收管理权限的一项根本制度。它是国家税收制度的组成部分，也是国家财政管理体制的重要内容。为了正确处理我国税收管理体制中的中央集权与地方分权的关系，充分发挥中央和地方的积极性，使税收管理有更高的效率和更高水平，在税收管理体制的建设中必须贯彻执行"统一领导，分级管理"的原则。

二、税收管理体制的基本内容

税收管理体制的核心内容，是各项税收权限在中央与地方之间的合理划分。税收权限主要有：

（一）税收立法权

税收立法权是国家政权代表或政权机关，以政府名义，并以政权强制力为后盾，依据法定程序赋予税收法律效力时所具有的权力。它包括税法制定权、审议权、表决权、批准权及公布权。

（二）税法解释权

税法解释权是指国家政权代表或政权机关，依法在其职权范围内，对有关税收的法律规范所作出有法律效力的解释的权力。它包括税收立法解释权和税收执法解释权。

（1）税收立法解释权。税收立法解释权是指依法有权立法的国家机关（或其常设机构）对所立税法在全国范围内作出解释的权力。立法解释和所解释的税法本身具有同等法律效力。我国的税法解释权一般是由税收立法机关授权给低于立法机关的行政机关或司法机关。

（2）税收执法解释权。税收执法解释权是指依法有权立法的国家机关（或其常设机构），授权执法机关将税法用于具体条件或事项时，对有关税法所作解释的权力。

（三）税种开征停征权

税种开征停征权是指国家政权代表或政权机关以政权名义，并以政权强制力为后盾，依照法定程序，赋予税收法律效力起始与停止的权力。税收开征权行使的时间是某税法法律效力即日起或有明确规定之日起生效。税种停征权行使的时间是某税法或其中某部分条款从即日或有明确规定之日起失效。

（四）税法调整权

税法调整权是指国家法定权力机关对税法及其实施规范作出某种变动的权力，如调整税目、税率、征税范围等。

（五）税收减免权和加征权

税收减免权是指国家法定的权力机关，对纳税人和课税对象的特殊情况给予鼓励、优惠、照顾而减免税额的权力。税收减免权行使的结果是同期纳税人税负减轻而国家税收收入减少。

税收加征权是指税务机关依法对某些纳税人按应纳税额加征一定成数或倍数税额的权力。它是在税法规定税率基础上，再加征一定成数或倍数，这实际上是提高了税率。

（六）税收收入归属权

税收收入归属权是指各级政府拥有并使用税款的权力。

此外，税收权限还包括税务行政处罚权、司法监督权等。

三、我国现行的税收管理体制

从1994年起，我国初步实行了分税制。分税制是在中央和地方各级政府之间划分税收立法权限、征收管理权限和税收收入归属权限的一种制度，是税收管理体制的一种形式。

实行分税制是社会公共需要具有层次性的客观要求。根据社会公共需要的层次不同，可分为社会整体性公共需要（如国防、外交等）和社会局部性或区域性公共需要（如城市防洪排涝、公共卫生防疫等）。由于满足区域性公共需要的公共物品一般只有该地区的居民可以消费，这决定了区域性公共物品一般只能由地方政府提供，其费用只能由当地居民承担（即纳税），否则就是不公平的；而全局性公共需要是全社会每一个成员的共同需要，它具有消费上的非竞争性和非排他性，即由全体社会成员共同消费，这决定了全局性公共物品只能由中央政府提供才可能满足，其费用也应由全社会居民共同承担（即纳税）。为保证中央和地方政府都有固定的财政收入以履行各自的职责，这就要求实行分税制。

在 20 世纪 80 年代，中国改革开放的整体形势是中央向地方放权让利，这极大地调动了各级地方政府的积极性，增强了地方财政实力，却使得中央政府财政收入占全国财政收入的比例不断下降，中央财力捉襟见肘，中央政府用于宏观调控、用于承担改革成本及用于对贫困地区转移支付等用途的资金都难以保证。如表 1-1 所示，从 1994 年开始的分税制改革较好地调动了中央和地方各级政府的积极性，我国的税收收入逐年迅猛增长；中央财政占全部财政收入比重过小的困境得以扭转，极大地增强了中央财政实力。

表 1-1 1980—1998 年中央和地方财政收入及比重表

年份	绝对数（亿元）			比重(%)	
	全国	中央	地方	中央	地方
1980	1 159.93	284.45	875.48	24.5	75.5
1985	2 004.82	769.63	1 235.19	38.4	61.6
1990	2 937.10	992.42	1 944.68	33.8	66.2
1991	3 149.48	938.25	2 211.23	29.8	70.2
1992	3 483.37	979.51	2 503.86	28.1	71.9
1993	4 348.95	957.51	3 391.44	22.0	78.0
1994	5 218.10	2 906.50	2 311.60	55.7	44.3
1995	6 242.20	3 256.62	2 985.58	52.2	47.8
1996	7 407.99	3 661.07	3 746.92	49.4	50.6
1997	8 651.14	4 226.92	4 424.22	48.9	51.1
1998	9 875.95	4 892.00	4 983.95	49.5	50.5

注：1. 中央和地方财政收入数据来源于《中国统计年鉴》；
  2. 中央、地方财政收入均为本级收入；
  3. 本表数字不包括国内外债务收入。

（一）我国分税制对管理权限的划分

《中华人民共和国立法法》第 7 条规定，全国人民代表大会和全国人民代表大会常务委员会（以下简称"全国人大及其常委会"）行使国家立法权；第 8 条第 6 款规定，税种的设立、税率的确定和税收征收管理等税收基本制度等事项只能制定法律；第 9 条规定，本法第 8 条规定的事项尚未制定法律的，全国人大及其常委会有权作出决定，授权国务院可以根据实际需要，对其中的部分事项先制定行政法规。

具体地讲，我国税收立法权划分的层次如下。

（1）全国性税制的立法权，包括全部中央税、中央与地方共享税及在全国范围内征收的地方税税法的制定、公布和税种的开征、停征权等属于全国人大及其常委会，以保证中央政令统一，

扩展阅读 1.1 《国务院关于实行分税制财政管理体制的决定》国发〔1993〕85 号

维护全国统一市场和企业平等竞争。目前我国有《中华人民共和国税收征收管理法》《中华人民共和国城市维护建设税法》《中华人民共和国企业所得税法》《中华人民共和国个人所得税法》《中华人民共和国资源税法》《中华人民共和国耕地占用税法》《中华人民共和国契税法》《中华人民共和国车船税法》《中华人民共和国船舶吨税法》《中华人民共和国车辆购置税法》《中华人民共和国印花税法》《中华人民共和国烟叶税法》《中华人民共和国环境保护税法》等 13 部属于全国人大及其常委会制定的税收法律。

扩展阅读 1.2　财政部：分税制财政管理体制的调整完善情况及进一步改革的思路

（2）经全国人大及其常委会授权，部分全国性税种可先由国务院以"条例"或"暂行条例"的形式发布施行，待成熟后再进行修订并通过立法程序，由全国人大及其常委会正式立法。目前我国的增值税、消费税、房产税、土地增值税、城镇土地使用税和关税等 6 个税种是由国务院根据全国人大的授权而制定的条例或暂行条例。

（3）经全国人大及其常委会授权，国务院可制定税法的实施条例、增减税目和调整税率。

（4）经全国人大及其常委会授权，国务院有税法的解释权；经国务院授权，国家税务主管部门（财政部和国家税务总局）有税收条例的解释权和制定税收条例实施细则的权力。

（5）省级人民代表大会及其常委会有权在不违背国家统一税法，不影响中央财政收入，不妨碍我国形成统一市场的前提下，开征全国性税种以外的地方税种的税收。税法的公布、开征、停征、税率的调整、减税、免税等规定，由省级地方人民代表大会及其常委会统一规定，所立税法在公布实施前须报全国人民代表大会常务委员会备案。这主要是由于我国地域辽阔，地区间经济发展水平相差很大，经济资源包括税源都存在着较大的差异，这种状况给全国统一制定税收法律带来一定的难度。

（6）经省级人民代表大会及其常务委员会授权，省级人民政府有本地区地方税法的解释权和制定税法实施细则、增减税目和调整税率的权力，也可在上述规定的前提下，制定一些税收征收办法，还可以在全国性地方税条例规定的范围内，确定本地区适用的税率或税额。上述权力除税法解释权外，在行使后和发布实施前须报国务院备案。

（7）涉外税收必须执行全国统一税法，涉外税收政策的调整权集中在全国人大常委会和国务院，各地一律不得自行制定涉外税收的优惠措施。

（二）我国税制对税收收入归属权的具体划分

（1）作为中央固定收入的税种包括消费税、车辆购置税、关税、船舶吨税、海关代征的进口环节增值税和消费税等，主要涉及国家主权和用于宏观调控。

（2）作为地方固定收入的税种包括城镇土地使用税、房产税、车船税、耕地占用税、契税、土地增值税、烟叶税、环境保护税等。

（3）中央财政与地方财政共同收入包括增值税、城市维护建设税、企业所得税、个人所得税、资源税、印花税。

其中，增值税中央、地方分享比例为 5∶5；城市维护建设税中由中国国家铁路集团公司、各银行总行、各保险公司总公司集中缴纳的部分归中央政府，其余部分归地方政府；

企业所得税从 2002 年 1 月 1 日起,中央为保证各地区 2001 年地方实际的所得税收入基数,实施增量部分按 6∶4 比例分成;资源税按不同的资源品种划分:海洋石油资源税作为中央收入,其余资源税作为地方收入;从 2016 年 1 月 1 日起,证券交易印花税全部调整为中央收入,其他印花税收入归地方财政。

（三）税务机构的设置和税收征管范围划分

1. 税务机构的设置

根据我国实行分税制财政管理体制和政府机构改革的需要,我国现行税务机构的设置是中央政府设立国家国家税务总局（正部级）;在"营改增"改革顺利完成后,改革国税地税征管体制,于 2018 年 7 月前将省级和省级以下国税地税机构合并,具体承担所辖区域内的各项税收、非税收入征管等职责。国税地税机构合并后,实行以国家国家税务总局为主与省（自治区、直辖市）人民政府为辅的双重领导管理体制。

扩展阅读 1.3 《经济日报》权威解读《税收征管体系迈向高效统一》

2. 税收征管范围划分

我国的税收分别由税务局和海关系统负责征收管理。

（1）国家国家税务总局及其所属各级税务局负责征收管理的税种有:增值税、消费税、城市维护建设税、企业所得税、个人所得税、资源税、印花税、烟叶税、城镇土地使用税、耕地占用税、土地增值税、房产税、车船税、车辆购置税、契税、环境保护税,以及相关税收的滞纳金、补税和罚款。按照中共中央办公厅、国务院办公厅印发的《国税地税征管体制改革方案》要求,从 2019 年 1 月 1 日起,将基本养老保险费、基本医疗保险费、失业保险费、工伤保险费、生育保险费等各项社会保险费交由税务部门统一征收,对依法保留、适宜划转的非税收入项目按"成熟一批、划转一批"的原则,逐步推进。

（2）海关系统负责征收和管理的项目有关税、行李和邮递物品进口税和船舶吨税。此外,海关负责代征进出口环节的增值税和消费税。

第五节　税收管辖权与国际重复征税的减除

一、税收管辖权的概念

管辖权是国家主权的一个重要方面。所谓税收管辖权,就是一种征税权,它是国家的管辖权在税收上的具体体现。也就是说,任何一个主权国家,在不违背国际法和国际公约的前提下,都有权选择对本国最有利的税收制度。

在漫长的历史发展中,国际社会对税收管辖权已经形成了几条共同的准则,主要包括:

（1）属地原则。属地原则是指主权国家对其所属领土内所发生的人、财、物和行为,都有权按本国法律实行管辖。属地在这里所指的领土包括国家的领陆、领水、领空及控制的领土,所以该原则也称领土原则或收入来源地原则。

（2）属人原则。属人原则是指国家有权对具有本国国籍或长期居留权的个人实行法律管辖，而不必考虑他们是居住在境内还是在境外。也有权对在本国登记注册的企业法人或企业性组织实行法律管辖，而不论其收入是来自境内或境外。

二、税收管辖权的类型

一国的税收管辖权按属地原则和属人原则，分别表现为地域管辖权和居民管辖权，这是国际税收中两种基本的税收管辖权。也有少数国家还承认公民管辖权。

（一）地域管辖权

一个主权国家按照属地原则（领土原则）所确立起来的税收管辖权，称为地域管辖权。在实行地域管辖权的国家，以收益、所得来源地或财产存在地为征税标志，它要求纳税人就来源于本国领土范围内的全部收益、所得和财产缴税。

地域管辖权实际上可以分解为两种情况：一是对本国居民而言，只需就其本国范围内的收益、财产和所得纳税。即使在国外有收益、所得和财产，也没有纳税义务；二是对于本国非居民（外国居民）而言，其在该国领土范围内的收益、所得和财产必须承担纳税义务。

（二）居民管辖权

所谓居民管辖权，就是一个主权国家按照属人原则所确立的税收管辖权。该原则规定，在实行居民管辖权的国家，只对本国的居民或者属于本国居民的一切收益、所得和财产征税，而不必考虑是否在本国居住。换言之，一个国家征税的范围可以跨越国境，只要是属于本国居民取得的所得，不论是境内所得还是境外所得，国家均享有征税的权力。

实行居民管辖权的理论基础是国家对居民提供了社会公共服务和法律保护，如中国政府多次在海外发生重大自然灾害或社会动荡时组织撤侨，那么居民就应该对国家履行纳税义务，这是一种权利与义务相对等的关系。因此，对居民的境外收入而言，收入来源国不能独占税收管辖权，税收权益应该在收入来源国和居住国之间进行分配。

那么，如何判断自然人和法人是否是我国居民呢？判定自然人是否构成我国居民的标准主要看其在我国是否有住所或在我国长期居住；判定法人是否构成我国居民的标准，主要看其登记注册地或者实际管理机构所在地是否在本国境内。

（三）双重管辖权

所谓双重管辖权，就是一国政府同时运用地域管辖权和居民管辖权，即对本国居民，运用居民管辖权，对其境内、境外的收益、所得和财产征税。对本国非居民（外国居民），则运用地域管辖权，对其在本国境内取得的收益、所得和财产征税。

采取双重管辖权的理由是，有一部分国家认为在只运用单一管辖权的情况下，不足以保证本国的税收权益，如只运用地域管辖权，则本国居民的境外的税收就会损失；而只运用居民管辖权，则本国非居民的税收就会损失。因此必须综合运用两种管辖权，以保证本国的经济利益。

在各国都只实行单一的地域管辖权或居民管辖权的前提下，并不会发生重复课税的问题。在两个以上国家都运用双重管辖权的情况下，国家与国家之间的重复课税不可避免。

以 A、B 两国为例，假设在 A 国内有 B 国居民从事贸易活动，在 B 国内有 A 国居民从事贸易活动。那么，A 国和 B 国都会对在 A 国领土内的 B 国居民征税；同理，也会对在 B 国领土内的 A 国居民征税。因此，A 国和 B 国必须协调这种交叉征税的关系，以消除纳税人的不合理负担。

在国际税收的实践中，大多数国家都选择双重管辖权，且对两种管辖权各有侧重：对经济发达国家而言，通常有资本输出和技术输出，居民中从事跨国经济活动的较多，所以发达国家更侧重于维护居民管辖权，从而扩大对本国居民在国外的收益、所得和财产征税的范围；对广大发展中国家而言，由于资金贫乏，技术落后，只能从发达国家引进资金和技术，与此相适应，会经常发生他国居民在本国领土内取得收益、所得和财产，因此发展中国家更加侧重于地域管辖权，从而扩大对别国居民在本国领土内的收益、所得和财产的征税范围。

三、我国对税收管辖权的选择

我国也是选择双重管辖权的国家。以个人所得税为例，《中华人民共和国个人所得税法》第 1 条规定："在中国境内有住所，或者无住所而一个纳税年度内在中国境内居住累计满 183 天的个人，为居民个人。居民个人从中国境内和境外取得的所得，依照本法规定缴纳个人所得税。在中国境内无住所又不居住，或者无住所而一个纳税年度内在中国境内居住累计未满 183 天的个人，为非居民个人。非居民个人从中国境内取得的所得，依照本法规定缴纳个人所得税。"

我国在以后的国际税收关系中，应坚持选择双重管辖权，同时需要在遵循国际税收惯例的前提下，通过不断扩大同相关国家签订税收协定以消除重复征税，更好地为改革开放服务。

四、国际重复征税的减除

如前文所述，各国行使税收管辖权的交叉重叠，造成了国际重复征税。为了减除国际重复征税，必须在有关国家相重叠的两种（或多种）税收管辖权中进行选择，使其中一种居于优先地位，而另一种对它让步，居于次要地位；或者说由某一国先征税，另一国根据具体情况免税、抵税等。

目前国际上都遵循"属地优先"的原则，即认定收入来源地税收管辖权处于优先行使的地位，纳税人的居住国相应地放弃部分或全部基于居民税收管辖权本来可以取得的税收收入。属地优先原则是世界各国在减除国际重复征税问题上的一个公认和共同遵守的原则，体现了国际税收权益分配的合理性和税务管理的方便性。当然，优先并不等于独占，收入来源地税收管辖权的优先地位，并不排斥纳税人的居住国行使税收管辖权，只是要求居住国在对本国居民来自境外的所得征税时，承认其向收入来源国缴纳的税收，并采取适当的方法免征或减征这部分税收，以减除国际重复征税。

减除国际重复征税的方法，主要有免税法、抵免法、扣除法、减免法 4 种。在上述 4 种减除国际重复征税的方法中，免税法和抵免法比较理想，因而《经济合作与发展组织范本》和《联合国范本》都建议有关国家在免税法和抵免法中，自行选择一种作为消除国际重复征税的方法。特别是抵免法，既承认了收入来源地税收管辖权的优先地位，又行使了居民税收管辖权，并且起到了减除国际重复征税的作用，同时兼顾了来源国、居住国和跨国纳税人三方面的利益关系，因此已被越来越多的国家所采用。抵免法的基本内容有以下两点。

1. 抵免法的概念

抵免法的全称为外国税收抵免法，是指一国政府对本国居民来自国内外的全部所得征税时，允许纳税人将其在国（境）外已缴纳的税款，从本国应纳税总额中抵扣。

抵免法的基本特征是：对收入来源国行使来源地税收管辖权征税，只承认其优先，不承认其独占。也就是说，对跨国纳税人的同一笔所得，来源国可以优先征税，居住国也不放弃征税权力，但要将来源国已征税款给予抵免。抵免法一般的计算公式如下。

$$居住国应征所得税税额 = 居住国内外全部所得 \times 居住国所得税率 -$$
$$允许抵免的在国外已纳税额$$

上列公式反映了抵免法的实质：公式中的"居民国内外全部所得×居住国所得税率"，反映的是居住国政府对本国居民行使居民税收管辖权，就其来自全球的总所得征税；公式中的减去"允许抵免的在国外已纳税额"，表示居住国政府允许纳税人抵免的已缴国外所得税额有一个限度，并不是跨国纳税人在来源国缴纳了多少税额就可以抵扣多少，而是在居住国规定的一定限度内才能允许抵免。

2. 直接抵免法及其分类

直接抵免法是抵免制度中最基本的方法，是指居住国（国籍国）政府允许本国居民（公民）在收入来源国缴纳的所得税，在向本国缴纳的所得税中给予扣除。由于上述公式中"允许抵免的在国外已纳税额"，即抵免限额的计算方法不同，可以把直接抵免法分为全额抵免和限额抵免两种。

全额抵免是指居住国政府对跨国纳税人征税时，允许纳税人将其在收入来源国缴纳的所得税，在应向本国缴纳的税款中全部给予抵免。

限额抵免是指居住国政府对跨国纳税人在国外直接缴纳的所得税税款给予抵免时，不能超过最高抵免限额。这个最高抵免限额是国外所得额按本国税率计算的应纳税额。

$$最高抵免限额 = 收入来源国所得 \times 居住国税率$$

如果收入来源国与居住国的税率相同，则抵免限额与纳税人在国外已经缴纳的所得税税款是相等的，那么已纳税款可以全部得到抵免；如果收入来源国低于居住国的税率，则最高抵免限额就大于纳税人在国外已经缴纳的所得税税款，这样纳税人国外所得已纳税款抵免后，还要向居住国补齐差额；如果收入来源国的税率高于居住国，则最高抵免限额就小于纳税人在国外已经缴纳的所得税税款，纳税人国外所得已纳税款应按上述最高抵免限额抵免，国外所得已纳税款超出最高抵免限额的部分当年不得扣除，一般允许向后递延若干年扣除。

上面这段文字其实是在说，跨国纳税人的国外所得在收入来源国已经缴纳的所得税税款，在抵免时应将"在收入来源国已经缴纳的所得税税款"与"最高抵免限额"两者相比较，实际扣除的是其中的金额较低者。为了便于读者理解、记忆，本书在第六章企业所得税部分，对将在企业所得税和个人所得税中多次出现的这种类似现象进行归纳概括，并借鉴会计上的成本与市价孰低法，称为"孰低原则"。

抵免限额根据限额的范围和计算方法的不同有两种分类方法：根据是否区分来自不同国家的所得计算抵免限额可分为分国限额法和综合限额法；根据是否区分不同项目所得计算抵免限额可分为分项限额法和不分项限额法。一般将这两种分类方法结合运用，如我国企业所得税是综合征收的，其对企业境外所得已纳税款的抵免可采取分国别不分项抵免法（简称分国抵免法）或不分国别不分项的综合抵免方法（简称综合抵免法）；而我国个人所得税采用的综合与分类征收相结合，其对个人境外所得已纳税款的抵免则采取"分国又分项"原则。本书在第六章企业所得税"境外所得已纳税款的抵免"部分对此内容有更具体的介绍。

五、税收饶让抵免

目前世界上许多国家，尤其是发展中国家，为了吸引外国资金和技术来发展本国经济，往往对跨国企业来源于本国境内的所得给予定期减免税的优惠，如我国对设在西部地区从事国家鼓励类产业的企业减按15%的税率征收企业所得税，外商投资企业在西部地区新办交通、电力、水利、邮政、广播电视企业经营期在10年以上的，自获利年度起实行企业所得税"两免三减半"的优惠。但是，按照前述广泛采用的抵免法，各国准予其居民（公民）纳税人抵免的税额，必须是在有关国家已实际缴纳的税额，且不能超过抵免限额。这种做法虽然使跨国纳税人的国际重复征税得到了减除，但是跨国纳税人从非居住国（非国籍国）政府应该得到的税收减免优惠，在居住国政府给予抵免时，要补征到相当于居住国税法规定的税负水平，从而使得跨国纳税人原已享受的税收优惠政策完全失去了意义。

因此，非居住国（非国籍国）政府如果要使自己的税收优惠措施能够真正加惠于纳税人，以起到引进资金和技术的激励作用，就必须要求居住国（国籍国）政府对这部分优惠减免的税收，视同已经缴纳给外国政府的税额而给予抵免，这就是所谓"税收饶让抵免"。

税收饶让抵免与国际重复征税的减除有密切关系，其是伴随着抵免法的实施而产生的。但它本身又不属于国际重复征税的减除方法。它与抵免法有一定的区别：外国税收抵免的目的是避免国际重复征税，而税收饶让的目的是使收入来源国对外资的税收优惠措施收到实效，使投资者得到实惠；税收抵免法所抵免的，是跨国投资者实际已缴纳的外国所得税额，且规定有抵免限额，而税收饶让所减除的，是跨国投资者并未真正向居住国缴纳的所得税额，所以又有人把税收饶让抵免称作"影子税收抵免"。

居住国可在本国税法中，单方面规定对本国居民来自外国的所得进行抵免以消除国际重复征税。但税收饶让抵免则必须通过非居住国（非国籍国）与居住国（国籍国）政府之间签订双边税收协定加以规定才能实现，也就是说来源国的税收优惠措施只有得到居住国政府的配合才能起到应有的作用。

从英国在1953年提出税收饶让抵免开始，世界上大多数发达国家均对税收饶让采取积极配合的态度，其签订的双边税收协定大都含有税收饶让的条款，对外国所得进行饶让抵免已在世界大多数国家实行。但税收饶让抵免并不是所有国家都自动承认的，从已同意实施税收饶让抵免的国家来看，税收饶让抵免的范围，包括给予饶让的税种、据以计算饶让的预提所得税税率和税收饶让抵免期限都有很大不同，这些必须在两国间签署的双边税收协定中予以载明，如中英两国 1984 年《关于对所得和财产收益相互避免双重征税和防止偷漏税的协定》第 23 条"双重征税的消除"第二款规定："在中国居民公司支付给联合王国居民公司股息，同时该联合王国居民公司直接或间接控制该支付股息公司至少 10%选举权的情况下，该项抵免应考虑该公司从支付股息利润中缴纳的中国税收〔除根据本款第（一）项的规定可以允许抵免的任何中国税收外〕。第三款则注明，本条第二款中'缴纳的中国税收'一语，应视为包括任何年度可能缴纳的，但按照中国法律规定给予免税、减税的中国税收数额。"但中英双方在 2011 年续签的协定中，英方取消了关于税收饶让的条款。

复习思考题

1. 如何理解税收的概念？它有哪些特征？
2. 税收产生的条件是什么？税收的存在有什么必要性？
3. 如何理解税收公平原则与税收效率原则的关系？
4. 税收有哪几种分类标准？可以分为哪些类型？
5. 什么是税收管理体制？我国现行的税收管理体制有什么特点？
6. 什么是分税制？我国中央和地方政府的税权是如何划分的？
7. 确定税收管辖权的原则包括哪些？
8. 造成国际重复征税的原因是什么？避免国际重复征税的方法有哪些？
9. 税收饶让抵免与税收直接抵免有什么区别？

即测即练

自学自测　　扫描此码

第二章

增 值 税

【学习目标】

　　本章要求重点掌握增值税的征税范围、视同应税交易、混合销售行为、纳税义务人的认定及增值税应纳税额的计算；一般掌握增值税类型、特点、税率；理解增值税出口退免税；了解增值税的征收管理、增值税专用发票领购与使用和增值税主要的纳税筹划思路。

第一节　增值税概述

一、增值税的概念

　　增值税是以销售货物和服务、无形资产、不动产各环节中产生的增值额为计税依据而征收的一种流转税。我国自 1979 年在部分城市试行增值税，当前用以调整增值税征收与缴纳权利义务关系的基本法律规范，是 1993 年 12 月 13 日国务院发布的《中华人民共和国增值税暂行条例》（以下简称《增值税暂行条例》），自 1994 年 1 月 1 日起实行。该条例于 2008 年 11 月 5 日由国务院常务会议修订通过，主要内容是进行消费型增值税改革；根据 2016 年 2 月 6 日《国务院关于修改部分行政法规的决定》及 2017 年 11 月 19 日国务院第 691 号令《关于废止〈中华人民共和国营业税暂行条例〉和修改〈中华人民共和国增值税暂行条例〉的决定》修订，其主要内容是进行营业税改征增值税（以下简称"营改增"）改革。相应地，财政部和国家税务总局发布了财税（2016）36 号《关于全面推开营业税改增值税试点的通知》（以下简称《营改通知》）。2019 年 11 月 27 日，财政部、国家税务总局发布了《中华人民共和国增值税法（征求意见稿）》，2023 年 8 月 28 日，第十四届全国人大五次会议对增值税法草案进行了二审。2022 年，我国实现国内增值税收入 48 717.71 亿元，进口货物增值税收入 18 964.79 亿元，两项合计占当年全国税收收入的 40.62%。

　　增值税是以纳税人在中华人民共和国境内销售货物、服务、无形资产、不动产实现的增值额为征税对象而征收的一种流转税。所谓增值额，是指生产者或经营者在一定期间的生产经营过程中所创造的新增价值或商品的附加值，也可以认为是纳税人在一定时期内销售产品或提供服务时所取得收入大于其购进商品或取得服务时所支付的金额的差额。这里的增值额从理论上看，是在一定时期内劳动者在生产商品或提供服务过程中新创造的价值额，即相当于商品价值（$C+V+M$）中的"$V+M$"部分。C 即商品生产过程中所消耗的生产资料转移价值；V 即工资，是劳动者为自己创造的价值；M 即剩余价值或盈利，是劳动者为社会创造的价值。理论增值额从一个生产经营单位的角度看，是指该单位销售商品所取得的收入扣除为生产这种商品所消耗的外购原辅材料等的价款后的余额，其主要内容包括工资、利润、利息、租金、股息等项目。从一项进入最终消费领域的商品的角度看，增值额是指该项商品经历各个生产流通环节时人们所新创造的价值之和，也就是该项商品的最终销售价格，即商品最终销售价格等于各环节增值额之和。

　　理论增值额在税收征管实践中不便于操作，所以各国政府从保证增值税计征的统一性和可操作性出发，会根据各自国情、政策需要，在增值税法律制度中明确规定增值额的具体组成和计算方法，即法定增值额。

扩展阅读 2.1　《关于全面推开营业税改增值税试点的通知》财税（2016）36号

扩展阅读 2.2　《关于废止营业税暂行条例和修改增值税暂行条例的决定》国务院令第 691 号

二、增值税的类型

　　各国一般都采用扣税法来确定增值额，即不直接根据增值额计算增值税，而是先按纳税期实现的全部销售额乘以税率计算出总体税额，再扣除法定外购项目已纳税额的方法计算出应纳税额。此方法因其扣除的是纳税人在购进过程中已付的增值税额，故称为购进扣税法。

　　一般来说，各国对外购原材料、燃料、商品等流动资产所形成的物质成本都允许扣除，而对外购固定资产形成的物质成本是否允许扣除则有 3 种不同处理规定，相应地可将增值税划分为生产型增值税、收入型增值税和消费型增值税 3 种不同类型。

　　我国在 1994 年进行工商税制改革时，国家正面临着投资过热和中央财政收入不足等问题，其决定了只能采用不允许扣除外购的固定资产进项税额的生产型增值税。为拉动投资刺激经济，鼓励企业加大设备更新改造的投入，避免重复征税，我国在税制改革过程中分步实现了由生产型增值税向消费型增值税的转型。为贯彻中共中央国务院"振兴东北"的战略决策，国务院决定从 2004 年 7 月 1 日起在东北三省及大连市的装备制造业等八大行业扩大增值税的抵扣范围，允许新购进（自制）机器设备所含增值税税金予以抵扣。根据中共中央国务院关于促进中部地区崛起的战略部署，长沙、株洲、湘潭和衡阳等中部地区 26 个老工业基地城市的部分行业从 2007 年 7 月 1 日起进行消费型增值税试点。从 2008 年 6 月 1 日起，试点范围扩大到四川地震受灾地区及内蒙古东部地区。为进一步完善税制，减轻企业税负，增强企业竞争能力，抵御全球金融危机的影响，自 2009 年 1 月 1 日起在全国全面实行消费型增值税。

　　3 种类型增值税的特点及优缺点如表 2-1 所示。

表 2-1   3 种类型增值税的特点及优缺点

类 型	特 点	优 缺 点
生产型增值税	在计算法定增值额时，不允许扣除任何外购固定资产的价值或进项税额。在一个纳税年度内按此口径计算的法定增值额，从整个社会经济来看相当于国民生产总值，故称生产型增值税	能抑制投资过热，增加税收收入，但不利于资本密集型企业发展和企业技术进步，是我国在 1994 年至 2008 年采用的主要类型
收入型增值税	在计算法定增值额时，允许扣除当期固定资产折旧部分的价值或相应比例的进项税额。在一个纳税年度内按此口径计算的法定增值额，从整个社会经济来看相当于国民收入，故称收入型增值税	与理论增值额一致，可逐步解决重复征税的问题，但折旧额分期抵扣，不利于购进扣税法下的凭票抵扣制度的实施，一般很少采用
消费型增值税	确定增值税应纳税额时，允许扣除当期外购的固定资产的价值或全部已纳进项税额。在一个纳税年度内按此口径计算的法定增值额，从整个社会经济来看相当于全部消费资料价值，故称消费型增值税	客观上能鼓励企业加大固定资产投资和避免重复征税，能促进企业技术进步，但对组织财政收入有不利影响，我国从 2004 年 7 月试点，至 2009 年起全面采用

三、增值税的特点

扩展阅读 2.3   案例解读

与其他税种相比，增值税具有以下特点。

（1）普遍征收。增值税具有普遍征收的特点，在实施全面"营改增"后，企业的所有应税交易都属于增值税的征收范围，税源十分广阔。

（2）具有税收中性效应。增值税是就纳税人生产经营过程中实现的增值额课税，可避免对同一对象多次重复征税。增值税对企业的生产经营活动及消费行为基本不发生影响，具有税收中性效应，有利于生产的社会专业化分工，不会对资源配置产生扭曲，这也是营业税改征增值税的重要动因。

（3）税收负担随应税货物、服务、无形资产和不动产的流转而向最终消费者转嫁。流转税一般都易于转嫁，每一购销环节的增值税纳税人也只是将其购进时付出的增值税与销售时向购买方收取的增值税之间的差额上缴国家，其本身并未实际承担任何税负，全部增值税逐步转移，由最后一个购买者负担。

（4）实行价外计税。以不含增值税税额的货物、服务、无形资产和不动产价格为计税依据，实行价外计税，使增值税的间接税性质更加明显。这是增值税与传统的以全部流转额为计税依据的流转税或商品课税的一个重要区别。

（5）实行税款抵扣制度。在计算企业应纳税款时，要扣除货物、服务、无形资产和不动产在以前生产环节已经负担的税款，避免重复征税。一般都凭购进货物、服务、无形资产和不动产的发票进行抵扣，所以称为购进扣税法（又称一般计税方法）。

（6）对不同经营规模的纳税人采用不同计征方法。按年销售额和会计制度是否健全将增值税的纳税人划分为一般纳税人和小规模纳税人，一般纳税人实行规范化的购进扣税法（一般计税方法），而对小规模纳税人则实行简易征收法。

第二节 纳税义务人与征税范围

一、纳税义务人

（一）纳税义务人和扣缴义务人

1. 纳税义务人

在中华人民共和国境内销售或进口货物，以及销售服务、无形资产和不动产的单位和个人，为增值税的纳税义务人（以下简称纳税人）。

这里所称的单位，是指企业、行政单位、事业单位、军事单位、社会团体及其他单位。所称的个人，是指个体工商户及其他个人，包括中国公民和外国公民等。

单位以承包、承租、挂靠方式经营的，承包人、承租人、挂靠人（以下简称承包人）以发包人、出租人、被挂靠人（以下简称发包人）名义对外经营并由发包人承担相关法律责任的，以该发包人为纳税人。否则，以承包人为纳税人。

2. 扣缴义务人

中华人民共和国境外的单位或个人在我国境内发生应税交易，以购买方为扣缴义务人。

扣缴义务人按以下公式计算应扣缴税款：

$$应扣缴税款＝接受方支付的价款÷（1＋税率）×税率$$

（二）一般纳税人和小规模纳税人

增值税实行凭增值税专用发票和其他符合规定法定票证抵扣的制度，客观上要求纳税人具备健全的会计核算制度和能力。但是，实际经济生活中增值税纳税人众多，其中大量的小微企业和个人还不具备用发票抵扣的条件。为了配合增值税专用发票的管理，简化计算和征收，减少税收征管漏洞，税法将增值税纳税人按会计核算健全程度和年应税销售额规模分为一般纳税人和小规模纳税人，分别采取不同的增值税计算征收办法。登记后的一般纳税人适用购进扣税的一般计税方法（另有规定除外），小规模纳税人适用简易计税方法。

1. 一般纳税人

（1）增值税纳税人年应税销售额超过财政部、国家税务总局规定的小规模纳税人标准的，除另有规定外，应当向主管税务机关办理一般纳税人登记。

年应税销售额，是指纳税人在连续不超过 12 个月或 4 个季度的经营期内累计应征增值税销售额，包括纳税申报销售额、稽查查补销售额、纳税评估调整销售额。

销售服务、无形资产或者不动产等应税交易有扣除项目的纳税人，其应税交易年应税销售额按未扣除之前的销售额计算。纳税人偶然发生的销售无形资产、转让不动产的销售额，不计入应税行为年应税销售额。

年应税销售额未超过规定标准的纳税人，会计核算健全的，能够提供准确税务资料的，可以向主管税务机关办理一般纳税人登记。会计核算健全，是指能够按照国家统一的会计制度规定设置账簿，根据合法、有效凭证进行核算。

（2）下列纳税人不办理一般纳税人登记：①按照政策规定，选择按照小规模纳税人纳税的；②年应税销售额超过规定标准的其他个人。

2. 小规模纳税人

小规模纳税人，是指年应税销售额在规定标准以下，并且会计核算不健全，不能按规定报送有关资料的增值税纳税人。所谓会计核算不健全，是指不能正确核算增值税的销项税额、进项税额和应纳税额。

（1）小规模纳税人的具体认定标准为年应征增值税销售额 500 万元及以下。

（2）小规模纳税人实行简易征税办法，不抵扣进项税额。

（3）小规模纳税人（其他个人除外）发生增值税应税行为，需要开具增值税专用发票的，可以自愿使用增值税发票管理系统自行开具。

3. 一般纳税人"转登记"为小规模纳税人的规定。

纳税人登记为一般纳税人后，不得转为小规模纳税人，国家税务总局另有规定的除外。

国家税务总局在 2018 年将认定小规模纳税人的年销售额提高到 500 万元，并在 2018 年和 2019 年两次下调一般纳税人适用的税率，且在 2020 年对受新冠疫情严重影响的增值税小规模纳税人、小型微利企业、个体工商户给予了"六税两费减半"等税收优惠，即在 50% 的税额幅度内减征资源税、城市维护建设税、房产税、城镇土地使用税、印花税（不含证券交易印花税）、耕地占用税和教育费附加、地方教育附加，上述政策延续至 2027 年 12 月 31 日。为减轻企业税负，对已登记为增值税一般纳税人的单位和个人，转登记日前连续 12 个月或者连续 4 个季度累计销售额未超过 500 万元的，在 2018 年 12 月 31 日前、2019 年 12 月 31 日前和 2020 年 12 月 31 日前，三次提供了可选择转登记为小规模纳税人的机会。

转登记纳税人按规定再次登记为一般纳税人后，不得再转登记为小规模纳税人。

符合转登记条件的一般纳税人在考虑是否转登记时，除了按两种不同身份核算自身增值税税负的变化以外，还应考虑企业上下游客户群体的需求，以及作为增值税小规模纳税人、小型微利企业、个体工商户可以额外享受的"六税两费减半"等税收优惠。

二、征税范围

在中华人民共和国境内（以下简称境内）销售货物、服务、无形资产、不动产（以下简称应税交易）及进口货物，都属增值税的征收范围。

（一）征收范围的一般规定

1. 销售或者进口货物

销售货物是指有偿转让货物的所有权。进口货物是指报关进入我国海关境内的货物。"有偿转让"是指从购买方取得货币、实物或其他利益。

"货物"是指有形动产，包括电力、热力和气体等。

而转让企业全部产权涉及的应税货物的转让，不属于增值税的征税范围。

2. 销售服务

销售服务是指有偿提供服务。服务的范围包括：

（1）交通运输服务。交通运输服务是指利用运输工具将货物或者旅客送达目的地，使其空间位置得到转移的业务活动，包括：①陆路运输；②水路运输；③航空运输；④管道运输服务；⑤其他交通运输服务等。

纳税人发生下列服务时的征税范围界定如下：

①出租车公司向使用本公司自有出租车的出租车司机收取的管理费用，按"陆路运输服务"征收增值税。

②远洋运输的程租、期租业务，属于"水路运输服务"。程租业务，是指远洋运输企业为租船人完成某一特定航次的运输任务并收取租赁费的业务。期租业务，是指远洋运输企业将配备有操作人员的船舶承租给他人使用一定期限，承租期内听候承租方调遣，不论是否经营，均按天向承租方收取租赁费，产生的固定费用均由船东负担。如不配备操作人员也不承担费用，只收取固定租赁费的，称为光租业务。

③航空运输的湿租业务，属于"航空运输服务"。湿租业务，是指航空运输企业将配备有机组人员的飞机承租给他人使用一定期限，承租期内听候承租方调遣，不论是否经营，均按一定标准向承租方收取租赁费，产生的固定费用均由承租方承担。不配备机组人员也不承担费用，只收取固定租赁费的，称为干租业务。

④航空运输企业提供的旅客利用里程积分兑换的航空运输服务，不征收增值税。航空运输企业根据国家指令无偿提供的航空运输服务，属于《试点实施办法》第 11 条规定的以公益活动为目的的服务，不征收增值税。航空运输企业的应征增值税销售额不包括代收的机场建设费和代售其他航空运输企业客票而代收转付的价款。

⑤航天运输服务按照"航空运输服务"缴纳增值税。

（2）建筑服务。建筑服务是指各类建筑物、构筑物及其附属设施的建造、修缮、装饰，线路、管道、设备、设施等的安装及其他工程作业的业务活动，包括：①工程服务；②安装服务；③修缮服务；④装饰服务；⑤其他建筑服务等。

纳税人发生下列服务时的征税范围界定如下：

①固定电话、有线电视、宽带、水、电、燃气、暖气等经营者向用户收取的安装费、初装费、开户费、扩容费及类似收费，按照"安装服务"缴纳增值税。

②纳税人对安装运行后的机器设备提供的维护保养服务，按照"其他现代服务"缴纳增值税。

（3）邮政服务。邮政服务是指中国邮政集团公司及其所属邮政企业提供邮件寄递、邮政汇兑和机要通信等邮政基本服务的业务活动。包括：①邮政普遍服务；②邮政特殊服务；③其他邮政服务等。

（4）电信服务。电信服务是指利用有线、无线的电磁系统或者光电系统等各种通信网络资源，提供语音通话服务，传送、发射、接收或者应用图像、短信等电子数据和信息的业务活动。包括：①基础电信服务；②增值电信服务等。

（5）现代服务。现代服务是指围绕制造业、文化产业、现代物流产业等提供技术性、知识性服务的业务活动。包括：①研发和技术服务；②信息技术服务；③文化创意服务；④物流辅助服务；⑤租赁服务；⑥鉴证咨询服务；⑦广播影视服务；⑧商务辅助服务；⑨其他现代服务等。

其中，文化创意服务包括设计服务、知识产权服务、广告服务和会议展览服务。租赁服务包括融资租赁服务和经营租赁服务。商务辅助服务包括企业管理服务、经纪代理服务、人力资源服务、安全保护服务。

纳税人发生下列服务时的征税范围界定如下：

①宾馆、旅馆、旅社、度假村和其他经营性住宿场所提供会议场地及配套服务的活动，按照"会议展览服务"缴纳增值税。

②融资性售后回租不属于"租赁服务"，而应按照"贷款服务"缴纳增值税。

③将建筑物、构筑物等不动产或者飞机、车辆等有形动产的广告位出租给其他单位或者个人用于发布广告，按照"经营租赁服务"缴纳增值税。

④车辆停放服务、道路通行服务（包括过路费、过桥费、过闸费等），按照"不动产经营租赁服务"缴纳增值税。

⑤水路运输的光租业务、航空运输的干租业务，按照"经营租赁服务"缴纳增值税。

⑥翻译服务和市场调查服务，按照"咨询服务"缴纳增值税。

⑦拍卖行受托拍卖取得的手续费或佣金收入，按照"经纪代理服务"缴纳增值税。

⑧纳税人提供的安全保护服务，属于"人力资源服务"，按照劳务派遣服务政策执行；纳税人提供武装守护押运服务，按照"安全保护服务"缴纳增值税。

⑨纳税人为客户办理退票而向客户收到的退票费、手续费等收入，按照"其他现代服务"缴纳增值税。

⑩纳税人对安装运行后的机器设备提供的维护保养服务，按照"其他现代服务"缴纳增值税。

（6）生活服务。生活服务是指为满足城乡居民日常生活需求提供的各类服务活动，包括：①文化体育服务；②教育医疗服务；③旅游娱乐服务；④餐饮住宿服务；⑤居民日常生活；⑥其他生活服务等。

纳税人发生下列服务时的征税范围界定如下：

①提供餐饮服务的纳税人销售的外卖食品，按照"餐饮服务"缴纳增值税。

②纳税人在游览场所经营索道、摆渡车、电瓶车、游船等取得的收入，按照"文化体育服务"缴纳增值税。

③纳税人现场制作食品并直接销售给消费者，按照"餐饮服务"缴纳增值税。

④纳税人提供植物养护服务，按照"其他生活服务"缴纳增值税。

（7）金融服务。金融服务是指经营金融保险的业务活动，包括：①贷款服务；②直接收费金融服务；③保险服务；④金融商品转让等。

纳税人转让因同时实施股权分置改革和重大资产重组而首次公开发行股票并上市形

成的限售股，以及上市首日至解禁日期间由上述股份孳生的送、转股，以该上市公司股票上市首日开盘价为买入价，按照"金融商品转让"缴纳增值税。

（8）加工、修理修配服务。在《增值税暂行条例》下的"加工、修理修配劳务"税目，在《增值税法》下改为"加工、修理修配服务"税目。

其中"加工"是指受托加工货物，即由委托方提供原料及主要材料，受托方按委托方要求制造货物并收取加工费及辅助材料费用，加工后的货物所有权属于委托方的业务。

"修理修配"是指受托方对损伤和丧失使用功能的货物进行修复，使其恢复原状和功能的业务。员工为本单位服务或受雇为雇主提供加工、修理修配劳务不包括在内。应区分的是，"修理修配"劳务的对象为有形动产如飞机、汽车等，而建筑施工服务中的"修缮"的对象则为不动产，如房屋建筑物、公路桥梁等。

3. 销售无形资产

销售无形资产是指有偿转让无形资产所有权或者使用权的业务活动。

无形资产包括技术、商标、著作权、商誉、自然资源使用权和其他权益性无形资产。

其他权益性无形资产，包括基础设施资产经营权、公共事业特许权、配额、经营权（包括特许经营权、连锁经营权、其他经营权）、经销权、分销权、代理权、会员权、席位权、网络游戏虚拟道具、域名、名称权、肖像权、冠名权、转会费等。

4. 销售不动产

指纳税人有偿转让不动产所有权的业务活动。不动产包括建筑物、构筑物等。

转让建筑物有限产权或永久使用权的，转让在建建筑物或构筑物所有权的，以及在转让建筑物或构筑物时一并转让其所占土地的使用权的，按照"销售不动产"缴纳增值税。

5. "境内"发生应税交易的界定

在境内发生应税交易，是指下列情形：

（1）销售货物的，货物的起运地或者所在地在境内。

（2）销售或者租赁不动产、转让自然资源使用权的，不动产、自然资源的所在地在境内。

（3）销售金融商品的，金融商品在境内发行，或者销售方为境内单位和个人。

（4）除上述第（2）项、第（3）项规定外，销售服务、无形资产的，服务、无形资产在境内消费，或者销售方为境内单位和个人。

下列情形不属于在境内销售服务或者无形资产：

（1）境外单位或者个人向境内单位或者个人销售完全在境外发生的服务。

（2）境外单位或者个人向境内单位或者个人销售完全在境外使用的无形资产。

（3）境外单位或者个人向境内单位或者个人出租完全在境外使用的有形动产。

（4）财政部和国家税务总局规定的其他情形。

（二）征税范围的特殊规定

由于经济业务复杂多样，税法对经济实务中的某些特殊项目或行为的征收管理作出了一些具体界定。

1. 视同销售行为（视同应税交易）

《增值税暂行条例实施细则》（财政部 国家税务总局第 50 号令）第 4 条规定，单位或者个体工商户的下列行为，视同销售货物：

（1）将货物交付其他单位或者个人代销；

（2）销售代销货物；

（3）设有两个以上机构并实行统一核算的纳税人，将货物从一个机构移送其他机构用于销售，但相关机构设在同一县（市）的除外；

（4）将自产或者委托加工的货物用于非增值税应税项目；

（5）将自产、委托加工的货物用于集体福利或者个人消费；

（6）将自产、委托加工或者购进的货物作为投资，提供给其他单位或者个体工商户；

（7）将自产、委托加工或者购进的货物分配给股东或者投资者；

（8）将自产、委托加工或者购进的货物无偿赠送其他单位或者个人。

《财政部 国家税务总局关于全面推开营业税改征增值税试点的通知》（财税〔2016〕36 号）第 14 条规定，下列情形视同销售服务、无形资产或者不动产：

（1）单位或者个体工商户向其他单位或者个人无偿提供服务，但用于公益事业或者以社会公众为对象的除外。

（2）单位或者个人向其他单位或者个人无偿转让无形资产或者不动产，但用于公益事业或者以社会公众为对象的除外。

（3）财政部和国家税务总局规定的其他情形。

《增值税法（征求意见稿）》对上述视同销售行为改称为"视同应税交易"，并大幅减少了视同销售的项目，规定有下列情形之一的，应当视同应税交易依法缴纳增值税：

（1）单位和个体工商户将自产或者委托加工的货物用于集体福利或者个人消费。

（2）单位和个体工商户无偿转让货物。

（3）单位和个人无偿转让无形资产、不动产或者金融商品。

（4）国务院规定的其他情形。

纳税人的上述行为虽不同于有偿转让货物所有权、销售服务、无形资产或不动产的一般销售行为，但是也要视同应税交易征收增值税，主要原因是：①为了保证增值税税款抵扣制度的实施，不至于因发生该行为而造成税款抵扣环节的中断；②避免因为发生该行为而造成货物销售税收负担不平衡的矛盾，防止纳税人以该行为来逃税的现象发生；③体现增值税计算的配比原则，即购进的货物、服务、无形资产和不动产在购进时抵扣了进项税额，那么在对外提供货物、服务、无形资产和不动产时就应产生相应的销项税额。

视同应税交易的解析

上述第（1）项所称集体福利或者个人消费，是指企业内部设置的供职工使用的食堂、浴室、理发室、宿舍、幼儿园等福利设施及其设备、物品等，或者以福利、奖励、津贴等形式发放给职工个人的物品。

注意上述视同应税交易行为中，第（1）项行为仅含自产或委托加工的货物，而第（2）～

（3）项行为除自产或委托加工的货物外，还包括外购的货物。

按照国税函（2008）875号规定，企业以买一赠一等方式组合销售本企业商品的，不属于第（2）项的无偿转让行为，应将总的销售金额按各项商品的公允价值的比例来分摊确认各项的销售收入。

本书将在"进项税额的计算和抵扣"处解读将货物用于集体福利或个人消费时，作视同应税交易、不得抵扣进项税额和进项税额转出处理这3种情况的差别。

2. 混合销售行为

纳税人发生一项应税交易涉及两个以上税率、征收率的，为混合销售。即同一项应税交易涉及了适用不同税率、征收率的货物或服务，如销售货物并负责运输、安装；汽车销售公司销售汽车并提供按揭服务；银行销售结算票证并办理存贷款服务等。

（1）对混合销售行为的纳税义务，一般应按企业的"经营主业"来判定：①从事货物的生产、批发或者零售的单位和个体工商户的混合销售行为，按照销售货物缴纳增值税；②其他单位和个体工商户的混合销售行为，按照销售服务缴纳增值税。

从事货物的生产、批发或者零售的单位和个体工商户，包括以从事货物的生产、批发或者零售为主，并兼营销售服务的单位和个体工商户在内。所谓以从事货物的生产、批发或零售为主，是指纳税人年销售货物与加工修理修配劳务销售额，占当年全部销售额的50%以上。

扩展阅读 2.4　纳税筹划

例如，销售货物并负责运输安装、销售汽车并提供按揭付款、销售烟花并负责燃放等混合销售行为通常应一并按货物税率征收增值税；建筑工程包工包料、银行销售结算凭证并提供结算服务等混合销售行为通常应一并按服务税率征收增值税。

（2）纳税人销售活动板房、机器设备、钢结构件等自产货物的同时提供建筑、安装服务的，国家税务总局公告（2017）第11号规定其不属于混合销售行为，应分别核算货物和建筑服务的销售额，分别适用不同的税率或者征收率。

一般纳税人销售电梯的同时提供安装服务，其安装服务可以按照甲供工程选择适用简易计税方法计税。纳税人对安装运行后的电梯提供的维护保养服务，按照"其他现代服务"缴纳增值税。

3. 兼营行为

纳税人发生两项以上应税交易涉及不同税率、征收率的，为兼营行为，应当分别核算适用不同税率、征收率的销售额；未分别核算的，从高适用税率。

扩展阅读 2.5　税法解读

4. 罚没物品征与不征增值税的处理规定

（1）执罚部门和单位查处的属于一般商业部门经营的商品，具备拍卖条件的，由执罚部门或单位商同级财政部门同意后，公开拍卖。其拍卖收入作为罚没收入由执罚部门和单位如数上缴财政，不予征税。对经营单位购入拍卖物品再销售的，应照章征收增值税。

（2）执罚部门和单位查处的属于一般商业部门经营的商品，不具备拍卖条件的，由执罚部门、财政部门、国家指定销售单位会同有关部门按质论价，交由国家指定销售单位纳入正常销售渠道变价处理。执罚部门按商定价格所取得的变价收入作为罚没收入如数上缴财政，不予征税。国家指定销售单位将罚没物品纳入正常销售渠道销售的，应照章征收增值税。

（3）执罚部门和单位查处的属于专管机关管理或专管企业经营的财物，如金银（不包括金银首饰）、外币、有价证券、非禁止出口文物，应交由专管机关或专营企业收兑或收购。执罚部门和单位按收兑或收购价所取得的收入作为罚没收入如数上缴财政，不予征税。专管机关或专营企业经营上述物品中属于应征增值税的货物，应照章征收增值税。

（三）增值税征税范围的其他特殊规定

1. 不征收增值税项目

（1）根据国家指令无偿提供的铁路运输服务、航空运输服务，属于《营业税改征增值税试点实施办法》第14条规定的用于公益事业的服务。

（2）取得存款利息收入。

（3）被保险人获得的保险赔付。

（4）房地产主管部门或者其指定机构、公积金管理中心、开发企业及物业管理单位代收的住宅专项维修资金。

（5）在资产重组过程中，通过合并、分立、出售、置换等方式，将全部或者部分实物资产及与其相关联的债权、负债和劳动力一并转让给其他单位和个人，其中涉及的不动产、土地使用权转让行为。

2. 非经营活动的确认

销售服务、无形资产或者不动产，是指有偿提供服务、有偿转让无形资产或者不动产，但属于下列非经营活动情形的除外。

（1）行政单位收取的同时满足以下条件的政府性基金或者行政事业性收费。

①由国务院或者财政部批准设立的政府性基金，由国务院或者省级人民政府及其财政、价格主管部门批准设立的行政事业性收费。

②收取时开具省级以上（含省级）财政部门监（印）制的财政票据。

③所收款项全额上缴财政。

（2）员工为受雇单位或者雇主提供取得工资、薪金的服务。

（3）单位或者个体工商户为聘用的员工提供服务。

（4）依照法律规定被征收、征用而取得补偿。

（5）财政部和国家税务总局规定的其他情形。

第三节　税率与征收率

一、增值税税率及其适用范围

现行增值税税率分别为13%、9%、6%和零税率。

（一）13%基本税率的适用范围

纳税人销售货物、加工修理修配服务、有形动产租赁服务，以及进口货物的，除按规定适用9%税率的货物以外，均适用13%的基本税率。

纳税人受托对垃圾、污泥、污水、废气等废弃物进行专业化处理，即运用填埋、焚烧、净化、制肥等方式，对废弃物进行减量化、资源化和无害化处理处置，专业化处理后产生货物，且货物归属委托方的，受托方属于提供"加工劳务"，其收取的处理费用适用13%的增值税税率。

（二）9%税率的适用范围

纳税人销售交通运输、邮政、基础电信、建筑、不动产租赁服务，销售不动产，转让土地使用权，销售或进口下列货物的，税率为9%。

（1）农产品、食用植物油、食用盐。农产品是指种植业、养殖业、林业、牧业、水产业生产的各种植物、动物的初级产品。具体征税范围暂继续按《增值税部分货物征税范围注释》（国税发〔1993〕151号）、《农产品征税范围注释》（财税字〔1995〕52号）及现行相关规定执行。

按照食品国家安全标准生产的巴氏杀菌乳、灭菌乳均属于初级农产品，适用9%税率。但是按照食品国家安全标准生产的调制乳不属于初级农产品，适用13%税率。

淀粉、肉桂油、桉油、香茅油不属于初级农产品，应适用13%税率。

（2）自来水、暖气、冷气、热水、煤气、石油液化气、天然气、二甲醚、沼气、居民用煤炭制品。

（3）图书、报纸、杂志、音像制品、电子出版物。

（4）饲料、化肥、农药、农机、农膜。农机零部件不属于农机的征收范围。

（5）国务院规定的其他货物。

（三）6%税率的适用范围

纳税人销售增值电信服务、金融服务、现代服务（不含不动产租赁服务）、生活服务以及销售无形资产（不含转让土地使用权）的，税率为6%。

下列情形也按6%税率征收增值税。

（1）纳税人通过省级土地行政主管部门设立的交易平台转让补充耕地指标，按照"销售无形资产"缴纳增值税，税率为6%。

（2）纳税人受托对垃圾、污泥、污水、废气等废弃物进行专业化处理，即运用填埋、焚烧、净化、制肥等方式，对废弃物进行减量化、资源化和无害化处理处置，按照以下规定适用增值税税率：

①采取填埋、焚烧等方式进行专业化处理后未产生货物的，受托方属于提供"现代服务"中的"专业技术服务"，其收取的处理费用适用6%的增值税税率。

②专业化处理后产生货物，且货物归属受托方的，受托方属于提供"专业技术服务"，其收取的处理费用适用6%的增值税税率。受托方将产生的货物用于销售时，适用销售货物的13%增值税税率。

（四）零税率

1. 纳税人出口货物

零税率不同于免税，出口货物免税指仅在出口环节不征收增值税，而零税率意味着出口退税，即一方面免征货物出口环节销项税额，另一方面还要退还为收购和生产该出口货物所支付的进项税额，以使该出口产品在出口时完全不含增值税税款，从而增强其国际竞争力。

我国目前并非对所有出口产品都完全实行零税率，而是经常根据经济形势的变化和调节产品出口结构的需要调整出口退税率。

2. 境内单位和个人跨境销售国务院规定范围内的服务、无形资产，税率为零

根据《营改增通知》的相关规定，跨境应税行为适用增值税零税率的规定如下。

（1）在中国境内的单位和个人销售的下列服务和无形资产，适用增值税零税率。

①国际运输服务，包括：在境内载运旅客或者货物出境；在境外载运旅客或者货物入境；在境外载运旅客或者货物。

②航天运输服务。

③向境外单位提供的完全在境外消费的下列服务：研发服务；合同能源管理服务；设计服务；广播影视节目（作品）的制作和发行服务；软件服务；电路设计及测试服务；信息系统服务；业务流程管理服务；离岸服务外包业务；转让技术。

④财政部和国家税务总局规定的其他服务。

（2）境内的单位和个人发生的与香港、澳门、台湾有关的应税行为，除另有规定外，参照上述规定执行。

二、增值税征收率

增值税的征收率是指特定纳税人发生应税交易在某一生产流通环节应纳税额与销售的比率。

（一）适用增值税征收率的两种情况

（1）小规模纳税人。考虑到小规模纳税人经营规模小，且会计核算不健全，不能取得增值税专用发票抵扣进项税款，难以按以销项税额抵扣进项税额的一般模式计税，可以按照销售额和征收率计算应纳税额的简易计税方法，计算缴纳增值税。小规模纳税人会计核算健全，能够提供准确税务资料的，也可以向主管税务机关办理转登记，按照一般计税方法计税。

（2）一般纳税人发生应税交易按规定可以选择简易计税方法计税的。这主要是因为一些行业难以取得增值税专用发票，或者由于行业特点进项税额较少，或者属于在"营改增"之前购入的不动产或取得的无形资产等，未曾抵扣过进项税额，如按一般模式计税则其增值税税负较重，故允许其可以选择简易计税方法计税。

（二）征收率的一般规定

纳税人如发生按简易计税方法计税的情形，除按规定适用 5%征收率的以外，其应税交易均适用 3%的征收率。

下列情形适用 5%征收率：

（1）小规模纳税人销售自建或者取得的不动产。

（2）一般纳税人选择简易计税方法计税的不动产销售。

（3）房地产开发企业中的小规模纳税人销售自行开发的房地产项目。

（4）其他个人销售其取得的（不含自建）不动产（不含其购买的住房）。

（5）一般纳税人选择简易计税方法的不动产经营租赁。

（6）小规模纳税人出租（经营租赁）其取得的不动产（不含个人住房出租）。

（7）其他个人出租（经营租赁）其取得的不动产（不含住房）。

（8）个人出租住房，应按照 5%的征收率减按 1.5%税率计算应纳税额。

（9）一般纳税人和小规模纳税人提供劳务派遣服务选择差额纳税的。

（10）一般纳税人 2016 年 4 月 30 日前签订的不动产融资租赁合同，或以 2016 年 4 月 30 日前取得的不动产提供的融资租赁服务，选择适用简易计税方法的。

（11）一般纳税人收取营改增试点前开工的一级公路、二级公路、桥、闸通行费，选择适用简易计税方法的。

（12）一般纳税人提供人力资源外包服务，选择适用简易计税方法的。

（13）纳税人转让 2016 年 4 月 30 日前取得的土地使用权，选择适用简易计税方法的。

（14）房地产开发企业中的一般纳税人购入未完工的房地产老项目（2016 年 4 月 30 日前的建筑工程项目）继续开发后，以自己名义立项销售的不动产，可以选择适用简易计税方法，按 5%征收率计算缴纳增值税。

（三）征收率的特殊规定

（1）纳税人销售自己使用过的属于《增值税暂行条例》第 10 条规定不得抵扣且未抵扣进项税额的固定资产，适用简易办法依照 3%征收率减按 2%征收增值税政策。

纳税人销售自己使用过的固定资产，适用简易办法依照 3%征收率减按 2%征收增值税政策的，可以放弃减税，按照简易办法依照 3%征收率缴纳增值税，并可以开具增值税专用发票。

自己使用过的固定资产，是指纳税人根据财务会计制度已经计提折旧的固定资产。

（2）小规模纳税人（除其他个人外）销售自己使用过的固定资产，按照简易办法依照 3%征收率减按 2%征收增值税。

（3）纳税人销售旧货，按照简易办法依照 3%征收率减按 2%征收增值税。

旧货是指进入二次流通的具有部分使用价值的货物（含旧汽车、旧摩托车和旧游艇），但不包括自己使用过的物品。

纳税人销售自己使用过的固定资产、物品或旧货，适用按照简易办法依照 3%征收率减按 2%征收增值税的，其销售额和应纳税额计算公式如下：

$$销售额 = 含税销售额/（1+3\%）$$

$$应纳税额 = 销售额 \times 2\%$$

根据《关于明确二手车经销等若干增值税征管问题的公告》（国家税务总局公告 2020 年第 9 号）的规定，2020 年 5 月 1 日至 2023 年 12 月 31 日，从事二手车经销业务的纳税人销售其收购的二手车，纳税人减按 0.5% 征收率征收增值税，并按下列公式计算销售额：

$$销售额 = 含税销售额/（1+0.5\%）$$

（4）2023 年 1 月 1 日至 2027 年 12 月 31 日，增值税小规模纳税人适用 3% 征收率的应税销售收入，减按 1% 征收率征收增值税；适用 3% 预征率的预缴增值税项目，减按 1% 预征率预缴增值税。

第四节　应纳税额的计算

一、一般计税方法下应纳税额的计算

增值税一般纳税人应纳税额的计算采用的是各国普遍采用的购进扣税法，即按照税法规定，按当期销售额和适用税率计算出销项税额，然后从中抵扣当期购进货物、服务、无形资产和不动产时已缴纳的进项税额。其计算公式为

$$增值税当期应纳税额 = 当期销项税额 - 当期进项税额$$

销项税额是纳税人发生应税交易时，按照当期销售额和适用税率计算，随同销售价款一并向购买方收取的增值税税额。它表示的不是本环节纳税人的应纳税额，而是到本环节为止该应税交易的整体税负。其计算公式为

$$销项税额 = 当期计税销售额 \times 适用税率$$

进项税额是指纳税人因购进货物、服务、无形资产和不动产时所支付或负担的增值税税额。进项税额表示纳税人不仅支付了所购货物、服务、无形资产和不动产本身的价款，而且也支付了其所承担的税款。

增值税为价外税，应税交易的销售额不包括增值税税额，增值税税额应当按照国务院的规定在交易凭证上单独列明。

（一）销项税额的计算

由于纳税人当期可抵扣的进项税额是凭增值税专用发票、海关进口完税凭证等法定抵扣凭证抵扣，可见在应税交易适用税率一定的情况下，关键在于正确、合理地确定纳税人当期计税销售额，从而计算其当期销项税额。本教材将分以下 4 种情况来确定销售额。

1. 一般销售方式下销售额的确认

销售额是指纳税人发生应税交易时向购买方收取的全部价款和价外费用。

价外费用（实属价外收入）是在价外收取的各种性质的收费，包括收取的手续费、补贴、基金、集资费、返还利润、奖励费、违约金、延期付款利息、包装费、包装物租金、储备费、优质费、运输装卸费、代收款项、代垫款项及其他各种性质的价外收费。凡随同应税交易向购买方收取的价外费用，无论其会计制度如何核算，均应并入销售额计算应纳

税额。但下列项目不包括在内。

（1）受托加工应征消费税的消费品所代收代缴的消费税。

（2）同时符合以下两个条件的代垫运费：①承运者将运费发票开具给购货方；②纳税人将该项发票转交给购货方。

（3）同时符合以下条件代为收取的政府性基金或行政事业性收费：①由国务院或财政部批准设立的政府性基金，由国务院或省级人民政府及其财政、价格主管部门批准设立的行政事业性收费；②收取时开具省级以上财政部门印制的财政票据；③所收款项全额上缴财政。

（4）以委托方名义开具发票代委托方收到的款项。

（5）纳税人销售货物的同时代办保险而向购买方收取的保险费，以及从事汽车销售的纳税人向购买方收取的代购买方缴纳的车辆购置税、牌照费，不作为价外费用征收增值税。

税法规定各种性质的价外费用一般都应并入销售额计算征税，目的是防止出现以各种名目的收费来减少销售额逃避纳税的现象。企业对价外收费和逾期包装物押金一般都是在"其他应付款""其他业务收入""营业外收入"等科目核算，应注意这些收入都是含税收入，在纳税时应换算成不含税收入后再并入销售额。有的企业不按会计核算要求对价外收费进行核算，又不按规定核算销项税额，而是将价外收费直接冲减有关费用，这是逃避纳税的行为。

需特别注意的是，由于增值税采用价外计税方式，用不含增值税价格（以下简称不含税）作为计税依据，因而销售额中不包括向购买方收取的销项税额。实际工作中，常常会出现一般纳税人发生应税交易时采用销售额和销项税额合并定价收取的方法。比如，超市向消费者个人销售商品，这样就会形成含税销售额，此时必须将其换算成不含税销售额。含税的销售额和价外费用，应按下列公式换算为不含税销售额：

$$销售额 = 含税销售额 / (1 + 适用税率)$$

对属于消费税征收范围的货物征收增值税时，其销售额应包括消费税。这是因为消费税属价内税，其消费税是包含在销售额内的，而增值税属价外税。这也就是说，对应征消费税的货物征收增值税时，计算增值税的销售额和计算消费税的销售额是相同的。

销售额以外汇结算的，其销售额的人民币折合率可以选择销售发生的当天或当月 1 日的国家外汇牌价（原则上为中间价）。纳税人应在事先确定采用何种折合率，确定后一年内不得变更。

2. 几种特殊销售方式下销售额的确认

1）以折扣方式销售

（1）折扣销售。折扣销售又叫商业折扣，是指销售方在发生应税交易时，因购买方购买数量较大等原因而给予购买方的价格折扣优惠，如购买一件商品按原价，购买 2 件则折扣 5%，购买 5 件折扣 10%。由于折扣是在实现销售当时发生的，因此增值税法规定，纳税人发生应税交易，如果将销售额和折扣额在同一张发票上的"金额"栏分别注明的，可按折扣后的销售额计算缴纳增值税；未在同一张发票上的"金额"栏注明折扣额，而仅在发票的"备注"栏注明的，折扣额不得从销售额中扣除；未在同一张发票上分别注明的，以价款为销售额，不得扣减折扣额。

折扣销售仅限于应税交易价格的折扣，如果销货方将自产、委托加工和购买的货物用作实物折扣的，则不但该项实物款额不能从应税交易的销售额中扣除，而且该用作折扣的实物应按"视同应税交易"中的"无偿转让货物"计算征收增值税。

另外还要注意的是，折扣销售方式不要与现金折扣、销售折让等相混淆，它们的税务处理存在较大的差别。

（2）销售折扣。销售折扣又叫现金折扣，是指销货方在发生应税交易后，为了鼓励购买方及早偿还赊欠的货款而协议给予购货方的一种折扣优待，如信用条件：2/10，1/20，n/30，这表示购货方信用期为 30 天，在 10 天内付款货款折扣率为 2%；20 天内付款则折扣率为 1%；30 天内应全价付款。现金折扣发生在销货之后，是一种融资性质的理财费用，不得从销售额中减除，在会计核算上应计入"财务费用"科目。

（3）销售折让。销售折让是指企业应税交易发生后，由于其品种、规格、质量或交货期限与合同约定不符等原因，购买方未予退货，但销货方须给予价格折让。销售折让不仅涉及销货价款或折让价款的退回，还涉及增值税的退回。纳税人发生应税交易因销售折让、中止或者退回的，应扣减当期的销项税额（一般计税方法）或销售额（简易计税方法）。所以，一般纳税人因销货退回或折让而退还给购买方的增值税额，应从发生销售退回或折让当期的销项税额中扣减；购货方因进货退出或折让而收回的增值税额，应从发生进货退出或折让当期的进项税额中扣减。具体处理办法详见本章第七节"增值税的征收管理"中关于开具专用发票后发生退货或销售折让的处理。如果纳税人在发生进货退出或折让时只收回价款和增值税额，而没有相应地减少当期进项税额，造成虚增进项税额而减少纳税的，属于偷税行为，将按偷税予以处罚。

2）采取以旧换新方式销售

以旧换新是指纳税人在销售自己的货物时，有偿收回旧货物的行为。税法规定，采取以旧换新方式销售货物的，应按新货物的同期销售价格确定销售额，不得扣除旧货物的收购价格。这是因为销售与收购是两个不同的业务，销售额与收购额不能相互抵减，也是为了防止出现销售额不实、少纳税的情况。

但对金银首饰以旧换新业务，可按销售方实际收取的不含增值税的全部价款征税。

3）采取还本销售方式销售

还本销售是指纳税人在销售货物后，到一定期限由销货方一次或分次退还给购货方部分或全部价款。其实质是以提供货物而取得还本不付息的资金的一种融资行为。增值税法规定，以还本方式销售货物的，应以该货物销售价格作为销售额，不得从销售额中扣除任何将来还本的支出。

4）采取以物易物方式销售

以物易物是指购销双方不是以货币进行结算，而是以同等价款的应税交易相互结算，实现应税交易购销的一种方式。以物易物销售方式虽然不直接涉及货币收支活动，但其实质仍是一种购销行为。因此，以物易物双方均应作购销处理，以各自提供的货物、服务等核算销售额并计算销项税额，以各自收到的货物、服务等核算购进额并计算进项税额。应注意的是，在以物易物活动中，应分别开具合法的票据，如收到的货物、服务、无形资产和不动产不能取得相应的增值税专用发票或其他合法票据的，就不能抵扣进项税额。

5）出租出借包装物押金

包装物是纳税人包装本单位货物的各种物品。纳税人销售货物时收取包装物押金，目的是促使购货方及早归还包装物以便周转使用。

纳税人为销售货物出租出借包装物收取的押金，如在"其他应付款"科目单独记账核算，时间在1年以内，又未逾期的，不并入销售额征税；但对逾期未收回或毁损包装物不再退还押金的，应按所包装货物的适用税率计算销项税额。

这里的"逾期"是指按合同约定实际逾期或以1年为限，对收取1年以上的押金，无论是否退还均并入销售额一并纳税。当包装物押金并入销售额征税时，需要先将其换算成不含税价款。另外，包装物押金不应混同于包装物租金，包装物租金应在销货时作为价外费用并入销售额。

根据国家税务总局国税发〔1995〕192号文规定关于酒类产品包装物的征税问题，从1995年6月1日起，对销售除啤酒、黄酒以外的其他酒类产品收取的包装物押金，不论其是否返还以及会计上如何处理，均应并入当期销售额。销售啤酒、黄酒所收取的包装物押金，按上述一般货物的押金规定处理（表2-2）。

表2-2 包装物押金的税务处理

包装物押金的税务处理	一般货物	1. 收取押金时单独记账核算，又未逾期的，不并入销售额征税
		2. 逾期（超过1年）或没收时，计入销售额征税
	酒类产品	啤酒、黄酒	视同为上述一般货物，其押金税务处理同上
		其他酒类	1. 收取押金时，无论是否单独记账核算，也无论是否退还，直接并入销售额征收增值税和消费税
			2. 逾期（超过1年）或没收时，不再征收增值税和消费税

6）直销企业的税务处理

根据国家税务总局公告2013年第5号《关于直销企业增值税销售额确定有关问题的公告》的规定，自2013年3月1日起，直销企业先将货物销售给直销员，直销员再将货物销售给消费者的，直销企业的销售额为其向直销员收取的全部价款和价外费用。直销员将货物销售给消费者时，应按照现行规定缴纳增值税。

直销企业通过直销员向消费者销售货物，直接向消费者收取货款，直销企业的销售额为其向消费者收取的全部价款和价外费用。

7）贷款服务的销售额

贷款服务，以提供贷款服务取得的全部利息及利息性质的收入为销售额。

银行提供贷款服务按期计收利息的，结息日当日计收的全部利息收入，均应计入结息日所属期的销售额，按照现行规定计算缴纳增值税。

证券公司、保险公司、金融租赁公司、证券基金管理公司、证券投资基金及其他经人民银行、银监会、证监会、保监会批准成立且经营金融保险业务的机构发放贷款后，自结息日起 90 天内发生的应收未收利息按现行规定缴纳增值税，自结息日起 90 天后发生的应收未收利息暂不缴纳增值税，待实际收到利息时按规定缴纳增值税。

8）直接收费金融服务的销售额

直接收费金融服务以收取的手续费、佣金、酬金、管理费、服务费、经手费、开户费、过户费、结算费、转托管费等各类费用为销售额。

3. 按差额确定销售额

在全面"营改增"之后，原营业税的应税行为全部并入了增值税的征收范围，但是仍有一些情况下无法通过抵扣机制避免重复征税现象的发生，因此税制设计上保留了原营业税对部分行业差额征税的办法，来解决其营改增之后税负增加的问题，以便于推进营改增改革。

1）金融商品转让

（1）金融商品转让，按照卖出价扣除买入价后的余额为销售额。

转让金融商品出现的正负差，按盈亏相抵后的余额为销售额。若相抵后出现负差，可结转下一纳税期与下期转让金融商品销售额相抵，但年末时仍出现负差的，不得转入下一个会计年度。

金融商品的买入价，可以选择按照加权平均法或者移动加权平均法进行核算，选择后 36 个月内不得变更。

金融商品转让，不得开具增值税专用发票。

（2）单位将其持有的限售股在解禁流通后对外转让的，按照以下规定确定买入价：

a. 上市公司实施股权分置改革时，在股票复牌之前形成的原非流通股股份，以及股票复牌首日至解禁日期间由上述股份孳生的送、转股，以该上市公司完成股权分置改革后股票复牌首日的开盘价为买入价。

b. 公司首次公开发行股票并上市形成的限售股，以及上市首日至解禁日期间由上述股份孳生的送、转股，以该上市公司股票首次公开发行（IPO）的发行价为买入价。

c. 因上市公司实施重大资产重组形成的限售股，以及股票复牌首日至解禁日期间由上述股份孳生的送、转股，以该上市公司因重大资产重组股票停牌前一交易日的收盘价为买入价。

d. 单位将其持有的限售股在解禁流通后对外转让，按照规定确定的买入价，低于该单位取得限售股的实际成本价的，以实际成本价为买入价计算缴纳增值税。

e. 纳税人无偿转让股票时，转出方以该股票的买入价为卖出价，按照"金融商品转让"计算缴纳增值税；在转入方将上述股票再转让时，以原转出方的卖出价为买入价，按照"金融商品转让"计算缴纳增值税。

2）经纪代理服务

经纪代理服务，以取得的全部价款和价外费用，扣除向委托方收取并代为支付的政府性基金或者行政事业性收费后的余额为销售额。向委托方收取的政府性基金或者行政事业性收费，不得开具增值税专用发票。

3）融资租赁和融资性售后回租业务

（1）经银保监会或者商务部批准从事融资租赁业务的试点纳税人，提供融资租赁服务，以取得的全部价款和价外费用，扣除支付的借款利息（包括外汇借款和人民币借款利息）、发行债券利息和车辆购置税后的余额为销售额。

（2）经银保监会或者商务部批准从事融资租赁业务的试点纳税人，提供融资性售后回租服务，以取得的全部价款和价外费用（不含本金），扣除对外支付的借款利息（包括外汇借款和人民币借款利息）、发行债券利息后的余额作为销售额。

（3）试点纳税人根据 2016 年 4 月 30 日前签订的有形动产融资性售后回租合同，在合同到期前提供的有形动产融资性售后回租服务，可继续按照有形动产融资租赁服务缴纳增值税。

4）航空运输企业的销售额

航空运输企业的销售额，不包括代收的机场建设费和代售其他航空运输企业客票而代收转付的价款。

航空运输销售代理企业提供境内机票代理服务，以取得的全部价款和价外费用，扣除向客户收取并支付给航空运输企业或其他航空运输销售代理企业的境内机票净结算款和相关费用后的余额为销售额。

航空运输销售代理企业提供境外航段机票代理服务，以取得的全部价款和价外费用，扣除向客户收取并支付给其他单位或者个人的境外航段机票结算款和相关费用后的余额为销售额。

5）一般纳税人提供客运场站服务

一般纳税人提供客运场站服务，以其取得的全部价款和价外费用，扣除支付给承运方运费后的余额为销售额。

6）纳税人提供旅游服务

纳税人提供旅游服务，可以选择以取得的全部价款和价外费用，扣除向旅游服务购买方收取并支付给其他单位或者个人的住宿费、餐饮费、交通费、签证费、门票费和支付给其他接团旅游企业的旅游费用后的余额为销售额。

7）纳税人提供建筑服务适用简易计税方法的

纳税人提供建筑服务适用简易计税方法的，以取得的全部价款和价外费用扣除支付的分包款后的余额为销售额。

8）房地产开发企业中的一般纳税人销售其开发的房地产项目

房地产开发企业中的一般纳税人销售其开发的房地产项目（选择简易计税方法的房地产老项目除外），以取得的全部价款和价外费用，扣除受让土地时向政府部门支付的土地价款后的余额为销售额。纳税人在取得土地时向其他单位或个人支付的拆迁补偿费用也允许在计算销售额时扣除。

9）纳税人转让不动产差额扣除的有关规定

纳税人转让不动产，按照有关规定差额缴纳增值税的，如因丢失等原因无法提供取得不动产时的发票，可向税务机关提供其他能证明契税计税金额的完税凭证等资料，进行差额扣除。

纳税人以契税计税金额进行差额扣除的，按照下列公式计算增值税应纳税额：

（1）2016年4月30日及以前缴纳契税的。

应纳税额＝［全部交易价格（含增值税）－契税计税金额（含营业税）］÷（1+5%）×5%

（2）2016年5月1日及以后缴纳契税的。

应纳税额＝［全部交易价格（含增值税）÷（1+5%）－契税计税金额（不含增值税）］×5%

纳税人同时保留取得不动产时的发票和其他能证明契税计税金额的完税凭证等资料的，应当凭发票进行差额扣除。

10）差额计税扣除的有效凭证

纳税人按照上述规定从全部价款和价外费用中扣除的价款，应当取得符合法律、行政法规和国家税务总局规定的有效凭证。否则，不得扣除。

上述凭证是指：

（1）支付给境内单位或者个人的款项，以发票为合法有效凭证。

（2）支付给境外单位或者个人的款项，以该单位或者个人的签收单据为合法有效凭证，税务机关对签收单据有疑义的，可以要求其提供境外公证机构的确认证明。

（3）缴纳的税款，以完税凭证为合法有效凭证。

（4）扣除的政府性基金、行政事业性收费或者向政府支付的土地价款，以省级以上（含省级）财政部门监（印）制的财政票据为合法有效凭证。

（5）国家税务总局规定的其他凭证。

纳税人取得的上述凭证属于增值税扣税凭证的，其进项税额不得从销项税额中抵扣。

4. 对视同销售行为销售额的确定

发生视同应税交易，以及销售额为非货币形式时，纳税人应当按照市场价格确定销售额。

应税交易销售额明显偏低或者偏高且无正当理由的，由主管税务机关按照下列顺序核定销售额：

（1）按照纳税人最近时期发生同类应税交易的平均销售价格确定。

（2）按照其他纳税人最近时期发生同类应税交易的平均销售价格确定。

（3）按照组成计税价格确定：

①如果该货物或劳务不属于消费税征收范围，其组成计税价格公式为

$$组成计税价格 = 成本 \times (1 + 成本利润率)$$

②如果该货物或劳务属于消费税征收范围，则其组成计税价格中还应加计消费税税额。

消费税税率为单一比例税率时的公式为

$$组成计税价格 = 成本 \times (1 + 成本利润率) \div (1 - 消费税税率)$$

上述公式中，成本是指销售自产货物实际生产成本或销售外购货物的实际采购成本。公式中的成本利润率统一规定为10%，但对属于从价定率征收消费税的货物，其成本利润率为《消费税若干具体问题的规定》中确定的成本利润率。

（二）进项税额的计算和抵扣

应税交易发生时，销售方所收取的销项税额，从另一方面来看就是购买方所支付或承担的进项税额。增值税运行的关键就是从销项税额中将进项税额予以抵扣，抵扣后还有余额的，就是纳税人当期应该实际缴纳的增值税税额；当期进项税额大于当期销项税额时，其未抵扣完部分可以结转下期继续抵扣，符合条件的企业也可申请留抵退税。

我国税法对进项税额的抵扣有严格的规定，采用的是凭票抵扣制度。纳税人在进行增值税账务处理时，每抵扣或加计抵扣一笔进项税额，就要有一份记录该进项税额的增值税扣税凭证与之相对应，否则就不能抵扣进项税额。增值税扣税凭证是指增值税专用发票、海关进口增值税专用缴款书、农产品收购发票和农产品销售发票、从税务机关或者境内代理人取得的解缴税款的税收缴款凭证及增值税法律法规允许抵扣的其他扣税凭证。这些法定票证的作用十分重要，它既是纳税人从事经营活动的商事凭证，也是抵扣进项税额的法定依据。

需要注意的是，并不是纳税人所支付的所有进项税额都可以从销项税额中抵扣，这里要按照配比原则，通常只有当纳税人购入的货物、服务、无形资产和不动产用于销售能产生销项税额时，才能相应抵扣进项税额。当纳税人购入货物、服务、无形资产和不动产的目的是用于简易计税方法计税项目、免税项目或者用于集体福利、个人消费时，其支付的进项税额就不能从销项税额中抵扣。

1. 准予从销项税额中抵扣的进项税额

根据《增值税暂行条例》和《营改增通知》，准予从销项税额中抵扣的进项税额，限于下列增值税扣税凭证上注明的增值税税额和按规定的扣除率计算的进项税额。

（1）从销售方取得的增值税专用发票（含《机动车销售统一发票》，下同）上注明的增值税额。

（2）从海关取得的海关进口增值税专用缴款书上注明的增值税额。

（3）自境外单位或个人购进劳务、服务、无形资产或者境内的不动产，从税务机关或者扣缴义务人处取得的代扣代缴税款的完税凭证上注明的增值税额。

（4）购进农产品，按下列规定抵扣进项税额：

①纳税人购进农产品，取得一般纳税人开具的增值税专用发票或海关进口增值税专用缴款书的，以增值税专用发票或海关进口增值税专用缴款书上注明的增值税额为进项税额。

②从按照简易计税方法依照 3%征收率计算缴纳增值税的小规模纳税人取得增值税专用发票的，以增值税专用发票上注明的金额和9%的扣除率计算进项税额。

③取得（开具）农产品销售发票或收购发票的，以农产品销售发票或收购发票上注明的农产品买价和9%的扣除率计算进项税额。

④纳税人购进用于生产销售或委托加工13%税率货物的农产品，按照10%的扣除率计算进项税额。

⑤纳税人购进农产品既用于生产销售或委托受托加工 13%税率货物又用于生产销售其他货物服务的，应当分别核算用于生产销售或委托受托加工13%税率货物和其他货物服务的农产品进项税额。未分别核算的，统一以增值税专用发票或海关进口增值税专用缴款

书上注明的增值税额为进项税额，或以农产品收购发票或销售发票上注明的农产品买价和9%的扣除率计算进项税额。

⑥购进农产品抵扣进项税额的计算公式为

$$进项税额 = 免税农产品的买价 × 扣除率$$

由于农业生产者（包括公司、农户和农民专业合作社）销售的自产初级农产品是免征增值税的，所以一般纳税人购进其农产品无法取得增值税专用发票，为了降低这些农副产品收购加工企业的税负，扶持农业生产加工企业的发展，特准本项扣除。

⑦纳税人从批发、零售环节购进适用免征增值税政策的蔬菜、部分鲜活肉蛋而取得的普通发票，不得作为计算抵扣进项税额的凭证。

⑧对烟叶税纳税人按规定缴纳的烟叶税，准予并入烟叶产品的买价计算扣除进项税额，并在计算缴纳增值税时予以抵扣。购进烟叶准予抵扣的进项税额，按照收购烟叶实际支付的价款总额和烟叶税及法定扣除率计算。计算公式为

$$烟叶税应纳税额 = 收购烟叶实际支付的价款总额 × 税率（20\%）$$

$$准予抵扣的进项税额 = （收购烟叶实际支付的价款总额 + 烟叶税应纳税额）× 扣除率$$

上述购进农产品抵扣进项税额的办法，不适用于《农产品增值税进项税额核定扣除试点实施办法》（财税〔2012〕38号）中购进的农产品。

（5）根据《农产品增值税进项税额核定扣除试点实施办法》的规定，自2012年7月1日起，以购进农产品为原料生产销售液体乳及乳制品、酒及酒精、植物油的增值税一般纳税人，纳入农产品增值税进项税额核定扣除试点范围，其购进农产品无论是否用于生产上述产品，增值税进项税额均按照《农产品增值税进项税额核定扣除试点实施办法》的规定抵扣。

自2013年9月1日起，各省、自治区、直辖市、计划单列市税务部门可商同级财政部门，根据《农产品增值税进项税额核定扣除试点实施办法》的有关规定，结合本省（自治区、直辖市、计划单列市）特点，选择部分行业开展扩大核定扣除试点行业范围的工作。

（6）自2018年1月1日起，纳税人支付的道路、桥、闸通行费，按照以下规定抵扣进项税额：

①纳税人支付的道路通行费，按照收费公路通行费增值税电子普通发票上注明的增值税额抵扣进项税额。

②纳税人支付的桥、闸通行费，暂凭取得的通行费发票上注明的收费金额，按照下列公式计算可抵扣的进项税额：

$$桥、闸通行费可抵扣进项税额 = 桥、闸通行费发票上注明的金额 ÷ （1 + 5\%）× 5\%$$

（7）纳税人购进国内旅客运输服务，自2019年4月1日起其进项税额允许从销项税额中抵扣。"国内旅客运输服务"，限于与本单位签订了劳动合同的员工，以及本单位作为用工单位接受的劳务派遣员工发生的国内旅客运输服务。

纳税人未取得增值税专用发票的，暂按以下规定确定进项税额。

①取得增值税电子普通发票的，为发票上注明的税额；电子普通发票注明的购买方"名称"和"纳税人识别号"等信息，应当与实际抵扣税款的纳税人一致，否则不予抵扣。

②取得注明旅客身份信息的航空运输电子客票行程单的，按照下列公式计算进项税额：

航空旅客运输进项税额＝（票价＋燃油附加费）÷（1＋9%）×9%

③取得注明旅客身份信息的铁路车票的，按照下列公式计算的进项税额：

铁路旅客运输进项税额＝票面金额÷（1＋9%）×9%

④取得注明旅客身份信息的公路、水路等其他客票的，按照下列公式计算进项税额：

公路、水路等其他旅客运输进项税额＝票面金额÷（1＋3%）×3%

上述4种旅客运输服务抵扣率不同，主要是因为轮客渡、公交客运、地铁、城市轻轨、出租车、长途客运、班车等规定的公共交通运输服务，可以选择按照简易计税方法，依3%征收率缴纳增值税。按照配比原则，按3%征收销项税额，也按3%抵扣进项税额。

（8）增值税一般纳税人在资产重组过程中，将全部资产、负债和劳动力一并转让给其他增值税一般纳税人（以下称"新纳税人"），并按程序办理注销税务登记的，其在办理注销登记前尚未抵扣的进项税额可结转至新纳税人处继续抵扣。

（9）按照规定不得抵扣且未抵扣进项税额的固定资产、无形资产、不动产，发生用途改变，用于允许抵扣进项税额的应税项目的，可在改变用途的次月按照下列公式计算可以抵扣的进项税额：

可抵扣进项税额＝固定资产、无形资产、不动产净值÷（1＋适用税率）×适用税率

（10）纳税人租入固定资产、不动产，既用于一般计税方法计税项目，又用于简易计税方法计税项目、免征增值税项目、集体福利或者个人消费的，其进项税额准予从销项税额中全额抵扣。

2. 不得抵扣进项税额的项目

纳税人下列项目的进项税额不得从销项税额中抵扣：

（1）适用简易计税方法计税项目对应的进项税额。

（2）免征增值税项目对应的进项税额。

（3）非正常损失项目对应的进项税额。

非正常损失，是指因管理不善造成货物被盗、丢失、霉烂变质的损失，以及因违反法律法规造成货物或者不动产被依法没收、销毁、拆除的情形，不包括因自然灾害因素导致的损失。这些非正常损失是因纳税人自身原因导致征税对象实体消失，其损失不应由国家承担，故不得抵扣。对于非正常损失的不动产对应的进项税额，其包括该不动产及该不动产所耗用的购进货物、设计服务和建筑服务的进项税额。

（4）购进并用于集体福利或者个人消费的货物、服务、无形资产、不动产对应的进项税额。

（5）购进并直接用于消费的餐饮服务、居民日常服务和娱乐服务对应的进项税额。

（6）取得的增值税扣税凭证不符合法律、行政法规或者国务院税务主管部门规定的。

（7）纳税人接受贷款服务向贷款方支付的与该笔贷款直接相关的投融资顾问费、手续费、咨询费等费用。

（8）提供保险服务的纳税人以现金赔付方式承担机动车辆保险责任的，将应付给被保险人的赔偿金直接支付给车辆修理劳务提供方，不属于保险公司购进车辆修理劳务，其进

项税额不得从保险公司销项税额中抵扣。

纳税人提供的其他财产保险服务，比照上述规定执行。

（9）适用一般计税方法的纳税人，兼营简易计税方法计税项目、免征增值税项目而无法划分不得抵扣的进项税额的，按下列公式计算不得抵扣的进项税额：

不得抵扣的进项税额＝当期无法划分的全部进项税额×（当期简易计税方法计税项目销售额＋免征增值税项目销售额）÷当期全部销售额

主管税务机关可以按照上述公式依据年度数据对不得抵扣的进项税额进行清算。

（10）一般纳税人已抵扣进项税额的不动产，发生非正常损失，或者改变用途专用于简易计税项目、免征增值税项目、集体福利或者个人消费的，按照下列公式计算不得抵扣的进项税额：

不得抵扣的进项税额＝已抵扣的进项税额×不动产净值率

不动产净值率＝（不动产净值÷不动产原值）×100%

（11）有下列情形之一的，应当按照销售额和增值税税率计算应纳税额，不得抵扣进项税额，也不得使用增值税专用发票：

①一般纳税人会计核算不健全，或者不能够提供准确税务资料的。

②应当办理一般纳税人资格登记而未办理的。

（12）国务院规定的其他进项税额。

3. 扣减发生期进项税额的规定

（1）已抵扣了进项税额的购进货物、服务、无形资产和不动产而事后改变用途。

由于增值税实行以当期销项税额抵扣当期进项税额的"购进扣税法"，当期购进的货物、服务、无形资产和不动产，如果事先没有确定将用于不得抵扣项目，其进项税额就会正常地在当期销项税额中予以抵扣。若已抵扣了进项税额的购进货物、服务、无形资产和不动产事后改变用途，发生了上述不得抵扣进项税额情况的，应将对应的进项税额从当期的进项税额中扣减（即所谓"进项税额转出"），而无须追溯到这些购进货物、服务、无形资产和

扩展阅读2.6　税法解读

不动产实际抵扣进项税额的那个时期；无法确定该项进项税额的，按当期实际成本与适用的税率计算应扣减的进项税额。

实际成本＝进价＋运费＋保险费＋其他相关费用

（2）商业企业向供货方取得返还收入的税务处理。

自2004年7月1日起，商业企业向供货方收取的部分收入，按照以下原则处理。

①对商业企业向供货方收取的与商品销售量、销售额挂钩（如以一定比例、金额、数量计算）的各种返还收入，均应按照平销返利行为的有关规定冲减当期增值税进项税额。应冲减进项税额的计算公式为

当期应冲减进项税额＝当期取得的返还资金÷（1＋所购货物适用增值税税率）×所购货物适用增值税税率

②对商业企业向供货方收取的与商品销售量、销售额无必然联系，且商业企业向供货

方提供一定劳务的收入（如进场费、广告促销费、上架费、展示费、管理费等），不属于平销返利，不冲减当期增值税进项税金，应按"现代服务业"依 6% 税率征收增值税。

4. 增值税专用发票进项税额的申报抵扣时限

增值税一般纳税人取得 2017 年 1 月 1 日及以后开具的增值税专用发票、海关进口增值税专用缴款书、机动车销售统一发票、收费公路通行费增值税电子普通发票，取消认证确认、稽核比对、申报抵扣的期限。纳税人在进行增值税纳税申报时，应当通过本省（自治区、直辖市和计划单列市）增值税发票综合服务平台对上述扣税凭证信息进行用途确认。

（三）增值税应纳税额计算实例

例 2-1：某卷烟生产企业为增值税一般纳税人，适用增值税税率 13%。202× 年 12 月有关经营情况如下：

（1）本期外购一批烟丝取得增值税专用发票注明价款 2 000 万元，增值税 260 万元；支付本期外购烟丝运输费用取得增值税专用发票注明运费 50 万元，增值税 4.5 万元。

（2）本期生产卷烟 2 500 标准箱、雪茄烟 500 箱。经当地烟草专卖局批准，销售卷烟给各商场 1 200 箱，取得不含税销售收入 3 600 万元，由于货款收回及时，给了各商场 2% 的现金折扣，销售卷烟给各专卖店 800 箱，取得不含税销售收入 2 400 万元，另取得专卖店购买卷烟延期付款的补贴收入 20.34 万元，已向对方开具了普通发票。

（3）销售雪茄烟 300 箱给各专卖店，取得不含税销售收入 600 万元；零售雪茄烟 15 箱取得含税收入 33.9 万元；取得雪茄烟逾期的包装物押金收入 6.78 万元。

（4）月末盘存发现库存烟丝短缺 30 万元，经认定短缺的烟丝属于非正常损失。

计算该烟丝厂该年 12 月应缴纳的增值税税额。

①12 月销售卷烟的销项税额：

$$3\ 600 \times 13\% + 2\ 400 \times 13\% + 20.34/1.13 \times 13\% = 6\ 018 \times 13\% = 782.34（万元）$$

②12 月销售雪茄烟与取得押金收入的销项税额：

$$600 \times 13\% + 33.9/1.13 \times 13\% + 6.78/1.13 \times 13\% = 82.68（万元）$$

③12 月非正常损失烟丝应转出的进项税额：

$$30 \times 13\% = 3.9（万元）$$

④12 月可抵扣的进项税额：

$$260 + 50 \times 9\% - 3.9 = 260.6（万元）$$

⑤12 月应缴纳的增值税额：

$$782.34 + 82.68 - 260.6 = 604.42（万元）$$

（四）计算应纳税额时销项税额不足以抵扣进项税额的处理

由于增值税实行购进扣税法，有时企业当期购进的货物、服务、无形资产和不动产较多，存在当期进项税额大于当期销项税额而未抵扣完的情形。当期进项税额大于当期销项税额未抵扣完的部分，纳税人可以选择结转下期继续抵扣，也可以申请退还（即留抵退税）。

为支持小微企业和制造业等行业发展，提振市场主体信心、激发市场主体活力，我国自 2019 年 4 月起对先进制造业等实行增值税留抵退税政策。财政部、国家税务总局发布的 2022 年第 14 号公告为进一步加大增值税期末留抵退税实施力度，扩大了享受留抵退税企业行业的范围，新增了存量留抵退税，增加了留抵退税的比例。有关政策如下：

（1）加大小微企业增值税期末留抵退税政策力度，将先进制造业按月全额退还增值税增量留抵税额政策范围扩大至符合条件的小微企业（含个体工商户，下同），并一次性退还小微企业存量留抵税额。

（2）加大"制造业""科学研究和技术服务业""电力、热力、燃气及水生产和供应业""软件和信息技术服务业""生态保护和环境治理业"和"交通运输、仓储和邮政业"（以下称制造业等行业）增值税期末留抵退税政策力度，将先进制造业按月全额退还增值税增量留抵税额政策范围扩大至符合条件的制造业等行业企业（含个体工商户，下同），并一次性退还制造业等行业企业存量留抵税额。

适用 2022 年第 14 号公告政策的纳税人，按照以下公式计算允许退还的留抵税额：

$$允许退还的增量留抵税额 = 增量留抵税额 \times 进项构成比例 \times 100\%$$

$$允许退还的存量留抵税额 = 存量留抵税额 \times 进项构成比例 \times 100\%$$

进项税额的构成比例，为 2019 年 4 月至申请退税前一税款所属期已抵扣的增值税专用发票（含带有"增值税专用发票"字样全面数字化的电子发票、税控机动车销售统一发票）、收费公路通行费增值税电子普通发票、海关进口增值税专用缴款书、解缴税款完税凭证注明的增值税额占同期全部已抵扣进项税额的比重。

二、简易计税方法应纳税额的计算

（一）简易计税方法的应纳税额

（1）小规模纳税人，以及一般纳税人选择适用简易计税办法的，应当按照销售额和征收率计算应纳增值税额，并且不得抵扣进项税额。其应纳税额的计算公式为

$$应纳税额 = 销售额（不含增值税） \times 征收率$$

简易计税方法的销售额不包括其应纳税额，纳税人采用销售额和应纳税额合并定价方法的，按照下列公式计算销售额：

$$销售额（不含增值税） = 含税销售额 \div （1 + 征收率）$$

小规模纳税人不得抵扣进项税额。这是因为其会计核算制度不健全，不实行按销项税额抵扣进项税额求得应纳税额的税款抵扣制度。且其 3% 的征收率是结合一般纳税人 13% 和 9% 两档税率的税负水平而设计的，其税负水平与一般纳税人基本一致，因此不能再抵扣进项税额。

例 2-2：某商店为增值税小规模纳税人，适用 3% 征收率。202× 年 7 月取得零售收入总额为 24.72 万元。计算该商店当月应缴纳的增值税税额。

①7 月取得的不含税销售额：

$$24.72 \div （1 + 3\%） = 24（万元）$$

②7 月应缴纳增值税额：

$$24 \times 3\% = 0.72（万元）$$

（2）纳税人适用简易计税方法计税的，因销售折让、中止或者退回而退还给购买方的

销售额，应当从当期销售额中扣减。扣减当期销售额后仍有余额造成多缴的税款，可以从以后的应纳税额中扣除。

（二）资管产品运营业务的增值税处理

自 2018 年 1 月 1 日起，资管产品管理人（以下称管理人）运营资管产品过程中发生的增值税应税行为（以下称资管产品运营业务），暂适用简易计税方法，按照 3% 的征收率缴纳增值税。

资管产品管理人，包括银行、信托公司、公募基金管理公司及其子公司、证券公司及其子公司、期货公司及其子公司、私募基金管理人、保险资产管理公司、专业保险资产管理机构、养老保险公司。

资管产品，包括银行理财产品、资金信托（包括集合资金信托、单一资金信托）、财产权信托、公开募集证券投资基金、特定客户资产管理计划、集合资产管理计划、定向资产管理计划、私募投资基金、债权投资计划、股权投资计划、股债结合型投资计划、资产支持及财政部和国家税务总局规定的其他资管产品管理人及资管产品。

（三）一般纳税人可以选择适用简易计税方法的情形

一般纳税人在发生财政部和国家税务总局规定的下列特定应税交易时，也可以选择适用简易计税方法计税，但是不得再抵扣进项税额。简易计税的部分情形如下：

（1）县级及县级以下小型水力发电单位生产的自产电力。小型水力发电单位，是指各类投资主体建设的装机容量为 5 万千瓦以下（含 5 万千瓦）的小型水力发电单位。

（2）自产建筑用和生产建筑材料所用的砂、土、石料。

（3）以自己采掘的砂、土、石料或其他矿物连续生产的砖、瓦、石灰（不含黏土实心砖、瓦）。

（4）自己用微生物、微生物代谢产物、动物毒素、人或动物的血液或组织制成的生物制品。

（5）自产的自来水。

（6）自来水公司销售自来水。

（7）自产的商品混凝土（仅限于以水泥为原料生产的水泥混凝土）。

（8）单采血浆站销售非临床用人体血液。

（9）寄售商店代销寄售物品（包括居民个人寄售的物品在内）。

（10）典当业销售死当物品。

（11）药品经营企业销售生物制品。

（12）公共交通运输服务。

（13）经认定的动漫企业为开发动漫产品提供的动漫脚本编撰、形象设计、背景设计、动画设计、分镜、动画制作、摄制、描线、上色、画面合成、配音、配乐、音效合成、剪辑、字幕制作、压缩转码（面向网络动漫、手机动漫格式适配）服务，以及在境内转让动漫版权（包括动漫品牌、形象或者内容的授权及再授权）。

（14）电影放映服务、仓储服务、装卸搬运服务、收派服务和文化体育服务。

（15）以纳入"营改增"试点之日前取得的有形动产为标的物提供的经营租赁服务。

（16）在纳入"营改增"试点之日前签订的尚未执行完毕的有形动产租赁合同。

（17）以清包工方式提供的建筑服务。以清包工方式提供建筑服务，是指施工方不采购建筑工程所需的材料或只采购辅助材料，并收取人工费、管理费或者其他费用的建筑服务。

（18）为甲供工程提供的建筑服务。甲供工程，是指全部或部分设备、材料、动力由工程发包方自行采购的建筑工程。

（19）为建筑工程老项目提供的建筑服务。建筑工程老项目，是指：①《建筑工程施工许可证》注明的合同开工日期在 2016 年 4 月 30 日前的建筑工程项目；②未取得《建筑工程施工许可证》的，建筑工程承包合同注明的开工日期在 2016 年 4 月 30 日前的建筑工程项目。

（20）销售 2016 年 4 月 30 日前取得的不动产。

（21）房地产开发企业销售自行开发的房地产老项目。

（22）出租 2016 年 4 月 30 日前取得的不动产。

（23）公路经营企业中的一般纳税人收取试点前开工的一、二级公路、桥、闸通行费。

（24）一般纳税人提供人力资源外包服务。

（25）一般纳税人 2016 年 4 月 30 日前签订的不动产融资租赁合同，或以 2016 年 4 月 30 日前取得的不动产提供的融资租赁服务。

（26）纳税人转让 2016 年 4 月 30 日前取得的土地使用权。

（27）提供非学历教育。

（28）一般纳税人销售自产机器设备的同时提供安装服务，应分别核算机器设备和安装服务的销售额，安装服务可以按照甲供工程选择适用简易计税方法。

一般纳税人销售外购机器设备的同时提供安装服务，如果已经按照兼营的有关规定分别核算机器设备和安装服务的销售额，安装服务可以按照甲供工程选择适用简易计税方法。

（29）非企业性单位中的一般纳税人提供的研发和技术服务、信息技术服务、鉴证咨询服务，以及销售技术、著作权等无形资产。

非企业性单位中的一般纳税人提供的技术转让、技术开发和与之相关的技术咨询、技术服务。

（30）一般纳税人提供教育辅助服务。

（31）一般纳税人生产、销售、批发、零售抗癌药品和罕见病药品。

（32）从事再生资源回收的一般纳税人销售其收购的再生资源。

（四）简易计税方式中可按销售差额计税的情形

（1）物业管理服务的纳税人，向服务接受方收取的自来水水费，以扣除其对外支付的自来水水费后的余额为销售额，按照简易计税方法依照 3%的征收率计算缴纳增值税。

（2）小规模纳税人提供劳务派遣服务，可以以取得的全部价款和价外费用为销售额，按照简易计税方法依照 3%的征收率计算缴纳增值税；也可以选择差额征税，以取得的全部价款和价外费用，扣除代用工单位支付给劳务派遣员工的工资、福利和为其办理社会保险及住房公积金后的余额为销售额，按照简易计税方法依照 5%的征收率计算缴纳增值税。

（3）一般纳税人提供劳务派遣服务，可以选择差额征税，以取得的全部价款和价外费用，扣除代用工单位支付给劳务派遣员工的工资、福利和为其办理社会保险及住房公积金后的余额为销售额，按照简易计税方法依照5%的征收率计算缴纳增值税。

三、进口环节增值税应纳税额

（一）进口环节增值税的征收范围

（1）凡申报进入中华人民共和国海关境内的货物，均应按规定缴纳进口环节的增值税。

确定一项货物是否属于进口，首先应看其是否有报关进口手续。只要是报关进口的货物，不论是国外产制还是我国已经出口而转销国内的货物，不论是进口者自行采购还是国外捐赠的货物，也不论是进口者自用还是作为贸易或其他用途等，除另有规定外，均应按规定缴纳进口环节的增值税。

（2）从其他国家或地区进口《跨境电子商务零售进口商品清单》范围内的以下商品适用跨境电子商务零售进口增值税税收政策。

①所有通过与海关联网的电子商务交易平台交易，能够实现交易、支付、物流电子信息"三单"比对的跨境电子商务零售进口商品；

②未通过与海关联网的电子商务交易平台交易，但快递、邮政企业能够统一提供交易、支付、物流等电子信息，并承诺承担相应法律责任进境的跨境电子商务零售进口商品。

不属于跨境电子商务零售进口的个人物品及无法提供交易、支付、物流等电子信息的跨境电子商务零售进口商品，按现行规定执行。

（二）进口环节增值税的纳税人

（1）进口货物的收货人（承受人）或者办理报关手续的单位和个人，为进口货物增值税的纳税人。

（2）对代理进口货物，以海关开具的完税凭证上的纳税人为增值税纳税人，实际工作中一般由进口代理商代缴进口环节增值税后再与委托方结算。

（3）跨境电子商务零售进口商品按照货物征收关税和进口环节增值税、消费税，购买跨境电子商务零售进口商品的个人作为纳税义务人，电子商务企业、电子商务交易平台企业或物流企业可作为代收代缴义务人。以实际交易价格（包括货物零售价格、运费和保险费）作为完税价格。

（三）进口环节增值税的适用税率

进口环节增值税的适用税率与国内销售货物增值税税率相同。

但对进口抗癌药品，自2018年5月1日起，减按3%征收率依简易计税方法征收增值税。对进口罕见病药品，自2019年3月1日起，减按3%征收率依简易计税方法征收增值税。

跨境电子商务零售进口商品的单次交易限值为人民币2 000元，个人年度交易限值为人民币20 000元。在限值以内进口的跨境电子商务零售进口商品，关税税率暂设为0%。

（四）进口环节增值税应纳税额的计算

纳税人进口货物，按照组成计税价格和规定的税率计算应纳税额。

　　组成计税价格是指在没有实际销售价格时，按照税法规定计算出作为计税依据的价格。进口货物的组成计税价格和应纳税额的计算公式为

组成计税价格＝关税完税价格＋关税＋消费税

或＝关税完税价格×（1＋关税税率）÷（1－消费税税率）

应纳税额＝组成计税价格×税率

应注意的是：

　　（1）进口货物的增值税组成计税价格中包括已经缴纳的关税税额，如果进口货物属于消费税应税消费品，其组成计税价格中还要包括海关代征的进口环节已纳消费税税额。

　　（2）在计算进口环节的应纳增值税时，不得抵扣任何发生在我国境外的各种税金。各国对出口货物贯彻目的地原则或消费地原则，出口国在出口货物时并没有征收出口关税、增值税或消费税，所以没有可供抵扣的税金。而为了使进口商品与国内同等商品税负相当，进口国在进口货物时再征收进口环节关税、增值税或消费税。

　　（3）根据《海关法》和《进出口关税条例》的规定，一般贸易方式下进口货物的关税完税价格以海关审定的成交价格为基础的到岸价格（CIF价格）作为完税价格。

　　所谓成交价格，是一般贸易项下进口货物的买方为购买该项货物向卖方实际支付或应当支付的价格；到岸价格，包括货价，加上货物运抵我国关境内输入地点起卸前的包装费、运费、保险费和其他劳务费等费用构成的一种价格。

　　（4）纳税人进口货物取得的海关进口增值税专用缴款书，是计算增值税进项税额的唯一依据，其价格差额部分及从境外供应商处取得的退还或返还的资金，不作进项税额转出处理。

　　（5）跨境电子商务零售进口商品按照货物征收关税和进口环节增值税、消费税，以实际交易价格（包括货物零售价格、运费和保险费）作为完税价格。

　　（6）跨境电子商务零售进口商品进口环节增值税、消费税取消免征税额，暂按法定应纳税额的70%征收。完税价格超过5 000元单次交易限值但低于26 000元年度交易限值，且订单下仅一件商品时，可以自跨境电商零售渠道进口，按照货物税率全额征收关税和进口环节增值税、消费税，交易额计入年度交易总额，但年度交易总额超过年度交易限值的，应按一般贸易管理。

　　例2-3：某贸易公司于202×年8月进口一批货物，该批货物在国外的买价折合人民币为400万元，另该批货物运抵我国海关前发生的包装费、运费、保险费等共计50万元。货物报关后，公司按规定缴纳了进口环节的税金并取得海关开具的完税凭证。假定该批货物在国内全部销售，取得不含税销售额900万元。

　　假定该货物关税税率15%，增值税税率13%。计算该批货物进口环节、国内销售环节分别应缴纳的增值税。

①关税完税价格＝400＋50＝450（万元）

②应缴纳进口关税＝450×15%＝67.5（万元）

③进口环节增值税的组成计税价格＝450＋67.5＝517.5（万元）

④进口环节应纳增值税额＝517.5×13%＝67.275（万元）

⑤国内销售环节的销项税额＝900×13%＝117（万元）

⑥国内销售环节应纳增值税额＝117－67.275＝49.725（万元）

第五节　出口和跨境业务增值税的退（免）税和征税

为了避免重复征税，增强本国货物、服务在国际市场上的价格竞争优势，各国都采取对出口货物、劳务和跨境应税行为在国内生产、流通各个环节实际缴纳的全部税款予以退还的措施，使出口货物、劳务和跨境应税行为以不含税的成本价格进入国际市场。根据WTO 规则规定，免除出口货物、劳务和跨境应税行为的国内税，或退还不超过该产品已缴纳的国内税，将不被视为补贴而被限制采用或被征收反倾销税。

我国对出口货物、劳务和跨境应税行为实行零税率。要注意零税率和免税是两个不同的概念，两者不可混淆。零税率仅适用于出口货物、劳务和跨境应税行为，是鼓励出口的优惠政策。增值税出口货物、劳务和跨境应税行为的零税率有两层含义：一是对本道环节生产或销售货物、劳务和跨境应税行为的增值部分免征增值税销项税额，二是对出口货物、服务和跨境应税行为前道环节所含的进项税额进行退付，即出口退税。而免税是指国家对特定纳税人的某一货物、劳务和跨境应税行为在特定环节（期间）免征全部税款，是纳税人对国家的纳税义务被免除。2022 年，我国对出口货物、劳务和跨境应税行为退还增值税金额 16 219.99 亿元。

一、出口货物退（免）税的基本政策

根据当前国情，我国对出口货物、劳务和跨境应税行为采取出口退税与免税相结合的政策。分为以下 3 种形式。

（一）出口免税并退税

出口免税并退税即财税〔2012〕39 号《财政部 国家税务总局关于出口货物劳务增值税和消费税政策的通知》（以下简称《财税〔2012〕39 号通知》）中所指的"适用增值税退（免）税政策的范围"。出口免税是指对货物、劳务和跨境应税行为在出口环节免征增值税，这是把货物、劳务和跨境应税行为出口环节和出口前的销售环节都同样视为一个征税环节；出口退税是指对货物、劳务和跨境应税行为在出口前实际承担的税收负担，按规定的退税率计算后予以退还。

（二）出口免税不退税

出口免税不退税即《财税〔2012〕39 号通知》中所指的"适用增值税免税政策的范围"。出口免税与上述第（一）项的含义相同。出口不退税是指适用这个政策的出口货物、劳务和跨境应税行为因在前一道生产、销售环节或进口环节是免税的，因此，出口时该货物、劳务和跨境应税行为的价格中本身就不含税，也就无须再退税。

（三）出口不免税也不退税

出口不免税也不退税即《财税〔2012〕39 号通知》中所指的"适用增值税征税政策的

范围"。出口不免税是指对国家限制或禁止出口的某些货物、劳务和跨境应税行为的出口环节视同内销环节，照常征税；出口不退税是指对这些货物、劳务和跨境应税行为出口不退还出口前其所负担的税款。

以下对这 3 种基本政策逐一介绍。

二、适用增值税退（免）税政策的出口货物、劳务和跨境应税行为

（一）适用增值税退（免）税政策的范围

对下列出口货物劳务，除适用《财税〔2012〕39 号通知》第 6 条规定的"适用增值税免税政策的范围"和第 7 条规定的"适用增值税征税政策的范围"外，实行免征和退还增值税〔以下称增值税退（免）税〕政策。

1. 出口企业、出口货物

出口企业是指依法办理工商登记、税务登记、对外贸易经营者备案登记，自营或委托出口货物的单位或个体工商户，以及依法办理工商登记、税务登记但未办理对外贸易经营者备案登记，委托出口货物的生产企业。

出口货物是指向海关报关后实际离境并销售给境外单位或个人的货物，分为自营出口货物和委托出口货物两类。

生产企业是指具有生产能力（包括加工修理修配能力）的单位或个体工商户。

2. 出口企业或其他单位视同出口货物

出口企业或其他单位视同出口货物具体是指以下几类。

（1）出口企业对外援助、对外承包、境外投资的出口货物。

（2）出口企业经海关报关后进入国家批准的出口加工区、保税物流园区、保税港区、综合保税区、珠澳跨境工业区（珠海园区）、中哈霍尔果斯国际边境合作中心（中方配套区域）、保税物流中心（B 型）（以下统称特殊区域）并销售给特殊区域内单位或境外单位、个人的货物。

（3）免税品经营企业销售的货物（国家规定不允许经营和限制出口的货物、卷烟和超出免税品经营企业《企业法人营业执照》规定经营范围的货物除外）。具体是指：①中国免税品（集团）有限责任公司向海关报关运入海关监管仓库，专供其经国家批准设立的统一经营、统一组织进货、统一制定零售价格、统一管理的免税店销售的货物；②国家批准的除中国免税品（集团）有限责任公司外的免税品经营企业，向海关报关运入海关监管仓库，专供其所属的首都机场口岸海关隔离区内的免税店销售的货物；③国家批准的除中国免税品（集团）有限责任公司外的免税品经营企业所属的上海虹桥、浦东机场海关隔离区内的免税店销售的货物。

（4）出口企业或其他单位销售用于国际金融组织或外国政府贷款国际招标建设项目的中标机电产品。上述中标机电产品，包括外国企业中标后再分包给出口企业或其他单位的机电产品。

（5）出口企业或其他单位销售给国际运输企业用于国际运输工具上的货物。上述规定

暂仅适用于外轮供应公司、远洋运输供应公司销售给外轮、远洋国轮的货物，国内航空供应公司生产销售给国内和国外航空公司国际航班的航空食品。

（6）出口企业或其他单位销售给特殊区域内生产企业生产耗用且不向海关报关而输入特殊区域的水（包括蒸汽）、电力、燃气。

3. 生产企业出口视同自产货物

生产企业出口视同自产货物，免征增值税，其相应的进项税额抵减应纳增值税额（不包括选用增值税即征即退、先征后退政策的应纳增值税额），未抵减完的部分予以退还。生产企业出口视同自产货物的范围由国家税务总局规定。

4. 出口企业对外提供加工修理修配劳务

出口企业对外提供加工修理修配劳务，是指对进境复出口货物或从事国际运输的运输工具进行的加工修理修配。

5. 融资租赁货物出口退税

对融资租赁企业、金融租赁公司及其设立的项目子公司，以融资租赁方式租赁给境外承租人且租赁期在5年（含）以上，并向海关报关后实际离境的货物，试行增值税、消费税出口退税政策。

（二）增值税退（免）税办法

适用增值税退（免）税政策的出口货物、劳务和应税行为，按照下列规定实行增值税"免、抵、退"税或"免、退"税办法。

（1）"免、抵、退"税办法。适用于增值税一般计税方法的生产企业出口自产货物和视同自产货物，及对外提供加工修理修配劳务，以及列明生产企业出口非自产货物，免征增值税，相应的进项税额抵减应纳增值税额（不包括适用增值税即征即退、先征后退政策的应纳增值税额），未抵减完的部分予以退还。

境内的单位和个人提供适用增值税零税率的服务或者无形资产，如果属于适用增值税一般计税方法的，生产企业实行"免、抵、退"税办法；外贸企业直接将服务或自行研发的无形资产出口，视同生产企业连同其出口货物统一实行"免、抵、退"税办法。

实行退（免）税办法的研发服务和设计服务，如果主管税务机关认定出口价格偏高的，有权按照核定的出口价格计算退（免）税，核定的出口价格低于外贸企业购进价格的，低于部分对应的进项税额不予退税，计入成本。

境内的单位和个人提供适用增值税零税率应税服务的，可以放弃适用增值税零税率，选择免税或按规定缴纳增值税。放弃适用增值税零税率后，36个月内不得再申请适用增值税零税率。

（2）"免、退"税办法。适用于不具有生产能力的出口企业（以下称外贸企业）或其他单位出口货物、劳务，免征增值税，相应的进项税额予以退还。

适用增值税一般计税方法的外贸企业外购服务或者无形资产出口，实行"免、退"税办法。

外贸企业外购研发服务和设计服务免征增值税，其对应的外购应税服务的进项税额予以退还。

（三）增值税出口退税率

（1）除财政部和国家税务总局根据国务院决定而明确的增值税出口退税率（以下称退税率）外，出口货物、服务和无形资产的退税率为其适用税率。目前我国增值税出口退税率分为13%、10%、9%、6%和零税率5档。

（2）退税率的特殊规定：

①外贸企业购进按简易办法征税的出口货物、从小规模纳税人购进的出口货物，其退税率分别为简易办法实际执行的征收率、小规模纳税人征收率。上述出口货物取得增值税专用发票的，退税率按照增值税专用发票上的税率和出口货物退税率孰低的原则确定。

②出口企业委托加工修理修配货物，其加工修理修配费用的退税率，为出口货物的退税率。

③中标机电产品、出口企业向海关报关后进入特殊区域销售给特殊区域内生产企业生产耗用的列名原材料、输入特殊区域的水电气，其退税率为适用税率。如果国家调整列名原材料的退税率，列名原材料应自调整之日起按调整后的退税率执行。

（3）适用不同退税率的货物、劳务及跨境应税行为，应分开报关、核算并申报退（免）税，未分开报关、核算或划分不清的，从低适用退税率。

（四）增值税退（免）税的计税依据

出口货物、劳务的增值税退（免）税的计税依据，按出口货物、劳务的出口发票（外销发票）、其他普通发票或购进出口货物劳务的增值税专用发票、海关进口增值税专用缴款书确定。

跨境应税行为的计税依据按照《适用增值税零税率应税服务退（免）税管理办法》（国家税务总局公告2014年第11号）执行。具体规定如下：

（1）生产企业出口货物、劳务（进料加工复出口货物除外）增值税退（免）税的计税依据，为出口货物劳务的实际离岸价（FOB）。实际离岸价应以出口发票上的离岸价为准，但如果出口发票不能反映实际离岸价，主管税务机关有权予以核定。

（2）生产企业进料加工复出口货物增值税退（免）税的计税依据，按出口货物的离岸价（FOB）扣除出口货物所含的海关保税进口料件的金额后确定。

（3）生产企业国内购进无进项税额且不计提进项税额的免税原材料加工后出口的货物的计税依据，按出口货物的离岸价（FOB）扣除出口货物所含的国内购进免税原材料的金额后确定。

（4）外贸企业出口货物（委托加工修理修配货物除外）增值税退（免）税的计税依据，为购进出口货物的增值税专用发票注明的金额或海关进口增值税专用缴款书注明的完税价格。

（5）外贸企业出口委托加工修理修配货物增值税退（免）税的计税依据，为加工修理修配费用增值税专用发票注明的金额。

（6）出口进项税额未计算抵扣的已使用过的设备增值税退（免）税的计税依据，按下列公式确定：

退（免）税计税依据＝增值税专用发票上的金额或海关进口增值税专用缴款书注明的完税

价格×已使用过的设备固定资产净值÷已使用过的设备原值

已使用过的设备固定资产净值＝已使用过的设备原值−已使用过的设备已提累计折旧

（7）免税品经营企业销售的货物增值税退（免）税的计税依据，为购进货物的增值税专用发票注明的金额或海关进口增值税专用缴款书注明的完税价格。

（8）中标机电产品增值税退（免）税的计税依据，包括生产企业为销售机电产品的普通发票注明的金额，外贸企业为购进货物的增值税专用发票注明的金额或海关进口增值税专用缴款书注明的完税价格。

（9）输入特殊区域的水电气增值税退（免）税的计税依据，为作为购买方的特殊区域内生产企业购进水（包括蒸汽）、电力、燃气的增值税专用发票注明的金额。

（10）跨境应税行为的退（免）税计税依据，按照下列规定确定。

实行"免、抵、退"税办法的退（免）税计税依据：

①以铁路运输方式载运旅客的，为按照铁路合作组织清算规则清算后的实际运输收入。

②以铁路运输方式载运货物的，为按照铁路运输进款清算办法，对"发站"或"到站（局）"名称包含"境"字的货票上注明的运输费用及直接相关的国际联运杂费清算后的实际运输收入。

③以航空运输方式载运货物或旅客的，如果国际运输或港澳台运输各航段由多个承运人承运的，为中国航空结算有限责任公司清算后的实际收入；如果国际运输或港澳台运输各航段由一个承运人承运的，为提供航空运输服务取得的收入。

④其他实行"免、抵、退"税办法的增值税零税率应税服务，为提供增值税零税率应税服务取得的收入。

实行"免、退"税办法的退（免）税计税依据，为购进应税服务的增值税专用发票或解缴税款的中华人民共和国税收缴款凭证上注明的金额。

（五）增值税免"免、抵、退"税和"免、退"税的计算

1. 生产企业出口货物、劳务、服务和无形资产的增值税"免、抵、退"税，依下列公式计算

（1）当期应纳税额的计算：

当期应纳税额＝当期销项税额−（当期进项税额−当期不得免征和抵扣税额）

当期不得免征和抵扣税额＝当期出口货物离岸价×外汇人民币折合率×

（出口货物适用税率−出口货物退税率）−当期不得免征和抵扣税额抵减额

当期不得免征和抵扣税额抵减额＝当期免税购进原材料价格×

（出口货物适用税率−出口货物退税率）

（2）当期免抵退税额的计算：

当期"免、抵、退"税额＝当期出口货物离岸价×外汇人民币折合率×出口货物退税率−

当期"免、抵、退"税额抵减额

　　当期"免、抵、退"税额抵减额＝当期免税购进原材料价格×出口货物退税率

（3）当期应退税额和免抵税额的计算：

①当期期末留抵税额≤当期"免、抵、退"税额，则

当期应退税额＝当期期末留抵税额

当期免抵税额＝当期免抵退税额－当期应退税额

②当期期末留抵税额＞当期"免、抵、退"税额，则

当期应退税额＝当期"免、抵、退"税额－

当期免抵税额＝0

　　当期期末留抵税额为当期《增值税纳税申报表》中"期末留抵税额"。

　　（4）当期免税购进原材料价格包括当期国内购进的无进项税额且不计提进项税额的免税原材料的价格和当期进料加工保税进口料件的价格，其中当期进料加工保税进口料件的价格为进料加工出口货物耗用的保税进口料件金额，其计算公式为

进料加工出口货物耗用的保税进口料件金额＝进料加工出口货物人民币离岸价×

进料加工计划分配率

计划分配率＝计划进口总值÷计划出口总值×100%

　　计算不得免征和抵税额时，应按当期全部出口货物的销售额扣除当期全部进料加工出口货物耗用的保税进口料件后的余额乘以征退税率之差计算。

　　进料加工出口货物收齐有关凭证申报"免、抵、退"税时，以收齐凭证的进料加工出口货物人民币离岸价扣除其耗用的保税进口料件金额后的余额计算免抵退税额。

　　例2-4： 某自营出口的生产企业为增值税一般纳税人，出口货物征税税率为13%，退税率为10%。202×年5月购进一批原材料，取得增值税专用发票注明价款为200万元，准予扣除的进项税额26万元，货物已验收入库。上月末留抵税款5万元；本月内销货物不含税销售额100万元，收款113万元存入银行。本月出口货物的销售额折合人民币300万元。该企业当期的"免、抵、退"税额为

①当期"免、抵、退"税不得免征和抵扣税额＝300×（13%－10%）＝9（万元）

②当期应纳税额＝100×13%－（26－9）－5＝－9（万元）

　　当期应纳税额为负数时，就表示为当期期末留抵税额。

③出口货物"免、抵、退"税额＝300×10%＝30（万元）

④按规定，此时期末留抵税额≤当期免抵退税额，则

当期退税额＝期末留抵税额＝9（万元）

⑤当期免抵税额＝当期"免、抵、退"税额－当期应退税额＝30－9＝21（万元）

　　例2-5： 某自营出口的生产企业为增值税一般纳税人，出口货物征税税率为13%，退税率为10%。202×年6月购进一批原材料，取得增值税专用发票注明价款200万元，准予扣除的进项税额为26万元。当月进料加工出口货物耗用的保税进口料件100万元。上月末留抵税款8万元；本月内销货物不含税销售额100万元，收款113万元存入银行。本月出口货物的销售额折合人民币200万元。试计算该企业当期的"免、抵、退"税额。

①"免、抵、退"税不得免征和抵扣税额抵减额＝进料加工出口货物耗用的保税进口料件金额×（出口货物征税税率－出口货物退税税率）＝100×（13%－10%）＝3（万元）

②当期"免、抵、退"税不得免征和抵扣税额＝200×（13%－10%）－3＝6－3＝3（万元）

③当期应纳税额＝100×13%－（26－3）－8＝－18（万元）

④免抵退税抵减额＝100×10%＝10（万元）

⑤出口货物"免、抵、退"税额＝200×10%－10＝10（万元）

⑥按规定，此时期末留抵税额＞当期"免、抵、退"税额，则

当期退税额＝当期免抵退税额＝10（万元）

当期免抵税额＝当期"免、抵、退"税额－当期应退税额＝10－10＝0

6月末留抵结转下月继续抵扣进项税额为8（18－10）万元。

2. 零税率应税服务增值税退（免）税的计算

零税率应税服务增值税"免、抵、退"税，依下列公式计算。

1）当期"免、抵、退"税额的计算

当期零税率应税服务"免、抵、退"税额＝当期零税率应税服务"免、抵、退"税计税依据×外汇人民币折合率×零税率应税服务增值税退税率

2）当期应退税额和当期免抵税额的计算

（1）当期期末留抵税额≤当期"免、抵、退"税额时，

当期应退税额＝当期期末留抵税额

当期免抵税额＝当期"免、抵、退"税额－当期应退税额

（2）当期期末留抵税额＞当期"免、抵、退"税额时，

当期应退税额＝当期"免、抵、退"税额

当期免抵税额＝0

"当期期末留抵税额"为当期《增值税纳税申报表》的"期末留抵税额"。

例 2-6：某国际运输公司为一般纳税人，该企业实行"免、抵、退"税管理办法。该企业202×年6月发生以下业务：

（1）该企业当月承接2单国际运输业务，取得确认的国际运输业务收入80万元；

（2）该企业增值税纳税申报时，期末留抵税额为12万元。

要求：计算该企业当月的退税额。

（1）当期零税率应税服务"免、抵、退"税额＝80×9%＝7.2万元

（2）当期期末留抵税额12万元＞当期"免、抵、退"税额7.2万元，则

当期应退税额＝当期"免、抵、退"税额7.2万元

当退税申报后，结转下期留抵的税额为4.8万元。

3. 外贸企业出口货物、劳务和应税行为增值税"免、退"税，依下列公式计算

（1）外贸企业出口委托加工修理修配货物

出口委托加工修理修配货物的增值税应退税额＝委托加工修理修配的增值税退（免）税计税依据×出口货物退税率

（2）外贸企业出口委托加工修理修配货物以外的货物

增值税应退税额＝增值税退（免）税计税依据×出口货物退税率

（3）外贸企业兼营的零税率应税行为增值税免退税的计算

$$外贸企业兼营的零税率应税行为应退税额＝外贸企业兼营的零税率应税行为$$
$$免退税计税依据×零税率应税行为增值税退税率$$

4. 融资租赁出口货物退税的计算

融资租赁出租方将融资租赁出口货物租赁给境外承租方、将融资租赁海洋工程结构物租赁给海上石油天然气开采企业，向融资租赁出租方退还其购进租赁货物所含增值税。计算公式为

$$增值税应退税额＝购进融资租赁货物的增值税专用发票注明的金额或海关（进口增值税）$$
$$专用缴款书注明的完税价格×融资租赁货物适用的增值税退税率$$

5. 退税率低于适用税率的，相应计算出的差额部分的税款计入出口货物劳务成本

6. 出口企业既有适用增值税免抵退项目，也有增值税即征即退、先征后退项目的，增值税即征即退和先征后退项目不参与出口项目免抵退税计算

出口企业应分别核算增值税免抵退项目和增值税即征即退、先征后退项目，并分别申请享受增值税即征即退、先征后退和免抵退税政策。

用于增值税即征即退或者先征后退项目的进项税额无法划分的，按照下列公式计算

$$无法划分进项税额中用于增值税即征即退或者先征后退项目的部分＝$$
$$当月无法划分的全部进项税额×当月增值税即征即退或者先征$$
$$后退项目销售额÷当月全部销售额、营业额合计$$

7. 实行"免、抵、退"税办法的零税率应税行为提供者如同时有货物、对外加工修理修配劳务出口且未分别核算的，可一并计算"免、抵、退"税额

税务机关在审批时，按照出口货物、劳务、零税率应税行为"免、抵、退"税额比例划分出口货物、劳务、零税率应税行为的退税额和免抵税额。

三、适用增值税免税政策的出口货物、劳务和跨境应税行为

对符合下列条件的出口货物、劳务和跨境应税行为，除适用增值税征税政策的出口货物和劳务外，按下列规定实行免征增值税（以下称增值税免税政策）：

（一）适用增值税免税政策的范围

适用增值税免税政策的出口货物、劳务和应税行为包括以下几点。

1. 出口企业或其他单位出口的货物

（1）增值税小规模纳税人出口的货物。

（2）避孕药品和用具、古旧图书。

（3）软件产品及动漫软件出口免征增值税。

（4）含黄金、铂金成分的货物，钻石及其饰品。

（5）国家计划内出口的卷烟。

（6）非出口企业委托出口的货物。

（7）非列名生产企业出口的非视同自产货物。

（8）农业生产者自产农产品。

（9）油画、花生果仁、黑大豆等财政部和国家税务总局规定的出口免税的货物。

（10）外贸企业取得普通发票、废旧物资收购凭证、农产品收购发票、政府非税收入票据的货物。

（11）来料加工复出口的货物。

（12）特殊区域内的企业出口的特殊区域内的货物。

（13）以人民币现金作为结算方式的边境地区出口企业从所在省（自治区）的边境口岸出口到接壤国家的一般贸易和边境小额贸易出口货物。

（14）以旅游购物贸易方式报关出口的货物。

2. 出口企业或其他单位视同出口的下列货物劳务

（1）国家批准设立的免税店销售的免税货物（包括进口免税货物和已实现退（免）税的货物）。

（2）特殊区域内的企业为境外的单位或个人提供加工修理修配劳务。

（3）同一特殊区域、不同特殊区域内的企业之间销售特殊区域内的货物。

3. 出口企业或其他单位未按规定申报或未补齐增值税退（免）税凭证的出口货物劳务

（1）未在国家税务总局规定的期限内申报增值税退（免）税的出口货物和劳务。

（2）未在规定期限内申报开具《代理出口货物证明》的出口货物劳务。

（3）已申报增值税退（免）税，却未在国家税务总局规定的期限内向税务机关补齐增值税退（免）税凭证的出口货物劳务。

对于适用增值税免税政策的出口货物劳务，出口企业或其他单位可以依照现行增值税有关规定放弃免税，并依照《国家税务总局关于出口货物劳务增值税和消费税政策的通知》第7条的规定缴纳增值税。

4. 境内单位和个人销售的下列服务和无形资产免征增值税，但财政部和国家税务总局规定适用增值税零税率的除外

（1）下列服务：①工程项目在境外的建筑服务；②工程项目在境外的工程监理服务；③工程、矿产资源在境外的工程勘察勘探服务；④会议展览地点在境外的会议展览服务；⑤存储地点在境外的仓储服务；⑥标的物在境外使用的有形动产租赁服务；⑦在境外提供的广播影视节目（作品）的播映服务；⑧在境外提供的文化体育服务、教育医疗服务、旅游服务。

（2）为出口货物提供的邮政服务、收派服务、保险服务。

为出口货物提供的保险服务，包括出口货物保险和出口信用保险。

（3）向境外单位提供的完全在境外消费的下列服务和无形资产：①电信服务；②知识产权服务；③物流辅助服务（仓储服务、收派服务除外）；④鉴证咨询服务；⑤专业技术服务；⑥商务辅助服务；⑦广告投放地在境外的广告服务；⑧无形资产。

（4）属于以下情形的国际运输服务。

①以无运输工具承运方式提供的国际运输服务。

②按照国家有关规定应取得相关资质的国际运输服务项目，纳税人取得相关资质的，适用增值税零税率政策，未取得资质的，适用增值税免税政策。

③境内的单位或个人提供程租服务的，如果租赁的交通工具用于国际运输服务和港澳台运输服务，由出租方按规定申请适用增值税零税率。

④境内的单位和个人向境内单位或个人提供期租、湿租服务，如果承租方利用租赁的交通工具向其他单位或个人提供国际运输服务和港澳台运输服务，由承租方适用增值税零税率；境内的单位或个人向境外单位或个人提供期租、湿租服务，由出租方适用增值税零税率。

⑤境内单位和个人以无运输工具承运方式提供的国际运输服务，由境内实际承运人适用增值税零税率；无运输工具承运业务的经营者适用增值税免税政策。

（5）为境外单位之间的货币资金融通及其他金融业务提供的直接收费金融服务，且该服务与境内的货物、无形资产和不动产无关。

（6）财政部和国家税务总局规定的其他服务。

（7）上述所称完全在境外消费，是指：

①服务的实际接受方在境外，且与境内的货物和不动产无关。

②无形资产完全在境外使用，且与境内的货物和不动产无关。

③财政部和国家税务总局规定的其他情形。

（8）境内单位和个人发生的与香港、澳门、台湾有关的应税行为，除另有规定外，须参照上述规定执行。

（二）进项税额的处理计算

（1）适用增值税免税政策的出口货物和劳务，其进项税额不得抵扣和退税，应当转入成本。

（2）出口卷烟不得抵扣的进项税额，依下列公式计算：

$$不得抵扣的进项税额 = 出口卷烟含消费税金额 ÷ （出口卷烟含消费税金额 + 内销卷烟销售额） × 当期全部进项税额$$

①当生产企业销售的出口卷烟在国内有同类产品销售价格时

$$出口卷烟含消费税金额 = 出口销售数量 × 销售价格$$

"销售价格"为国内同类产品生产企业实际调拨价格。如实际调拨价格低于税务机关公示的计税价格的，"销售价格"为税务机关公示的计税价格；高于公示计税价格的，销售价格为实际调拨价格。

②当生产企业销售的出口卷烟在国内没有同类产品销售价格时

$$出口卷烟含税金额 = （出口销售额 + 出口销售数量 × 消费税定额税率） ÷$$
$$（1 - 消费税比例税率）$$

"出口销售额"以出口发票上的离岸价为准。若出口发票不能如实反映离岸价，生产企业应按实际离岸价计算，否则，税务机关有权按照有关规定予以核定调整。

（3）除出口卷烟外，适用增值税免税政策的其他出口货物劳务和应税行为的计算，按照增值税免税政策的统一规定执行。其中，如果涉及销售额，除来料加工复出口货物为其加工费收入外，其他均为出口离岸价或销售额。

四、适用增值税征税政策的出口货物、劳务和跨境应税行为

下列出口货物劳务，不适用增值税退（免）税和免税政策，按下列规定及视同内销货物征税的其他规定征收增值税（以下称增值税征税政策）。

（一）适用增值税征税政策的范围

适用增值税征税政策的出口货物、劳务和跨境应税行为，包括以下几种。

（1）出口企业出口或视同出口财政部和国家税务总局根据国务院决定明确的取消出口退（免）税的货物（不包括来料加工复出口货物、中标机电产品、列名原材料、输入特殊区域的水电气、海洋工程结构物）。

（2）出口企业或其他单位销售给特殊区域内的生活消费用品和交通运输工具。

（3）出口企业或其他单位因骗取出口退税被税务机关停止办理增值税退（免）税期间出口的货物。

（4）出口企业或其他单位提供虚假备案单证的货物。

（5）出口企业或其他单位增值税退（免）税凭证有伪造或内容不实的货物。

（6）出口企业或其他单位未在国家税务总局规定期限内申报免税核销及经主管税务机关审核不予免税核销的出口卷烟。

（7）出口企业或其他单位具有以下情形之一的出口货物劳务：

①将空白的出口货物报关单、出口收汇核销单等退（免）税凭证交由除签有委托合同的货代公司、报关行，或由境外进口方指定的货代公司（提供合同约定或者其他相关证明）以外的其他单位或个人使用的。

②以自营名义出口，其出口业务实质上是由本企业及其投资的企业以外的单位或个人借该出口企业名义操作完成的。

③以自营名义出口，其出口的同一批货物既签订购货合同，又签订代理出口合同（或协议）的。

④出口货物在海关验放后，自己或委托货代承运人对该笔货物的海运提单或其他运输单据等上的品名、规格等进行修改，造成出口货物报关单与海运提单或其他运输单据有关内容不符的。

⑤以自营名义出口，但不承担出口货物的质量、收款或退税风险之一的，即出口货物发生质量问题不承担购买方的索赔责任（合同中有约定质量责任承担者除外）；不承担未按期收款导致不能核销的责任（合同中有约定收款责任承担者除外）；不承担因申报出口退（免）税的资料、单证等出现问题造成不退税责任的。

⑥未实质参与出口经营活动、接受并从事由中间人介绍的其他出口业务，但仍以自营名义出口的。

（8）不适用跨境应税行为适用增值税零税率和免税政策规定的出口服务和无形资产。

（二）应纳增值税的计算

适用增值税征税政策的出口货物、劳务和跨境应税行为，其应纳增值税按下列办法计算：

1. 一般纳税人出口货物、劳务和跨境应税行为

销项税额＝（出口货物、劳务和跨境应税行为离岸价－出口货物耗用的进料加工保税进口料件金额）÷（1＋适用税率）×适用税率

出口货物、劳务和跨境应税行为若已按征退税率之差计算不得免征和抵扣税额并已经转入成本的，相应的税额应转回进项税额。

（1）出口货物耗用的进料加工保税进口料件金额的确定。

出口货物耗用的进料加工保税进口料件金额＝主营业务成本×

（投入的保税进口料件金额÷生产成本）

主营业务成本、生产成本均为不予退（免）税的进料加工出口货物的主营业务成本、生产成本。当耗用的保税进口料件金额大于不予退（免）税的进料加工出口货物金额时，耗用的保税进口料件金额为不予退（免）税的进料加工出口货物金额。

（2）出口企业应分别核算内销货物、劳务和跨境应税行为和增值税征税的出口货物的生产成本、主营业务成本。未分别核算的，其相应的生产成本、主营业务成本由主管税务机关核定。

进料加工手册海关核销后，出口企业应对出口货物耗用的保税进口料件金额进行清算。清算公式为

清算耗用的保税进口料件总额＝实际保税进口料件总额－退（免）税出口货物耗用的保税进口料件总额－进料加工副产品耗用的保税进口料件总额

若耗用的保税进口料件总额与各纳税期扣减的保税进口料件金额之和存在差额时，应在清算的当期相应地调整销项税额。当耗用的保税进口料件总额大于出口货物离岸金额时，其差额部分不得扣减其他出口货物金额。

2. 小规模纳税人出口货物、劳务和跨境应税行为

应纳税额＝出口货物离岸价÷（1＋征收率）×征收率

第六节　税　收　优　惠

增值税的税收优惠繁多，尤其是"营改增"后从原营业税转换为增值税的优惠，以及新冠疫情期间国家为企业解危扶困出台的众多优惠。本节只择其主要内容作介绍。

纳税人兼营增值税优惠项目的，应当单独核算增值税优惠项目的销售额；未单独核算的项目，不得享受税收优惠。纳税人也可以放弃增值税优惠，放弃优惠的，在规定期限内不得享受该项税收优惠。

一、法定的免税项目

下列项目免征增值税：

（1）农业生产者销售的自产农产品。

农业，是指种植业、养殖业、林业、牧业、水产业。农业生产者，包括从事农业生产的单位和个人。农产品，是指初级农产品，具体范围由财政部、国家税务总局确定。对上述单位和个人销售的外购农产品，以及单位和个人外购农产品生产、加工后销售的仍然属于规定范围的农产品，不属于免税的范围。纳税人采用"公司+农户"经营模式从事畜禽饲养、纳税人回收再销售畜禽，属于农业生产者销售自产农产品。

（2）农业机耕、排灌、病虫害防治、植物保护、农牧保险及相关技术培训业务，家禽、牲畜、水生动物的配种和疾病防治。

（3）避孕药品和用具，医疗机构提供的医疗服务。

（4）古旧图书，自然人销售自己使用过的物品。

（5）直接用于科学研究、科学试验和教学的进口仪器、设备。

（6）外国政府、国际组织无偿援助的进口物资和设备。

（7）由残疾人的组织直接进口供残疾人专用的物品，残疾人个人提供的服务。

（8）托儿所、幼儿园、养老机构、残疾人福利机构提供的育养服务，婚姻介绍服务，殡葬服务。

（9）学校提供的学历教育服务，学生勤工俭学提供的服务。

上述学校均包括符合规定的从事学历教育的民办学校，但不包括职业培训机构等国家不承认学历的教育机构。提供教育服务免征增值税的收入，是指对列入规定招生计划的在籍学生提供学历教育服务取得的收入，具体包括经有关部门审核批准并按规定标准收取的学费、住宿费、课本费、作业本费、考试报名费收入，以及学校食堂提供餐饮服务取得的伙食费收入。除此之外的收入，包括学校以各种名义收取的赞助费、择校费等，不属于免征增值税的范围。

（10）纪念馆、博物馆、文化馆、文物保护单位管理机构、美术馆、展览馆、书画院、图书馆举办文化活动的门票收入，宗教场所举办文化、宗教活动的门票收入。

二、《营改增通知》及国务院财税部门规定的优惠政策

根据国民经济和社会发展的需要，国务院对支持小微企业发展、扶持重点产业、鼓励创业就业等情形可以制定增值税专项优惠政策，报全国人民代表大会常务委员会备案。

（一）下列项目免征增值税

（1）行政单位之外的其他单位收取的符合《营改增试点实施办法》第 10 条规定条件的政府性基金和行政事业性收费。

（2）个人转让著作权。

（3）个人销售自建自用住房。

（4）2018 年 12 月 31 日前，公共租赁住房经营管理单位出租公共租赁住房。

（5）台湾航运公司、航空公司从事海峡两岸海上直航、空中直航在大陆取得的运输收入。

（6）纳税人提供的直接或者间接国际货物运输代理服务。

（7）以下利息收入：①国家助学贷款；②国债、地方政府债；③人民银行对金融机构的贷款；④住房公积金管理中心用住房公积金在指定的委托银行发放的个人住房贷款；⑤外汇管理部门在从事国家外汇储备经营过程中，委托金融机构发放的外汇贷款；⑥统借统还业务中，企业集团或企业集团中的核心企业及集团所属财务公司按不高于支付给金融机构的借款利率水平或者支付的债券票面利率水平，向企业集团或者集团内下属单位收取的利息。统借方向资金使用单位收取的利息，高于支付给金融机构借款利率水平或者支付的债券票面利率水平的，应全额缴纳增值税；⑦金融机构向小型企业、微型企业及个体工商户发放小额贷款（单户授信或贷款小于 100 万元）取得的利息收入。

（8）被撤销金融机构以货物、不动产、无形资产、有价证券、票据等财产清偿债务。

（9）保险公司开办的 1 年期以上人身保险产品取得的保费收入。1 年期以上人身保险，是指保险期间为 1 年期及以上返还本利的人寿保险、养老年金保险，以及保险期间为 1 年期及以上的健康保险。

（10）下列金融商品转让收入：①合格境外投资者（QFII）委托境内公司在我国从事证券买卖业务；②香港市场投资者（包括单位和个人）通过沪港通买卖上海证券交易所上市 A 股；③对香港市场投资者（包括单位和个人）通过基金互认买卖内地基金份额；④证券投资基金（封闭式证券投资基金，开放式证券投资基金）管理人运用基金买卖股票、债券；⑤个人从事金融商品转让业务。

（11）金融同业往来利息收入。

（12）同时符合规定条件的担保机构从事中小企业信用担保或者再担保业务取得的收入（不含信用评级、咨询、培训等收入）3 年内免征增值税。

（13）国家商品储备管理单位及其直属企业承担商品储备任务，从中央或者地方财政取得的利息补贴收入和价差补贴收入。

（14）纳税人提供技术转让、技术开发和与之相关的技术咨询、技术服务。

（15）同时符合规定条件的合同能源管理服务。

（16）2017 年 12 月 31 日前，科普单位的门票收入，以及县级及以上党政部门和科协开展科普活动的门票收入。

（17）政府举办的从事学历教育的高等、中等和初等学校（不含下属单位），举办进修班、培训班取得的全部归该学校所有的收入。

全部归该学校所有，是指举办进修班、培训班取得的全部收入进入该学校统一账户，并纳入预算全额上缴财政专户管理，同时由该学校对有关票据进行统一管理和开具。举办进修班、培训班取得的收入进入该学校下属部门自行开设账户的，不予免征增值税。

（18）政府举办的职业学校设立的主要为在校学生提供实习场所，并由学校出资自办、由学校负责经营管理、经营收入归学校所有的企业，从事《销售服务、无形资产或者不动产注释》中"现代服务"（不含融资租赁服务、广告服务和其他现代服务）"生活服务"（不含文化体育服务、其他生活服务和桑拿、氧吧）业务活动取得的收入。

（19）家政服务企业由员工制家政服务员提供家政服务取得的收入。

（20）福利彩票、体育彩票的发行收入。

（21）军队空余房产租赁收入。

（22）为了配合国家住房制度改革，企业、行政事业单位按房改成本价、标准价出售住房取得的收入。

（23）将土地使用权转让给农业生产者用于农业生产。

（24）涉及家庭财产分割的个人无偿转让不动产、土地使用权。

家庭财产分割，包括下列情形：离婚财产分割；无偿赠与配偶、父母、子女、祖父母、外祖父母、孙子女、外孙子女、兄弟姐妹；无偿赠与对其承担直接抚养或者赡养义务的抚养人或者赡养人；房屋产权所有人死亡，法定继承人、遗嘱继承人或者受遗赠人依法取得房屋产权。

（25）土地所有者出让土地使用权和土地使用者将土地使用权归还给土地所有者。

（26）县级以上地方人民政府或自然资源行政主管部门出让、转让或收回自然资源使用权（不含土地使用权）。

（27）随军家属就业。要求：①为安置随军家属就业而新开办的企业，自领取税务登记证之日起，其提供的应税服务3年内免征增值税。享受税收优惠政策的企业，随军家属必须占企业总人数的60%（含）以上，并有军（含）以上政治和后勤机关出具的证明；②从事个体经营的随军家属，自办理税务登记事项之日起，其提供的应税服务3年内免征增值税。按照上述规定，每一名随军家属可以享受一次免税政策。

（28）军队转业干部就业。要求：①从事个体经营的军队转业干部，自领取税务登记证之日起，其提供的应税服务3年内免征增值税；②为安置自主择业的军队转业干部就业而新开办的企业，凡安置自主择业的军队转业干部占企业总人数60%（含）以上的，自领取税务登记证之日起，其提供的应税服务3年内免征增值税；③享受上述优惠政策的自主择业的军队转业干部必须持有师以上部队颁发的转业证件。

（二）下列项目享受增值税即征即退

（1）一般纳税人销售其自行开发的软件产品（包括将进口软件产品进行本地化改造后销售），按13%税率征收增值税后，对其增值税税负超过3%的部分实行即征即退政策。

（2）一般纳税人提供管道运输服务，对其增值税实际税负超过3%的部分实行增值税即征即退政策。

（3）经人民银行、银监会或者商务部批准从事融资租赁业务的试点纳税人中的一般纳税人，提供有形动产融资租赁服务和有形动产融资性售后回租服务，对其增值税实际税负超过3%的部分实行增值税即征即退政策。

（4）纳税人安置残疾人应享受增值税即征即退政策。安置的每位残疾人每月可退还的增值税具体限额，由县级以上税务机关根据纳税人所在区县适用的经省政府批准的月最低工资标准的4倍确定。

（三）下列项目享受扣减增值税规定

1. 退役士兵创业就业

（1）自主就业退役士兵从事个体经营的，自办理个体工商户登记当月起，在3年（36

个月，下同）内按每户每年 20 000 元为限额依次扣减其当年实际应缴纳的增值税、城市维护建设税、教育费附加、地方教育附加和个人所得税，限额标准最高可上浮 20%。

（2）企业招用自主就业退役士兵，与其签订 1 年以上期限劳动合同并依法缴纳社会保险费的，自签订劳动合同并缴纳社会保险当月起，在 3 年内按实际招用人数予以定额依次扣减增值税、城市维护建设税、教育费附加、地方教育附加和企业所得税优惠。定额标准为每人每年 6 000 元，最高可上浮 50%。

（3）各省（区、市）人民政府可根据本地区实际情况在规定上浮幅度内确定具体定额标准。上述优惠政策执行期限自 2023 年 1 月 1 日至 2027 年 12 月 31 日。

2. 重点群体创业就业

（1）脱贫人口（含防止返贫监测对象）、持《就业创业证》（注明"自主创业税收政策"或"毕业年度内自主创业税收政策"）或《就业失业登记证》（注明"自主创业税收政策"）的人员从事个体经营的，自办理个体工商户登记当月起，在 3 年（36 个月，下同）内按每户每年 20 000 元为限额依次扣减其当年实际应缴纳的增值税、城市维护建设税、教育费附加、地方教育附加和个人所得税，限额标准最高可上浮 20%。

（2）企业招用脱贫人口，以及在人力资源和社会保障部门公共就业服务机构登记失业半年以上且持《就业创业证》或《就业失业登记证》（注明"企业吸纳税收政策"）的人员，与其签订 1 年以上期限劳动合同并依法缴纳社会保险费的，自签订劳动合同并缴纳社会保险当月起，在 3 年内按实际招用人数予以定额依次扣减增值税、城市维护建设税、教育费附加、地方教育附加和企业所得税优惠。定额标准为每人每年 6 000 元，最高可上浮 30%。

（3）各省（区、市）人民政府可根据本地区实际情况在规定上浮幅度内确定具体定额标准。按上述标准计算的税收扣减额应在企业当年实际应缴纳的增值税、城市维护建设税、教育费附加、地方教育附加和企业所得税税额中扣减，当年扣减不完的，不得结转下年使用。上述优惠政策执行期限自 2023 年 1 月 1 日至 2027 年 12 月 31 日。

（四）金融企业发放贷款后应收未收利息的增值税处理

金融企业发放贷款后，自结息日起 90 天内发生的应收未收利息按现行规定缴纳增值税，自结息日起 90 天后发生的应收未收利息暂不缴纳增值税，待实际收到利息时按规定缴纳增值税。

（五）个人销售自购住房的免征增值税处理

个人将购买不足 2 年的住房对外销售的，按照 5% 的征收率全额缴纳增值税；个人将购买 2 年以上（含 2 年）的住房对外销售的，免征增值税。上述政策适用于北京市、上海市、广州市和深圳市以外的地区。

对于北京市、上海市、广州市和深圳市地区而言，个人将购买不足 2 年的住房对外销售的，按照 5% 的征收率全额缴纳增值税；个人将购买 2 年以上（含 2 年）的非普通住房对外销售的，以销售收入减去购买住房价款后的差额按照 5% 的征收率缴纳增值税；个人将购买 2 年以上（含 2 年）的普通住房对外销售的，免征增值税。

三、财政部、国家税务总局规定的其他部分征免税项目

（一）资源综合利用产品和劳务增值税优惠政策

纳税人销售自产资源综合利用产品和资源综合利用劳务，可享受增值税即征即退政策。退税比例分为 30%、50%、70% 和 100% 4 个档次。

综合利用的资源名称、综合利用的产品和劳务名称、技术标准和相关条件、退税比例等按照《资源综合利用产品和劳务增值税优惠目录（2022 年版）》的相关规定执行。

（二）免征蔬菜流通环节增值税政策

对从事蔬菜批发、零售的纳税人销售的蔬菜免征增值税。

经挑选、清洗、切分、晾晒、包装、脱水、冷藏、冷冻等工序加工的蔬菜，属于蔬菜的范围。但各种蔬菜罐头不属于蔬菜的范围。

（三）小规模纳税人的免征增值税政策

2023 年 1 月 1 日至 2027 年 12 月 31 日，对月销售额 10 万元以下（含本数）的增值税小规模纳税人免征增值税。

第七节 征 收 管 理

一、纳税义务发生时间

纳税义务发生时间是纳税人发生应税行为应当承担纳税义务的起始时间。税法明确规定纳税义务发生时间的目的在于：①正式确认纳税人的应税行为应承担的纳税义务；②有利于税务机关实施税务管理，合理规定申报期限和纳税期限，监督纳税人切实履行纳税义务。

（一）一般规定

纳税人发生应税交易时，纳税义务发生时间的一般规定为：

（1）纳税人发生应税交易，其纳税义务发生时间为收讫销售款项或者取得销售款项索取凭据的当日；先开具发票的，为开具发票的当日。

（2）发生视同应税交易，纳税义务发生时间为完成视同应税交易的当日。

（3）进口货物，为货物进入关境的当日。

（4）增值税扣缴义务发生时间为纳税人增值税纳税义务发生的当日。

（二）具体规定

纳税人收讫销售款项或者取得销售款项索取凭据的当日，按销售结算方式的不同具体为：

（1）采取直接收款方式销售货物，不论货物是否发出，均为收到销售款或取得索取销售款凭据的当日。

（2）采取托收承付和委托银行收款方式销售货物，为发出货物并办妥托收手续的当日。

（3）采取赊销和分期收款方式销售货物，为书面合同约定的收款日期的当日，无书面合同或书面合同没有约定收款日期的，为货物发出的当日。

（4）采取预收货款方式销售货物，为货物发出的当日。但生产销售生产工期超过 12 个月的大型机械设备、船舶、飞机等货物，为收到预收款或者书面合同约定的收款日期的当日。

（5）委托其他纳税人代销货物，为收到代销单位的代销清单或者收到全部或部分货款的当日；未收到代销清单及货款的，为发出代销商品满 180 天的当日。

（6）销售应税劳务，为提供劳务同时收讫价款或取得索取销售款凭据的当日。

（7）纳税人发生"视同应税交易"的，为货物移送的当日，或服务、无形资产转让完成的当日或者不动产权属变更的当日。

（8）纳税人提供租赁服务采取预收款方式的，其纳税义务发生时间为收到预收款的当日。

（9）纳税人从事金融商品转让的，为金融商品所有权转移的当日。

二、计税期间

（1）增值税的计税期间分别为 10 日、15 日、1 个月或者 1 个季度。纳税人的具体计税期间，由主管税务机关根据纳税人应纳税额的大小分别核定。不经常发生应税交易的纳税人，可以按次纳税。

（2）纳税人以 1 个月或者 1 个季度为一个计税期间的，自期满之日起 15 日内申报纳税；以 10 日或者 15 日为一个计税期间的，自次月 1 日起 15 日内申报纳税，并应当自期满之日起 5 日内预缴税款。法律、行政法规对纳税人预缴税款另有规定的，从其规定。

（3）扣缴义务人解缴税款的计税期间和申报纳税期限，依照前两款规定执行。

（4）纳税人进口货物，应当按照海关规定的期限申报纳税，并自完成申报之日起 15 日内缴纳税款。

三、纳税地点

增值税纳税地点，按照下列规定确定：

（1）有固定生产经营场所的纳税人，应当向其机构所在地或者居住地主管税务机关申报纳税。总机构和分支机构不在同一县（市）的，应当分别向各自所在地的主管税务机关申报纳税；经国务院财政、税务主管部门或者其授权的财政、税务机关批准，可以由总机构汇总向总机构所在地的主管税务机关申报纳税。

（2）无固定生产经营场所的纳税人，应当向其应税交易发生地主管税务机关申报纳税；未申报纳税的，由其机构所在地或者居住地主管税务机关补征税款。

（3）自然人销售或者租赁不动产，转让自然资源使用权，提供建筑服务，应当向不动产所在地、自然资源所在地、建筑服务发生地主管税务机关申报纳税。

（4）进口货物的纳税人，应当按照海关规定的地点申报纳税。

（5）扣缴义务人，应当向其机构所在地或者居住地主管税务机关申报缴纳扣缴的税款；机构所在地或者居住地在境外的，应当向应税交易发生地主管税务机关申报缴纳扣缴的税款。

四、增值税发票的使用与管理

增值税纳税人发生应税交易，应使用增值税发票管理新系统（以下简称新系统）分别开具增值税专用发票、增值税普通发票、机动车销售统一发票、全面数字化的电子发票。

（一）增值税专用发票

增值税专用发票，是增值税一般纳税人发生应税交易时开具的发票，是购买方支付增值税额并按照增值税有关规定据以抵扣增值税进项税额的凭证。增值税专用发票不仅是纳税人经济活动中的重要商事凭证，而且是兼记销货方纳税义务和购货方进项税额的合法证明，对增值税的计算和管理起着决定性的作用。

1. 增值税专用发票的联次

增值税专用发票由基本联次或者基本联次附加其他联次构成，基本联次为三联：发票联、抵扣联和记账联。发票联，作为购买方核算采购成本和增值税进项税额的记账凭证；抵扣联，作为购买方报送主管税务机关认证和留存备查的凭证；记账联，作为销售方核算销售收入和增值税销项税额的记账凭证。其他联次用途，由一般纳税人自行确定。

2. 增值税专用发票的开具

一般纳税人发生应税交易可汇总开具增值税专用发票。汇总开具专用发票的，同时使用防伪税控系统开具《销售货物或者提供应税劳务清单》，并加盖发票专用章。

3. 增值税专用发票的领购

一般纳税人凭《发票领购簿》、IC卡和经办人身份证明领购增值税专用发票。

新办纳税人首次申领增值税发票主要包括票种核定、增值税专用发票（增值税税控系统）最高开票限额审批、增值税税控系统专用设备初始发行、发票领用等涉税事项。

一般纳税人有下列情形之一的，不得领购开具增值税专用发票：

（1）会计核算不健全，不能向税务机关准确提供增值税销项税额、进项税额、应纳税额数据及其他有关增值税税务资料的。

（2）有《税收征收管理法》规定的税收违法行为，拒不接受税务机关处理的。

（3）有下列行为之一，经税务机关责令限期改正而仍未改正的：①虚开增值税专用发票；②私自印制增值税专用发票；③向税务机关以外的单位和个人买取增值税专用发票；④借用他人增值税专用发票；⑤未按规定要求开具增值税专用发票；⑥未按规定保管增值税专用发票和专用设备；⑦未按规定申请办理防伪税控系统变更发行；⑧未按规定接受税务机关检查。有上列情形的，如已领购增值税专用发票，主管税务机关应暂扣其结存的增值税专用发票和IC卡。

4. 增值税专用发票开具范围

（1）一般纳税人发生应税交易，应向购买方开具增值税专用发票。

（2）商业企业一般纳税人零售的烟、酒、食品、服装、鞋帽（不包括劳保专用部分）、化妆品等消费品不得开具增值税专用发票。

（3）增值税小规模纳税人需要开具增值税专用发票的，可向主管税务机关申请代开，也可以选择自行开具增值税专用发票。

（4）销售免税货物不得开具增值税专用发票，法律、法规及国家税务总局另有规定的除外。

（5）纳税人发生应税交易，应当向索取增值税专用发票的购买方开具增值税专用发票，并分别注明销售额和销项税额。属于下列情形之一的，不得开具增值税专用发票：①应税交易的购买方为消费者个人的；②发生应税交易适用免税规定的。

5. 增值税专用发票与不得抵扣进项税额的规定

（1）不得作为增值税进项税额抵扣凭证的情形

经认证，有下列情形之一的，不得作为增值税进项税额的抵扣凭证，税务机关应退还原件，购买方可要求销售方重新开具增值税专用发票。

①无法认证，即增值税专用发票所列密文或者明文不能辨认，无法产生认证结果。

②纳税人识别号认证不符，即增值税专用发票所列购买方纳税人识别号有误。

③增值税专用发票代码、号码认证不符，即增值税专用发票所列密文解译后与明文的代码或者号码不一致。

（2）对丢失已开具增值税专用发票的发票联和抵扣联的处理。

①一般纳税人同时丢失已开具增值税专用发票或者机动车销售统一发票的发票联和抵扣联，可凭加盖销售方发票专用章的相应发票记账联复印件，作为增值税进项税额的抵扣凭证、退税凭证或记账凭证。

②一般纳税人丢失已开具增值税专用发票或者机动车销售统一发票的抵扣联，可凭相应发票的发票联复印件作为进项税额的抵扣凭证或退税凭证；一般纳税人丢失已开具增值税专用发票或者机动车销售统一发票的发票联，可凭相应发票的抵扣联复印件作为记账凭证。

（二）增值税普通发票

增值税普通发票，是将除商业零售以外的增值税一般纳税人纳入增值税防伪税控系统开具和管理，也即一般纳税人可以使用同一套增值税防伪税控系统开具增值税专用发票、增值税普通发票，俗称"一机多票"。

增值税普通发票的格式、字体、栏次、内容与增值税专用发票完全一致，按发票联次分为两联票和五联票两种。基本联次为两联：第一联为记账联，销货方用作记账凭证；第二联为发票联，购货方用作记账凭证。此外为满足部分纳税人的需要，在基本联次后增加了三联的附加联次，即五联票，供企业选择使用。

（三）机动车销售统一发票

（1）凡从事机动车零售业务的单位和个人，从2006年8月1日起在销售机动车（不包括旧机动车）收取款项时，必须开具税务机关统一印制的新版《机动车销售统一发票》，并在发票联加盖财务专用章或发票专用章，抵扣联和报税联不得加盖印章。

（2）《机动车统一销售发票》为电脑六联式发票。第一联发票联（购货单位付款凭证），第二联抵扣联（购货单位抵扣凭证），第三联报税联（车辆购置税征收单位留存），第四联注册登记联（车辆登记单位留存），第五联记账联（销货单位记账凭证），第六联存根联（销货单位留存）。

（四）全面数字化的电子发票

为进一步推进电子发票应用和推广实施工作，助力国家数字经济发展，2023 年 3 月 22 日，国家档案局会同财政部、商务部、国家税务总局总结三批增值税电子发票电子化报销、入账、归档试点经验，依据国家相关法律法规和标准规范，编制形成了《电子发票全流程电子化管理指南》，指导各单位在电子发票开具、接收、报销、入账、归档全流程管理。

全面数字化的电子发票（以下称全电发票）是与纸质发票相同具有同等法律效力的全新发票，不以纸质形式存在、不用介质支撑、无须申请领用、发票验旧及申请增版增量。纸质发票的票面信息全面数字化，将多个票种集成归并为电子发票单一票种，全电发票实行全国统一赋码、自动流转交付。

当全电发票推广使用后，财务报销不再需要打印电子发票输出纸质件，而是直接填写纸质报销单，报销审批人仅审核纸质报销单，全电发票的电子文件原件通过电子邮箱等通信软件从收款人传输至报销审批人，再传输至会计人员。为防止重复报销，税务机关相关用票平台可对已入账的全电发票作对应标记。会计凭证存档也可实现电子化形式。

扩展阅读 2.7《电子发票全流程电子化管理指南》国家档案局 财政部 商务部 国家税务总局 2023 年 3 月 22 日发

练习题

一、复习思考题

1. 增值税的概念及其类型有哪些？每一类型增值税各有什么优缺点？

2. 我国为什么要进行"营改增"？增值税取代营业税为什么能促进社会生产力的进步？

3. 区分一般纳税人与小规模纳税人的标准和意义是什么？

4. 如何确定增值税计税销售额的几种具体情况？

5. 在哪些情况下应作进项税额转出处理？

6. 什么是退税率？我国为什么要规定退税率而不按法定税率退税？

二、综合业务题

1. 某商场为增值税一般纳税人，与其供货企业甲服装厂达成协议，按销售量的一定比例进行平销返利。2022 年 10 月，从甲服装厂购进商品取得增值税专用发票。注明价款 400 万元、增值税 52 万元，当月按平价全部销售完，月末甲服装厂按照协议支付给商场返利 12 万元。

要求：根据上述资料，计算回答下列问题。

（1）计算准予抵扣的进项税额。

（2）计算该商场应缴纳的增值税额。

2. 某制药厂为增值税一般纳税人，以下是该企业 2022 年 5 月的增值税情况。

（1）销售自产创新药得到含税销售额 350 万元，在提供给患者后续免费使用的相同创新药物方面，同类药物的平均不含税市场价格为 90 万元。

（2）该制药厂购买了用于生产应税药品的原材料，并取得了增值税专用发票，发票上注明销售额为 150 万元。在运输过程中，原材料合理损耗了 8%。另外，由于管理不善，还有额外的 5% 损失。

（3）该制药厂进口了一台生产和检测应税和免税药品所需设备，完税价格为 95 万元，已取得海关进口增值税专用缴款书。该设备委托运输公司运回制药厂，关税税率为 15%。该企业还取得了一张增值税专用发票，注明运输费用为 2 万元。

（4）承租了一个仓库用于储存企业生产的药品，支付含税租金 60 万元，出租方选择简易计税方法计税并已开具增值税专用发票。

要求：根据上述资料。按照下列序号计算回答问题。

（1）判断业务（1）是否需要缴纳增值税，并说明理由。

（2）计算业务（2）准予抵扣的进项税额。

（3）计算业务（3）合计应向海关缴纳的税款。

（4）计算业务（4）准予抵扣的进项税额

3. 某汽车生产企业为增值税一般纳税人，以下是该企业 2022 年 5 月的增值税情况：

（1）在当地采购原材料用于汽车生产，取得增值税专用发票注明税额 800 万元。支付水电费取得增值税专用发票，注明增值税税额 220 万元，其中 8% 用集体福利项目。

（2）进口一批生产轿车用的引擎，支付货价 780 万元，支付运抵我国境内输入地点起卸前的运输费用和保险费共计 60 万元。支付卖方佣金 16 万元，已取得海关进口增值税专用缴款书。

（3）销售 660 辆小轿车，开具增值税专用发票，注明价款 11 220 万元。

（4）提供小轿车修理劳务。开具的普通发票上注明金额 126.8 万元。

（5）对外提供汽车租赁业务。开具的普通发票上注明租金收入 16 万元。

要求：根据上述资料，计算回答下列问题。

（1）计算业务（1）准予抵扣的进项税。

（2）计算业务（2）应向海关缴纳的税款。

（3）计算业务（3）的销项税额。

（4）计算业务（4）的销项税额。

（5）计算业务（5）的销项税额。

4. 某具有出口经营权的生产企业为增值税一般纳税人，2022 年 10 月从国内采购生产用原材料一批，取得增值税专用发票，注明价款 800 万元、增值税税额 104 万元；当月国内销售货物取得不含税销售额 140 万元，出口自产货物取得收入折合人民币 780 万元。已知，适用的增值税税率为13%，出口退税率为10%，月初无留抵税额，相关发票均已在当月抵扣。

要求：根据上述资料，计算回答下列问题。

（1）计算当期不可免征和抵扣税额。

（2）计算当期应纳增值税。

（3）计算当期免抵退税额。

即测即练

自学自测　扫描此码

第三章

消 费 税

【学习目标】

　　本章要求重点掌握消费税的征税范围、税率及生产销售环节、委托加工环节、进口应税消费品等情况下应纳税额的计算、外购或委托加工收回已税消费品连续加工应税消费品已纳税额的扣除；一般掌握消费税的特点、征税范围的选择标准；理解消费税出口退免税；了解消费税的征收管理和纳税筹划的主要思路。

第一节　消费税概述

一、消费税的概念

　　消费税是对在中国境内从事生产、委托加工和进口应税消费品的单位和个人，就其销售额或销售数量在特定环节征收的一种流转税。消费税作为一种选择性的税收，除了承担着筹集财政收入的任务以外，还具有调节生产结构、引导消费方向和间接调节收入分配以缓解社会分配不公等功能。

　　我国的消费税制度是为了配合 1994 年增值税制度的推行而制定的。1994 年以前，我国对货物征收产品税或试点征收增值税，其税率档次多、波动幅度大，如卷烟统一征收 60% 的产品税；1994 年建立的规范增值税制度为便于实行凭票抵扣制度，将一般纳税人税率简化设置为 17% 和 13% 两档，这必然导致烟酒等一些货物的税率在税制改革后大幅降低。为贯彻政府产业政策和消费政策，保证国家财政收入，我国在对货物普遍征收增值税的基础上，再有选择性地对部分消费品加以特殊调节，另征收一道消费税。目前，我国用以调整消费税征收与缴纳权利义务关系的基本法律规范，是 1993 年 12 月由国务院令第 135 号发布施行的《中华人民共和国消费税暂行条例》，该条例于 2008 年 11 月 5 日由国务院第 34 次常务会议修订通过。2008 年 12 月 15 日，财政部、国家税务总局第 51 号令发布《消费税暂行条例实施细则》。2019 年 12 月 3 日，财政部、国家税务总局发布了《中华人民共和国消费税法（征求意见稿）》，向社会公开征求消费税由行政法规转为人大立法的意见。

　　2022 年，我国实现国内消费税收入 16 698.81 亿元，进口消

扩展阅读 3.1《中华人民共和国消费税法》（征求意见稿）

费品消费税收入 1 029.99 亿元，两项合计占当年全部税收收入的 10.64%。

二、消费税的特点

消费税是流转税的一种，与其他流转税相比，具有以下显著特点：

（一）征收范围具有选择性和灵活性

列入征收范围的消费品，主要包括影响健康或环境而不宜过度消费的产品、非生活必需品、高档奢侈消费品、高能耗、高污染产品及不可再生的稀缺性资源产品等。并且国家选择征收消费税的范围，将随着社会经济发展水平的提高和其他方面条件的变化而动态增减调整。通过消费税征收与否及其税率的高低，将政府鼓励或限制的产业政策引导意图清晰地体现出来，从而较为有力地对社会经济发挥宏观调控作用。如 2006—2008 年期间，我国两次对小汽车按其发动机排量对税率作出大幅调整，并对超豪华小汽车在零售环节开征消费税，就体现了国家对生产消费小排量汽车的鼓励和引导。

（二）平均税率水平较高且税负差异大

消费税属于国家运用税收杠杆对某些消费品进行特殊调节的税种，为了有效体现国家政策，其平均税率水平一般定得比较高，且不同的应税项目税负差异较大，对需要限制或控制消费的消费品，通常税负较重，如小汽车汽缸容量在 1 升以下的，税率仅为 1%，汽缸容量在 4 升以上的，税率达 40%。

（三）具有较强的财政能力，能提供稳步增长的税收收入

虽然消费税征收范围有限，但其消费量一般都较大，因而其税源比较充裕；同时，由于消费税是按应税消费品的销售额或者销售数量征税，不受企业盈亏因素的影响，只要应税消费品实现销售，政府就能及时、可靠地取得消费税收入；另外，消费者对应税消费品需求的弹性大，其消费量会随着收入水平的提高而快速增长。这些因素都使得消费税在征收范围有限的条件下，具有较强的财政能力。

（四）征税环节具有单一性

消费税的最终负担人是消费者，但为了加强源头控制，防止税款流失，消费税选择在应税消费品的生产、委托加工或者进口环节一次性地征收，也就是说，应税消费品在生产环节或进口环节征税之后，除金银首饰等个别消费品的纳税环节为零售环节外，再继续转销该消费品不再征收消费税。这就使得消费税的税源比较集中，因而征税成本比较低，征管效率和质量较高，又可以防止重复征税。在近年来的消费税改革中，陆续开始在生产环节征税之后又对卷烟在批发环节征税，对超豪华小汽车在零售环节征税，形成双环节征税。

（五）税负具有转嫁性

消费税是一种价内税，我国消费税直接以应税消费品的生产经营者为纳税人，于生产销售环节、委托加工环节、进口环节或零售环节缴纳税款，并成为商品价格的一个组成部

分向购买者收取，消费者是税负的最终承担者。

第二节　纳税义务人、征税范围与税率

一、纳税义务人

根据《中华人民共和国消费税暂行条例》的规定，凡在中华人民共和国境内从事生产、委托加工和进口应税消费品的单位和个人，为消费税的纳税义务人。

所谓"在中华人民共和国境内"，是指生产、委托加工和进口应税消费品的起运地或所在地在中国税收行政管理境内。

"单位"是指企业、行政单位、事业单位、军事单位、社会团体及其他单位；所称的"个人"，是指个体工商户及其他个人。这些规定与增值税中对"单位和个人"的规定相同。

自 1995 年 1 月 1 日起，在我国境内生产的金银首饰，以从事零售业务的单位和个人为纳税人。

委托加工应征消费税的消费品的，由受托方在交付受托加工的消费品时，代收代缴消费税。但受托方为个体工商户的，由委托方收回消费品后，自行申报缴纳消费税。

进口应税消费品尽管其生产制造地不在我国境内，但其在我国境内销售或消费，为了平衡进口应税消费品与国产应税消费品的税负，应该由应税消费品的进口商或代理商按照规定缴纳消费税。个人携带或者邮寄入境的应税消费品的消费税，连同关税一并计征，携带入境者或者邮件收件人为纳税义务人。

二、消费税的征税范围

目前，我国征收消费税的消费品可分为五大类 15 个税目。

第一类为过度消费会对人类健康、社会秩序和生态环境等造成危害的消费品。此类消费品包括烟、酒及酒精、鞭炮与焰火、实木地板及木制一次筷子、电池、涂料等。

第二类为奢侈品、非生活必需品。此类消费品包括高档化妆品、贵重首饰及珠宝玉石、高尔夫及球具、高档手表及游艇等。

第三类为高能耗的消费品。此类消费品包括小汽车、摩托车。

第四类为不可再生且不易替代的稀缺性资源消费品。此类消费品包括成品油税目。

第五类为具有特定财政意义的消费品。例如，汽车轮胎税目，但是现已取消征税。

根据《中华人民共和国消费税暂行条例》《关于调整和完善消费税政策的通知》（财税〔2006〕33 号）和《关于电池、涂料消费税征收管理有关问题的公告》（国家税务总局公告 2015 年第 5 号）的规定，现行消费税的具体税目包括以下内容。

（一）烟

凡是以烟叶为原料加工生产的产品，不论使用何种辅料，均属于本税目的征收范围。本税目下设卷烟（包括进口卷烟、白包卷烟、手工卷烟和未经国务院批准纳入计划的企业和个人生产的卷烟）、雪茄烟、电子烟和烟丝 4 个子目。

（1）卷烟。卷烟又分为"甲类卷烟"和"乙类卷烟"。其中，甲类卷烟是指每标准条（200 支，下同）不含增值税调拨价在 70 元以上（含 70 元）的卷烟；乙类卷烟是指每标准条不含增值税调拨价在 70 元以下的卷烟。

（2）电子烟。自 2022 年 11 月 1 日起，将电子烟纳入消费税征收范围，在烟税目下增设"电子烟"子目。电子烟是指用于产生气溶胶供人抽吸等的电子传输系统，包括烟弹、烟具以及烟弹与烟具组合销售的电子烟产品。电子烟生产环节纳税人，是指取得烟草专卖生产企业许可证，并取得或经许可使用他人电子烟产品注册商标（以下称持有商标）的企业。通过代加工方式生产电子烟的，由持有商标的企业缴纳消费税。电子烟批发环节纳税人，是指取得烟草专卖批发企业许可证并经营电子烟批发业务的企业。电子烟进口环节纳税人，是指进口电子烟的单位和个人。

（二）酒

酒是酒精度在 1 度以上的各种酒类饮料，包括白酒、黄酒、啤酒、果酒和其他酒。

（1）白酒。白酒是指以高粱、玉米、大米、糯米、大麦、小麦、小米、青稞等各种粮食为原料，经过糖化、发酵后，采用蒸馏方法酿制的白酒。

（2）啤酒。啤酒分为"甲类啤酒"和"乙类啤酒"。其中甲类啤酒每吨出厂价（含包装物及包装物押金）在 3 000 元（含 3 000 元，不含增值税）以上；乙类啤酒每吨出厂价（含包装物及包装物押金）在 3 000 元（不含增值税）以下。

对饮食业、商业、娱乐业举办的啤酒屋利用啤酒生产设备生产的啤酒，应当征收消费税。果啤属于啤酒，应按规定征收消费税。

（3）其他酒。其他酒是指除粮食白酒、薯类白酒、黄酒、啤酒以外，酒度在 1 度以上的各种酒。其征收范围包括糠麸白酒、其他原料白酒、土甜酒、复制酒、果木酒（葡萄酒）、汽酒、药酒等。

自 2008 年 8 月起，鉴于国家已经出台了调味品分类国家标准，按照国家标准调味料酒属于调味品，不属于配置酒和泡制酒，对调味料酒不再征收消费税。

（三）高档化妆品

自 2016 年 10 月 1 日起，本税目征收范围调整为包括高档美容、修饰类化妆品、高档护肤类化妆品和成套化妆品。

高档美容、修饰类化妆品、高档护肤类化妆品是指生产（进口）环节销售（完税）价格（不含增值税）在 10 元/毫升（克）或 15 元/片（张）及以上的美容、修饰类化妆品和护肤类化妆品。美容、修饰类化妆品具体包括香水、香水精、香粉、口红、指甲油、胭脂、眉笔、唇笔、蓝眼油、眼睫毛和成套化妆品。

舞台、戏剧、影视演员化妆用的上妆油、卸妆油、油彩，不属于本税目的征收范围。

（四）贵重首饰及珠宝玉石

本税目包括以金、银、白金、宝石、珍珠、钻石、翡翠、珊瑚、玛瑙等高贵稀有物质及其他金属、人造宝石等制作的各种纯金银首饰及镶嵌首饰，以及经采掘、打磨、加工的各种珠宝玉石。对出境人员免税商店销售的金银首饰征收消费税。

（五）鞭炮、焰火

本税目征收范围包括各种鞭炮、焰火，通常分为 13 类，即喷花类、旋转类、旋转升空类、火箭类、吐珠类、线香类、小礼花类、烟雾类、造型玩具类、爆竹类、摩擦炮类、组合烟花类、礼花弹类。

体育上用的发令纸、鞭炮药引线，不按本税目征收。

（六）成品油

本税目包括汽油、柴油、石脑油、溶剂油、航空煤油、润滑油、燃料油 7 个子目。

汽油、柴油原为消费税税目，增设成品油税目后取消了汽油、柴油税目，将其变更为成品油的子目，并新增石脑油、溶剂油、航空煤油、润滑油、燃料油子目。

（七）摩托车

本税目征收范围包括轻便摩托车和摩托车。对气缸容量 250 毫升（不含）以下的小排量摩托不征收消费税。

（八）小汽车

小汽车是指由动力装置驱动，具有 4 个和 4 个以上车轮的非轨道无架线的、主要用于载送人员及其随身物品的车辆。本税目包括乘用车、中轻型商用客车和超豪华小汽车。

乘用车是指含驾驶员座位在内最多不超过 9 个座位（含 9 座）的，在设计和技术特性上用于载运乘客和货物的各类乘用车。用排气量小于 1.5 升（含 1.5 升）的乘用车底盘（车架）改装、改制的车辆属于乘用车征收范围。

中轻型商用客车是指含驾驶员座位在内的座位数在 10 座至 23 座（含 23 座）的在设计和技术特性上用于载运乘客和货物的各类中轻型商用客车。用排气量大于 1.5 升的乘用车底盘（车架）或用中轻型商用客车底盘（车架）改装、改制的车辆属于中轻型商用客车征收范围。

含驾驶员人数（额定载客）为区间值的（如 8~10 人、17~26 人）小汽车，按其区间值下限人数确定征收范围。

电动汽车不属于本税目征收范围。沙滩车、雪地车、卡丁车、高尔夫车不属于消费税征收范围，不征收消费税。

超豪华小汽车是指每辆零售价在 130 万元（不含增值税）及以上的乘用车和中轻型商用客车。

（九）高尔夫球及球具

高尔夫球及球具是指从事高尔夫球运动所需的各种专用装备，包括高尔夫球、高尔夫球杆及高尔夫球包（袋）等。本税目征收范围包括高尔夫球、高尔夫球杆、高尔夫球包（袋）、高尔夫球杆的杆头、杆身和握把。

（十）高档手表

高档手表是指出厂销售价格（不含增值税）或者进口报关价格每只在 10 000 元（含）

以上的各类手表。本税目征收范围包括符合以上标准的各类手表。

（十一）游艇

游艇是指长度大于 8 米小于 90 米，船体由玻璃钢、钢、铝合金、塑料等多种材料制作，可以在水上移动的水上浮载体。按照动力划分，游艇分为无动力艇、帆艇和机动艇。本税目征收范围包括艇身长度大于 8 米（含）小于 90 米（含），内置发动机，可以在水上移动，一般为私人或团体购置，主要用于水上运动和休闲娱乐等非牟利活动的各类机动艇。

（十二）木制一次性筷子

木制一次性筷子，是指以木材为原料经过锯段、浸泡、旋切、刨切、烘干、筛选、打磨、倒角、包装等环节加工而成的各类一次性使用的筷子。本税目征收范围包括各种规格的木制一次性筷子。未经打磨、倒角的木制一次性筷子也属于本税目征税范围。

（十三）实木地板

实木地板是天然木材经烘干、加工后形成的地面装饰材料。

本税目征收范围包括各类规格的实木地板、实木指接地板、实木复合地板及用于装饰墙壁、天棚的侧端面为榫、槽的实木装饰板。未经涂饰的素板也属于本税目征税范围。

（十四）电池

为促进节能环保，经国务院批准，自 2015 年 2 月 1 日起对电池、涂料征收消费税。

本税目征收范围包括：原电池、蓄电池、燃料电池、太阳能电池和其他电池。对无汞原电池、金属氢化物镍蓄电池、锂原电池、锂离子蓄电池、太阳能电池、燃料电池和全钒液流电池免征消费税。

（十五）涂料

涂料是指涂于物体表面能形成具有保护、装饰或特殊性能的固态涂膜的一类液体或固体材料之总称。对施工状态下挥发性有机物（volatile organic compounds，VOC）含量低于420 克/升（含）的涂料免征消费税。

三、税率

我国现行消费税的税率采用比例税率和定额税率，以及同时包括比例税率和定额税率的复合税率，以适应不同应税消费品的实际情况。具体如表 3-1 所示。

表 3-1 中的平均成本利润率由国家税务总局确定，是计算组成计税价格时的必要依据。

消费税税率在具体适用时，有以下特殊的规定：

（1）纳税人兼营不同税率的应税消费品时，应分别核算不同税率的应税消费品销售额或销售数量，未分别核算或未能准确分别核算的，从高适用税率。

（2）将应税消费品和非应税消费品或不同税率应税消费品组成成套消费品销售的，按应税消费品中的最高适用税率征税。

表 3-1　消费税税目、税率（税额）表

税　目	税率（税额）	平均成本利润率
一、烟		
1. 卷烟		
（1）甲类卷烟（生产或进口环节）	56%加 0.6 元/标准条	10%
（2）乙类卷烟（生产或进口环节）	36%加 0.6 元/标准条	5%
（3）批发环节	11%加 1 元/标准条	
2. 雪茄烟	36%	5%
3. 电子烟		10%
（1）生产（进口）环节	36%	
（2）批发环节	11%	
4. 烟丝	30%	5%
二、酒及酒精		
1. 粮食白酒	20%加 0.5 元/500 克/ml	10%
2. 黄酒	240 元/吨	
3. 啤酒		
（1）甲类啤酒	250 元/吨	
（2）乙类啤酒	220 元/吨	
4. 其他酒	10%	5%
三、高档化妆品	15%	5%
四、贵重首饰及珠宝玉石		6%
1. 金银首饰、铂金首饰和钻石及钻石饰品	5%	
2. 其他贵重首饰及珠宝玉石	10%	
五、鞭炮、焰火	15%	5%
六、成品油		
1. 汽油	1.52 元/升	
2. 柴油	1.2 元/升	
3. 航空煤油	1.2 元/升	
4. 溶剂油	1.52 元/升	
5. 石脑油	1.52 元/升	
6. 润滑油	1.52 元/升	
7. 燃料油	1.2 元/升	
七、摩托车		6%
1. 气缸容量为 250 毫升的	3%	
2. 气缸容量在 250 毫升以上的	10%	
八、小汽车		
1. 乘用车	1%	8%
①气缸容量在 1.0 升（含）以下的	3%	
②气缸容量在 1.0 升以上至 1.5 升（含）的	5%	
③气缸容量在 1.5 升以上至 2.0 升（含）的	9%	
④气缸容量在 2.0 升以上至 2.5 升（含）的	12%	
⑤气缸容量在 2.5 升以上至 3.0 升（含）的	25%	
⑥气缸容量在 3.5 升以上至 4.0 升（含）的	40%	
⑦气缸容量在 4.0 升以上的	5%	
2. 中轻型商用客车	10%	5%
3. 超豪华小汽车（零售环节）		
九、高尔夫球及球具	10%	10%

续表

税 目	税率（税额）	平均成本利润率
十、高档手表	20%	20%
十一、游艇	10%	10%
十二、木制一次性筷子	5%	5%
十三、实木地板	5%	5%
十四、电池	4%	4%
十五、涂料	4%	7%

第三节　应纳税额的计算

一、应纳税额的基本计算方法

根据我国现行《消费税暂行条例》的规定，消费税应纳税额

扩展阅读 3.2　纳税筹划

的计算分为从价定率、从量定额以及从价定率和从量定额复合计税 3 类计算方法。

（一）从价定率计算

在从价定率计算方法下，应纳税额的计算取决于应税消费品的销售额和适用税率两个因素。其计算公式为

$$应纳税额 = 应税消费品的销售额 \times 适用税率$$

1. 销售额的一般规定

应税消费品的销售额，是指纳税人销售应税消费品向购买方收取的全部价款和价外费用。价外费用（实属价外收入）是在价外向购买方收取的手续费、补贴、基金、集资费、返还利润、奖励费、违约金、延期付款利息、包装费、包装物租金、储备费、优质费、运输装卸费、代收款项、代垫款项及其他各种性质的价外收费。但不包括下列项目：

（1）同时符合以下两个条件的代垫运费不包括在内：①承运者将运费发票开具给购货方的；②纳税人将该项发票转交给购货方的。

（2）同时符合以下条件代为收取的政府性基金或行政事业性收费：①由国务院或财政部批准设立的政府性基金，由国务院或省级人民政府及其财政、价格主管部门批准设立的行政事业性收费；②收取时开具省级以上（含省级）财政部门监（印）制的财政票据；③所收款项全额上缴财政。

其他价外费用，无论是否属于纳税人的收入，均应并入销售额计算征税。由此可见，消费税对销售额和价外费用的定义与增值税一致。

2. 销售额的其他规定

（1）实行从价定率办法计算应纳税额的应税消费品连同包装物销售的，不论包装物是否单独计价，也不论在会计上如何核算，均应并入应税消费品的销售额中征收消费税。如果包装物不作价随同产品销售，而是收取押金（收取酒类产品的包装物押金除外），且单

独立核算又未过期的，此项押金则不应并入应税消费品的销售额中征税。但对因逾期未收回的包装物不再退还的和已收取 1 年以上的押金，应并入应税消费品的销售额，按照应税消费品的适用税率征收消费税。

（2）对既作价随同应税消费品销售，又另外收取的包装物押金，凡纳税人在规定的期限内不予退还的，均应并入应税消费品的销售额，按照应税消费品的适用税率征收消费税。

（3）对酒类产品生产企业销售酒类产品（啤酒、黄酒除外）而收取的包装物押金，无论押金是否返还及在会计上如何核算，均需并入酒类产品销售额中，依酒类产品适用税率征收消费税。值得注意的是，这里将啤酒和黄酒两项消费品包装物押金的处理从酒类产品中单列出来，是因为啤酒、黄酒属于从量定额计税的消费品，其包装物押金无法与啤酒、黄酒的数量合并计税。

（4）纳税人销售的应税消费品，以外汇结算销售额的，其销售额的人民币折合率可以选择采用结算的当天或者当月 1 日的国家外汇牌价（原则上为中间价）。纳税人应事先确定采取何种折合率，确定后 1 年内不得变更。

（5）含增值税销售额应换算成不含税销售额。应税消费品在缴纳消费税的同时，与一般货物一样还应缴纳增值税。如果纳税人应税消费品的销售额中未扣除增值税税款或者因不得开具增值税专用发票而发生价款与增值税税款合并收取的，在计算消费税时，应将含增值税的销售额换算成不含增值税的销售额。其换算公式为

$$应税消费品的销售额 = 包含增值税的销售额 \div (1 + 增值税税率或征收率)$$

在使用公式时，应根据纳税人的具体情况分别使用增值税税率或征收率。

（二）从量定额计算

在从量定额计算方法下，应纳税额的计算取决于应税消费品的销售数量和单位税额两个因素。其计算公式为

$$应纳税额 = 应税消费品销售数量 \times 单位税额$$

1. 销售数量的确定

销售数量是指纳税人生产、加工和进口应税消费品的数量。具体规定为：

（1）销售应税消费品的，为应税消费品的销售数量。

（2）自产自用应税消费品的，为应税消费品的移送使用数量。

（3）委托加工应税消费品的，为纳税人收回的应税消费品数量。

（4）进口的应税消费品，为海关核定的应税消费品的进口征税数量。

2. 计量单位的换算标准

《消费税暂行条例》规定，啤酒是以吨为税额单位，成品油是以升为税额单位的。但是，在实际销售过程中，纳税人一般都是以升来计量啤酒，以吨来计量成品油。为了规范不同产品的计量单位以准确计算应纳税额，税法规定了吨和升这两个计量单位的换算标准，如表 3-2 所示。

表 3-2　计量单位的换算关系

序号	从量定额计征的应税消费品	计量单位的换算关系
1	黄酒	1 吨 = 962 升
2	啤酒	1 吨 = 988 升
3	汽油	1 吨 = 1 388 升
4	柴油	1 吨 = 1 176 升
5	石脑油	1 吨 = 1 385 升
6	溶剂油	1 吨 = 1 282 升
7	润滑油	1 吨 = 1 126 升
8	航空煤油	1 吨 = 1 246 升
9	燃料油	1 吨 = 1 015 升

（三）从价定率和从量定额复合计税的计算

在现行消费税的 15 个税目中，只有卷烟、粮食白酒和薯类白酒 3 个子目采用复合税率。其计算公式为

应纳税额 = 应税销售数量 × 单位税额 + 应税销售额 × 税率

生产销售卷烟、粮食白酒和薯类白酒从量定额计税依据为实际销售数量。进口、委托加工、自产自用卷烟、粮食白酒和薯类白酒从量定额计税依据分别为海关核定的进口征税数量、委托方收回数量、移送使用数量。

扩展阅读 3.3　案例分析

例 3-1：某酒厂 202× 年 4 月销售粮食白酒 30 吨，取得不含增值税销售价款 1 200 000 元，另收取包装物押金 30 000 元；销售黄酒 10 吨，取得不含增值税销售价款 40 000 元，另收取包装物押金 2 000 元。该酒厂对上述押金均单独记账核算，按双方约定的期限，对方已于 7 月按时将上述包装物全部退还该酒厂。

销售白酒和黄酒应纳消费税额 = 30 × 2 000 × 0.5
　　　　　　　　　　　　　　+ [1 200 000 + 30 000 ÷ （1 + 13%）] × 20% + 10 × 240
　　　　　　　　　　　　　　= 277 709.73（元）

销售白酒和黄酒应纳增值税 = [1 200 000 + 30 000 ÷ （1 + 13%）] × 13% + 40 000 × 13%
　　　　　　　　　　　　　　= 164 651.33（元）

（四）计税依据的特殊规定

（1）纳税人通过自设非独立核算门市部销售的自产应税消费品，应当按照门市部对外销售额或者销售数量征收消费税。

（2）纳税人用于换取生产资料和消费资料（即以物易物），投资入股和抵偿债务等方面的应税消费品，应当以纳税人同类应税消费品的最高销售价格作为计税依据计算消费税。

这里需要注意的是，第二章增值税部分曾介绍过的"视同应税交易"在消费税里仍应作视同销售行为处理。此时以纳税人同类消费品的最高销售价格作为计税依据的自产应税

消费品都是用于对外的视同销售行为，如果是用于企业内部非应税项目或集体福利和个人消费的视同销售行为，还是按同类消费品同期加权平均售价或者组成计税价格确定销售额。

1. 卷烟计税价格的确定

卷烟从价定率计税办法的计税依据为调拨价格或核定价格。

卷烟消费税最低计税价格（以下简称计税价格）核定范围为卷烟生产企业在生产环节销售的所有牌号、规格的卷烟。

计税价格由国家税务总局按照卷烟批发环节销售价格扣除卷烟批发环节批发毛利核定并发布。计税价格的核定公式为

$$某牌号、规格卷烟计税价格 = 批发环节销售价格 \times （1 - 适用批发毛利率）$$

卷烟批发环节销售价格，按照税务机关采集的所有卷烟批发企业在价格采集期内销售的该牌号、规格卷烟的数量、销售额进行加权平均计算。计算公式为

$$批发环节销售价格 = \frac{\sum 该牌号、规格卷烟各采集点的销售额}{\sum 该牌号、规格卷烟各采集点的销售数量}$$

卷烟批发毛利率具体标准为：①调拨价格满 146.15 元的一类烟 34%；②其他一类烟 29%；③二类烟 25%；④三类烟 25%；⑤四类烟 20%；⑥五类烟 15%。调整后的卷烟批发毛利率，由国家税务总局另行发布。

已经国家税务总局核定计税价格的卷烟，生产企业实际销售价格高于计税价格的，按实际销售价格确定适用税率，计算应纳税款并申报纳税；实际销售价格低于计税价格的，按计税价格确定适用税率，计算应纳税款并申报纳税。

核算批发和零售环节销售额、销售数量的，按照全部销售额、销售数量计征批发环节消费税。

2. 电子烟的计税价格

纳税人生产、批发电子烟的，按照生产、批发电子烟的销售额计算纳税。电子烟生产环节纳税人采用代销方式销售电子烟的，按照经销商（代理商）销售给电子烟批发企业的销售额计算纳税。纳税人进口电子烟的，按照组成计税价格计算纳税。

电子烟生产环节纳税人从事电子烟代加工业务的，应当分开核算持有商标电子烟的销售额和代加工电子烟的销售额；未分开核算的，一并缴纳消费税。

例如，某电子烟生产企业持有电子烟商标 A 生产电子烟产品。2022 年 12 月，该纳税人生产销售 A 电子烟给电子烟批发企业，不含增值税销售额为 100 万元。同时，当月该纳税人（不持有电子烟商标 B）从事电子烟代加工业务，生产销售 B 电子烟给 B 电子烟生产企业（持有电子烟商标 B），不含增值税销售额为 50 万元。该纳税人分开核算 A 电子烟和 B 电子烟销售额，则该纳税人 2023 年 1 月应申报缴纳电子烟消费税为 36（100×36%）万元。需要说明的是，B 电子烟生产企业将 B 电子烟销售给电子烟批发企业时，应自行申报缴纳消费税。如果该纳税人没有分开核算 A 电子烟和 B 电子烟销售额，则该纳税人 2023 年 1 月应申报缴纳电子烟消费税为 54 [（100+50）×36%]万元。

3. 白酒最低计税价格的确定

白酒生产企业销售给销售单位的白酒，生产企业消费税计税价格低于销售单位对外销售价格（不含增值税，下同）70%以下的，税务机关应核定消费税最低计税价格。

扩展阅读 3.4　案例分析

销售单位是指，销售公司、购销公司及委托境内其他单位或个人包销本企业生产白酒的商业机构。销售公司、购销公司是指，专门购进并销售白酒生产企业生产的白酒，并与该白酒生产企业存在关联性质。包销是指，销售单位依据协定价格从白酒生产企业购进白酒，同时承担大部分包装材料等成本费用，并负责销售白酒。

白酒消费税最低计税价格核定标准如下：

（1）白酒生产企业销售给销售单位的白酒，生产企业消费税计税价格高于销售单位对外销售价格 70%（含 70%）以上的，税务机关暂不核定消费税最低计税价格。

（2）白酒生产企业销售给销售单位的白酒，生产企业消费税计税价格低于销售单位对外销售价格 70%以下的，消费税最低计税价格由税务机关根据生产规模、白酒品牌、利润水平等情况在销售单位对外销售价格 50%～70%范围内自行核定。其中生产规模较大，利润水平较高的企业生产的需要核定消费税最低计税价格的白酒，税务机关核价幅度原则上应选择在销售单位对外销售价格 60%～70%范围内。

（3）已核定最低计税价格的白酒，生产企业实际销售价格高于消费税最低计税价格的，按实际销售价格申报纳税；实际销售价格低于消费税最低计税价格的，按最低计税价格申报纳税。

二、生产销售环节应纳税额的计算

（一）直接对外销售应纳消费税的计算

直接对外销售应税消费品，即生产企业将自产的应税消费品直接对外销售，这是最为基本和常见的方式，计算应纳消费税时可能涉及前述 3 种消费税计算方法。由于这 3 种方式均简便快捷，为避免重复，仅举一个按复合税率征收的例子来解释说明。

例 3-2：某白酒生产企业为增值税一般纳税人，202×年 8 月销售粮食白酒 60 吨，取得不含增值税的销售额 1 800 000 元。计算该月应缴纳的消费税额。

$$应纳税额 = 60 \times 2\,000 \times 0.5 + 1\,800\,000 \times 20\% = 420\,000（元）$$

（二）自产自用应税消费品应纳税额的计算

所谓自产自用，是指纳税人在生产应税消费品后，不是直接对外销售，而是用于自己连续生产应税消费品，或者用于其他方面。这是实际经济生活中常见的现象，如企业将自己生产的应税消费品以职工福利、奖励等形式发给职工。对自产自用应税消费品的行为是否纳税及如何纳税，应该根据其下列的不同用途具体确定。

1. 用于连续生产应税消费品的

纳税人自产自用应税消费品用于连续生产应税消费品的，不纳税。所谓"自产自用应税消费品用于连续生产应税消费品"，是指作为生产最终应税消费品的直接材料，并构成最终产品实体的应税消费品。例如，卷烟厂生产出烟丝，烟丝已经是应税消费品，卷烟厂再用生产的烟丝连续生产卷烟，这样，用于连续生产成卷烟的烟丝就不用纳税，而只就所生产的卷烟征收消费税。当然，如果所生产的烟丝直接对外销售的，则需要征收消费税。税法规定对自产自用应税消费品用于连续生产应税消费品不征税，体现了税不重征且计税简便的原则。

2. 用于其他方面的

纳税人自产自用的应税消费品，除用于连续生产应税消费品外，凡用于其他方面的，一律在移送使用时纳税。所谓"用于其他方面的"，是指纳税人用于生产非应税消费品和在建工程、管理部门、非生产机构、提供劳务，以及用于馈赠、赞助、集资、广告、样品、职工福利、奖励等方面的应税消费品，如汽车厂将自产的汽车用于提供给行政管理人员使用，摩托车厂将自产的摩托车赠送或赞助给摩托车拉力赛车手使用，兼作商品广告等的行为。所谓"用于生产非应税消费品"，是指把自产的应税消费品用于生产表 3-1 所列 15 类应税消费品以外的产品。

自产自用的应税消费品，用于其他方面按视同销售处理应当征收消费税的，应按照纳税人当月生产的同类消费品的销售价格计算纳税。如果当月同类消费品各期销售价格高低不同，应按销售数量加权平均计算。但销售的应税消费品有下列情况之一的，不得列入加权平均计算：①销售价格明显偏低且无正当理由的；②无销售价格的。如果当月无销售额或者当月未完结，应按照同类消费品上月或最近月份的销售价格计算纳税。

没有同类消费品销售价格的，按照组成计税价格计算纳税。

实行从价定率计税办法的组成计税价格的公式为

$$组成计税价格 =（成本 + 利润）÷（1 - 比例税率）$$

$$应纳税额 = 组成计税价格 × 比例税率$$

实行复合计税办法计算纳税的组成计税价格计算公式为

$$组成计税价格 =（材料成本 + 加工费 + 自产自用数量 × 定额税率）÷（1 - 比例税率）$$

$$应纳税额 = 组成计税价格 × 比例税率 + 自产自用数量 × 定额税率$$

公式中的成本是指应税消费品的生产成本，利润是指根据应税消费品的全国平均成本利润率计算的利润，应税消费品的全国平均成本利润率由国家税务总局确定，具体见表 3-1。

自产自用适用从量定额征税的成品油、啤酒、黄酒等应税消费品的，直接根据移送数量征税，不需要计算组成计税价格，也不需要确定平均成本利润率（表 3-3）。

例 3-3：某化妆品公司将一批自产的化妆品用作职工福利，该批化妆品的生产成本为 8 000 元，当月及最近时期无同类化妆品价格可参考，但知其成本利润率为 5%，消费税税率为 15%。则该批产品应纳消费税为

（1）组成计税价格 = 8 000 × （1 + 5%） ÷ （1 − 15%） = 9 882.35（元）

（2）应纳税额 = 9 882.35 × 15% = 1 482.35（元）

表 3-3　生产销售环节的税务处理归纳

纳税人	应税行为	纳税环节	计税依据	
生产应税消费品的单位和个人	直接销售	出厂销售环节	从价定率：销售额	
			从量定额：销售数量	
			复合计税：销售额、销售数量	
	自产自用	用于连续生产消费品的：不纳税	—	
		用于其他方面的：在移送使用环节纳税	从价定率：同类消费品价格或组成计税价格	
			从量定额：移送数量	
			复合计税：同类消费品价格或组成计税价格、销售数量	

三、委托加工环节应纳税额的计算

纳税人由于设备、技术、人力等方面的局限或其他方面的原因，有时需要委托其他单位代为加工应税消费品，收回之后或用于连续生产应税消费品，或用于直接对外销售，或用于其他方面。这是生产应税消费品的另一种形式，为了保证税负的公平，也应将其纳入征收消费税的范围。

（一）委托加工应税消费品的确定

消费税和增值税对委托加工行为的界定是一致的，是指由委托方提供原料及主要材料，受托方只收取加工费和代垫部分辅助材料加工应税消费品的行为。对于由受托方提供原材料生产的应税消费品，或者由受托方先将原料卖给委托方，再接受委托加工的应税消费品，以及由受托方以委托方名义外购原材料后加工的应税消费品，不论受托方在会计上是否作销售处理，都不得作为委托加工应税消费品，而应按受托方自产同类应税消费品售价征税。

这样规定是为了避免出现受托方确定计税价格偏低，代收代缴消费税虚假的现象。同时，受托方也只以加工劳务缴纳增值税，逃避了自制应税消费品要缴纳消费税的责任。

（二）委托加工应税消费品的纳税义务

对符合税法限定条件的委托加工应税消费品的行为，受托方应按收取的加工费（包括代垫的辅助材料实际成本，不包括增值税税金）缴纳增值税，同时按照受托方自产的同类消费品的销售价格计算缴纳消费税。同类消费品的销售价格是指受托方当月销售的同类消费品的销售价格。如果当月同类消费品各期销售价格高低不同，应按销售数量加权平均计算。但销售的应税消费品有下列情况之一的，不得列入加权平均计算：①销售价格明显偏低且无正当理由的；②无销售价格的。如果当月无销售额或者当月未完结，应按照同类消费品上月或最近月份的销售价格计算纳税。没有同类消费品销售价格的，按照组成计税价格计算纳税。

实行从价定率办法计算纳税的组成计税价格的公式为

$$组成计税价格 = （材料成本 + 加工费）÷（1 - 比例税率）$$

$$应纳税额 = 组成计税价格 × 比例税率$$

实行复合税率办法计算纳税的组成计税价格的公式为

$$组成计税价格 = （材料成本 + 加工费 + 委托加工数量 × 定额税率）÷（1 - 比例税率）$$

其中，"材料成本"是指委托方所提供加工材料的实际成本。为了防止发生少报材料成本逃税的现象，委托加工应税消费品的纳税人必须在委托加工合同上如实注明（或以其他方式提供）材料成本。未提供材料成本的，税务机关有权核定其材料成本。

"加工费"是指受托方加工应税消费品向委托方收取的全部费用，包括代垫的部分辅助材料的实际成本，但不含增值税金。

委托加工应税消费品应纳的消费税，由受托方在向委托方交货时代收代缴，受托方是法定的代收代缴义务人。但纳税人委托个人（含个体经营户）加工应税消费品的，一律由委托方收回后在委托方所在地缴纳消费税。

例 3-4： 某化妆品公司 202×年 8 月受托为某单位加工一批高档化妆品，委托单位提供的原材料金额为 300 000 元，收取委托单位不含增值税的加工费 50 000 元。

（1）若该类化妆品同类产品价格为 450 000 元，则该化妆品公司应代收代缴消费税

$$应代收代缴消费税额 = 450 000 × 15\% = 67 500 （元）$$

（2）若该类化妆品无同类产品价格可供参考，则该化妆品公司应代收代缴消费税

$$组成计税价格 = （300 000 + 50 000）÷（1 - 15\%）= 411 764.71 （元）$$

$$应代收代缴消费税额 = 411 764.71 × 15\% = 61 764.71 （元）$$

（3）该化妆品公司应缴纳增值税金额为

$$应纳增值税额 = 50 000 × 13\% = 6 500 （元）$$

四、进口应税消费品应纳税额的计算

纳税人进口应税消费品，应于报关进口时由海关代征进口环节消费税。根据国家税务总局、海关总署联合颁布的《关于对进口货物征收增值税、消费税有关问题的通知》规定，进口应税消费品的收货人或办理报关手续的单位和个人，为进口应税消费品消费税的纳税义务人。进口应税消费品的消费税税目、税率，依照《消费税暂行条例》所附的《消费税税目、税率（税额）表》执行。纳税人进口应税消费品应纳税额的计算，分为以下几种类型。

（一）实行从价定率办法的应税消费品应纳税额的计算

$$组成计税价格 = （关税完税价格 + 关税）÷（1 - 消费税比例税率）$$

$$应纳税额 = 组成计税价格 × 消费税比例税率$$

其中关税完税价格是指海关核定的，以到岸价为基础的关税计税价格。

例 3-5： 某外贸公司 202×年 8 月进口一批高尔夫球及球具，假定该批应税消费品的关税完税价格为 1 200 000 元，适用关税税率 20%，按规定应缴纳关税 240 000 元，进口的应税消费品的消费税税率为 10%。则其进口环节应缴纳的消费税为

（1）组成计税价格＝（1 200 000＋240 000）÷（1－10%）＝1 600 000（元）

（2）应纳消费税额＝1 600 000×10%＝160 000（元）

（二）实行从量定额办法的应税消费品应纳税额的计算

$$应纳税额＝应税消费品数量×消费税单位税额$$

（三）实行从价定率和从量定额复合征收办法的应税消费品应纳税额的计算

$$组成计税价格＝（关税完税价格＋关税＋进口数量×消费税单位税额）÷（1－消费税比例税率）$$

$$应纳税额＝组成计税价格×消费税税率＋应税消费品数量×消费税单位税额$$

例 3-6：某进出口公司（一般纳税人）8月从境外进口散装白酒2.2吨，每吨白酒海关核定的关税完税价格折合人民币为420 000元，适用进口普通关税税率为180%。则该白酒进口环节海关代征的消费税和增值税分别为

（1）组成计税价格＝（2.2×420 000＋2.2

$$×420 000×180%＋2.2×2 000×0.5）÷（1－20%）$$

$$＝3 236 750（元）$$

（2）应纳消费税＝3 236 750×20%＋2.2×2 000×0.5＝649 550（元）

（3）应纳增值税＝（2.2×420 000＋2.2×420 000×180%＋649 550）×13%

$$＝420 777.50（元）$$

五、消费税已纳税款扣除的计算

纳税人将外购或委托加工收回的已税消费品用于连续生产应税消费品销售的，所连续生产出的消费品又产生新的消费税纳税义务，为了避税重复征税，准予将外购或委托加工收回的已税消费品的已纳税金予以扣除。

（一）外购应税消费品已纳税款的扣除

1. 外购已税消费品连续生产应税消费品

由于某些应税消费品是用外购已缴纳消费税的应税消费品连续生产出来的，在对这些连续生产出来的应税消费品计算征税时，税法规定应按当期生产领用数量计算准予扣除外购的应税消费品已纳的消费税税款。

纳税人外购下列已税消费品用于连续生产应税消费品时，准予扣除其已纳税款：

（1）外购已税烟丝生产的卷烟。

（2）外购已税高档化妆品生产的高档化妆品。

（3）外购已税珠宝、玉石生产的贵重首饰及珠宝、玉石。

（4）外购已税鞭、炮焰火生产的鞭炮、焰火。

（5）外购已税杆头、杆身和握把为原料生产的高尔夫球杆。

（6）外购已税木制一次性筷子为原料生产的木制一次性筷子。

（7）外购已税实木地板为原料生产的实木地板。

（8）外购已税汽油、柴油、石脑油、燃料油、润滑油为原料生产的应税成品油。

这里应特别注意的是，外购或委托加工收回已税消费品用于连续生产应税消费品准予扣除已纳税款的范围仅限于上述所列举的 8 类。根据财政部、国家税务总局财税〔2001〕84 号《关于调整酒类产品消费税政策的通知》规定，从 2001 年 5 月 1 日起，停止执行利用外购或委托加工收回的已税酒和酒精生产酒准予扣除已纳消费税的政策，外购酒及酒精已纳税款或受托方代收代缴税款不得再行扣除。

当期准予扣除外购的应税消费品已纳消费税税款，按以下公式计算：

$$当期准予扣除外购应税消费品已纳税款$$
$$=当期准予扣除外购应税消费品买价 \times 外购应税消费品适用税率$$
$$当期准予扣除外购应税消费品买价$$
$$=期初库存外购应税消费品买价 + 当期购进的外购应税消费品买价$$
$$-期末库存的外购应税消费品买价$$

外购应税消费品的买价是指购货发票上注明的销售额（不包括增值税税款）。

纳税人用外购的已税珠宝玉石生产的改在零售环节征收消费税的金银首饰（镶嵌首饰），在计税时一律不得扣除外购珠宝玉石的已纳税款。

2. 外购已税消费品后销售

（1）纳税人外购已税消费品后直接对外销售的，按照消费税"一次课税，税不重征"的原则，不再重复征收消费税，也不存在扣除已纳税款的问题。

（2）对自己不生产应税消费品，而只是购进后再销售应税消费品的工业企业，其销售的高档化妆品、鞭炮、焰火和珠宝、玉石，凡不能构成最终消费品直接进入消费品市场，而需进一步生产加工的（如需进行深加工、包装、贴标、组合的珠宝、玉石、高档化妆品、鞭炮、焰火等），应当征收消费税，同时允许扣除上述外购应税消费品的已纳税款。

允许扣除已纳税款的应税消费品只限于从工业企业购进的应税消费品和进口环节已缴纳消费税的应税消费品，对从境内商业企业购进应税消费品的已纳税款，一律不得扣除。

例 3-7：某卷烟生产企业增值税一般纳税人，某月初库存外购应税烟丝 300 000 元，当月又外购应税烟丝金额 700 000 元（不含增值税），月末库存烟丝金额 200 000 元，其余被当月卷烟生产领用。请计算卷烟厂当月准予扣除的外购烟丝已纳消费税税额。

$$当月准予扣除的外购烟丝买价 = 300\ 000 + 700\ 000 - 200\ 000 = 800\ 000（元）$$
$$当月准予扣除的外购烟丝已纳消费税税额 = 800\ 000 \times 30\% = 240\ 000（元）$$

（二）委托加工收回的应税消费品已纳税款的扣除

如果委托加工收回的应税消费品用于连续生产应税消费品的，与前述外购应税消费品用于连续生产应税消费品允许抵免已纳税款一样，委托加工收回的应税消费品因为已由受托方代收代缴消费税，其已纳税款准予按当期生产领用数量从连续生产的应税消费品应纳的消费税额中抵扣。准予抵扣的委托加工收回应税消费品的范围与前述外购应税消费品用于连续生产应税消费品允许抵免的 8 类消费品范围相同，此处不再重复。

$$当期准予扣除的委托加工应税消费品已纳税款$$
$$=期初库存的委托加工应税消费品已纳税款 + 当期收回的委托加工应税消费品$$

已纳税款－期末库存的委托加工应税消费品已纳税款

委托加工应税消费品已纳税款为代扣代收税款凭证注明的受托方代收代缴的消费税。

纳税人将委托加工收回的已税珠宝、玉石生产的改在零售环节征收消费税的金银首饰（镶嵌首饰），在计税时一律不得扣除委托加工收回的珠宝、玉石的已纳消费税税款。

六、特殊环节应纳消费税的计算

（一）卷烟批发环节应纳消费税的计算

为了适当增加财政收入，完善烟产品消费税制度，也为了打破烟草的地方保护主义，让没有卷烟厂的地区也能分享烟草行业的税收，经国务院批准，自 2009 年 5 月 1 日起，在卷烟批发环节加征一道 5% 的从价税。自 2015 年 5 月 10 日起，卷烟批发环节实行复合税率计征。

（1）纳税义务人：在中华人民共和国境内从事卷烟批发业务的单位和个人。

（2）征收范围：纳税人批发销售的所有牌号、规格的卷烟。

（3）计税依据：纳税人批发卷烟的销售额（不含增值税）。纳税人应将卷烟销售额与其他商品销售额分开核算，未分开核算的，一并征收消费税。纳税人兼营卷烟批发和零售业务的，应当分别核算批发和零售环节的销售额、销售数量；未分别核算的，按全部销售额、销售数量计算批发环节消费税。

（4）适用税率：从价税率 11%，从量税率 0.005 元/支，即 1 元/标准条，250 元/标准箱。

（5）纳税人销售给纳税人以外的单位和个人的卷烟于销售时纳税。纳税人之间销售的卷烟不缴纳消费税。

（6）纳税义务发生时间：纳税人收讫销售款或者取得索取销售款凭据的当天。

（7）纳税地点：卷烟批发企业的机构所在地，总机构与分支机构不在同一地区的，由总机构申报纳税。

（8）卷烟消费税在生产和批发两个环节征收后，批发企业在计算纳税时不得扣除已含的生产环节的消费税税款。

（二）超豪华小汽车零售环节应纳消费税的计算

为了引导合理消费，促进节能减排，经国务院批准，在"小汽车"税目下增设"超豪华小汽车"子税目，并自 2016 年 12 月 1 日起，对超豪华小汽车加征消费税。

（1）征收范围：每辆零售价格 130 万元（不含增值税）及以上的乘用车和中轻型商用客车，即乘用车和中轻型商用客车子税目中的超豪华小汽车。

（2）适用税率：对超豪华小汽车，在生产（进口）环节按现行税率征收消费税基础上，在零售环节加征消费税税率为 10%。

（3）纳税人：将超豪华小汽车销售给消费者的单位和个人。

（4）超豪华小汽车零售环节消费税应纳税额计算公式

应纳税额＝零售环节销售额（不含增值税）×零售环节税率

国内汽车生产企业直接销售给消费者的超豪华小汽车，消费税税率按照生产环节税率

和零售环节税率加总计算。消费税应纳税额计算公式

$$应纳税额 = 销售额（不含增值税）×（生产环节税率 + 零售环节税率）$$

第四节　出口货物退（免）税

纳税人出口应税消费品的，免征消费税，国务院另有规定的除外。出口应税消费品退（免）税规定如下。

一、出口免税并退税

适用于有进出口经营权的外贸企业购进应税消费品直接出口，以及外贸企业受其他外贸企业委托代理出口应税消费品。因为外贸企业购进的应税消费品价款里，包含了生产环节征收的消费税，出口实现后应予退还。但是，外贸企业受其他企业（主要是非生产性的商贸企业）委托，代理出口应税消费品不予退（免）税。这个政策限制与前述增值税出口货物退（免）税的政策规定是一致的。

外贸企业从生产企业购进应税消费品直接出口，或者受其他外贸企业委托代理出口应税消费品应退消费税税款，分3种情况处理：

（1）属于从价定率计征消费税的应税消费品，应依照外贸企业从工厂购进货物时征收消费税的价格计算应退消费税税额。其公式为

$$应退消费税税款 = 出口货物的工厂销售额 × 比例税率$$

出口货物的工厂销售额应不含增值税，对含增值税的价格应换算成不含增值税的销售额。

（2）属于从量定额计征消费税的应税消费品，应依照货物购进和报关出口的数量计算应退消费税税额。其公式为

$$应退消费税税款 = 出口数量 × 定额税率$$

（3）属于从价定率加从量定额复合计税办法计征消费税的应税消费品，其公式为

$$应退消费税税款 = 出口货物的工厂销售额 × 比例税率 + 出口数量 × 定额税率$$

出口的应税消费品在办理退税后，发生退关，或者国外退货进口时予以免税的，报关出口者须及时申报补缴已退的消费税税款。纳税人直接出口的应税消费品办理退税后，发生退关或者国外退货，进口时已予以免税的，经所在地主管税务机关批准，可暂不办理补税，待其转为国内销售时，再向其主管税务机关申报补缴消费税。

二、出口免税但不退税

对于有进出口经营权的生产性企业自营出口，或生产企业委托外贸企业代理出口自产的应税消费品，应依据其实际出口数量免征消费税，但不予办理退还消费税。因为在免征生产环节消费税后，应税消费品出口时其销售额没有被征收消费税，所以也就不存在退还消费税的情况。这个政策规定与前述生产企业自营出口或委托外贸企业代理出口自产货物

退（免）增值税的政策规定是不一致的。原因在于，消费税仅在生产企业的生产环节征收，生产环节免税了，出口的应税消费品就不含消费税了；而增值税是在货物流通的每个环节都征收，出口货物免了销项税额，所以要退还进项税额。

三、出口不免税也不退税

这个政策适用于除生产企业、外贸企业外的其他企业，具体指一般非生产性的商贸企业。这类企业委托外贸企业代理出口应税消费品一律不予退（免）税。

第五节 征 收 管 理

一、纳税环节

（1）对生产应税消费品在生产销售环节征税。生产应税消费品销售是消费税征收的主要环节，消费税具有单一环节课征的特点，对于大多数消费税应税消费品而言，在生产销售环节（含视同销售）征税之后，流通环节不再征收消费税。

（2）对委托加工应税消费品由受托方在委托加工环节代收代缴消费税。

（3）对进口应税消费品在进口报关环节，由海关代征。

（4）对金银首饰、超豪华小汽车在零售环节征税。

（5）对批发卷烟在卷烟的批发环节征税。

（6）对移送使用应税消费品在移送使用环节征税。

二、纳税义务发生时间

消费税纳税义务发生时间，以货款结算方式或行为发生时间分别确定。

（1）销售应税消费品的纳税义务发生时间。①纳税人采取赊销和分期收款结算方式的，其纳税义务的发生时间为销售合同规定的收款日期的当天。②纳税人采取预收货款结算方式的，其纳税义务的发生时间为发出应税消费品的当天。③纳税人采取托收承付和委托银行收款方式销售的应税消费品，其纳税义务的发生时间为发出应税消费品并办妥托收手续的当天。④纳税人采取其他结算方式的，其纳税义务的发生时间，为收讫销售款或者取得索取销售款的凭据的当天。

（2）纳税人自产自用的应税消费品，其纳税义务的发生时间，为移送使用的当天。

（3）纳税人委托加工的应税消费品，其纳税义务的发生时间，为纳税人提货的当天。

（4）纳税人进口的应税消费品，其纳税义务的发生时间，为报关进口的当天。

三、纳税期限

消费税的纳税期限分别为 1 日、3 日、5 日、10 日、15 日、1 个月或者 1 个季度。每个纳税人的具体纳税期限，由其主管税务机关根据纳税人应纳税额的大小分别核定；如不能按固定期限缴税的，可以按次纳税。

纳税人以 1 个月或者 1 个季度为一期纳税的，自期满之日起 15 日内申报纳税；以 1、3、5、10 日或者 15 日为一期纳税的，自期满之日起 5 日内预缴税款，于次月 1 日至 15 日内申报纳税，并结清上月应纳税款。

纳税人进口应税消费品，应当自海关填发税款缴纳凭证的次日起，15 日内缴纳税款。

四、纳税地点

（1）纳税人销售的应税消费品，以及自产自用的应税消费品，除国家另有规定外，向纳税人核算地主管税务机关申报纳税。

（2）委托加工的应税消费品，除受托方为个体工商户外，由受托方向所在地主管税务机关代收代缴消费税税款。

（3）进口的应税消费品，由进口人或其代理人向报关地海关申报纳税。

（4）纳税人到外县（市）销售或委托外县（市）代销自产自用应税消费品的，于应税消费品销售后，回纳税人核算地或所在地缴纳消费税。

（5）纳税人的总机构与分支机构不在同一县（市）的，应当分别向各自所在地主管税务机关缴纳。经财政部、国家税务总局或者其授权的财政、税务部门批准，可以由总机构向总机构所在地的主管税务机关申报缴纳。

（6）纳税人销售的应税消费品因质量等原因发生销货退回时，经所在地主管税务机关审核批准后，可以退还已征的消费税税款，但不能自行直接抵减应纳税款。

练习题

一、复习思考题

1. 消费税征收范围的标准是什么？
2. 消费税的计税依据和增值税的计税依据有何关系？
3. 消费税的纳税环节是如何规定的？与增值税的纳税环节有何不同？
4. 委托加工应税消费品消费税的计征有何特点？
5. 外购或委托加工收回应税消费品用于连续生产应税消费品如何计税？为什么？

二、综合业务题

1. 某涂料厂为增值税一般纳税人，202×年 10 月发生如下业务。

（1）该厂进口涂料 A 一批，海关审定的完税价格为 10 万元。

（2）将自产的一批涂料 B 给某企业抵偿债务 300 万，该批涂料的最低不含增值税销售价格为 240 万元，平均不含增值税销售价格为 270 万元，最高不含增值税销售价格为 300 万元。

（3）将新生产的涂料 C 用于本企业的厂房墙面翻新，该批涂料的成本为 80 万元，当月及最近时期市场上无同类产品的销售价格可供参考。

涂料消费税税率为 4%、平均成本利润率为 7%、进口关税税率为 10%。

要求：根据上述相关资料，回答下列问题。

（1）计算该涂料厂应缴纳的进口环节消费税。

（2）计算该涂料厂应向税务机关缴纳的消费税。

2. 某化妆品公司为增值税一般纳税人，202×年 10 月发生如下业务。

（1）该公司受托为甲日化企业加工一批高档化妆品 A，甲企业提供的原材料金额为 40 万元，收取甲企业不含增值税的加工费 6 万元，该类高档化妆品无同类产品价格可供参考。

（2）该化妆品公司新销售方式为将普通护肤品和高档化妆品 B 组成成套化妆品销售，乙商场一次购买 480 套，取得一般纳税人开具的增值税专用发票，注明金额为 96 万元，其中普通护肤品 36 万元，高档化妆品 60 万元。

（3）为向市场宣传推广公司新研发的高档化妆品 C，将成本为 4.2 万元的高档化妆品 C 赠送给消费者使用，当月无同类高档化妆品销售价格。

高档化妆品的成本利润率为 5%、消费税税率为 15%、关税税率为 20%。

要求：根据上述相关资料，回答下列问题。

（1）计算该化妆品公司受托为甲企业加工高档化妆品 A 应代收代缴的消费税额。

（2）计算该化妆品公司新销售方式下成套化妆品 B 应缴纳的消费税。

（3）计算该化妆品公司对外赠送新研制高档化妆品 C 应缴纳的消费税。

3. 某卷烟厂为增值税一般纳税人，202×年 11 月发生如下业务。

（1）月初库存外购应税烟丝 40 万元，当月又外购应税烟丝 60 万元，月末库存烟丝金额为 30 万元，减少部分均为被领用于进行当月的卷烟生产。

（2）支付买价 12 万元从烟农手中购进烟叶，按照规定支付了 1.2 万元的价外补贴，缴纳的烟叶税为实际支付价款的 20%。将该批烟叶运往甲工厂委托其加工成烟丝，增值税专用发票上注明的加工费为 4 万元，增值税 0.52 万元。该批烟丝已经验收入库，但本月尚未领用生产，甲工厂无同类烟丝的销售价格。

（3）该卷烟厂销售甲类卷烟 6 箱，取得不含税销售收入 24 万元。

（4）进口烟丝一批，海关审定的完税价格为 20 万元。

烟丝的消费税税率为 30%，关税税率为 50%；甲类卷烟生产环节消费税税率为 56% 加 0.003 元/支。

要求：根据上述相关资料，回答下列问题。

（1）计算该卷烟厂当月准予扣除的外购烟丝已缴纳的消费税。

（2）计算甲工厂应代收代缴的消费税。

（3）计算该卷烟厂销售甲类卷烟应缴纳的消费税。

（4）计算该卷烟厂应缴纳的进口环节消费税。

4. 某烟花生产企业为增值税一般纳税人，202×年 11 月发生如下业务。

（1）当月该烟花生产企业生产了 Q 型鞭炮 500 箱，销售给 A 企业 300 箱，每箱不含税销售价格为 1 100 元。

（2）Q 型鞭炮 100 箱通过该企业自设非独立核算门市部销售，每箱不含税销售价格为 800 元。

（3）用剩余 100 箱 Q 型鞭炮与火药厂换取生产鞭炮用的火药原料，互相开具了增值税专用发票；已知甲型鞭炮的平均价格为 1 025 元/箱，最高售价 1 100 元/箱。

鞭炮、焰火的消费税税率为 15%。

要求：根据上述相关资料，回答下列问题。

（1）计算该企业销售给 A 企业鞭炮应缴纳的消费税。

（2）计算该企业通过自设非独立门市部销售鞭炮应缴纳的消费税。

（3）计算该企业用鞭炮换取原材料应缴纳的消费税。

5. 从事高尔夫球及球具生产的甲企业为增值税一般纳税人。202×年 12 月发生如下业务。

（1）支付价款 20 万元购进一批 A 锦纶面料，增值税税款 2.6 万元，将该批面料运往乙加工企业委托其加工 200 个高尔夫球袋，并支付加工费 4 万元、增值税税款 0.52 万元。乙加工企业当月销售同类球袋的不含税销售价格为每个 0.2 万元。

（2）将委托乙加工企业加工的 200 个高尔夫球袋收回后全部批发销售给代理商，收到不含税价款 56 万元。

（3）支付价款 180 万购进一批 B 材料，增值税税款 23.4 万元，委托丙加工企业将其加工成高尔夫球杆，支付加工费用 40 万元、增值税税款 5.2 万元。丙加工企业无同类在售产品。将委托丙加工企业加工的高尔夫球杆收回后在当月销售，收到不含税价款 400 万元。

高尔夫球及球具消费税税率为 10%，平均成本利润率为 10%。

要求：根据上述相关资料，回答下列问题。

（1）计算乙企业受托加工高尔夫球袋已代收代缴的消费税。

（2）计算甲企业批发销售球包应缴纳的消费税。

（3）计算丙加工企业代收代缴的消费税和甲企业销售高尔夫球杆应缴纳的消费税。

即测即练

自学自测　　扫描此码

第四章

城市维护建设税与教育费附加

【学习目标】

本章应重点掌握城市维护建设税及教育费附加的纳税人、征收范围、计征依据及税率（征收率）；一般掌握外商投资企业和外国企业征收城市维护建设税和教育费附加的变化情况、城市维护建设税的税收优惠；理解城市维护建设税的征收管理；了解教育费附加的计算和减免规定。

第一节　城市维护建设税概述

城市维护建设税是对缴纳增值税、消费税的单位和个人，按其实际缴纳的增值税、消费税（以下简称"两税"税额）的一定比例征收的，专门用于城市维护建设的一种特定目的税（简称城建税）。本税种起源于国务院于 1985 年 2 月发布并于同年 1 月 1 日在全国施行的《中华人民共和国城市维护建设税暂行条例》。2020 年 8 月 11 日，第十三届全国人民代表大会常务委员会第 21 次会议通过《中华人民共和国城市维护建设税法》，自 2021 年 9 月 1 日起施行。2022 年，我国实现城市维护建设税收入 5 075.25 亿元，占当年全部税收收入的 3.05%。

城市维护建设税属于特定目的税，是国家为加强城市的维护建设，扩大和稳定城市维护建设资金的来源而采取的一项税收措施。它具有如下特点：①具有附加性质，是以纳税人实际缴纳的增值税、消费税税额为计税依据，本身没有特定的、独立的征税对象；②具有特定目的，其税款专门用于城市的公用事业和公共设施的维护建设。

扩展阅读 4.1《关于继续执行的城市维护建设优惠政策的公告》财政部国家税务总局公告 2021 年第 27 号

第二节　纳税义务人与征税范围

一、纳税义务人

城市维护建设税的纳税人是指缴纳增值税、消费税的单位和个人。单位和个人包括国有、集体、私营、股份制企业和其他企业和行政单位、事业单位、军事单位、社会团体、其他单位、个体工商户及其他个人。

改革开放以来，我国在相当长的时期内未对外商投资企业和外国企业征收城市维护建设税。为了进一步统一税制、公平税负，创造平等竞争的外部环境，国务院发布《关于统一内外资企业和个人城市维护建设税和教育费附加制度的通知》（国发〔2010〕35号），决定自2010年12月1日起，外商投资企业、外国企业及外籍个人适用国务院1985年发布的《中华人民共和国城市维护建设税暂行条例》和1986年发布的《征收教育费附加的暂行规定》。1985年及1986年以来，国务院及国务院财税主管部门发布的有关城市维护建设税和教育费附加的法规、规章、政策同时适用于外商投资企业、外国企业及外籍个人。

二、征税范围

城市维护建设税在全国范围征收，不仅包括城市、县城、建制镇和工矿区，而且包括广大农村，即只要征纳增值税、消费税的地方，除税法另有规定外，都属于其征税范围。

第三节　计税依据和税率

一、计税依据

城市维护建设税以纳税人依法实际缴纳的增值税、消费税税额（以下简称"两税"）为计税依据。

依法实际缴纳的增值税税额，是指纳税人依照增值税相关法律法规和税收政策规定计算应当缴纳的增值税税额，加上增值税免抵税额，扣除直接减免的增值税税额和期末留抵退税退还的增值税税额（以下简称留抵退税额）后的金额。

依法实际缴纳的消费税税额，是指纳税人依照消费税相关法律法规和税收政策规定计算应当缴纳的消费税税额，扣除直接减免的消费税税额后的金额。

应当缴纳的"两税"税额，不含因进口货物或境外单位和个人向境内销售劳务、服务、无形资产缴纳的"两税"税额。纳税人违反"两税"有关规定加收的滞纳金和罚款，不包括在城市维护建设税计税依据内，但纳税人被查补"两税"和被处以罚款时，应同时对其偷漏的城市维护建设税进行补税、征收滞纳金和罚款。

纳税人自收到留抵退税额之日起，应当在下一个纳税申报期从城市维护建设税计税依据中扣除。留抵退税额仅允许在按照增值税一般计税方法确定的城市维护建设税计税依据中扣除。期末留抵退税额未扣除完的余额，可在以后纳税申报期中按规定继续扣除。

对于增值税小规模纳税人更正、查补此前按照一般计税方法确定的城市维护建设税计税依据，允许扣除尚未扣除完的留抵退税额。

对增值税免抵税额征收的城建税，纳税人应在税务机关核准免抵税额的下一个纳税申报期内向主管税务机关申报缴纳。

直接减免的"两税"税额，是指依照增值税、消费税相关法律法规和税收政策规定，直接减征或免征的"两税"税额，不包括实行先征后返、先征后退、即征即退等办法所退还的"两税"税额。

这里应注意的是，自 2016 年 5 月 1 日我国全面推开"营改增"试点后，原来实行营业税的行业已统一征收增值税，实质上全面取消了实施 60 多年的营业税，营业税也不再作为城市维护建设税的计税依据之一。2017 年 11 月 19 日，国务院发布第 691 号国务院令，正式废止了原《中华人民共和国营业税暂行条例》。

二、税率

城市维护建设税的税率是指纳税人应缴纳的城市维护建设税税额与纳税人实际缴纳的"两税"税额之间的比例。城市维护建设税实行地区差别税率，根据纳税人所在地的不同而设置了 3 档税率。

（1）纳税人所在地为市区的，税率为 7%。

（2）纳税人所在地为县城、镇的，税率为 5%。

（3）纳税人所在地不在市区、县城、镇的，税率为 1%。

纳税人所在地，是指纳税人住所地或者与纳税人生产经营活动相关的其他地点，具体地点由省、自治区、直辖市确定。

城市维护建设税按纳税人所在地在市区、县城、镇和不在上述区域适用不同税率。市区、县城、镇按照行政区划确定。行政区划变更的，自变更完成当月起适用新行政区划对应的城市维护建设税税率，纳税人在变更完成当月的下一个纳税申报期按新税率申报缴纳。

由受托方代扣代缴、代收代缴"两税"的单位和个人，城市维护建设税适用受托方所在地的规定税率。

第四节 应纳税额的计算

城市维护建设税的应纳税额是由纳税人实际缴纳的两税税额及其适用税率所决定的，其计算公式如下。

应纳税额＝（实际缴纳的增值税＋消费税）×适用税率（7%或5%或1%）

例 4-1：位于某市市区的甲企业（城建税适用税率为 7%），202×年 10 月申报期，享受直接减免消费税优惠后申报缴纳消费税 30 万元；享受直接减免增值税优惠（不包含先征后退、即征即退，下同）后申报缴纳增值税 50 万元，9 月已核准增值税免抵税额 10 万元（其中涉及出口货物增值税 6 万元，涉及增值税零税率应税服务 4 万元），9 月收到增值税留抵退税额 5 万元，该企业 10 月应申报缴纳的城建税为

$$（30＋50＋6＋4－5）×7\%＝5.95（万元）$$

例 4-2：位于某市市区的乙企业（城建税适用税率为 7%），202×年 10 月申报期，申报缴纳增值税 100 万元，其中 50 万元增值税是进口货物产生的，该企业 10 月应申报缴纳的城建税为

$$（100－50）×7\%＝3.5（万元）$$

例 4-3：位于某市市区的丙企业（城建税适用税率为 7%），202×年 9 月收到增值税留抵退税 200 万元。202×年 10 月申报期，申报缴纳增值税 120 万元（其中按照一般计税方法 100 万元，按照简易计税方法 20 万元），该企业 10 月应申报缴纳的城建税为

$$（100-100）×7\%+20×7\%=1.4（万元）$$

202×年 11 月申报期，该企业申报缴纳增值税 200 万元，均为按照一般计税方法产生的，该企业 11 月应申报缴纳的城建税为

$$（200-100）×7\%=7（万元）$$

第五节　税收优惠与征收管理

一、税收优惠

（一）随"两税"免退而相应免退的优惠

城市维护建设税原则上不单独减免，但城建税是一种附加税，当增值税、消费税发生减免时，城建税会相应发生税收减免。具体规定为：

（1）城市维护建设税按减免后实际缴纳的"两税"税额计征，即随增值税、消费税的减免而减免；但对增值税、消费税实行先征后返、先征后退、即征即退的办法，除另有规定外，对随增值税、消费税附征的城市维护建设税和教育费附加，一律不予退（返）还。

（2）对于因减免税而需进行增值税、消费税退库的，城市维护建设税也可以同时退库。

（3）海关对进口产品代征的增值税、消费税，不征收城市维护建设税。

（4）因纳税人多缴发生的两税退税，同时退还已缴纳的城市维护建设税。

（二）《城市维护建设税法》实施后继续执行的优惠

为贯彻落实城市维护建设税法，税法施行后继续执行的城市维护建设税优惠政策如下：

（1）对黄金交易所会员单位通过黄金交易所销售且发生实物交割的标准黄金，免征城市维护建设税。具体操作按照《财政部　国家税务总局关于黄金税收政策问题的通知》（财税〔2002〕142 号）有关规定执行。

（2）对上海期货交易所会员和客户通过上海期货交易所销售且发生实物交割并已出库的标准黄金，免征城市维护建设税。具体操作按照《财政部　国家税务总局关于黄金期货交易有关税收政策的通知》（财税〔2008〕5 号）有关规定执行。

（3）对国家重大水利工程建设基金免征城市维护建设税。具体操作按照《财政部　国家税务总局关于免征国家重大水利工程建设基金的城市维护建设税和教育费附加的通知》（财税〔2010〕44 号）有关规定执行。

（4）2023 年 1 月 1 日至 2027 年 12 月 31 日，对增值税小规模纳税人可以在 50% 的税额幅度内减征城市维护建设税。具体操作按照《财政部　国家税务总局关于进一步支持小

微企业和个体工商户发展有关税费政策的公告》（2023年第12号）有关规定执行。

（5）2023年1月1日至2027年12月31日，实施扶持自主就业退役士兵创业就业城市维护建设税减免。具体操作按照《财政部　国家税务总局　退役军人事务部关于进一步扶持自主就业退役士兵创业就业有关税收政策的公告》（2023年第14号）有关规定执行。

（6）2023年1月1日至2027年12月31日，实施支持和促进重点群体创业就业城市维护建设税减免。具体操作按照《财政部　国家税务总局　人力资源社会保障部　农业农村部关于进一步支持重点群体创业就业有关税收政策的公告》（2023年第15号）有关规定执行。

二、征收管理

（一）纳税义务发生时间

城市维护建设税是由纳税人在缴纳增值税、消费税的同时缴纳的，所以其纳税期限与增值税、消费税的纳税期限一致，分别与两税同时缴纳。同时缴纳是指在缴纳两税时，应当在两税同一缴纳地点、同一缴纳期限内，一并缴纳对应的城建税。

采用委托代征、代扣代缴、代收代缴、预缴、补缴等方式缴纳两税的，应当同时缴纳城建税。上述代扣代缴，不含因境外单位和个人向境内销售劳务、服务、无形资产代扣代缴增值税的情形。

（二）纳税地点

纳税人缴纳增值税、消费税的地点也是城市维护建设税的纳税地点。纳税人在办理增值税、消费税纳税申报的同时，单独填写《城市维护建设税纳税申报表》。

第六节　教育费附加

一、教育费附加的概念

教育费附加和地方教育附加是对缴纳增值税、消费税的单位和个人，就其实际缴纳的税额为计算依据征收的一种附加费。

教育费附加是为了加快地方教育事业，扩大地方教育经费的资金来源而征收的一项专用资金。1984年，国务院颁布了《关于筹措农村学校办学经费的通知》，开征了农村教育事业经费附加。1985年，中共中央作出了《关于教育体制改革的决定》，指出必须在国家增拨教育基本建设投资和教育经费的同时，开辟企、事业单位和其他各种社会力量多种渠道来筹措经费。为此，国务院于1986年4月28日颁布了《征收教育费附加的暂行规定》，并于同年7月1日在全国范围内实施。根据改革需要，国务院分别于

扩展阅读4.2《湖南省教育费附加和地方教育附加征收管理办法》湘政令〔2022〕

1990 年 6 月 7 日、2005 年 8 月 20 日、2011 年 1 月 8 日对《征收教育费附加的暂行规定》作了 3 次修订。

2006 年 9 月 1 日，实施的《中华人民共和国教育法》规定：税务机关依法足额征收教育费附加，由教育行政部门统筹管理，主要用于实施义务教育。省、自治区、直辖市人民政府根据国务院的有关规定，决定开征用于教育的地方附加费，专款专用。2010 年，财政部下发《关于统一地方教育附加政策有关问题的通知》，对各省、自治区、直辖市的地方教育附加进行了统一。

二、教育附加的征收范围与计征依据

教育费附加对缴纳增值税、消费税的单位和个人征收，以其实际缴纳的"两税"税额为计征依据，分别与增值税、消费税同时缴纳。

三、教育费附加的征收率

现行教育费附加的征收率为 3%，地方教育附加征收率从 2010 年起统一为 2%。

四、教育费附加的计算

教育费附加和地方教育附加的计算公式为

应纳教育费附加或地方教育附加 =（实际缴纳的增值税 + 消费税）× 征收率（3% 或 2%）

例 4-4：某卷烟厂（地处县城）202×年 12 月销售卷烟 500 箱，取得不含税销售额 150 万元（其进项税额已在上月抵扣），卷烟消费税比例税率为 56%，定额税率为 150 元/箱。

要求：计算该厂当月应纳城建税和教育费附加、地方教育附加。

解：（1）卷烟消费税实行复合计税，其应纳消费税为

应纳消费税 = 500 × 150 ÷ 10 000 + 150 × 56% = 91.5（万元）

（2）应纳增值税 = 150 × 13% = 19.5（万元）

（3）应纳城建税 =（91.5 + 19.5）× 5% = 5.55（万元）

（4）应纳教育费附加 =（91.5 + 19.5）× 3% = 3.33（万元）

（5）应纳地方教育附加 =（91.5 + 19.5）× 2% = 2.22（万元）

五、减免规定

（1）对海关进口产品征收的增值税、消费税，不征收教育费附加。

（2）对由于减免增值税、消费税而发生退税的，可同时退还已征收的教育费附加。但对于出口产品退还增值税、消费税的，不退还已征的教育费附加。

（3）对国家重大水利工程建设基金免征教育费附加。

（4）自 2016 年 2 月 1 日起，按月纳税的月销售额或营业额不超过 10 万元（按季度纳税的季度销售额或营业额不超过 30 万元）的缴纳义务人，免征教育费附加、地方教育附加。

练习题

一、复习思考题

1. 城市维护建设税和教育费附加的纳税人包括哪些？

2. 外商投资企业和外国企业征收城市维护建设税与教育费附加的过程有什么变化？

3. 城市维护建设税和教育费附加的计税依据是什么？

4. 城市维护建设税和教育费附加的征收管理有什么要求？

二、计算题

1. 某市区的卷烟生产企业委托县城的烟丝加工厂加工一批烟丝。在提货时，加工厂代收代缴的消费税总额为 2 200 元。那么受托方应该代收代缴多少城市维护建设税及教育费附加的税款？

2. 某市区一般纳税人生产企业在 202×年 7 月缴纳了 15 万元的进口环节增值税和 26.47 万元的进口环节消费税。该企业本月向税务机关实际缴纳了 40 万元的增值税和 100 万元的消费税。经税务检查发现，该企业在上个月隐瞒了销售废旧存货的收入 50 万元（含税），被查补了相关税款，还缴纳了 4 万元的罚款和滞纳金。请问，该企业在 7 月应该缴纳多少城市维护建设税和教育费附加？

即测即练

自学自测 扫描此码

第 五 章

关税和船舶吨税

【学习目标】

本章要求重点掌握关税的基本概念和分类、关税的特点、关税完税价格的确定、关税应纳税额的计算方法；一般掌握关税征税对象、纳税人、关税减免税、关税原产地的确定、行邮物品关税的计征方法；理解关税的征税标准、关税税率的基本分类、关税税则；了解关税的发展历史、关税的基本制度规定、关税税则精神、关税纳税方式和征收管理等。

第一节 关税概述

一、关税的概念

关税是指国家授权海关对进出一国关境的货物、物品征收的一种税。关境，又称"海关境域"或"关税领域"，是一个国家海关法令完全自主实施的领域。通常情况下，一国的关境与其国境是一致的，包括国家全部的领土、领海和领空。但当一国在国境内设立了自由港、自由贸易区等，这些区域就进出口关税而言处在关境之外，这时该国的关境小于国境，如我国根据《中华人民共和国香港特别行政区基本法》和《中华人民共和国澳门特别行政区基本法》的规定，香港、澳门保持自由港地位，为我国单独的关税地区，即单独关境区，2002 年 1 月 1 日起，我国台湾地区以"台湾、澎湖、金门、马祖单独关税区"名义加入世界贸易组织。根据国务院 2020 年 6 月公布的《海南自由贸易港建设总体方案》，海南全岛将在 2025 年底封关运作。单独关境区是不完全适用该国海关法律、法规或实施单独海关管理制度的区域。当几个国家结成关税同盟，组成一个共同的关境并实施统一的关税法令和统一的对外税则，这些国家彼此之间货物进出国境不征收关税，只对来自或运往其他国家的货物进出共同关境时征收关税，这些国家的关境大于国境，如欧洲联盟。

目前我国关于调整关税征收与缴纳权利义务关系的基本法律规范，包括 2021 年 4 月 29 日第十三届全国人大常委会第 28 次会议第 6 次修正的《中华人民共和国海关法》（以下简称《海关法》），国务院于 2017 年 3 月 1 日第 4 次修订的《中华人民共和国进出口

扩展阅读 5.1《进出口关税条例》国务院令第 392 号

关税条例》（以下简称《进出口关税条例》），以及国务院关税税则委员会审定、国务院批准，作为条例组成部分的《海关进出口税则》《海关入境旅客行李物品和个人邮递物品征收进口税办法》。2022 年，我国实现关税收入 2 860.29 亿元，占当年全部税收收入的 1.72%。

二、关税的特点

关税是流转税中的一个独立税种，具有以下几个显著特点：

（1）征税对象限于进出关境的货物或物品。只有当货物或物品进出关境时才能征税，凡不进出关境的货物或物品不征税。

（2）课税环节限于进出口环节。关税只在货物进出口环节一次性征收，以后在国内任何流通环节都不再征收。

（3）计税依据为完税价格。完税价格是关税法的独有概念，它通常是到岸价格或离岸价格。当不能确定到岸价格或离岸价格时，由海关估定。

（4）征税机关为海关。一般税收主要由税务机关负责征收，而关税由海关专门负责征收。在我国，关税由海关总署及其领导下的各地方口岸海关负责征收。

（5）具有较强的政策性。关税属于涉外税收，在很大程度上体现着国家各类政策的要求，在对外政治、经济、文化和科技交流中，关税经常被当作斗争的工具和贯彻对外政策的手段，成为国际贸易合作谈判的重要内容。

三、我国关税的产生与发展

据史料记载，我国早在西周时期就设有"关"，其主要任务是根据本国法令检查进出境人员及其货物，防止外敌入侵和人员外逃，并不征收关税。到西周后期和春秋时期，随着商品交换的发展，才开始对通关的货物征收关税，目的是"关市之赋，以待王之膳服"。

自先秦至明清漫长的历史中，我国一直是陆地边境关与内地水陆要道关长期并存，历代政府虽然设置了征收关税的专门机构，但陆地边境贸易的关税基本免征，关税主要是内地关税和海关关税。清朝时期，清政府对各海关进行封建包税制，听任洋行行商向进出口商人肆意勒索和勾结走私，海关关境形同虚设。鸦片战争后，我国进入半封建半殖民地社会，丧失了关税自主权，海关的行政权、人事管理权被掠夺，关税收支权被侵占。这种状况从清末经北洋政府一直延续到国民党政府。至 1931 年逐步撤销了内地关税，只在国境征收进出口关税。

新中国成立后，我国成立了海关总署，统一领导全国海关机构和关境业务。1951年 5 月 10 日，我国颁布了《中华人民共和国暂行海关法》《中华人民共和国海关进出口税则》及《海关进出口税则暂行实施条例》，建立了独立自主的保护关税制度和海关管理制度。

四、关税政策

关税政策反映了国家在一定时期内的贸易政策、产业政策及国民经济发展的基本思路，是政府调节经济的重要方式。从整体上看，我国目前实行的是以财政关税政策服从于保护关税政策的复合型关税政策，即贯彻国家的对外开放政策，鼓励出口和扩大必需品的进口，保护和促进国民经济的发展，保证国家的财政收入。自加入 WTO 后，我国关税政策的制定必须符合 WTO 各项协议的要求。

这一关税政策通过如下原则具体表现出来：

（1）对进口国家建设和人民生活所必需的，而且国内不能生产或者供应不足的动植物良种、肥料、饲料、药剂、精密仪器、仪表、关键机械设备和粮食等，予以免税或低税。

（2）原材料的进口税率一般比半成品、成品要低，特别是受自然条件制约、国内生产短期内不能迅速发展的原材料，其税率应更低。

（3）对于国内不能生产的机械设备和仪器、仪表的零件、部件，其税率应比整机低。

（4）对国内已能生产的非国计民生所必需的物品，应制定较高的税率。

（5）对国内需要进行保护的产品和国内外价差大的产品，应制定更高的税率。

（6）为了鼓励出口，对绝大多数出口商品不征出口关税，但对在国际市场上容量有限而又竞争性强的商品，以及需要限制出口的极少数原料、材料和半制成品，必要时可征收适当的出口关税。

第二节　征税对象与纳税义务人

一、征税对象

关税的征税对象是准许进出境的货物和物品。货物是指贸易性商品；物品是指入境旅客携带的行李物品、个人邮递物品、各种运输工具上的服务人员携带进口自用物品、馈赠物品，以及其他方式进境的个人物品。

二、纳税义务人

进口货物的收货人、出口货物的发货人、进出境物品的所有人，是关税的纳税义务人。进出口货物的收、发货人是依法取得对外贸易经营权，可以依法进、出口货物的法人或其他社会团体。进出境物品的所有人，包括该物品的所有人和推定为所有人的人。一般情况下，对于携带进境的物品，推定其携带人为所有人；对分离运输的行李，推定相应的进出境旅客为所有人；对以邮递方式进境的物品，推定其收件人为所有人；以邮递或其他运输方式出境的物品，推定其寄件人或托运人为所有人。

第三节　进出口税则

一、进出口税则概况

进出口税则是一国政府根据国家关税政策和经济政策，通过一定的立法程序制定公布实施的进出口货物和物品应税的关税税率表。进出口税则以税率表为主体，通常还包括实施税则的法令、使用税则的有关说明和附录等。《中华人民共和国海关进出口税则》是我国海关凭以征收关税的法律依据，也是我国关税政策的具体体现。我国现行税则包括《中华人民共和国海关进出口关税条例》《税率适用说明》《海关进口税则》《海关出口税则》，以及《进口商品从量税、复合税、滑准税税目税率表》《进口商品关税配额税目税率表》《进口商品税则暂定税率表》《出口商品税则暂定税率表》《非全税目信息技术产品税率表》等附录。

扩展阅读 5.2《关于发布 2022 年版〈协调制度〉修订目录中文版的公告》海关总署公告〔2021〕78 号

税则以税率表为主体，包括税则商品分类目录和税率栏两大部分。税则商品分类目录是把种类繁多的商品加以综合，按照其不同特点分门别类地简化成数量有限的商品类目，将其分别编号，按序排列，称其为税则号列，并依次列出该号中应列入的商品名称。税率栏是按税则商品分类目录逐项定出的税率栏目。

新中国成立以来，我国分别于 1951 年、1985 年和 1992 年先后实施了 3 部《进出口税则》，进出口商品都采用同一税则商品分类目录。

二、税则归类

为适应改革开放和对外经贸发展的需要，我国从 1992 年 1 月 1 日起，开始实施以《商品名称及编码协调制度》（简称《协调制度》）为基础的进出口税则。《协调制度》是一部科学的、系统的国际贸易商品分类体系，是国际上多个商品分类目录协调的产物，是国际贸易商品分类的一种"标准语言"，也是我国制定进出口税则，实施贸易管制、贸易统计及其他各项进出口管理措施的基础目录。

税则归类，就是按照税则的规定，将每项具体进出口商品按照其特性在税则中找出其最适合的某一个税号，做到"对号入座"，以便确定其适用的税率，计算应纳关税税额。我国海关总署制定了《中华人民共和国进境物品归类表》《中华人民共和国进境物品完税价格表》。

我国进境物品依次遵循以下原则归类：

（1）《中华人民共和国进境物品归类表》已列名的物品，归入其列名类别。

（2）《中华人民共和国进境物品归类表》未列名的物品，按其主要功能（或用途）归入相应类别。

（3）不能按照上述原则归入相应类别的物品，归入"其他物品"类别。

（4）纳税人对进境物品的归类、完税价格的确定持有异议的，可以依法申请行政复议。

三、关税税率及其适用

（一）进口关税税率

1. 进口货物税率形式

在我国加入 WTO 之后，为履行我国在加入 WTO 关税减让谈判中承诺的有关义务，享有 WTO 成员应有的权利，自 2002 年 1 月 1 日起，我国进口税则设有最惠国税率、协定税率、特惠税率、普通税率、关税配额税率等。对进口货物在一定期限内可以实行暂定税率。

适用最惠国税率、协定税率、特惠税率的国家或者地区名单，由国务院关税税则委员会决定，报国务院批准后执行。

（1）最惠国税率。原产于与我国共同适用最惠国待遇条款的世界贸易组织成员的进口货物，或原产于与我国签订含有相互给予最惠国待遇条款的双边贸易协定的国家或者地区的进口货物，以及原产于我国境内的进口货物，适用最惠国税率。

（2）协定税率。原产于与我国签订含有关税优惠条款的区域性贸易协定的国家或者地区的进口货物，适用协定税率。除此前国务院已经批准实施的协定税率外，自 2020 年 1 月 1 日起，我国与新西兰、秘鲁、哥斯达黎加、瑞士、冰岛、新加坡、澳大利亚、韩国、智利、格鲁吉亚、巴基斯坦等国家签订的双边贸易协定及亚太贸易协定的协定税率进一步降低。

（3）特惠税率。原产于与我国签订含有特殊关税优惠条款的贸易协定的国家或者地区的进口货物，适用特惠税率。除赤道几内亚外，对与我国建交并完成换文手续的其他最不发达国家继续实施特惠税率。自 2020 年 1 月 1 日起，赤道几内亚停止享受零关税特惠税率。

（4）普通税率。原产于上述 3 款所列以外国家或者地区的进口货物，以及原产地不明的进口货物，适用普通税率。经国务院关税税则委员会特别批准，按照普通税率征税的进口货物，可以适用最惠国税率。

（5）关税配额税率。按照国家规定实行关税配额管理进口货物，关税配额内的，适用关税配额税率；关税配额外的，按不同情况分别适用最惠国税率、协定税率、特惠税率或普通税率。目前，我国继续对小麦、玉米等 8 种农产品和尿素等 3 种化肥产品实行关税配额管理，其中对尿素、复合肥和磷酸氢铵 3 种化肥的配额税率实施 1% 的暂定税率。

（6）暂定税率。暂定税率是在海关进出口税则规定的进口优惠税率基础上，对进口的某些重要工农业生产资料和机电产品关键部件（但只限于从与中国订有关税互惠协议的国家或地区进口的货物）和出口的特定货物实施的更为优惠的关税税率。这种税率一般按照年度制定，并且可以随时根据需要恢复按照法定税率征税。自 2020 年 1 月 1 日起，我国对 859 项商品（不含关税配额商品）实施进口暂定税率。

进口商品的税率结构主要体现为产品加工程度越深，关税税率越高，即在不可再生资源性产品、一般资源性产品及原材料、半成品、制成品中，不可再生资源性产品税率较低，制成品税率较高。

扩展阅读 5.3《中华人民共和国反倾销条例》国务院令第 401 号

2. 进口货物税率适用规则

（1）暂定税率优先适用于特惠税率和最惠国税率，所以适用于最惠国税率的进口货物有暂定税率的，优先适用暂定税率；当最惠国税率低于或等于协定税率时，协定有规定的，按相关协定的规定执行；协定无规定的，两者从低适用。适用协定税率、特惠税率的进口货物有暂定税率的，应当从低适用税率。

（2）按照有关法律、行政法规的规定，对进口货物采取反倾销、反补贴、保障措施或者征收报复性关税等的，其税率的适用按照《中华人民共和国反倾销条例》（国务院令第401号）、《中华人民共和国反补贴条例》（国务院令第402号）、《中华人民共和国保障措施条例》（国务院令第403号）的有关规定执行特别关税，包括反倾销税与反补贴税、保障性关税和报复性关税。征收特别关税的货物、适用国别、税率、期限和征收办法，由国务院关税税则委员会决定，海关总署负责实施。

3. 进境物品税率

自2019年4月9日起，除另有规定外，我国对准予应税进口的旅客行李物品、个人邮寄物品及其他个人自用物品，均由海关按照《中华人民共和国进境物品进口税税率表》的规定，征收进口关税、代征进口环节增值税和消费税等进口税（表5-1）。

表 5-1 进境物品进口税税率表

税目序号	物 品 名 称	税率
1	书报、刊物、教育用影视资料；计算机、视频摄录一体机、数字照相机等信息技术产品；食品、饮料；金银；家具；游戏品、节日或其他娱乐用品和药品	13%
2	运动用品（不含高尔夫球及球具）、钓鱼用品；纺织品及其制成品；电视、摄像机及其他电器用具；自行车；税目1、税目3未包含的其他商品	20%
3	烟、酒、贵重首饰及珠宝玉石；高尔夫球及球具；高档手表；化妆品	50%

注：①对国家规定减按3%征收进口环节增值税的进口药品，按照货物税率征税。

②税目3所列商品的具体范围与消费税征收范围一致。

（二）出口关税税率

我国出口税则仅设定一栏税率，即出口税率。为鼓励出口，税则中大部分税目未订有出口税率，凡不订出口税率的货物不征收出口税。国家仅对少数资源性产品及易于竞相杀价、盲目出口、需要规范出口秩序的半制成品征收出口关税。

根据《关于执行2020年进口暂定税率等调整方案的公告》（海关总署公告2019年第227号）的规定，从2020年1月1日起，我国继续对铬铁等107项出口商品征收出口关税，适用出口税率或出口暂定税率。

（三）税率的适用

进出口货物应当依照税则规定的归类原则归入合适的税号，并按照适用的税率征税。

（1）进出口货物，应当适用海关接受该货物申报进口或者出口之日实施的税率。

（2）进口货物到达前，经海关核准先行申报的，应当适用装载该货物的运输工具申报进境之日实施的税率。

（3）进口转关运输货物，应当适用指运地海关接受该货物申报进口之日实施的税率；货物运抵指运地前，经海关核准先行申报的，应当适用装载该货物的运输工具抵达指运地之日实施的税率。

（4）出口转关运输货物，应当适用启运地海关接受该货物申报出口之日实施的税率。

（5）经海关批准，实行集中申报的进出口货物，应当适用每次货物进出口时海关接受该货物申报之日实施的税率。

（6）因超过规定期限未申报而由海关依法变卖的进口货物，其税款计征应当适用装载该货物的运输工具申报进境之日实施的税率。

（7）因纳税义务人违反规定需要追征税款的进出口货物，应当适用违反规定的行为发生之日实施的税率；行为发生之日不能确定的，适用海关发现该行为之日实施的税率。

（8）已申报进境并且放行的保税货物、减免税货物、租赁货物或者已申报进出境并且放行的暂时进出境货物，有下列情形之一需缴纳税款的，应当适用海关接受纳税义务人再次填写报关单申报办理纳税及有关手续之日实施的税率：

①保税货物经批准不复运出境的。

②保税仓储货物转入国内市场销售的。

③减免税货物经批准转让或者移作他用的。

④可以暂不缴纳税款的暂时进出境货物，不复运出境或者进境的。

⑤租赁进口货物，分期缴纳税款的。

（9）补征或者退还进出口货物税款，应当按照《海关进出口货物征税管理办法》（海关总署令 240 号）第 13 条和第 14 条的规定确定适用的税率。

四、进口货物原产地的认定

确定进口货物原产地的目的，是实施最惠国待遇、反倾销、反补贴、保障措施、原产地标记管理、国别数量限制、关税配额等非优惠性贸易措施及进行政府采购、贸易统计等活动的需要，便于正确运用进口税则的各栏税率，对产自不同国家或地区的进口货物适用不同的关税税率。2004 年 9 月 3 日，国务院令第 416 号公布，2019 年 3 月 2 日修订《中华人民共和国进出口货物原产地条例》，并规定自 2005 年 1 月 1 日起施行。我国原产地规定基本上采用了"全部产地生产标准""实质加工标准"两种国际上通用的原产地标准。

（一）全部产地生产标准

完全在一个国家（地区）获得的货物，以该国（地区）为原产地。所指"完全在一个国家（地区）获得的货物"包括以下几种类型。

（1）在该国（地区）出生并饲养的活的动物。

（2）在该国（地区）野外捕捉、捕捞、搜集的动物。

（3）从该国（地区）的活的动物获得的未经加工的物品。

（4）在该国（地区）收获的植物和植物产品。

（5）在该国（地区）采掘的矿物。

（6）在该国（地区）获得的除本条第 1 项至第 5 项范围之外的其他天然生成的物品。

（7）在该国（地区）生产过程中产生的只能弃置或者回收用作材料的废碎料。

（8）在该国（地区）收集的不能修复或者修理的物品，或者从该物品中回收的零件或者材料。

（9）由合法悬挂该国旗帜的船舶从其领海以外海域获得的海洋捕捞物和其他物品。

（10）在合法悬挂该国旗帜的加工船上加工本条第9项所列物品获得的产品。

（11）从该国领海以外享有专有开采权的海床或者海床底土获得的物品。

（12）在该国（地区）完全从本条第1项至第11项所列物品中生产的产品。

在确定货物是否在一个国家（地区）完全获得时，不考虑下列微小加工或者处理：①为运输、贮存期间保存货物而作的加工或者处理；②为货物便于装卸而作的加工或者处理；③为货物销售而作的包装等加工或者处理。

（二）实质加工标准

实质加工标准，是指两个以上国家（地区）参与生产的货物，以最后完成实质性改变的国家（地区）为原产地。

实质性改变的确定标准，以税则归类改变（即应归于原来税目以外的税目）为基本标准；税则归类改变不能反映实质性改变的，以从价百分比、制造或者加工工序等为补充标准，如加工增值部分所占新产品总值的比例已超过30%及以上。

（三）其他

对机器、仪器、车辆等所用零配件、工具等，与主件同时进口且数量合理的，其原产地按主件的原产地确认。分别进口的按各自的原产地确认。

第四节　关税完税价格与应纳税额的计算

《中华人民共和国海关法》（以下简称《海关法》）规定，进口货物的完税价格，由海关以该货物的成交价格为基础审查确定。成交价格不能确定的，由海关依法估定。我国海关已全面实施《世界贸易组织估价协定》，并依据由海关总署第213号令颁布，自2014年2月1日起实施的《中华人民共和国海关审定进出口货物完税价格办法》（以下简称《完税价格办法》）审定进出口货物完税价格。为优化营商环境，增强企业对进出口贸易活动的可预期性，在货物实际进出口前，申请人可以就进出口货物的商品归类、原产地或者原产资格、完税价格相关要素、估价方法等海关事务申请预裁定。

一、一般进口货物的完税价格

《海关法》第55条规定，进口货物的完税价格，由海关以该货物的成交价格为基础审查确定。进口货物的完税价格包括货物的货价、货物运抵中华人民共和国境内输入地点起卸前的运输及其相关费用、保险费；成交价格不能确定时，完税价格由海关依法估定。

根据上述规定，进口货物的完税价格的确定方法大致可划分为两类：一类是以进口货物的成交价格为基础进行调整，从而确定进口货物完税价格的估价方法（以下简称成交价格估价方法）；另一类是在进口货物的成交价格不符合规定条件或者成交价格不能确定的情况下，海关用以审定进口货物完税价格的估价方法（以下简称进口货物海关估价方法）。

（一）成交价格估价方法

进口货物的成交价格，是指卖方向我国境内销售该货物时买方为进口该货物向卖方实付、应付的，并且按照《完税价格办法》有关规定调整后的价款总额，包括直接支付的价款和间接支付的价款。

1. 进口货物的成交价格应当符合下列条件

（1）对买方处置或者使用进口货物不予限制，但是法律、行政法规规定实施的限制、对货物销售地域的限制和对货物价格无实质性影响的限制除外。

（2）进口货物的价格不得受到使该货物成交价格无法确定的条件或者因素的影响。

（3）卖方不得直接或者间接获得因买方销售、处置或者使用进口货物而产生的任何收益，或者虽然有收益但是能够按照《完税价格办法》的规定作出调整。

（4）买卖双方之间没有特殊关系，或者虽然有特殊关系但是按照《完税价格办法》的规定未对成交价格产生影响。

2. 进口货物的下列费用应作为调整项目计入完税价格

（1）由买方负担的除购货佣金以外的佣金和经纪费。

（2）由买方负担的在审查确定完税价格时与该货物视为一体的容器费用。

（3）由买方负担的包装材料费用和包装劳务费用。

（4）与该进口货物的生产和向中华人民共和国境内销售有关的，由买方以免费或者以低于成本的方式提供，并可以按适当比例分摊的下列货物或者服务的价值：①进口货物包含的材料、部件、零件和类似货物；②在生产进口货物过程中使用的工具、模具和类似货物；③在生产进口货物过程中消耗的材料；④在境外进行的为生产进口货物所需的工程设计、技术研发、工艺及制图等相关服务。

（5）与该货物有关并作为卖方向我国销售该货物的一项条件，买方须向卖方或者有关方直接或者间接支付与该货物有关的特许权使用费。买方不支付特许权使用费则不能购得进口货物，或者买方不支付特许权使用费则该货物不能以合同议定的条件成交，应当将特许权使用费的支付视为构成进口货物向中华人民共和国境内销售的条件。

（6）卖方直接或者间接从买方对该货物进口后转售、处置或者使用所得中获得的收益。

3. 进口货物的价款中单独列明的下列税收、费用，不计入该货物的完税价格

（1）厂房、机械或者设备等货物进口后发生的建设、安装、装配、维修或者技术援助费用，但是保修费用除外。

（2）进口货物运抵我国境内输入地点起卸后发生的运输及其相关费用、保险费。

（3）进口关税、进口环节海关代征税及其他国内税。

（4）为在境内复制进口货物而支付的费用。

（5）境内外技术培训及境外考察费用。

（6）同时符合下列条件的利息费用不计入完税价格：①利息费用是买方为购买进口货物而融资所产生的；②有书面的融资协议的；③利息费用单独列明的；④纳税义务人可以证明有关利率不高于在融资当时当地此类交易通常应当具有的利率水平，且没有融资安排的相同或者类似进口货物的价格与进口货物的实付、应付价格非常接近的。

4. 进口货物完税价格中的运输及其相关费用、保险费的确定

（1）进口货物的运输及其相关费用，应当按照由买方实际支付或者应当支付的费用计算。如果进口货物的运输及其相关费用无法确定的，海关应当按照该货物进口同期的正常运输成本审查确定。

运输工具作为进口货物，利用自身动力进境的，海关在审查确定完税价格时，不再另行计入运输及其相关费用。

（2）进口货物的保险费，应当按照实际支付的费用计算。如果进口货物的保险费无法确定或者未实际发生，海关应当按照"货价加运费"两者总额的3‰计算保险费。

（3）邮运进口的货物，应当以邮费作为运输及其相关费用、保险费。

（二）进口货物海关估价方法

进口货物的成交价格不符合上述规定的，或者成交价格不能确定的，海关经了解有关情况，并与纳税义务人进行价格磋商后，依次以下列方法审查确定该货物的完税价格。

1. 相同货物成交价格估价方法

相同货物成交价格估价方法是指海关以与进口货物同时或者大约同时向中华人民共和国境内销售的相同货物的成交价格为基础，审查确定进口货物的完税价格的估价方法。

2. 类似货物成交价格估价方法

类似货物成交价格估价方法是指海关以与进口货物同时或者大约同时向中华人民共和国境内销售的类似货物的成交价格为基础，审查确定进口货物的完税价格的估价方法。

3. 倒扣价格估价方法

倒扣价格估价方法是指海关以进口货物、相同或者类似进口货物在境内的销售价格为基础，扣除境内发生的有关费用后，审查确定进口货物完税价格的估价方法。按照倒扣价格估价方法审查确定进口货物完税价格的，下列各项应当扣除：①同等级或者同种类货物在境内第一销售环节销售时，通常的利润和一般费用（包括直接费用和间接费用）及通常支付的佣金；②货物运抵境内输入地点起卸后的运输及其相关费用、保险费；③进口关税、进口环节海关代征税及其他国内税。

4. 计算价格估价方法

计算价格估价方法是指海关以下列各项的总和为基础，审查确定进口货物完税价格的估价方法：①生产该货物所使用的料件成本和加工费用；②向境内销售同等级或者同种类货物通常的利润和一般费用（包括直接费用和间接费用）；③该货物运抵境内输入地点起卸前的运输及相关费用、保险费。

5. 合理估价方法

合理估价方法是指当海关不能根据成交价格估价方法、相同货物成交价格估价方法、类似货物成交价格估价方法、倒扣价格估价方法和计算价格估价方法确定完税价格时，海关根据规定原则，以客观量化的数据资料为基础审查确定进口货物完税价格的估价方法。

海关在采用合理方法确定进口货物的完税价格时，不得使用以下价格：①境内生产的货物在境内的销售价格；②可供选择的价格中较高的价格；③货物在出口地市场的销售价格；④以第 213 号令第 25 条规定之外的价值或者费用计算的相同或者类似货物的价格；⑤出口到第三国或者地区的货物的销售价格；⑥最低限价或者武断、虚构的价格。

二、特殊进口货物的完税价格

（一）运往境外修理的机械器具、运输工具或者其他货物

运往境外修理的机械器具、运输工具或者其他货物，出境时已向海关报明，并且在海关规定的期限内复运进境的，应当以境外修理费和料件费为基础审查确定完税价格。

出境修理货物复运进境超过海关规定期限的，由海关按照规定审查确定完税价格。

（二）运往境外加工的货物

运往境外加工的货物，出境时已向海关报明，并且在海关规定期限内复运进境的，应当以境外加工费和料件费以及该货物复运进境的运输及其相关费用、保险费为基础审查确定完税价格。

出境加工货物复运进境超过海关规定期限的，由海关按照规定审查确定完税价格。

（三）经海关批准的暂时进境货物

经海关批准的暂时进境货物应当缴纳税款的，由海关按照第 213 号令第 2 章的规定审查确定完税价格。经海关批准留购的暂时进境货物，以海关审查确定的留购价格作为完税价格。

（四）租赁方式进口的货物

租赁方式进口的货物，按照下列方法审查确定完税价格：①以租金方式对外支付的租赁货物，在租赁期间以海关审查确定的租金作为完税价格，利息应当予以计入；②留购的租赁货物以海关审查确定的留购价格作为完税价格；③纳税义务人申请一次性缴纳税款的，可以选择申请按照"进口货物海关估价方法"的相关内容确定完税价格，或者按照海关审查确定的租金总额作为完税价格。

（五）应当补税的减免税进口货物

减税或者免税进口的货物应当补税时，应当以海关审查确定的该货物原进口时的价格，扣除折旧部分价值作为完税价格，其计算公式如下

完税价格＝海关审查确定的该货物原进口时的价格

×[1－补税时实际已进口的时间（月）÷（监管年限×12）]

上述计算公式中"补税时实际已进口的时间"按月计算，不足 1 个月但是超过 15 日的，按照 1 个月计算；不超过 15 日的，不予计算。

（六）不存在成交价格的进口货物

易货贸易、寄售、捐赠、赠送等不存在成交价格的进口货物，海关与纳税义务人进行价格磋商后，按照第 213 号令第 6 条列明的方法审查确定完税价格。

（七）进口软件介质

进口载有专供数据处理设备用软件的介质，具有下列情形之一的，应当以介质本身的价值或者成本为基础审查确定完税价格：①介质本身的价值或者成本与所载软件的价值分列；②介质本身的价值或者成本与所载软件的价值虽未分列，但是纳税义务人能够提供介质本身的价值或者成本的证明文件，或者能提供所载软件价值的证明文件。

含有美术、摄影、声音、图像、影视、游戏、电子出版物的介质不适用上述规定。

三、出口货物的完税价格

（一）以成交价格为基础审查确定

出口货物的完税价格，由海关以该货物的成交价格为基础审查确定，并且应当包括货物运至我国境内输出地点装载前的运输及其相关费用、保险费，但是其中包含的出口关税税额，应当予以扣除。

出口货物的成交价格，是指该货物出口销售时，卖方为出口该货物应当向买方直接收取和间接收取的价款总额。下列税收、费用不计入出口货物的完税价格：

（1）出口关税。

（2）在货物价款中单独列明的货物运至我国境内输出地点装载后的运输及其相关费用、保险费。

（二）出口货物海关估价方法

出口货物的成交价格不能确定时，海关经了解有关情况，并且与纳税义务人进行价格磋商后，依次以下列价格审查确定该货物的完税价格。

（1）同时或者大约同时向同一国家或者地区出口的相同货物的成交价格。

（2）同时或者大约同时向同一国家或者地区出口的类似货物的成交价格。

（3）根据境内生产相同或者类似货物的成本、利润和一般费用（包括直接费用和间接费用）、境内发生的运输及其相关费用、保险费计算所得的价格。

（4）按照合理方法估定的价格。

四、进出口货物应纳税额的计算

我国对进口商品基本上都实行从价税，即以进口货物的完税价格作为计税依据。从1997 年 7 月 1 日起，对部分产品实行从量税、复合税和滑准税。

（一）从价计征应纳税额的计算

从价税是一种最常用的关税计税标准，是以货物的价格或者价值为征税标准，以应征税额占货物价格或者价值的百分比为税率，价格越高，税额越高。当货物进口时，将此税率和海关审定的实际进口货物完税价格相乘计算应征税额。目前，我国海关计征关税标准主要是从价税。

从价税的特点是相对进口商品价格的高低，影响其税额的高低。从价税具有税负公平明确、易于实施的优点，但也存在着一些不足，如不同品种、规格、质量的同一货物价格有很大差异，海关估价有一定的难度，因此计征关税的手续较繁杂。

应纳税额计算公式为

$$应纳税额 = 应税进（出）口货物数量 \times 单位完税价格 \times 关税税率$$

（二）从量计征应纳税额的计算

从量税是以货物的数量、重量、体积、容量等计量单位为计税标准，以每计量单位货物的应征税额为税率。目前，我国对原油、啤酒和胶卷等进口商品从量计税。

从量税的特点是，每一种货物的单位应税额固定，不受该货物价格的影响。计税时以货物的计量单位乘以每单位应纳税金额即可得出该货物的关税税额。从量税的优点是，计算简便，通关手续快捷，并能起到抑制低廉商品或故意低瞒价格货物的进口。但是，由于应税额固定，物价涨落时，税额不能相应变化，因此，在物价上涨时，关税的调控作用相对减弱。

应纳税额计算公式为

$$应纳税额 = 应税进（出）口货物数量 \times 单位货物税额$$

（三）复合税应纳税额的计算

复合税是对某种商品同时使用从价和从量两种税率计征的一种计征关税的方法。复合税既可发挥从量税抑制低价进口货物的特点，又可发挥从价税税负合理、稳定的特点。我国目前仅对录像机、放像机、摄像机、数字照相机和摄录一体机等进口商品征收复合税。

应纳税额计算公式为

$$应纳税额 = 应税进（出）口货物数量 \times 单位货物税额$$
$$+ 应税进（出）口货物数量 \times 单位完税价格 \times 关税税率$$

（四）滑准税应纳税额的计算

滑准税是一种关税的税率随进口货物价格的变动而反向变动的一种税率形式。通俗地讲，就是进口货物的价格越高，其进口关税税率越低，进口商品的价格越低，其进口关税税率越高。滑准税的特点是可保持实行滑准税商品的国内市场价格的相对稳定，而不受国际市场价格波动的影响。我国目前仅对进口新闻纸实行滑准税。

应纳税额计算公式为

$$应纳税额 = 应税进（出）口货物数量 \times 单位完税价格 \times 滑准税税率$$

例 5-1： 某公司于 202× 年 6 月从国外进口一批高档化妆品，该批货物的国外买价为 150 万元，货物运抵我国入关前发生的运输费 12 万元、保险费 4 万元和其他应计入完税价格的费用 6 万元。该公司在该批化妆品报关环节按规定缴纳了进口环节的关税、消费税和增值税，并取得海关开具的缴款书。该批化妆品当月在国内全部销售完毕，取得不含增值税销售额 600 万元。

已知化妆品进口关税税率 20%，增值税税率 13%，消费税税率 15%。要求计算该批化妆品进口环节应缴纳的关税、消费税和增值税，以及国内销售环节应缴纳的增值税。

（1）关税完税价格 = 150 + 12 + 4 + 6 = 172（万元）

（2）应缴纳进口关税 = 172 × 20% = 34.4（万元）

（3）进口环节应纳消费税的组成计税价格 = (172 + 34.4) ÷ (1 − 15%) = 242.82（万元）

（4）进口环节应纳消费税 = 242.82 × 15% = 36.423（万元）

（5）进口环节应纳增值税的组成计税价格 = 172 + 34.4 + 36.423 = 242.823（万元）

（6）进口环节应纳增值税 = 242.823 × 13% = 31.57（万元）

（7）国内销售环节应缴增值税 = 600 × 13% − 31.57 = 46.43（万元）

第五节 征收管理

一、关税减免

关税减免是对某些纳税人和征税对象进行鼓励和照顾的一种特殊调节手段，是贯彻国家关税政策的一项重要措施。关税减免分为法定减免税、特定减免税和临时减免税。

（一）法定减免税

根据我国《海关法》和《进出口条例》等规定，下列进出口货物可免征关税：

（1）关税税额在人民币 50 元以下的一票货物。

（2）无商业价值的广告品和货样。

（3）外国政府、国际组织无偿赠送的物资。

（4）进出境运输工具装载的途中必需的燃料、物料和饮食用品。

（5）在海关放行前损失的货物。

（6）在海关放行前遭受损坏的货物，可根据海关认定的受损程度减征关税。

（7）我国缔结或者参加的国际条约规定减征、免征关税的货物、物品。

（8）法律规定减征、免征关税的其他货物、物品.

（二）特定减免税

除法定减免税外，国家还按照国际通行规则和我国实际情况，制定发布的有关进出口货物减免关税的政策，称为特定减免税，或政策性减免税。特定减免税一般有地区、企业和用途的限制，海关需要进行后续管理。

（1）科教用品。按照财政部、国家税务总局和海关总署制定的《科学研究和教学用品免征进口税收规定》，对科研机构和学校，以科学研究和教学为目的，在合理数量范围内进口国内不能生产或者性能不能满足需要的科学研究和教学用品，免征进口关税和进口环节增值税、消费税。

（2）残疾人专用品。按照海关总署制定的《残疾人专用品免征进口税收暂行规定》，对规定的残疾人个人专用品，免征进口关税和进口环节增值税、消费税；对康复、福利机构、假肢厂和荣誉军人康复医院进口国内不能生产的、该《规定》明确的残疾人专用品，免征进口关税和进口环节增值税、消费税。

（3）慈善捐赠物资。按照财政部、海关总署制定的《慈善捐赠物资免征进口税收暂行办法》，对境外自然人、法人或者其他组织等境外捐赠人，无偿向国务院有关部门和各省、自治区、直辖市人民政府，以及经民政部或省级民政部门登记注册且被评为 5A 级的以人道救助和发展慈善事业为宗旨的社会团体或基金会等受赠人捐赠的直接用于慈善事业的物资，免征进口关税和进口环节增值税、消费税。

（4）重大技术装备。为支持我国重大技术装备制造业发展，根据《重大技术装备进口税收政策管理办法》的规定，工业和信息化部会同财政部、海关总署、国家税务总局、国家能源局制定《国家支持发展的重大技术装备和产品目录》和《重大技术装备和产品进口关键零部件及原材料商品目录》，对符合规定条件的企业及核电项目业主为生产国家支持发展的重大技术装备或产品而确有必要进口的部分关键零部件及原材料，免征关税和进口环节增值税。

（三）暂时免税

暂时进境或者暂时出境的下列货物，在进境或者出境时纳税义务人向海关缴纳相当于应纳税款的保证金或者提供其他担保的，可以暂不缴纳关税，并应当自进境或者出境之日起 6 个月内复运出境或者复运进境；需要延长复运出境或者复运进境期限的，纳税义务人应当根据海关总署的规定向海关办理延期手续。

暂时进出境货物包括：

（1）在展览会、交易会、会议及类似活动中展示或者使用的货物。

（2）文化、体育交流活动中使用的表演、比赛用品。

（3）进行新闻报道或者摄制电影、电视节目使用的仪器、设备及用品。

（4）开展科研、教学、医疗活动使用的仪器、设备和用品。

（5）在上述第（1）项至第（4）项所列活动中使用的交通工具及特种车辆。

（6）暂时进出的货样。

（7）慈善活动使用的仪器、设备及用品。

（8）供安装、调试、检测、修理设备时使用的仪器、工具。

（9）盛装货物的包装材料。

（10）旅游用自驾交通工具及其用品。

（11）工程施工中使用的设备、仪器及用品。

（12）测试用产品、设备、车辆。

（13）海关总署规定的其他暂时进出境货物。

（四）临时减免税

临时减免税是指法定和特殊减免税以外的其他减免税，即由国务院根据《海关法》对某个单位、某类商品、某个项目或某批进出口货物的特殊情况给予特别照顾，一案一批，专文下达的减免税。临时减免税一般有单位、品种、期限、金额或数量等限制，不能比照执行。

二、关税缴纳

进口货物的纳税人应当自运输工具申报进境之日起 14 日内向海关申报，出口货物的纳税人除海关特准外，应当在货物运抵海关监管区后、装货的 24 小时前，向货物进出境地海关申报。

海关根据税则归类和完税价格计算应缴纳的关税和进口环节代征税，并填发税收缴款书。纳税人应自海关填发税款缴纳书的次日起 15 日内缴纳税款。

关税纳税义务人因不可抗力或者在国家税收政策调整的情形下，不能按期缴纳税款的，经依法提供税款担保后，可以延期缴纳税款，但最长不得超过 6 个月。

三、关税的税收保全和强制执行措施

《海关法》和《海关税收保全和强制措施暂行办法》赋予海关对滞纳关税的纳税人实施税收保全、强制执行和征收滞纳金的权力。

（一）税收保全

进出口货物的纳税人在规定的纳税期限内有明显的转移、藏匿其应税货物及其他财产迹象的，海关应当制发《海关责令提供担保通知书》，要求纳税人在海关规定的期限内提供海关认可的担保。纳税人不能在海关规定的期限内按照海关要求提供担保的，经直属海关关长或者其授权的隶属海关关长批准，海关应当采取税收保全措施。包括以下两点。

（1）制发《海关暂停支付通知书》通知纳税人开户银行或者其他金融机构暂停支付纳税人相当于应纳税款的存款。

（2）无法查明纳税人账户、存款数额等情形不能实施暂停支付措施的，应当扣留纳税人价值相当于应纳税款的货物或者其他财产。

纳税人自海关填发税款缴款书之日起 15 内未缴纳税款的，经直属海关关长或者其授权的隶属海关关长批准，海关应当向金融机构制发《海关扣缴税款通知书》，通知其从暂停支付的款项中扣缴相应税款；或向纳税人制发《海关抵缴税款通知书》，依法变卖被扣留的货物或者其他财产，并以变卖所得抵缴税款。

纳税人自海关填发税款缴款书之日起 15 日内缴纳税款的，海关应当解除扣留措施。

如果采取不当的税收保全措施，或者纳税人在规定期限内已缴纳税款，海关未立即解除税收保全措施，致使纳税人的合法权益受到损失的，海关应当依法承担赔偿责任。

（二）强制执行措施

进出口货物的纳税人、担保人自规定的纳税期限届满之日起超过 3 个月未缴纳税款的，经直属海关关长或者其授权的隶属海关关长批准，海关可以依次采取下列强制措施：

（1）书面通知金融机构从其存款中扣缴税款。

（2）将应税货物依法变卖，以变卖所得抵缴税款。

（3）扣留并依法变卖其价值相当于应纳税款的货物或者其他财产，以变卖所得抵缴税款。

（三）征收滞纳金

滞纳金自关税缴纳期限届满滞纳之日起，到纳税义务人缴纳关税之日止，周末和法定节假日不予扣除，按滞纳税款 5‰的比率按日征收。

$$关税滞纳金 = 滞纳关税税额 \times 滞纳金征收比率 \times 滞纳天数$$

四、关税退还

有下列情形之一的，纳税人自缴纳税款之日起 1 年内，可以申请退还关税，并应当以书面形式向海关说明理由，提供原缴款凭证及相关资料：

（1）已征进口关税的货物，因品质或者规格原因，原状退货复运出境的。

（2）已征出口关税的货物，因品质或者规格原因，原状退货复运进境，并已重新缴纳因出口而退还的国内环节有关税收的。

（3）已征出口关税的货物，因故未装运出口，申报退关的。

海关应当自受理退税申请之日起 30 日内查实并通知纳税人办理退还手续。纳税义务人应当自收到通知之日起 3 个月内办理有关退税手续。

海关发现多征税款的，应当立即通知纳税人办理退还手续。

五、关税补征和追缴

进出口货物放行后，海关发现少征或者漏征税款的，应当自缴纳税款或者货物放行之日起 1 年内，向纳税人补征税款。但因纳税人违反规定造成少征或者漏征税款的，海关可以自缴纳税款或者货物放行之日起 3 年内追征税款，并从缴纳税款或者货物放行之日起按日加收少征或者漏征税款万分之五的滞纳金。

海关发现海关监管货物因纳税人违反规定造成少征或者漏征税款的，应当自纳税人应缴纳税款之日起 3 年内追征税款，并从应缴纳税款之日起按日加收少征或者漏征税款万分之五的滞纳金。

第六节　船　舶　吨　税

船舶吨税是根据船舶运载量课征的一个税种，源于明朝以后税关的"船料"。中英鸦片战争后，海关对出入中国口岸的商船按船舶吨位计征税款，故称船舶吨税。现行船舶吨税的基本规范，是 2017 年 12 月 27 日第十二届全国人民代表大会常务委员会第 31 次会议通过，并于 2018 年 7 月 1 日起实施的《中华人民共和国船舶吨税法》。2018 年 10 月 26 日，第十三届全国人民代表大会常务委员会第 6 次会议进行了修订。2022 年，我国实现船舶吨税收入 53.02 亿元，占当年全部税收收入的 0.032%。

一、征税范围和税率

（一）征税范围

自中华人民共和国境外港口进入境内港口的船舶（以下简称应税船舶），应当依法缴纳船舶吨税（以下简称吨税）。

吨税的税目、税率依照《吨税税目税率表》执行（表5-2）。

（二）税率

吨税税率设置优惠税率和普通税率。

中华人民共和国籍的应税船舶，船籍国（地区）与中华人民共和国签订含有相互给予船舶税费最惠国待遇条款的条约或者协定的应税船舶，适用优惠税率。其他应税船舶，适用普通税率。

表 5-2　吨税税目税率表

税目（按船舶净吨位划分）	税率（元/净吨）						备　注
	普通税率（按执照期限划分）			优惠税率（按执照期限划分）			
	1年	90日	30日	1年	90日	30日	
不超过2 000净吨	12.6	4.2	2.1	9.0	3.0	1.5	1. 拖船按照发动机功率每千瓦折合净吨位0.67吨
超过2 000净吨，但不超过10 000净吨	24.0	8.0	4.0	17.4	5.8	2.9	2. 无法提供净吨位证明文件的游艇，按照发动机功率每千瓦折合净吨位0.05吨
超过10 000净吨，但不超过50 000净吨	27.6	9.2	4.6	19.8	6.6	3.3	3. 拖船和非机动驳船分别按相同净吨位船舶税率的50%计征税款
超过50 000净吨	31.8	10.6	5.3	22.8	7.6	3.8	

注：拖船是指专门用于拖（推）动运输船舶的专业作业船舶。

根据《财政部关于巴拿马共和国籍的应税船舶适用船舶吨税优惠税率的通知》（财关税〔2021〕39号）的规定，2021年5月17日至2026年7月19日，巴拿马共和国籍的应税船舶适用船舶吨税优惠税率。

二、应纳税额的计算

吨税按照船舶净吨位和吨税执照期限征收。净吨位，是指由船籍国（地区）政府签发或者授权签发的船舶吨位证明书上标明的净吨位。吨税执照期限，是指按照公历年、月、日计算的期限。应税船舶负责人在每次申报纳税时，可以按照《吨税税目税率表》选择申领一种期限的吨税执照。

吨税的应纳税额按照船舶净吨位乘以适用税率计算。计算公式为

$$应纳税额 = 船舶净吨位 \times 适用税率$$

三、税收优惠

（一）直接优惠

下列船舶免征吨税：

（1）应纳税额在人民币 50 元以下的船舶。

（2）自境外以购买、受赠、继承等方式取得船舶所有权的初次进口到港的空载船舶。

（3）吨税执照期满后 24 小时内不上下客货的船舶。

（4）非机动船舶（不包括非机动驳船）。

（5）捕捞、养殖渔船（需要在中华人民共和国渔业船舶管理部门登记为捕捞船或者养殖渔船的）。

（6）避难、防疫隔离、修理、改造、终止运营或者拆解，并不上下客货的船舶。

（7）军队、武装警察部队专用或者征用的船舶。

（8）警用船舶。

（9）依照法律规定应当予以免税的外国驻华使领馆、国际组织驻华代表机构及其有关人员的船舶。

（10）国务院规定的其他船舶。本项免税规定，由国务院报全国人民代表大会常务委员会备案。

（二）延期优惠

在吨税执照期限内，应税船舶发生下列情形之一的，海关按照实际发生的天数批注延长吨税执照期限：

（1）避难、防疫隔离、修理、改造，并不上下客货；

（2）军队、武装警察部队征用。

符合直接优惠第 5 项至第 9 项及延期优惠政策的船舶，应当提供海事部门、渔业船舶管理部门等部门、机构出具的具有法律效力的证明文件或者使用关系证明文件，申明免税或者延长吨税执照期限的依据和理由。

四、征收管理

（一）申领和填发吨税执照

吨税由海关负责征收。海关征收吨税应当制发缴款凭证。在应税船舶负责人缴纳吨税或者提供担保后，海关按照其申领的执照期限相应地填发吨税执照。

应税船舶在进入港口办理入境手续时，应当向海关申报纳税领取吨税执照，或者交验吨税执照（或者申请核验吨税执照电子信息）。应税船舶在离开港口办理出境手续时，应当交验吨税执照（或者申请核验吨税执照电子信息）。

应税船舶负责人申领吨税执照时，应当向海关提供下列文件：

（1）船舶国籍证书或者海事部门签发的船舶国籍证书收存证明。

（2）船舶吨位证明。

应税船舶因不可抗力在未设立海关地点停泊的，船舶负责人应当立即向附近海关报告，并在不可抗力原因消除后，依照规定向海关申报纳税。

（二）纳税义务发生时间

吨税纳税义务发生时间为应税船舶进入港口的当日。

应税船舶在吨税执照期满后尚未离开港口的，应当重新申领新的吨税执照，自上一次执照期满的次日起续缴吨税。

应税船舶负责人应当自海关填发吨税缴款凭证之日起 15 日内缴清税款。未按期缴清税款的，自滞纳税款之日起，至缴清税款之日止，按日加收滞纳税款万分之五的税款滞纳金。

（三）纳税申报

（1）应税船舶到达港口前，经海关核准先行申报并办结出入境手续的，应税船舶负责人应当向海关提供与其依法履行吨税缴纳义务相适应的担保；应税船舶到达港口后，依照本法规定向海关申报纳税。

（2）应税船舶在吨税执照期限内，因修理、改造导致净吨位变化的，吨税执照继续有效。应税船舶在办理出入境手续时，应当提供船舶经过修理、改造的证明文件。

（3）应税船舶在吨税执照期限内，因税目税率调整或者船籍改变而导致适用税率变化的，吨税执照继续有效。因船籍改变而导致适用税率变化的，应税船舶在办理出入境手续时，应当提供船籍改变的证明文件。

（4）吨税执照在期满前毁损或者遗失的，应当向原发照海关书面申请核发吨税执照副本，不再补税。

（5）海关发现少征或者漏征税款的，应当自应税船舶应当缴纳税款之日起 1 年内补征税款。但因应税船舶违反规定造成少征或者漏征税款的，海关可以自应当缴纳税款之日起 3 年内追征税款，并自应当缴纳税款之日起按日加征 0.05% 的税款滞纳金。

（6）海关发现多征税款的，应当在 24 小时内通知应税船舶办理退还手续，并加计银行同期活期存款利息。

（7）应税船舶发现多缴税款的，可以自缴纳税款之日起 3 年内以书面形式要求海关退还多缴的税款并加算银行同期活期存款利息；海关应当自受理退税申请之日起 30 内查实并通知应税船舶办理退还手续。

（8）应税船舶有下列行为之一的，由海关责令限期改正，处 2 000 元以上 30 000 元以下的罚款；不缴或者少缴应纳税款的，处不缴或者少缴税款 50% 以上 5 倍以下的罚款，但罚款不得低于 2 000 元：

①未按照规定申报纳税、领取吨税执照的。

②未按照规定交验吨税执照或者申请核验吨税执照电子信息以及提供其他证明文件的。

吨税税款、税款滞纳金、罚款以人民币计算。

练习题

一、复习思考题

1. 关税的作用主要有哪些？

2. 什么是优惠税率？什么是普通税率？其适用有何规定？

3. 关税的计税依据如何确定？

4. 我国对一些进口货物为什么要实行从量关税、复合关税和滑准税？

5. 关税的减免税规定有哪些种类？其主要内容有哪些？

6. 什么是特别关税？我国现行的特别关税有哪些种类？

7. 关税的税收保全和强制执行措施的主要内容有哪些？

二、综合业务题

1. 已知某汽车厂是增值税一般纳税人，于 2022 年进口一批器械，该批器械成交价格为 180 万元，支付购货佣金 4 万元，从启运地至输入地起卸前的运费 6 万元，进口货物的保险费无法确定，从海关监管区至公司仓库的运费 0.4 万元。保险费无法确定。计算该厂进口该批器械应缴纳的关税。（假定器械进口关税税率30%）

2. 已知某销售公司是增值税一般纳税人，于 2022 年进口一批高档化妆品，成交价格为 18 万元，关税税率 60%，消费税税率 15%。运抵我国海关境内输入地点起卸前发生运费 3.6 万元。

（1）计算该批高档化妆品的关税完税价格。

（2）计算该公司应缴纳关税。

（3）计算该公司应缴纳消费税。

（4）计算该公司应缴纳进口环节税金。

即测即练

自学自测　扫描此码

第六章

企业所得税

【学习目标】

　　本章要求重点掌握企业所得税的纳税人、税率、税前扣除项目中各具体项目的列支标准、税前弥补亏损和企业所得税应纳税额的计算；一般掌握企业所得税的收入总额组成、不征税收入、免税收入、不得税前扣除项目、资产的税务处理、税收优惠等；理解境外所得已纳税款的抵免、特别纳税调整；了解企业所得税的征收管理和常见纳税筹划方法。

第一节　企业所得税概述

一、企业所得税的概念

　　企业所得税是对我国境内的企业和其他取得收入的组织的生产经营所得和其他所得依法开征的一种税，是国家参与企业利润分配的重要手段。我国现行用于调整企业所得税征收与缴纳权利义务关系的基本法律规范，是 2007 年 3 月中华人民共和国第 63 号主席令颁布的《中华人民共和国企业所得税法》、2007 年 11 月国务院颁布的《中华人民共和国企业所得税法实施条例》（以下分别简称《企业所得税法》和《实施条例》）。2022 年，我国实现企业所得税收入 43 695.38 亿元，占当年全部税收收入的 26.22%。

扩展阅读 6.1《企业所得税法实施条例》国务院令〔2019〕714 号

二、企业所得税的特点

　　企业所得税作为我国税收体系中的主体税种之一，具有以下特点：

　　（1）征税对象是所得额。所得额即纳税人的收入总额扣除与纳税人取得收入有关的各项成本、费用和损失等各项支出后的净所得额。它既不是企业实现的会计利润总额，也不是企业的销售额或营业额。这是企业所得税与增值税、消费税等流转税相比差异较大的一点。

　　（2）应纳税所得额的计算程序复杂。与流转税直接根据销售额或营业额计算征收不同，企业所得税的计税依据是应纳税所得额，它是在企业会计利润的基础上，再根据税法的规

扩展阅读 6.2　关于《企业所得税法（草案）》的说明

定作纳税调整加减某些项目后得出的，其计算过程比较复杂。

（3）征税以量能负担为原则。所得税是按照纳税人负担能力的大小和有无所得确定所得税的税收负担，起到了自动调节的作用。企业所得税以纳税人的生产、经营所得为计税依据，贯彻"量能负担"的原则，即所得多的多征，所得少的少征，无所得的不征，体现了税收公平原则。

（4）一般实行按年计征，分期预缴，自年度终结之日起五个月内汇算清缴的办法。会计利润是应纳税所得额的基础，而利润是企业一定时期生产经营成果的最终反映，一般是按年度计算和衡量的。因此，企业所得税一般也以全年的应纳税所得额作为计税依据，分月或分季预缴，年终汇算清缴。

三、企业所得税的产生与发展

所得税最早产生于 18 世纪末的英国。现已成为许多国家，尤其是发达国家的主体税种。

新中国成立后，1950 年政务院颁布《工商业税暂行条例》，规定除国营企业以外，所有的工商企业都应按照税法规定纳税。1958 年，实行工商税制改革，将所得税从工商业税中分离出来，成为一个独立的税种，并正式定名为工商所得税，主要对国营企业以外的集体经济和个体经济征收。在 1983 年以前相当长的一段时期里，我国对国营企业一直是实行利润上缴制度，不征收所得税。

十一届三中全会以后，为适应引进国外资金、技术和人才，开展对外经济技术合作的需要，1980 年 9 月，第五届全国人民代表大会通过了《中华人民共和国中外合资经营企业所得税法》并公布实施。1981 年 12 月，又通过了《中华人民共和国外国企业所得税法》。作为企业和城市改革的一项重大措施，为了规范国家与国营企业之间的分配关系，充分调动企业和职工的积极性，国务院于 1983 年对国营企业实行"利改税"改革，即将国营企业向国家上缴利润的制度改为缴纳企业所得税制度。1984 年 9 月，国务院颁布了《国营企业所得税条例(草案)》，标志着国家与国营企业的分配关系以法律的形式初步规范下来。

1985 年 4 月，国务院将原工商所得税改名为集体企业所得税，颁布了《集体企业所得税暂行条例》，规定对城乡集体企业统一征收集体企业所得税。

改革开放后，我国私营经济获得迅猛发展，为了加强对私营企业生产和收入分配的管理和监督，引导私营企业健康发展，国务院于 1988 年 6 月颁布了《私营企业所得税暂行条例》，决定开征私营企业所得税。至此，我国按照企业不同所有制性质形成了中外合资企业、外国企业、国营企业、集体企业和私营企业 5 种并存的企业所得税税制。

为简化税制，1991 年第七届全国人民代表大会将《中外合资经营企业所得税法》和《外国企业所得税法》合并，制定了《中华人民共和国外商投资企业和外国企业所得税法》。为了适应市场经济的要求，统一和规范所得税制，公平税负，促进公平竞争，在 1994 年的工商税制改革中，国务院将原国营企业所得税、集体企业所得税和私营企业所得税统一为《中华人民共和国企业所得税暂行条例》，并实行 33% 的基本税率。这样，我国按企业投资主体的不同形成了内外有别的两种企业所得税制度。

从改革开放 30 多年的实践来看，单独设置外资企业所得税法对于我国吸引外国投资、引进先进技术、学习国外先进的管理经验、推动我国国民经济快速发展等方面确实起到了很大的作用。但内、外资企业所得税制度并存也有不公平竞争和挤出效应等很多的弊端与问题。2007 年 3 月 16 日，第十届全国人大第 5 次会议审议通过了《中华人民共和国企业所得税法》，从 2008 年 1 月 1 日起适用于在中华人民共和国境内所有的企业和其他取得收入的组织。

第二节 纳税义务人、征税范围与税率

一、纳税义务人

企业所得税的纳税义务人，是指在中华人民共和国境内的企业和其他取得收入的组织（以下统称企业）。为避免重复征税，个人独资企业、合伙企业不适用《企业所得税法》，而是缴纳个人所得税。

《企业所得税法》以"登记注册地"和"实际管理机构所在地"为标准，按照国际通行做法，采用了规范的"居民企业"和"非居民企业"两个概念对纳税人加以区分。符合"登记注册地"和"实际管理机构所在地"两个标准其中之一的纳税人，即为居民企业；两者都不符合，但有取得来自中国境内所得的纳税人，为非居民企业。这是确定纳税人是否负有全面纳税义务的基础，同时也保障了我能有效地行使税收管辖权。这就改变了以往内资企业所得税以独立核算的 3 个条件来判定纳税人标准的做法，也不再区分内资企业还是外资企业，而是以是否具有法人资格作为企业所得税纳税人的认定标准。

（一）居民企业

居民企业是指依法在中国境内成立，或者依照外国（地区）法律成立但实际管理机构在中国境内的企业，居民企业承担全面纳税义务，应当就其来源于中国境内、境外的所得缴纳企业所得税。所以，居民企业实际上包括两类：

（1）依法在中国境内成立的企业，包括依照中国法律、行政法规在中国境内成立的企业、事业单位、社会团体以及其他取得收入的组织。

比如，在我国境内注册成立的沃尔玛（中国）投资有限公司、上海通用汽车有限公司等外商投资企业，是我国的居民企业；高等学校、社会团体等机构开展多种经营和有偿服务，取得除财政拨款、财政物价部门批准的事业收入、规费收入以外的经营收入的，也是我国的居民纳税人。

（2）依照外国（地区）法律成立的企业但实际管理机构在中国境内的企业，包括依照外国（地区）法律成立的企业和其他取得收入的组织。实际管理机构，是指对企业的生产经营、人员、账务、财产等实施实质性全面管理和控制的机构。

非境内注册居民企业从中国境内其他居民企业中取得的股

扩展阅读 6.3 税率解读

息、红利等权益性投资收益，作为其免税收入。非境内注册居民企业的投资者从该居民企业分得的股息红利等权益性投资收益，属于来源于中国境内的所得，应当征收企业所得税；若该权益性投资收益中符合《企业所得税法》第26条及其《实施条例》第83条规定的部分，可作为受益人的免税收入。

（二）非居民企业

非居民企业是指依照外国（地区）法律成立且实际管理机构不在中国境内，但在中国境内设立机构、场所的；或者在中国境内未设立机构、场所，但有来源于中国境内所得的企业。非居民企业承担有限纳税义务，其在中国境内设立机构、场所的，应当就其所设机构、场所取得的来源于中国境内的所得，以及发生在中国境外但与其所设机构、场所有实际联系的所得，缴纳企业所得税；非居民企业在中国境内未设立机构、场所的，或者虽设立机构、场所但取得的所得与其所设机构、场所没有实际联系的，应当就其来源于中国境内的所得缴纳企业所得税。

所谓"实际联系"，是指非居民企业在中国境内设立的机构、场所拥有据以取得所得的股权、债权，以及拥有、管理、控制据以取得所得的财产等。

上述"机构、场所"，是指在中国境内从事生产经营活动的机构、场所，包括以下几种类型。

（1）管理机构、营业机构、办事机构。

（2）工厂、农场、开采自然资源的场所。

（3）提供劳务的场所。

（4）从事建筑、安装、装配、修理、勘探等工程作业的场所。

（5）其他从事生产经营活动的机构、场所。

非居民企业委托营业代理人在中国境内从事生产经营活动的，包括委托单位或者个人经常代其签订合同，或者储存、交付货物等，该营业代理人视为非居民企业在中国境内设立的机构、场所。

（三）对改组改制企业纳税人的规定

近年来，我国企业合并、兼并、分立、股权重组、资产转让等改组、改制行为经常发生。为了规范企业改组、改制业务的所得税，国家税务总局制定了《企业改组改制中若干所得税业务问题的暂行规定》，其中对纳税人的规定分为以下3种情况。

（1）吸收合并的。被吸收或兼并的企业和存续企业符合企业所得税纳税人条件的，分别以被吸收或兼并的企业和存续企业为纳税人；被吸收或兼并的企业已不符合企业所得税纳税人条件的，应以存续企业为纳税人，被吸收或兼并企业的未了税务事宜，应由存续企业承继。

（2）新设合并的。新设企业符合企业所得税纳税人条件的，以新设企业为纳税人。合并前企业的未了税务事宜，应由新设企业承继。

（3）企业分立的。分立后各企业符合企业所得税纳税人条件的，以各企业为纳税人。分立前企业的未了税务事宜，由分立后的企业承继。

二、征税范围

企业所得税的征税范围是纳税人每一纳税年度取得的生产经营所得和其他所得。

所谓生产经营所得，是指企业从事物质生产、商品流通、交通运输、劳务服务及其他营利事业取得的所得。这些所得在会计核算上，主要体现为"主营业务收入"科目的核算内容。

其他所得包括企业有偿转让各类财产取得的财产转让所得；纳税人购买各种有价证券取得的利息及外单位欠款取得的利息所得；纳税人出租固定资产、包装物等取得的租赁所得；纳税人因转让专利权、非专利技术、商标权、著作权等取得的特许权使用费所得；纳税人对外投资入股取得的股息、红利所得及固定资产盘盈；因债权人原因确实无法支付的应付款项、物资及现金溢余等其他所得。这些所得在会计核算上，主要体现为"其他业务收入""投资收益""营业外收入"等科目的核算内容。

《企业所得税法》所称来源于中国境内、境外的所得，按照以下原则确定：

（1）销售货物所得，按照交易活动发生地确定。

（2）提供劳务所得，按照劳务发生地确定。

（3）转让财产所得，不动产转让所得按照不动产所在地确定，动产转让所得按照转让动产的企业或者机构、场所所在地确定，权益性投资资产转让所得按照被投资企业所在地确定。

（4）股息、红利等权益性投资所得，按照分配所得的企业所在地确定。

（5）利息所得、租金所得、特许权使用费所得，按照负担、支付所得的企业或者机构、场所所在地确定，或者按照负担、支付所得的个人的住所地确定。

（6）其他所得，由国务院财政、税务主管部门确定。

三、税率

企业所得税的税率，是指对纳税人应纳税所得额征税的比率，即企业应纳税额与应纳税所得额的比率。税率直接体现纳税人税负的高低，是企业所得税法的基本要素。

根据《企业所得税法》的规定，企业所得税的税率为25%。

在本章第五节税收优惠部分将提到，对下列符合条件的纳税人实施低税率：

（1）非居民企业在中国境内未设立机构、场所而有来源于中国境内所得的，或者虽设立机构、场所但取得来源于中国境内的所得与其所设机构、场所没有实际联系的，实际征税时适用10%的税率。

（2）国家规划布局内的集成电路设计企业及国家规划布局内的重点软件企业享受企业所得税10%的优惠税率。

（3）对国家需要重点扶持的高新技术企业，减按15%的税率征收企业所得税。

（4）对符合条件的小型微利企业，减按20%的税率征收企业所得税。

第三节　应纳税所得额的确定

应纳税所得额是企业所得税的计税依据。其计算公式为

应纳税所得额 = 收入总额 - 不征税收入 - 免税收入 - 准予扣除项目金额 -
　　　　　　允许弥补的以前年度亏损

由于我国目前实行的会计制度与税收法规在收入总额及各项扣除的认定时间和标准口径上存在较大的差异，所以应纳税所得额与会计利润是两个不同的概念，二者既相互联系又有区别。应纳税所得额是一个税收概念，是根据《企业所得税法》按照一定的标准确定的、纳税人在一个时期内的计税所得，即企业所得税的计税依据。而会计利润则是一个会计核算概念，反映的是企业按现行会计制度核算的一定时期内生产经营的财务成果。会计利润是确定应纳税所得额的基础，但是不能等同于应纳税所得额。企业按照财务会计制度的规定进行核算得出的会计利润，要根据税法规定做相应的纳税调整后，才得到应纳税所得额。

企业应纳税所得额的计算以权责发生制为原则，属于当期的收入和费用，不论款项是否收付，均作为当期的收入和费用；不属于当期的收入和费用，即使款项已经在当期收付，均不作为当期的收入和费用，国务院财政、税务主管部门另有规定的除外。

一、收入总额

企业以货币形式和非货币形式从各种来源取得的收入为收入总额，还包括纳税人来源于中国境内、境外的生产经营收入和其他收入。

企业取得收入的货币形式，包括现金、存款、应收账款、应收票据、准备持有至到期的债券投资及债务的豁免等。

企业取得收入的非货币形式，包括固定资产、生物资产、无形资产、股权投资、存货、不准备持有至到期的债券投资、劳务以及有关权益等。以非货币形式取得的收入，应当按照公允价值确定收入额。

（一）收入总额的一般规定

企业的收入总额一般包括以下项目。

（1）销售货物收入。销售货物收入是指企业销售商品、产品、原材料、包装物、低值易耗品及其他存货取得的收入。

（2）提供劳务收入。提供劳务收入是指企业从事建筑安装、修理修配、交通运输、仓储租赁、金融保险、邮电通信、咨询经纪、文化体育、科学研究、技术服务、教育培训、餐饮住宿、中介代理、卫生保健、社区服务、旅游、娱乐、加工及其他劳务服务活动取得的收入。

（3）转让财产收入。转让财产收入是指企业转让固定资产、生物资产、无形资产、股权、债权等财产取得的收入。企业转让股权收入，应于转让协议生效且完成股权变更手续时，确认收入的实现。

（4）股息、红利等权益性投资收益。股息、红利等权益性投资收益是指企业因权益性投资从被投资方取得的收入。股息、红利等权益性投资收益，除国务院财政、税务主管部门另有规定外，按照被投资方作出利润分配决定的日期确认收入的实现。

被投资企业以股票（权）溢价所形成的资本公积转增股本的，不作为投资方企业的股息、红利收入，投资方企业也不得增加该项投资的计税基础。

（5）利息收入。利息收入是指企业将资金提供他人使用但不构成权益性投资，或者因他人占用本企业资金取得的收入，包括存款利息、贷款利息、债券利息、欠款利息等收入。利息收入按照合同约定的债务人应付利息的日期确认收入的实现。

纳税人购买国债取得的利息收入，不计入应纳税所得额。

（6）租金收入。租金收入是指企业提供固定资产、包装物或者其他有形资产的使用权而取得的租金收入；租金收入，按照合同约定的承租人应付租金的日期确认收入的实现。

（7）特许权使用费收入。特许权使用费收入是指企业提供专利权、非专利技术、商标权、著作权及其他特许权的使用权取得的收入。特许权使用费收入按照合同约定的特许权使用人应付特许权使用费的日期确认收入的实现。

（8）接受捐赠收入。接受捐赠收入是指企业接受的来自其他企业、组织或者个人无偿给予的货币性资产、非货币性资产。接受捐赠收入按照实际收到捐赠资产的日期确认收入的实现。

（9）其他收入。其他收入是指企业取得的除《企业所得税法》规定的上述 8 项收入外的其他收入，包括企业资产溢余收入、逾期未退包装物押金收入、确实无法偿付的应付款项、已作坏账损失处理后又收回的应收款项、债务重组收入、补贴收入、违约金收入、汇兑收益等。

（二）特殊收入的确认

（1）以分期收款方式销售货物的，按照合同约定的收款日期确认收入的实现。

（2）企业受托加工制造大型机械设备、船舶、飞机，以及从事建筑、安装、装配工程业务或者提供其他劳务等，持续时间超过 12 个月的，按照纳税年度内完工进度或者完成的工作量确认收入的实现。

（3）采取产品分成方式取得收入的，按照企业分得产品的日期确认收入的实现，其收入额按照产品的公允价值确定。

（4）企业发生非货币性资产交换，以及将货物、财产、劳务用于捐赠、偿债、赞助、集资、广告、样品、职工福利或者利润分配等用途的，应当视同销售货物、转让财产或者提供劳务，但国务院财政、税务主管部门另有规定的除外。

（5）对企业投资者持有 2019—2023 年由中国铁道总公司作为发行和偿还主体发行的铁道债券取得的利息收入，减半征收企业所得税。

（6）永续债的企业所得税处理。企业发行的永续债，可以适用股息、红利企业所得税政策，即投资方取得的永续债利息收入属于股息、红利性质，按照现行企业所得税政策相关规定进行处理，其中，发行方和投资方均为居民企业的，永续债利息收入可以适用《企业所得税法》规定的居民企业之间的股息、红利等权益性投资收益免征企业所得税规定；同时发行方支付的永续债利息支出不得在企业所得税税前扣除。

企业发行符合规定条件的永续债，也可以按照债券利息适用企业所得税政策，即发行方支付的永续债利息支出准予在其企业所得税税前扣除；投资方取得的永续债利息收入应当依法纳税。

（三）处置资产收入的确认

（1）企业发生下列情形的处置资产，除将资产转移至境外以外，由于资产所有权属在形式和实质上均未发生改变，只作为内部处置资产处理，不视同销售确认收入，按照相关资产的计税基础延续计算：

①将资产用于生产、制造、加工另一产品。

②改变资产形状、结构或性能。

③改变资产用途（如自建商品房转为自用或经营）。

④将资产在总机构及其分支机构之间转移。

⑤上述两种或两种以上情形的混合。

⑥其他不改变资产所有权属的用途。

（2）企业将资产移送他人的下列情形，因资产所有权属已发生改变而不属于内部处置资产，应按规定视同销售确定收入：

①用于市场推广或销售。

②用于交际应酬。

③用于职工奖励或福利。

④用于股息分配。

⑤用于对外捐赠。

⑥其他改变资产所有权属的用途。

当企业发生上述规定视同销售情形时，属于企业自制的资产，应按企业同类资产同期对外销售价格确定销售收入；属于外购的资产，可按购入时的价格确定销售收入。

（四）相关收入实现的确认

企业销售收入的确认，必须遵循权责发生制原则和实质重于形式原则。

（1）企业销售商品时满足下列条件的，应确认收入的实现：

①商品销售合同已经签订，企业已将商品所有权相关的主要风险和报酬转移给购货方。

②企业对已售出的商品既没有保留通常与所有权相联系的继续管理权，也没有实施有效控制。

③收入的金额能够可靠地计量。

④已发生或将发生的销售方的成本能够可靠地核算。

（2）符合上款收入确认条件，采取下列商品销售方式的，应按以下规定确认收入实现时间：

①销售商品采用托收承付结算方式的，在办妥托收手续时确认收入。

②销售商品采取预收款方式的，在发出商品时确认收入。

③销售商品需要安装和检验的，在购买方接受商品及安装和检验完毕时确认收入。如果安装程序比较简单，可在发出商品时确认收入。

④销售商品采用支付手续费方式委托代销的，在收到代销清单时确认收入。

（3）采用售后回购方式销售商品的，销售的商品按售价确认收入，回购的商品作为购进商品处理。有证据表明不符合销售收入确认条件的，如以销售商品方式进行融资，收到的款项应确认为负债，回购价格大于原售价的，差额应在回购期间确认为利息费用。

（4）销售商品采用以旧换新方式的，销售商品应当按照销售商品收入确认条件确认收入，回收的商品作为购进商品处理。

（5）企业为促进商品销售而在商品价格上给予的价格扣除属于商业折扣，销售商品涉及商业折扣的，应当按照扣除商业折扣后的金额确定销售商品收入金额。

销售商品涉及现金折扣的，应当按扣除现金折扣前的金额确定销售商品收入金额，现金折扣在实际发生时作为财务费用扣除。

企业已经确认销售收入的售出商品因质量不合格等原因发生销售折让或销售退回的，应当在发生当期冲减当期销售收入。

（6）下列提供劳务满足收入确认条件的，应按规定确认收入：

①安装费。应根据安装完工进度确认收入。安装工作是商品销售附带的条件，安装费在确认商品销售实现时确认收入。

②宣传媒介的收费。应在相关的广告或商业行为出现于公众面前时确认收入。广告的制作费，应根据制作广告的完工进度确认收入。

③软件费。为特定客户开发软件的收费，应根据开发的完工进度确认收入。

④服务费。包含在商品售价内可区分的服务费，在提供服务期间分期确认收入。

⑤艺术表演、招待宴会和其他特殊活动的收费。在相关活动发生时确认收入。收费涉及多项活动的，预收的款项应合理分配给每项活动，并分别确认收入。

⑥会员费。申请入会或加入会员，只允许取得会籍，所有其他服务或商品都要另行收费的，在取得该会员费时确认收入。申请入会或加入会员后，会员在会员期内不再付费就可得到各种服务或商品，或者以低于非会员的价格销售商品或提供服务的，该会员费应在整个受益期内分期确认收入。

⑦特许权费。属于提供设备和其他有形资产的特许权费，在交付资产或转移资产所有权时确认收入；属于提供初始及后续服务的特许权费，在提供服务时确认收入。

⑧劳务费。长期为客户提供重复劳务收取的劳务费，在相关劳务活动发生时确认收入。

（7）企业以买一赠一等方式组合销售本企业商品的，不属于捐赠，应将总的销售金额按各项商品的公允价值的比例来分摊确认各项的销售收入。

二、不征税收入和免税收入

国家为了扶持和鼓励某些特殊的纳税人和特定的项目，或者避免因征税影响企业的正常经营，对企业取得的某些收入予以不征税或免税的特殊政策，或准予抵扣应纳税所得额，或对专项用途的资金作为非税收入处理，以减轻企业的负担。

（一）不征税收入

收入总额中的下列收入为不征税收入。

（1）财政拨款。财政拨款是指各级人民政府对纳入预算管理的事业单位、社会团体等组织拨付的财政资金，但国务院和国务院财政、税务主管部门另有规定的除外。

（2）依法收取并纳入财政管理的行政事业性收费、政府性基金。行政事业性收费是指依照法律法规等有关规定，按照国务院规定程序批准，在实施社会公共管理，以及在向公民、法人或者其他组织提供特定公共服务过程中，向特定对象收取并纳入财政管理的费用；政府性基金，是指企业依照法律、行政法规等有关规定，代政府收取的具有专项用途的财政资金。

（3）国务院规定的其他不征税收入。这是指企业取得的，由国务院财政、税务主管部门规定专项用途并经国务院批准的财政性资金。财政性资金，是指企业取得的来源于政府及其有关部门的财政补助、补贴、借款贴息，以及其他各类财政专项资金，包括直接减免的增值税和即征即退、先征后退、先征后还的各种税收，但不包括企业按规定取得的出口退税款。

（二）免税收入

企业的下列收入为免税收入。

（1）国债利息收入。

（2）符合条件的居民企业之间的股息、红利等权益性投资收益。这是指居民企业直接投资于其他居民企业取得的投资收益。

（3）在中国境内设立机构、场所的非居民企业从居民企业取得与该机构、场所有实际联系的股息、红利等权益性投资收益。该收益不包括连续持有居民企业公开发行并上市流通的股票及不足 12 个月取得的投资收益。

（4）符合条件的非营利组织的收入。一般不包括其从事营利性活动和政府购买服务取得的收入。

三、准予扣除项目

（一）税前扣除的原则、一般框架和范围

1. 税前扣除的原则

除税收法规另有规定者外，准予税前扣除项目的确认一般应遵循以下原则：

（1）权责发生制原则，即纳税人费用应在发生时而不是实际支付时确认扣除。

（2）配比原则，即纳税人发生的费用应在费用应配比或应分配的当期申报扣除。纳税人某一纳税年度应申报的可扣除费用不得提前或滞后申报扣除。

（3）相关性原则，即纳税人可扣除的费用从性质和根源上必须与取得应税收入相关。

（4）确定性原则，即纳税人可扣除的费用不论何时支付，其金额必须是确定的。

（5）合理性原则，即纳税人可扣除费用的计算和分配方法应符合生产经营活动常规和会计惯例，是应当计入当期损益或者有关资产成本的必要和正常的支出。合理性的具体判断，主要是发生的支出其计算和分配方法是否符合一般经营常规。例如，企业发生的业务招待费与所成交的业务额或业务的利润水平是否相吻合，工资水平与社会整体或同行业工资水平是否差异过大。

2. 税前扣除的一般框架

按照企业所得税的国际惯例，一般对税前扣除进行总体上的肯定性概括处理（一般扣除规则），辅之以特定的禁止扣除的规定（禁止扣除规则），同时又规定了允许税前扣除的特别规则（特殊扣除规则）。在具体运用上，一般扣除规则服从于禁止扣除规则，同时禁止扣除规则又让位于特殊扣除规则。例如，为获得长期利润而发生的资本性支出是企业实际发生的合理相关的支出，原则上应允许扣除，但禁止扣除规则规定资本性资产不得"即时"扣除，同时又规定了资本性资产通过折旧摊销等方式允许在当年及以后年度分期扣除的特别规则。《企业所得税法》明确对企业实际发生的与取得收入有关的、合理的支出允许税前扣除的一般规则，同时明确不得税前扣除项目的禁止扣除规则，又规定了允许扣除的特殊项目。这些一般扣除规则、禁止扣除规则和特殊扣除规则，构成了我国企业所得税制度税前扣除的一般框架。

《企业所得税法》及其《实施条例》中采取税前扣除一般框架的安排，可以避免将企业所有的支出项目一一列举，同时给纳税人、税务机关和司法部门提供一个合理的框架，简化了对扣除项目的定性工作。

3. 准予税前扣除项目的范围

《企业所得税法》规定，企业在计算应纳税所得额时，准予扣除实际发生的与取得收入有关的、合理的支出。

所谓有关的支出，是指与取得收入直接相关的支出，包括成本、费用、税金、损失和其他支出。所谓合理的支出，是指符合生产经营活动常规，应当计入当期损益或者有关资产成本的必要和正常的支出。

企业发生的支出分为收益性支出和资本性支出。收益性支出在发生当期直接扣除；资本性支出应当分期扣除或者计入有关资产成本，不得在发生当期直接扣除。

企业的不征税收入用于支出所形成的费用或者财产，不得扣除；其计算对应的折旧、摊销不得在计算应纳税所得额时扣除。

除《企业所得税法》及其《实施条例》另有规定外，企业实际发生的成本、费用、税金、损失和其他支出，不得重复扣除。

（1）成本。成本是指企业在生产经营活动中发生的销售成本、销货成本、业务支出及其他耗费。

（2）费用。费用是指企业在生产经营活动中发生的销售费用、管理费用和财务费用，已经计入成本的有关费用除外。

（3）税金。税金是指企业发生的除企业所得税和允许抵扣的增值税以外的各项税金及其附加。

（4）损失。损失是指企业在生产经营活动中发生的固定资产和存货的盘亏、毁损、报废损失，转让财产损失，呆账损失，坏账损失，自然灾害等不可抗力因素造成的损失及其他损失。

企业发生的损失，减除责任人赔偿和保险赔款后的余额，依照国务院财政、税务主管部门的规定扣除。企业已经作为损失处理的资产，在以后纳税年度又全部收回或者部分收回时，应当计入当期收入。

（5）其他支出。其他支出是指除成本、费用、税金、损失外，企业在生产经营活动中发生的与生产经营活动有关的、合理的支出。

纳税人申报的扣除项目要真实、合法。真实是指能提供证明有关支出确属已经实际发生的适当凭据；合法是指符合国家税收规定，其他法规规定与税收法规规定不一致的，以税收法规规定为准。

现行税法对部分准予扣除项目，如工资薪金、业务招待费、广告费和业务宣传费、手续费和佣金等，其扣除的具体范围和标准的详细列示如下。

（二）工资、薪金支出

（1）企业发生的合理的工资、薪金支出，准予扣除。工资、薪金支出是纳税人每一纳税年度支付给在本企业任职或与其有雇佣关系的员工的现金或非现金形式的劳动报酬，包括基本工资、奖金、津贴、补贴、年终加薪、加班工资，以及与任职或者受雇员工有关的其他支出。

合理的工资、薪金，是指企业按照股东大会、董事会、薪酬委员会或相关管理机构制定的工资、薪金制度规定实际发放给员工的工资、薪金。对工资支出合理性的判断，主要包括两个方面。一是雇员实际提供了服务；二是报酬总额在数量上是合理的。实际操作中主要考虑雇员的职责、过去的报酬情况，以及雇员的业务量和复杂程度等相关因素。同时，还要考虑当地同行业职工平均工资水平。

税务机关在确定企业工资、薪金是否属于合理范围时，应按以下原则判断：①企业制定了较为规范的员工工资薪金制度；②企业所制定的工资薪金制度符合行业及地区水平；③企业在一定时期所发放的工资薪金是相对固定的，工资薪金的调整是有序进行的；④企业对实际发放的工资薪金，已依法履行了代扣代缴个人所得税义务；⑤有关工资薪金的安排，不以减少或逃避税款为目的。

（2）属于国有企业性质的企业，其工资、薪金总额不得超过政府有关部门（如国资委）核准的限额；超过部分，不得计入企业工资、薪金总额，也不得在计算企业所得税应纳税额时扣除。少数国有企业存在的"内退"员工，其取得的工资、薪金也通常被税务机关认定与生产经营活动无关而不得扣除。

（3）企业因雇用季节工、临时工、实习生、返聘离退休人员所实际发生的费用，应区分工资、薪金支出和职工福利费支出，按规定在企业所得税前扣除。其中属于工资、薪金支出的，准予计入工资、薪金总额的基数，作为计算其他各项相关费用扣除的依据。

（4）企业在接受外部劳务派遣用工时所实际产生的费用，应分两种情况按规定在税前扣除：按照协议（合同）约定直接支付给劳务派遣公司的费用，应作为劳务费支出；直接支付给员工个人的费用，应作为工资、薪金支出和职工福利费支出。其中属于工资、薪金支出的，准予计入工资、薪金总额的基数，作为计算其他各项相关费用扣除的依据。

（5）企业福利性补贴支出的税前扣除。企业的福利性补贴，如果将其列入企业员工工资薪金制度、固定与工资薪金一起发放，且符合国税函〔2009〕3号文件第1条关于"合理工资薪金"的规定的，可作为工资薪金支出，按规定在税前扣除。

不能同时符合上述"合理工资薪金"条件的福利性补贴，应作为国税函〔2009〕3 号文件第 3 条规定的职工福利费，按规定计算限额在税前扣除。

（6）企业年度汇算清缴结束前支付汇缴年度工资薪金税前扣除问题。考虑到很多企业 12 月的工资薪金都是在当年预提出来，次年 1 月发放，如果严格要求企业在每一纳税年度结束前支付的工资薪金才能计入本年度，则企业每年都需要对此进行纳税调整，不仅增加了纳税人的税法遵从成本，加大了税收管理负担，也不符合权责发生制原则。因此，企业在年度汇算清缴结束前向员工实际支付的已预提汇缴年度工资薪金，准予在汇缴年度企业所得税前扣除。

（7）股权激励计划的企业所得税处理。上市公司依照《上市公司股权激励管理办法（试行）》（以下简称《管理办法》）（证监公司字〔2005〕151 号）的要求建立职工股权激励计划，并按我国企业会计准则的有关规定，在股权激励计划授予激励对象时，按照该股票的公允价格及数量，计算确定作为上市公司相关年度的成本或费用，作为换取激励对象提供服务的对价。上述企业建立的职工股权激励计划，其企业所得税的处理，按以下规定执行：

①对股权激励计划实行后立即可以行权的，上市公司可以根据实际行权时该股票的公允价格与激励对象实际行权支付价格的差额和数量，计算确定作为当年上市公司工资薪金支出，依照税法规定进行税前扣除。

②对股权激励计划实行后，需待一定服务年限或者达到规定业绩条件（以下简称等待期）方可行权的，上市公司等待期内会计上计算确认的相关成本费用，不得在对应年度计算缴纳企业所得税时扣除。在股权激励计划可行权后，上市公司方可根据该股票实际行权时的公允价格与当年激励对象实际行权支付价格的差额及数量，计算确定作为当年上市公司工资薪金支出，依照税法规定进行税前扣除。

③本条所指股票实际行权时的公允价格，以实际行权日该股票的收盘价格确定。

在我国境外上市的居民企业和非上市公司，凡比照《管理办法》的规定建立职工股权激励计划，且在企业会计处理上，也按我国会计准则的有关规定处理的，其股权激励计划有关企业所得税处理问题，可以按照上述规定执行。

（三）职工福利费、工会经费和职工教育经费等"三项经费"

企业发生的职工福利费、工会经费和职工教育经费按标准扣除，未超过标准的按实际数扣除，超过标准的只能按标准扣除。

1. 职工福利费

企业发生的职工福利费支出，不超过工资、薪金总额 14% 的部分，准予扣除。依据《国家税务总局关于企业工资薪金及职工福利费扣除问题的通知》允许列支的企业职工福利费，包括以下内容：

（1）尚未实行分离办社会职能的企业，其内设福利部门所发生的设备、设施和人员费用，包括职工食堂、职工浴室、理发室、医务所、托儿所、疗养院等集体福利部门的设备、设施及维修保养费用和福利部门工作人员的工资薪金、社会保险费、住房公积金、劳务费等。

（2）为职工卫生保健、生活、住房、交通等所发放的各项补贴和非货币性福利，包括企业向职工发放的因公外地就医费用、未实行医疗统筹企业职工医疗费用、职工供养直系亲属医疗补贴、供暖费补贴、职工防暑降温费、职工困难补贴、救济费、职工食堂经费补贴、职工交通补贴等。

（3）按照其他规定发生的其他职工福利费，包括丧葬补助费、抚恤费、安家费、探亲假路费等。

2. 工会经费

企业拨缴的工会经费，不超过工资、薪金总额 2%的部分，凭工会组织开具的《工会经费收入专用收据》或税务机关代收工会经费凭据准予税前扣除。

3. 职工教育经费

除国务院财政、税务主管部门另有规定外，企业发生的职工教育经费支出，不超过工资、薪金总额8%的部分，准予扣除，超过部分准予结转以后纳税年度扣除。

软件生产企业发生的职工教育经费中的职工培训费用，可以全额在税前扣除。软件生产企业应准确划分职工教育经费中的职工培训费用，对于不能准确划分的，以及准确划分后职工教育经费中扣除职工培训费用的余额，一律按照工资、薪金总额8%的比例扣除。

上述作为计提基数的"工资、薪金总额"，是指企业按照规定实际发放的工资、薪金总和，不包括企业的职工福利费、职工教育经费、工会经费及养老保险、医疗保险、失业保险、工伤保险、生育保险等社会保险费和住房公积金。

（四）社会保险费

（1）纳税人依照国务院有关部门或者省级人民政府规定的范围和标准为职工缴纳的"五险一金"，即基本养老保险费、基本医疗保险费、失业保险费、工伤保险费、生育保险费等基本社会保险费和住房公积金，准予扣除。

（2）企业为投资者或者职工支付的补充养老保险、补充医疗保险，在国务院财政、税务主管部门或省级人民政府规定的范围和标准内的，准予税前扣除。企业按国家有关规定为特殊工种职工支付的人身安全保险费和符合国务院财政、税务主管部门规定的商业保险费，准予扣除。

（3）企业参加财产保险，按规定缴纳的保险费准予扣除。企业为其投资者或职工个人支付的商业保险费，不得扣除。

（五）借款费用和利息费用

所谓借款费用，是指企业因借款而发生的利息及其他相关成本，包括利息费用、折价或者溢价发行债券的摊销、辅助费用（如手续费、佣金、印刷费等）及因外币借款而发生的汇兑差额。利息费用是借款费用的最主要组成部分，是指企业向其他组织、个人借用资金而支付的利息，包括企业向银行或者其他金融机构等借入资金发生的利息、发行公司债券发生的利息等。

（1）企业发生的借款费用，应根据借款的用途区分其是收益性支出还是资本性支出，以决定其是计入当期"财务费用"扣除，还是计入"在建工程"科目分期摊销。

①企业在生产经营活动中发生的合理的不需要资本化的借款费用，准予扣除。

②企业为购置、建造固定资产、无形资产和经过 12 个月以上的建造才能达到预定可销售状态的存货发生借款的，在有关资产购置、建造期间发生的合理的借款费用，应当作为资本性支出计入有关资产的成本，并依照《企业所得税法实施条例》的规定扣除。有关资产交付使用后发生的借款利息，可在发生当期扣除。

③企业通过发行债券、取得贷款、吸收保户储金等方式融资而发生的合理的费用支出，符合资本化条件的，应计入相关资产成本；不符合资本化条件的，应作为财务费用，准予在企业所得税税前据实扣除。

需要注意的是，借款费用是否应资本化与借款期长短无直接关系。如果某纳税年度企业发生长期借款，并且没有指定用途，当期也没有发生购置固定资产支出，则其借款费用全部可直接扣除。但是，从事房地产开发业务的企业为开发房地产而借入资金所发生的借款费用，在房地产完工前，应计入有关房地产的开发成本。

（2）借款费用支出的主要组成部分是利息费用，企业在生产经营活动中发生的利息支出，应根据其借款来源渠道决定是全部据实扣除，还是部分扣除。

①非金融企业向金融企业借款的利息支出、金融企业的各项存款利息支出和同业拆借利息支出、企业经批准发行债券的利息支出，准予扣除。

②非金融企业向非金融企业借款的利息支出，不超过按照金融企业同期同类贷款利率计算的数额的部分，准予扣除。

（3）关联企业利息费用的扣除。

《企业所得税法》规定，企业从其关联方接受的债权性投资与权益性投资的比例超过规定标准而发生的利息支出，不得在计算应纳税所得额时扣除。其接受关联方债权性投资与其权益性投资比例为：

①金融企业，为 5∶1。

②其他企业，为 2∶1。

超过的部分不得在发生当期和以后年度扣除。但是，企业如果能够按照《企业所得税法》及其《实施条例》的有关规定提供相关资料，并证明相关交易活动符合独立交易原则的；或者该企业的实际税负不高于境内关联方的，其实际支付给境内关联方的利息支出，在计算应纳税所得额时准予扣除。

扩展阅读 6.4　纳税筹划

（4）企业向自然人借款的利息支出企业所得税税前的扣除。

①企业向股东或其他与企业有关联关系的自然人借款的利息支出，应比照上述第 3 项关联企业利息费用处理的条件，计算企业所得税扣除额。

②企业向除第一项规定外的内部职工或其他人员借款的利息支出，其借款情况同时符合以下条件的，其利息支出在不超过按照金融企业同期同类贷款利率计算的数额的部分，准予扣除：第一，企业与个人之间的借贷是真实、合法、有效的，并且不具有非法集资目的或其他违反法律、法规的行为；第二，企业与个人之间签订了借款合同。

（六）汇兑损益

企业在货币交易中，以及纳税年度终了时将人民币以外的货币性资产、负债按照期末即期人民币汇率中间价折算为人民币时产生的汇兑损益，除已经计入有关资产成本及与向所有者进行利润分配相关的部分外，准予扣除。

（七）公益性捐赠支出

企业通过公益性社会团体或者县级以上人民政府及其部门，用于《中华人民共和国公益事业捐赠法》规定的公益事业的公益性捐赠支出，不超过年度利润总额12%的部分，准予扣除；超过部分准予以后3年内在计算应纳税所得额时结转扣除。年度利润总额，是指企业依照国家统一会计制度的规定计算的年度会计利润。

公益性社会团体，是指同时符合下列条件的基金会、慈善组织等社会团体：

（1）依法登记，具有法人资格。

（2）以发展公益事业为宗旨，且不以营利为目的。

（3）全部资产及其增值为法人所有。

（4）收益和营运结余主要用于符合该法人设立目的的事业。

（5）终止后的剩余财产不归属任何个人或者营利组织。

（6）不经营与其设立目的无关的业务。

（7）有健全的财务会计制度。

（8）捐赠者不以任何形式参与社会团体财产的分配。

（9）国务院财政、税务主管部门会同国务院民政部门等登记管理部门规定的其他条件。

根据《关于企业所得税若干政策征管口径问题的公告》（国家税务总局公告2021年第17号）的规定，企业在非货币性资产捐赠过程中发生的运费、保险费、人工费用等相关支出，凡纳入国家机关、公益性社会组织开具的公益捐赠票据记载的数额中的，作为公益性捐赠支出按照规定在税前扣除；上述费用未纳入公益性捐赠票据记载的数额中的，作为企业相关费用按照规定在税前扣除。

财政部和国家税务总局也曾多次发文称，对企业在如目标脱贫地区扶贫攻坚、新冠疫情防控、杭州亚运会等重大事件中的公益性捐赠，准予在计算应纳税所得额时全额据实扣除。

（八）业务招待费

扩展阅读 6.5　税法解读

企业发生的与生产经营活动有关的业务招待费支出，按照发生额的60%扣除，但最高不得超过当年销售（营业）收入的5‰。

此处应注意，作为计提基数的当年销售（营业）收入，是指企业的主营业务收入和其他业务收入，还包括《企业所得税法实施条例》第25条规定的视同销售（营业）收入，但不包括投资收益、补贴收入和营业外收入等。

（九）广告费与业务宣传费

企业发生的符合条件的广告费和业务宣传费支出，除国务院财政、税务主管部门另有规定外，不超过当年销售(营业)收入 15%的部分，准予扣除；超过部分，准予在以后纳税年度结转扣除。

2021 年 1 月 1 日起至 2025 年 12 月 31 日，对化妆品制造或销售、医药制造和饮料制造（不含酒类制造）企业发生的广告费和业务宣传费支出，不超过当年销售（营业）收入 30%的部分，准予扣除；超过部分，准予在以后纳税年度结转扣除。

纳税人申报扣除的广告费支出应与赞助支出严格区分。纳税人申报扣除的广告费支出，必须符合下列条件：

（1）广告是通过经工商部门批准的专门机构制作的。

（2）已实际支付费用，并已取得相应发票。

（3）通过一定的媒体传播。

赞助支出是指企业发生的与生产经营活动无关的各种非广告性质支出。

扩展阅读 6.6　纳税筹划

烟草企业的烟草广告费和业务宣传费支出，一律不得在计算应纳税所得额时扣除。

（十）资产损失

1. 资产损失的种类

资产损失是指企业在生产经营活动中实际发生的、与取得应税收入有关的资产损失，包括现金损失，存款损失，坏账损失，贷款损失，股权投资损失，固定资产和存货的盘亏、毁损、报废、被盗损失，自然灾害等不可抗力因素造成的损失及其他损失。

准予扣除企业所得税税前的资产损失，包括实际资产损失和法定资产损失，实际资产损失即企业在实际处置、转让上述资产过程中发生的合理损失；法定资产损失即企业虽未实际处置、转让上述资产，但符合《财政部　国家税务总局关于企业资产损失税前扣除政策的通知》（财税〔2009〕57 号）和《企业资产损失所得税税前扣除管理办法》（国家税务总局公告 2011 年第 25 号）规定条件计算确认的损失。

2. 资产损失扣除的时限

企业实际资产损失，应当在其实际发生且会计上已作损失处理的年度申报时扣除；企业法定资产损失，应当在企业向主管税务机关提供证据资料证明该项资产已符合法定资产损失确认条件，且会计上已作损失处理的年度申报时扣除。

3. 资产损失相关的证据

企业资产损失相关的证据包括具有法律效力的外部证据和特定事项的企业内部证据。

（1）具有法律效力的外部证据，是指司法机关、行政机关、专业技术鉴定部门等依法出具的与本企业资产损失相关的具有法律效力的书面文件，主要包括：①司法机关的判决或者裁定；②公安机关的立案、结案证明及回复；③工商部门出具的注销、吊销及停业证明；④企业的破产清算公告或清偿文件；⑤行政机关的公文；⑥专业技术部门的鉴定报告；⑦具有法定资质的中介机构的经济鉴定证明；⑧仲裁机构的仲裁文书；⑨保险公司对投保资产出具的出险调查单、理赔计算单等保险单据；⑩符合法律规定的其他证据。

（2）特定事项的企业内部证据，是指会计核算制度健全、内部控制管理制度完善的企业，对各项资产发生毁损、报废、盘亏、死亡、变质等内部证明或承担责任的声明，主要包括：①有关会计核算资料和原始凭证；②资产盘点表；③相关经济行为的业务合同；④企业内部技术鉴定部门的鉴定文件或资料；⑤企业内部核批文件及有关情况说明；⑥对责任人由于经营管理责任造成损失的责任认定书及赔偿情况说明；⑦法定代表人、企业负责人和企业财务负责人对特定事项真实性承担法律责任的声明。

（十一）总机构分摊的费用

企业之间支付的管理费、企业内营业机构之间支付的租金和特许权使用费，以及非银行企业内营业机构之间支付的利息，不得扣除。

这是由于《企业所得税法》采取法人所得税，分公司作为费用，总公司作为收入，对总分机构之间因总机构提供管理服务而分摊的合理管理费，通过总分机构自动汇总得到解决。对属于不同独立法人的母子公司之间，不得再采用分摊管理费用的方式在税前扣除；如确实发生提供受益性劳务的，应按照独立交易原则确定服务费，作为企业正常的购买服务费用进行税务处理。

非居民企业在中国境内设立的机构、场所，就其中国境外总机构发生的与该机构、场所生产经营有关的费用，能够提供总机构出具的费用汇集范围、定额、分配依据和方法等证明文件，并合理分摊的，准予扣除。

（十二）手续费和佣金支出

（1）企业发生与生产经营有关的手续费及佣金支出，不超过以下规定计算限额以内的部分，准予扣除。

①保险企业：自 2019 年 1 月 1 日起，保险企业发生与其经营活动有关的手续费及佣金支出，不超过当年全部保费收入扣除退保金等后余额的 18%（含本数）的部分，在计算应纳税所得额时准予扣除；超过部分，允许结转以后年度扣除。

②电信企业：在发展客户、拓展业务等过程中（如委托销售电话入网卡、电话充值卡等），需向经纪人、代办商支付手续费和

扩展阅读 6.7　税法解读

佣金的，其实际发生的相关手续费及佣金支出，不超过企业当年收入总额 5%的部分，准予在企业所得税税前据实扣除；超过部分，不得扣除。

③其他企业：按与具有合法经营资格中介服务机构或个人（不含交易双方及其雇员、代理人和代表人等）所签订服务协议或合同确认的收入金额的 5%计算限额；超过部分，不得扣除。

（2）企业应与具有合法经营资格中介服务企业或个人签订代办协议或合同，并按国家有关规定支付手续费及佣金。除委托个人代理外，企业以现金等非转账方式支付的手续费及佣金不得在税前扣除。企业为发行权益性证券支付给有关证券承销机构的手续费及佣金的，不得在税前扣除。

（3）企业不得将手续费及佣金支出计入回扣、业务提成、返利、进场费等费用。

（4）企业已计入固定资产、无形资产等相关资产的手续费及佣金支出，应当通过折旧、

摊销等方式分期扣除，不得在发生当期直接扣除。

（5）企业支付的手续费及佣金不得直接冲减服务协议或合同金额，须如实入账。

（6）从事代理服务、主营业务收入为手续费、佣金的企业（如证券、期货、保险代理等），其为取得该类收入而实际发生的营业成本（包括手续费和佣金），准予在企业所得税税前据实扣除。

（十三）金融企业贷款损失准备金税前扣除政策

（1）2019年1月1日至2023年12月31日，金融企业贷款（涉农贷款和中小企业贷款除外）损失准备金税前扣除按以下政策执行。

准予税前提取贷款损失准备金的贷款资产范围包括：

①贷款（含抵押、质押、保证、信用等贷款）。

②银行卡透支、贴现、信用垫款（含银行承兑汇票垫款、信用证垫款、担保垫款等）、进出口押汇、同业拆出、应收融资租赁款等具有贷款特征的风险资产。

③由金融企业转贷并承担对外还款责任的国外贷款，包括国际金融组织贷款、外国买方信贷、外国政府贷款、日本国际协力银行不附条件贷款和外国政府混合贷款等资产。

金融企业准予当年税前扣除的贷款损失准备金计算公式如下：

$$准予当年税前扣除的贷款损失准备金$$
$$=本年末准予提取贷款损失准备金的贷款资产余额 \times 1\% -$$
$$截至上年末已在税前扣除的贷款损失准备金的余额$$

金融企业按上述公式计算的数额如为负数，则应当相应地调增当年应纳税所得额。

金融企业的委托贷款、代理贷款、国债投资、应收股利、上交央行准备金及金融企业剥离的债权和股权、应收财政贴息、央行款项等不承担风险和损失的资产，以及除前述准予提取贷款损失准备金的列举资产外的其他风险资产，不得提取贷款损失准备金在税前扣除。

金融企业发生的符合条件的贷款损失，应先冲减已在税前扣除的贷款损失准备金，不足冲减部分可据实在计算当年应纳税所得额时扣除。

（2）金融企业根据《贷款风险分类指引》（银监发〔2007〕54号），对其涉农贷款和中小企业贷款进行风险分类后，按照以下比例计提的贷款损失准备金，准予在计算应纳税所得额时扣除：

①关注类贷款，计提比例为2%。

②次级类贷款，计提比例为25%。

③可疑类贷款，计提比例为50%。

④损失类贷款，计提比例为100%。

（十四）补充养老险与补充医疗险

根据《财政部 国家税务总局关于补充养老保险费、补充医疗保险费有关企业所得税政策问题的通知》（财税〔2009〕27号）规定：自2008年1月1日起，企业根据国家有关政策规定，为在本企业任职或者受雇的全体员工支付的补充养老保险费、补充医疗保险费，分别在不超过职工工资总额 5% 标准内的部分，在计算应纳税所得额时准予扣除；超过的部分，不予扣除。

（十五）党组织工作经费

扩展阅读 6.8   税法解读

根据《中共中央组织部 财政部 国家税务总局关于非公有制企业党组织工作经费问题的通知》（组通字〔2014〕42 号）及《关于国有企业党组织工作经费问题的通知》（组通字〔2017〕38 号）的规定，纳入管理费用的党组织工作经费，实际支出不超过职工年度工资薪金总额 1% 的部分，可以据实在企业所得税前扣除。年末如有结余，结转下一年度使用。累计结转超过上一年度职工工资总额 2% 的，当年不再从管理费用中安排。

四、不得扣除项目

企业在计算应纳税所得额时，下列支出不得扣除：

（1）向投资者支付的股息、红利等权益性投资收益款项。

（2）企业所得税税款。

（3）税收滞纳金，是指纳税人违反税收法规，被税务机关处以的滞纳金。

（4）罚金、罚款和被没收财物的损失，是指纳税人违反国家有关法律、法规规定，被有关部门处以的罚款，以及被司法机关处以的罚金和被没收财物。

（5）超过规定标准的捐赠支出。

（6）赞助支出，是指企业发生的与生产经营活动无关的各种非广告性质支出。

（7）未经核定的准备金支出，是指不符合国务院财政、税务主管部门规定的各项资产减值准备、风险准备等准备金支出。

（8）企业之间支付的管理费、企业内营业机构之间支付的租金和特许权使用费，以及非银行企业内营业机构之间支付的利息。

（9）与取得收入无关的其他支出。

五、亏损弥补

（一）亏损的定义

亏损，是指企业依照《企业所得税法》及其《实施条例》的规定，将每一纳税年度的收入总额减除不征税收入、免税收入和各项扣除后小于零的数额。

由于税会差异的存在，这里指的亏损并不是会计利润的亏损。会计利润上的亏损，经过纳税调整之后得到的应纳税所得额有可能是大于零的，所以会计利润上亏损的企业，也可能要缴纳企业所得税。

（二）亏损弥补的年限

（1）企业纳税年度发生的亏损，准予向以后年度结转，用以后年度的所得弥补，但结转年限最长不得超过 5 年。而且企业在汇总计算缴纳企业所得税时，其境外营业机构的亏损不得抵减境内营业机构的盈利。

（2）自 2018 年 1 月 1 日起，当年具备高新技术企业或科技型中小企业资格的企业，其具备资格年度之前 5 个年度发生的尚未弥补完的亏损，准予结转以后年度弥补年限由 5 年延长至 10 年。

（3）受疫情影响较大的交通、餐饮、住宿和旅游等四大类困难行业 2020 年度发生的亏损，最长结转年限由 5 年延长至 8 年。

亏损弥补要注意以下 3 点：①企业筹办期不计算为亏损年度，而是自开始生产经营的年度为开始计算企业损益的年度；②自亏损年度的下一个年度起连续 5 年（或规定的 8 年、10 年）不间断地计算；③连续发生年度亏损，也必须从第 1 个亏损年度算起，先亏先补，按顺序连续计算亏损弥补期，不得将每个亏损年度的连续弥补期相加，更不得断开计算。

第四节　资产的税务处理

资产是由于资本投资而形成的财产，资产的税务处理应区分资本性支出和收益性支出。对于资本性支出及无形资产受让、开办、开发费用，不允许作为成本、费用一次性从纳税人收入总额中扣除，只能采用分次计提折旧或分次摊销方式予以扣除。《企业所得税法》及相关法规规定，纳入税务处理范围的资产形式主要有固定资产、生物资产、无形资产、长期待摊费用、投资资产和存货等，均以企业取得该项资产时实际发生支出的历史成本作为资产的计税基础。企业持有各项资产期间资产增值或者减值，除国务院财政、税务主管部门规定可以确认损益外，任何企业或部门都不得调整该资产的计税基础。

一、固定资产的税务处理

固定资产，是指企业为生产产品、提供劳务、出租或者经营管理而持有的、使用时间超过 12 个月的，价值达到一定标准的非货币性资产，包括房屋、建筑物、机器、机械、运输工具及其他与生产经营活动有关的设备、器具、工具等。

（一）固定资产的计税基础

固定资产根据取得方式不同，具体分为：

（1）外购的固定资产，以购买价款和支付的相关税费以及直接归属于使该资产达到预定用途发生的其他支出为计税基础。

（2）自行建造的固定资产，以竣工结算前发生的支出为计税基础。

（3）融资租入的固定资产，以租赁合同约定的付款总额和承租人在签订租赁合同过程中发生的相关费用为计税基础，租赁合同未约定付款总额的，以该资产的公允价值和承租人在签订租赁合同过程中发生的相关费用为计税基础。

（4）盘盈的固定资产，以同类固定资产的重置完全价值为计税基础。

（5）通过捐赠、投资、非货币性资产交换、债务重组等方式取得的固定资产，以该资产的公允价值和支付的相关税费为计税基础。

（6）改建的固定资产，除《企业所得税法》第 13 条第（一）项和第（二）项规定的支出外，以改建过程中发生的改建支出为计税基础。

（二）固定资产的折旧范围

在计算应纳税所得额时，企业按照规定计算的固定资产折旧，准予扣除。

下列固定资产不得计算折旧扣除：

（1）房屋、建筑物以外未投入使用的固定资产。

（2）以经营租赁方式租入的固定资产。

（3）以融资租赁方式租出的固定资产。

（4）已足额提取折旧仍继续使用的固定资产。

（5）与经营活动无关的固定资产。

（6）单独估价作为固定资产入账的土地。

扩展阅读 6.9   税法解读

（7）其他不得计算折旧扣除的固定资产。

（8）自 2021 年 1 月 1 日起，企业购买的文物、艺术品用于收藏、展示和保值增值的，作为投资资产进行税务处理。文物、艺术品资产在持有期间，不得计提折旧在税前扣除。

（三）固定资产折旧的方法

（1）固定资产按照直线法计算的折旧，准予扣除。

（2）企业应当自固定资产投入使用月份的次月起计算折旧；停止使用的固定资产，应当自停止使用月份的次月起停止计算折旧。

（3）企业应当根据固定资产的性质和使用情况，合理确定固定资产的预计净残值。固定资产的预计净残值一经确定，不得变更。

（四）固定资产折旧的年限

除国务院财政、税务主管部门另有规定外，固定资产计算折旧的最低年限如下：

（1）房屋、建筑物，为 20 年。

（2）飞机、火车、轮船、机器、机械和其他生产设备，为 10 年。

（3）与生产经营活动有关的器具、工具、家具等，为 5 年。

（4）飞机、火车、轮船以外的运输工具，为 4 年。

（5）电子设备，为 3 年。

从事开采石油、天然气等矿产资源的企业，在开始商业性生产前发生的费用和有关固定资产的折耗、折旧方法，由国务院财政、税务主管部门另行规定。

（五）可以缩短折旧年限或者采取加速折旧方法的固定资产

（1）符合下列条件的固定资产可以缩短折旧年限或者采取加速折旧方法，包括：

①由于技术进步，产品更新换代较快的固定资产。

②常年处于强震动、高腐蚀状态的固定资产。

采取缩短折旧年限方法的，最低折旧年限不得低于《企业所得税法实施条例》规定折旧年限的60%；采取加速折旧方法的，可以采取双倍余额递减法或者年数总和法。

（2）对生物药品制造业，专用设备制造业，铁路、船舶、航空航天和其他运输设备制造业，计算机、通信和其他电子设备制造业，仪器仪表制造业，信息传输、软件和信息技术服务业等6个行业的企业于2014年1月1日后新购进的固定资产，可缩短折旧年限或采取加速折旧的方法。

对上述6个行业的小型微利企业在2014年1月1日后新购进的研发和生产经营共用的仪器、设备，单位价值不超过100万元的，允许一次性计入当期成本费用在计算应纳税所得额时予以扣除，不再分年度计算折旧；单位价值超过100万元的，可缩短折旧年限或采取加速折旧的方法。

（3）对轻工、纺织、机械、汽车等4个领域重点行业企业在2015年1月1日后新购进的固定资产（包括自行建造），允许缩短折旧年限或采取加速折旧方法。

对上述4个领域重点行业小型微利企业在2015年1月1日后新购进的研发和生产经营共用的仪器、设备，单位价值不超过100万元（含）的，允许在计算应纳税所得额时一次性全额扣除；单位价值超过100万元的，允许缩短折旧年限或采取加速折旧方法。

（4）对所有行业企业在2014年1月1日后新购进的专门用于研发的仪器、设备，单位价值不超过100万元的，允许一次性计入当期成本费用在计算应纳税所得额时扣除，不再分年度计算折旧；单位价值超过100万元的，可缩短折旧年限或采取加速折旧的方法。

对所有行业企业持有的单位价值不超过5 000元的固定资产，允许一次性计入当期成本费用在计算应纳税所得额时扣除，不再分年度计算折旧。

（5）企业在2018年1月1日至2020年12月31日新购进的设备、器具，单位价值不超过500万元的，允许一次性计入当期成本费用在计算应纳税所得额时扣除，不再分年度计算折旧，即一次性税前扣除政策。

二、生物资产的税务处理

生物资产，分为消耗性生物资产、生产性生物资产和公益性生产资产。消耗性生物资产，是指为出售而持有的，或在将来收获为农产品的生物资产，包括生长中的大田作物、蔬菜、用材林以及存栏待售的牲畜等。生产性生物资产，是指为产出农产品、提供劳务或出租等目的而持有的生物资产，包括经济林、薪炭林、产畜和役畜等。公益性生物资产，是指以防护、环境保护为主要目的的生物资产，包括防风固沙林、水土保持林和水源涵养林等。

（一）生产性生物资产的计税基础

（1）外购的生产性生物资产，以购买价款和支付的相关税费为计税基础。

（2）通过捐赠、投资、非货币性资产交换、债务重组等方式取得的生产性生物资产，以该资产的公允价值和支付的相关税费为计税基础。

（二）生产性生物资产的折旧方法和折旧年限

生产性生物资产按照直线法计算的折旧，准予扣除。

企业应当自生产性生物资产投入使用月份的次月起计算折旧；停止使用的生产性生物资产，应当自停止使用月份的次月起停止计算折旧。

企业应当根据生产性生物资产的性质和使用情况，合理确定生产性生物资产的预计净残值。生产性生物资产的预计净残值一经确定，不得变更。

生产性生物资产计算折旧的最低年限如下：

（1）林木类生产性生物资产，为 10 年。

（2）畜类生产性生物资产，为 3 年。

三、无形资产的税务处理

无形资产，是指企业为生产产品、提供劳务、出租或者经营管理而持有的、没有实物形态的非货币性长期资产，包括专利权、商标权、著作权、土地使用权、非专利技术、商誉等。

（一）无形资产的计税基础

（1）外购的无形资产，以购买价款和支付的相关税费以及直接归属于使该资产达到预定用途发生的其他支出为计税基础。

（2）自行开发的无形资产，以开发过程中该资产符合资本化条件后至达到预定用途前发生的支出为计税基础。

（3）通过捐赠、投资、非货币性资产交换、债务重组等方式取得的无形资产，以该资产的公允价值和支付的相关税费为计税基础。

（二）无形资产的摊销方法、年限和范围

无形资产按照直线法计算的摊销费用，准予扣除。

无形资产的摊销年限不得低于 10 年。作为投资或者受让的无形资产，有关法律规定或者合同约定了使用年限的，可以按照规定或者约定的使用年限分期摊销。

外购商誉的支出，在企业整体转让或者清算时，准予扣除。

下列无形资产不得计算摊销费用扣除：

（1）自行开发的支出已在计算应纳税所得额时扣除的无形资产。

（2）自创商誉。

（3）与经营活动无关的无形资产。

（4）其他不得计算摊销费用扣除的无形资产。

四、长期待摊费用的扣除

长期待摊费用，是指企业发生的应在一个年度或几个年度以上进行摊销的费用。在计算应纳税所得额时，企业发生的下列支出作为长期待摊费用，按照规定摊销的，准予扣除：

（1）已足额提取折旧的固定资产的改建支出。

（2）租入固定资产的改建支出。

（3）固定资产的大修理支出。

（4）其他应当作为长期待摊费用的支出。

固定资产修理支出可在发生当期直接扣除。纳税人的固定资产改建支出，如有关固定资产尚未提足折旧，可增加固定资产价值；如有关固定资产已提足折旧，可作为长期待摊费用，在规定的期限内平均摊销。

固定资产的改建支出，是指通过改变房屋或者建筑物结构以延长固定资产使用年限所发生的支出的总称。已提足折旧固定资产的改建支出，按照固定资产预计尚可使用年限分期摊销；租入固定资产的改建支出，按照合同约定的剩余租赁期限分期摊销。

改建固定资产延长使用年限的，除已提足折旧固定资产及租入固定资产外，应当适当延长折旧年限。

固定资产大修理支出，是指同时符合下列条件的支出：

（1）修理支出达到取得固定资产时的计税基础50%以上。

（2）修理后固定资产的使用年限延长2年以上。

其他应当作为长期待摊费用的支出，自支出发生月份的次月起，分期摊销，摊销年限不得低于3年。

五、存货的税务处理

存货，是指企业持有以备出售的产品或者商品、处在生产过程中的在产品、在生产或者提供劳务过程中耗用的材料和物料等。

（一）存货的计税基础

存货按照以下方法确定成本：

（1）通过支付现金方式取得的存货，以购买价款和支付的相关税费为成本。

（2）通过支付现金以外的方式取得的存货，以该存货的公允价值和支付的相关税费为成本。

（3）生产性生物资产收获的农产品，以产出或者采收过程中发生的材料费、人工费和分摊的间接费用等必要支出为成本。

（二）存货的成本计算方法

企业使用或者销售的存货的成本计算方法，可以在先进先出法、加权平均法、个别计价法中选用一种。计价方法一经选用，不得随意变更。

企业转让以上资产，该项资产的净值，准予在计算应纳税所得额时扣除。资产的净值是指有关资产、财产的计税基础减除已按照规定扣除的折旧、折耗、摊销、准备金等后的余额。

六、投资资产的税务处理

投资资产，是指企业对外进行权益性投资和债权性投资形成的资产。

（一）投资资产的成本

投资资产按照以下方法确定成本：

（1）通过支付现金方式取得的投资资产，以购买价款为成本。

（2）通过支付现金以外的方式取得的投资资产，以该资产的公允价值和支付的相关税费为成本。

（二）投资资产的成本扣除方法

企业对外投资期间，投资资产的成本在计算应纳税所得额时不得扣除；企业在收回转让或者处置投资资产、在计算应纳所得额时，投资资产的成本准予扣除。

（三）投资资产撤回或减少投资的税务处理

（1）企业从被投资企业撤回或减少投资，其取得的资产中，相当于初始出资的部分，应确认为投资收回，不涉税；相当于被投资企业累计未分配利润和累计盈余公积按减少实收资本比例计算的部分，应确认为股息所得等符合条件的可享受免税；其余部分确认为投资资产转让所得。

（2）被投资企业发生的经营亏损，由被投资企业按规定结转弥补；投资企业不得调整降低其投资成本，也不得将其确认为投资损失。

（四）非货币性投资的税务处理

非货币性资产投资，是指居民企业以现金、银行存款、应收账款、应收票据及准备持有至到期的债券投资等货币性资产以外的资产出资设立新的居民企业，或将非货币性资产注入现存的居民企业。

（1）居民企业以非货币性资产对外投资确认的非货币性资产转让所得，可在不超过5年期限内，分期均匀地计入相应年度的应纳税所得额，按规定计算缴纳企业所得税。

（2）企业以非货币性资产对外投资，应对非货币性资产进行评估并按评估后的公允价值扣除计税基础后的余额，计算确认非货币性资产转让所得。

（3）企业以非货币性资产对外投资，应于投资协议生效并办理股权登记手续时，确认非货币性资产转让收入的实现。

（4）企业以非货币性资产对外投资而取得被投资企业的股权，应以非货币性资产的原计税成本为计税基础，加上每年确认的非货币性资产转让所得，逐年进行调整。被投资企业取得非货币性资产的计税基础，应按非货币性资产的公允价值确定。

（5）企业在对外投资5年内转让上述股权或投资收回的，应停止执行递延纳税政策，并就递延期内尚未确认的非货币性资产转让所得，在转让股权或投资收回当年的企业所得税年度汇算清缴时，一次性计算缴纳企业所得税；企业在计算股权转让所得时，可按规定将股权的计税基础一次调整到位。

（6）企业在对外投资5年内注销的，应停止执行递延纳税政策，并就递延期内尚未确认的非货币性资产转让所得，在注销当年的企业所得税年度汇算清缴时，一次性计算缴纳企业所得税。

（7）企业发生非货币性资产投资，符合《关于企业重组业务企业所得税处理若干问题的通知》（财税〔2009〕59 号）等文件规定的特殊性税务处理条件的，也可选择按特殊性税务处理规定执行。

七、税法规定与会计规定差异（税会差异）的处理

税会差异的处理，是指企业在财务会计核算中与税法规定不一致的，应当依照税法规定进行调整。即企业平时进行会计核算时，可以按会计制度或准则的有关规定进行账务处理，但在申报纳税时，应当依照税收法律、行政法规的规定进行纳税调整。

例如，业务招待费的发生，会计核算时可据实计入"管理费用""销售费用""制造费用"等科目，但在企业所得税汇算清缴时，应按税法口径计算出允许税前列支的业务招待费扣除限额，允许扣除的是实际发生额的 60% 和扣除限额两者中的孰低者。

企业应在企业所得税年度汇算清缴时，填写表"A105000 纳税调整项目明细表"，逐一对每一项需做纳税调整的项目进行计算调整（表 6-1）。

表 6-1　A105000 纳税调整项目明细表

行次	项　　目	账载金额	税收金额	调增金额	调减金额
		1	2	3	4
1	一、收入类调整项目（2＋3＋…＋8＋10＋11）	*	*		
2	（一）视同销售收入（填写 A105010）	*			*
3	（二）未按权责发生制原则确认的收入（填写 A105020）				
4	（三）投资收益（填写 A105030）				
5	（四）按权益法核算长期股权投资对初始投资成本调整确认收益	*	*	*	
6	（五）交易性金融资产初始投资调整	*	*		*
7	（六）公允价值变动净损益		*		
8	（七）不征税收入	*	*		
9	其中：专项用途财政性资金（填写 A105040）	*	*		
10	（八）销售折扣、折让和退回				
11	（九）其他				
12	二、扣除类调整项目（13＋14＋…＋24＋26＋27＋28＋29＋30）	*	*		
13	（一）视同销售成本（填写 A105010）	*		*	
14	（二）职工薪酬（填写 A105050）				
15	（三）业务招待费支出				*
16	（四）广告费和业务宣传费支出（填写 A105060）	*	*		
17	（五）捐赠支出（填写 A105070）				
18	（六）利息支出				
19	（七）罚金、罚款和被没收财物的损失		*		*
20	（八）税收滞纳金、加收利息		*		*
21	（九）赞助支出		*		*

续表

行次	项　目	账载 金额	税收 金额	调增 金额	调减 金额
22	（十）与未实现融资收益相关在当期确认的财务费用				
23	（十一）佣金和手续费支出（保险企业填写 A105060）				
24	（十二）不征税收入用于支出所形成的费用	*	*		*
25	其中：专项用途财政性资金用于支出所形成的费用（填写 A105040）	*	*		*
26	（十三）跨期扣除项目				
27	（十四）与取得收入无关的支出		*		*
28	（十五）境外所得分摊的共同支出	*	*		*
29	（十六）党组织工作经费				
30	（十七）其他				
31	三、资产类调整项目（32＋33＋34＋35）	*	*		
32	（一）资产折旧、摊销（填写 A105080）				
33	（二）资产减值准备金		*		
34	（三）资产损失（填写 A105090）				
35	（四）其他				
36	四、特殊事项调整项目（37＋38＋…＋43）	*	*		
37	（一）企业重组及递延纳税事项（填写 A105100）				
38	（二）政策性搬迁（填写 A105110）	*	*		
39	（三）特殊行业准备金（填写 A105120）				
40	（四）房地产开发企业特定业务计算的纳税调整额（填写 A105010）	*			
41	（五）合伙企业法人合伙人应分得的应纳税所得额				
42	（六）发行永续债利息支出				
43	（七）其他	*	*		
44	五、特别纳税调整应税所得	*	*		
45	六、其他	*	*		
46	合计（1＋12＋31＋36＋44＋45）	*	*		

第五节　税 收 优 惠

　　税收优惠，是指国家运用税收政策在税收法律、行政法规中规定对某一部分特定企业和课征对象给予减轻或免除税收负担的一种措施。企业所得税的税收优惠方式包括免税、减税、加计扣除、加速折旧、减计收入、税额抵免等。现行《企业所得税法》按照科学发展观和完善社会主义市场经济制度的要求，按税收公平原则进行改革，税收优惠享受主体不再区分内、外资企业；优惠对象以"产业优惠为主、区域优惠为辅"，并将最终过渡到产业性税收优惠；税收优惠方式以"间接优惠（如加计扣除）为主，直接优惠（如'两免三减半'）为辅"。税收优惠作为一般税法制度规定的例外，具有很强的政策导向作用，正确制定并运用这些措施，可以更好地发挥税收的调节作用，促进国民经济健康发展。

一、免征与减征优惠

企业的下列所得，可以免征、减征企业所得税。如果企业从事国家限制和禁止发展的项目，则不得享受企业所得税优惠。如果企业同时从事适用不同企业所得税待遇的项目的，其优惠项目应当单独计算所得，并合理分摊企业的期间费用；没有单独计算的，不得享受企业所得税优惠。

（一）从事农、林、牧、渔业项目的所得

企业从事农、林、牧、渔业项目的所得，包括免征和减征两部分。

（1）企业从事下列项目的所得，免征企业所得税：

①蔬菜、谷物、薯类、油料、豆类、棉花、麻类、糖料、水果、坚果的种植；

②农作物新品种的选育。

③中药材的种植。

④林木的培育和种植。

⑤牲畜、家禽的饲养。

⑥林产品的采集。

⑦灌溉、农产品初加工、兽医、农技推广、农机作业和维修等农、林、牧、渔服务业项目。

⑧远洋捕捞。

（2）企业从事下列项目的所得，减半征收企业所得税：

①花卉、茶及其他饮料作物和香料作物的种植。

②海水养殖、内陆养殖。

（二）从事国家重点扶持的公共基础设施项目投资经营的所得

国家重点扶持的公共基础设施项目，是指《公共基础设施项目企业所得税优惠目录》规定的港口码头、机场、铁路、公路、城市公共交通、电力、水利等项目。

（1）企业从事《优惠目录》中规定的国家重点扶持的公共基础设施项目的投资经营的所得，自项目取得第一笔生产经营收入所属纳税年度起，第一年至第三年免征企业所得税，第四年至第六年减半征收企业所得税。

（2）企业承包经营、承包建设和内部自建自用本条规定的项目，不得享受本条规定的企业所得税优惠。

（3）企业投资经营符合《公共基础设施项目企业所得税优惠目录》规定条件和标准的公共基础设施项目，采用一次核准、分批次（如码头、泊位、航站楼、跑道、路段、发电机组等）建设的，凡同时符合以下条件的，可按每一批次为单位计算所得，并享受企业所得税"三免三减半"优惠：①不同批次在空间上相互独立；②每一批次自身具备取得收入的功能；③以每一批次为单位进行会计核算，单独计算所得，并合理分摊期间费用。

（三）从事符合条件的环境保护、节能节水项目的所得

企业从事符合条件的环境保护、节能节水项目，包括公共污水处理、公共垃圾处理、

沼气综合开发利用、节能减排技术改造、海水淡化等的所得，自项目取得第一笔生产经营收入所属纳税年度起，享受企业所得税"三免三减半"优惠。

依照上述规定享受减免税优惠的项目，在减免税期限内转让的，受让方自受让之日起，可以在剩余期限内享受规定的减免税优惠；减免税期限届满后转让的，受让方不得就该项目重复享受减免税优惠。

（四）符合条件的技术转让所得

符合条件的技术转让所得免征、减征企业所得税，是指一个纳税年度内，居民企业技术转让所得不超过 500 万元的部分，免征企业所得税；超过 500 万元的部分，减半征收企业所得税。技术转让的范围，包括专利技术、计算机软件著作权、集成电路布图设计权、植物新品种、生物医药新品种，以及财政部和国家税务总局确定的其他技术。

（1）享受减免企业所得税优惠的技术转让应符合以下条件：

①享受优惠的技术转让主体是企业所得税法规定的居民企业。

②技术转让属于财政部、国家税务总局规定的范围。

③境内技术转让经省级以上科技部门认定。

④向境外转让技术经省级以上商务部门认定。

⑤国务院税务主管部门规定的其他条件。

（2）符合条件的技术转让所得应按以下方法计算：

$$技术转让所得 = 技术转让收入 - 技术转让成本 - 相关税费$$

技术转让收入是指当事人履行技术转让合同后获得的价款，是转让方为使受让方掌握所转让的技术投入使用、实现产业化而提供的必要的技术咨询、技术服务、技术培训所产生的收入，不包括销售或转让设备、仪器、零部件、原材料等非技术性收入。不属于与技术转让项目密不可分的技术咨询、技术服务、技术培训等收入，不得计入技术转让收入。

技术转让成本是指转让的无形资产的净值，即该无形资产的计税基础减除在资产使用期间按照规定计算的摊销扣除额后的余额。

相关税费是指技术转让过程中实际发生的有关税费，包括除企业所得税和允许抵扣的增值税以外的各项税金及其附加、合同签订费用、律师费等相关费用及其他支出。

（3）享受技术转让所得减免企业所得税优惠的企业，应单独计算技术转让所得，并合理分摊企业的期间费用；没有单独计算的，不得享受技术转让所得企业所得税优惠。

（五）非居民企业取得所得

非居民企业在中国境内未设立机构、场所的，或者虽设立机构、场所但取得的所得与其所设机构、场所没有实际联系的，其来源于中国境内的所得，减按 10% 的税率征收企业所得税。

下列所得可以免征企业所得税：

（1）外国政府向中国政府提供贷款取得的利息所得。

（2）国际金融组织向中国政府和居民企业提供优惠贷款取得的利息所得。

（3）经国务院批准的其他所得。

（六）小型微利企业优惠

符合条件的小型微利企业减按 20% 的税率征收企业所得税。

为进一步支持小微企业发展，对小型微利企业应纳税所得额不超过 100 万元的部分，减按 25% 计算应纳税所得额，按 20% 的税率缴纳企业所得税，超过 100 万元但不超过 300 万元的部分，减按 50% 计入应纳税所得额，按 20% 的税率缴纳，上述政策延续执行至 2027 年 12 月 31 日。

小型微利企业，是指从事非国家限制和禁止行业，且同时符合年度应纳税所得额不超过 300 万元、从业人数不超过 300 人、资产总额不超过 5 000 万元等 3 个条件的企业。

从业人数，包括与企业建立劳动关系的职工人数和企业接受的劳务派遣用工人数。所称从业人数和资产总额指标，应按企业全年的季度平均值确定。具体计算公式如下：

$$季度平均值＝（季初值＋季末值）÷2$$
$$全年季度平均值＝全年各季度平均值之和÷4$$

年度中间开业或者终止经营活动的，以其实际经营期作为一个纳税年度确定上述相关指标。小型微利企业无论是按查账征收方式还是核定征收方式缴纳企业所得税，均可享受小型微利企业所得税优惠政策。

（七）高新技术企业优惠

国家需要重点扶持的高新技术企业，减按 15% 的税率征收企业所得税。

国家需要重点扶持的高新技术企业，是指拥有核心自主知识产权，并同时符合下列条件的企业：

（1）企业申请认定时须注册成立 1 年以上。

（2）企业通过自主研发、受让、受赠、并购等方式，获得对其主要产品（服务）在技术上发挥核心支持作用的知识产权的所有权。

（3）对企业主要产品（服务）发挥核心支持作用的技术属于《国家重点支持的高新技术领域》规定的范围。

（4）企业从事研发和相关技术创新活动的科技人员占企业当年职工总数的比例不低于 10%。

（5）企业近 3 个会计年度（实际经营期不满 3 年的按实际经营时间计算）的研究开发费用总额占同期销售收入总额的比例符合如下要求：

①最近 1 年销售收入小于 5 000 万元（含）的企业，比例不低于 5%；

②最近 1 年销售收入在 5 000 万元至 2 亿元（含）的企业，比例不低于 4%；

③最近 1 年销售收入在 2 亿元以上的企业，比例不低于 3%。

其中，企业在中国境内发生的研究开发费用总额占全部研究开发费用总额的比例不低于 60%。

（6）近 1 年高新技术产品（服务）收入占企业同期总收入的比例不低于 60%。

扩展阅读 6.10　税法解读

（7）企业创新能力评价应达到相应要求。

（8）企业申请认定前1年内未发生重大安全、重大质量事故或严重环境违法行为。

（八）技术先进型服务企业优惠

为贯彻落实《国务院关于促进外资增长若干措施的通知》（国发〔2017〕39号）要求，发挥外资对优化服务贸易结构的积极作用，引导外资更多投向高技术、高附加值服务业，促进企业技术创新和技术服务能力的提升，增强我国服务业的综合竞争力，自2017年1月1日起，在全国范围内实行以下企业所得税优惠政策：

（1）对经认定的技术先进型服务企业，减按15%的税率征收企业所得税。

（2）经认定的技术先进型服务企业发生的职工教育经费支出，不超过工资薪金总额8%的部分，准予在计算应纳税所得额时扣除；超过部分，准予在以后纳税年度结转扣除。

享受企业所得税优惠政策的技术先进型服务企业必须同时符合以下条件：

（1）在中国境内（不包括港、澳、台地区）注册的法人企业。

（2）从事《技术先进型服务业务认定范围（试行）》（详见附件）中的一种或多种技术先进型服务业务，采用先进技术或具备较强的研发能力。

（3）具有大专以上学历的员工占企业职工总数的50%以上。

（4）从事《技术先进型服务业务认定范围（试行）》中的技术先进型服务业务取得的收入占企业当年总收入的50%以上。

（5）从事离岸服务外包业务取得的收入不低于企业当年总收入的35%。

从事离岸服务外包业务取得的收入，是指企业根据境外单位与其签订的委托合同，由本企业或其直接转包的企业为境外单位提供《技术先进型服务业务认定范围（试行）》中所规定的信息技术外包服务（ITO）、技术性业务流程外包服务（BPO）和技术性知识流程外包服务（KPO），而从上述境外单位取得的收入。

（九）民族自治地方企业的优惠

实行民族区域自治的自治区、自治州、自治县等民族自治地方的自治机关，对本民族自治地方的企业应缴纳的企业所得税中属于地方分享的部分，可以决定减征或者免征。自治州、自治县决定减征或者免征的，须报省、自治区、直辖市人民政府批准。

对民族自治地方内国家限制和禁止行业的企业，不得减征或者免征企业所得税。

二、加计扣除优惠

企业的下列支出，可以在计算应纳税所得额时加计扣除。

（一）一般企业研究开发费的加计扣除

为进一步激励企业加大研发投入，更好地支持科技创新，财政部、国家税务总局发布《关于进一步完善研发费用税前加计扣除政策的公告》（财政部　国家税务总局公告2023年第7号）宣告，企业开展研发活动中实际发生的研发费用，未形成无形资产计入当期损益的，在按规定据实扣除的基础上，自2023年1月1日起，再按照实际发生额的100%在税前加计扣除；形成无形资产的，自 2023 年 1 月 1 日起，按照无形资产成本的 200%在税前摊销。上述政策作为制度性安排并长期实施。

为进一步鼓励企业研发创新，集成电路企业和工业母机企业开展研发活动中实际发生的研发费用，未形成无形资产计入当期损益的，在按规定据实扣除的基础上，2023 年 1 月 1 日至 2027 年 12 月 31 日，再按照实际发生额的 120%在税前扣除；形成无形资产的，在上述期间按照无形资产成本的 220% 在税前摊销。

研发活动，是指企业为获得科学技术新知识，创造性运用科学技术新知识，或实质性改进技术、产品（服务）、工艺而持续进行的具有明确目标的系统性活动。

1. 允许加计扣除的研发费用的具体范围

（1）人员人工费用。直接从事研发活动人员的工资薪金、五险一金，以及外聘研发人员的劳务费用。

（2）直接投入费用。①研发活动直接消耗的材料、燃料和动力费用；②用于中间试验和产品试制的模具、工艺装备开发及制造费，不构成固定资产的样品、样机及一般测试手段购置费，试制产品的检验费；③用于研发活动的仪器、设备的运行维护、调整、检验、维修等费用，以及通过经营租赁方式租入的用于研发活动的仪器、设备租赁费。

（3）折旧费用。用于研发活动的仪器、设备的折旧费。

（4）无形资产摊销。用于研发活动的软件、专利权、非专利技术（包括许可证、专有技术、设计和计算方法等）的摊销费用。

（5）设计费用。新产品设计费、新工艺规程制定费、新药研制的临床试验费、勘探开发技术的现场试验费。

（6）其他相关费用。与研发活动直接相关的其他费用，如技术图书资料费、资料翻译费、专家咨询费、高新科技研发保险费，研发成果的检索、分析、评议、论证、鉴定、评审、评估、验收费用，知识产权的申请费、注册费、代理费，差旅费、会议费等。此项费用总额不得超过可加计扣除研发费用总额的 10%。

（7）财政部和国家税务总局规定的其他费用。

2. 下列活动不适用税前加计扣除政策

（1）企业产品（服务）的常规性升级。

（2）对某项科研成果的直接应用，如直接采用公开的新工艺、材料、装置、产品、服务或知识等。

（3）企业在商品化后为顾客提供的技术支持活动。

（4）对现存产品、服务、技术、材料或工艺流程进行的重复或简单改变。

（5）市场调查研究、效率调查或管理研究。

（6）作为工业（服务）流程环节或常规的质量控制、测试分析、维修维护。

（7）社会科学、艺术或人文学方面的研究。

3. 不适用税前加计扣除政策的负面清单行业

下列行业不适用税前加计扣除政策：①烟草制造业；②住宿和餐饮业；③批发和零售

业；④房地产业；⑤租赁和商务服务业；⑥娱乐业；⑦财政部和国家税务总局规定的其他行业。

（二）企业出资给非营利科研机构、高校等用于基础研究支出的加计扣除

自 2022 年 1 月 1 日起，对企业出资给非营利科学技术研究开发机构（科学技术研究开发机构以下简称科研机构）、高等学校和政府性自然科学基金用于基础研究的支出，在计算应纳税所得额时可按实际发生额在税前扣除，并可按 100% 在税前加计扣除。

对非营利科研机构、高等学校接收企业、个人和其他组织机构基础研究资金收入，免征企业所得税。

（三）企业委托境外进行研发活动发生的研发费用的加计扣除

为进一步激励企业加大研发投入，加强创新能力开放合作，对企业委托境外进行研发活动所发生的费用，按照费用实际发生额的 80% 计入委托方的委托境外研发费用。委托境外研发费用不超过境内符合条件的研发费用三分之二的部分，可以按规定在企业所得税前加计扣除。

上述费用实际发生额应按照独立交易原则确定。委托方与受托方存在关联关系的，受托方应向委托方提供研发项目费用支出明细情况。

（四）安置残疾人员及国家鼓励安置的其他就业人员所支付的工资

企业安置残疾人员的，在据实扣除支付给残疾职工工资的基础上，按照支付给残疾职工工资的 100% 加计扣除。残疾人员的范围适用《中华人民共和国残疾人保障法》的有关规定。

企业享受安置残疾职工工资 100% 加计扣除应同时具备如下条件：

（1）依法与安置的每位残疾人签订了 1 年以上（含 1 年）的劳动合同或服务协议，并且安置的每位残疾人在企业实际上岗工作。

（2）为安置的每位残疾人按月足额缴纳了企业所在区县人民政府根据国家政策规定的基本养老保险、基本医疗保险、失业保险和工伤保险等社会保险。

（3）定期通过银行等金融机构向安置的每位残疾人实际支付了不低于企业所在区县适用的经省级人民政府批准的最低工资标准的工资。

（4）具备安置残疾人上岗工作的基本设施。

企业安置国家鼓励安置的其他就业人员所支付工资的加计扣除，由国务院另行规定。

三、创业投资企业优惠

创业投资企业从事国家需要重点扶持和鼓励的创业投资，可以按投资额的一定比例抵扣应纳税所得额。

具体来说，创业投资企业采取股权投资方式投资于未上市的中小型高新技术企业 2 年以上的，可以按照其投资额的 70% 在股权持有满 2 年的当年抵扣该创业投资企业的应纳税所得额；当年不足抵扣的，可以在以后纳税年度结转抵扣。

四、减计收入优惠

企业综合利用资源，生产符合国家产业政策规定的产品所取得的收入，可以在计算应纳税所得额时减计收入。

减计收入，是指企业以《资源综合利用企业所得税优惠目录》规定的资源作为主要原材料，生产国家非限制和非禁止的并符合国家和行业相关标准的产品取得的收入，减按90%计入收入总额。上述所称原材料占生产产品材料的比例不得低于《资源综合利用企业所得税优惠目录》规定的标准。

五、税额抵免优惠

企业购置用于环境保护、节能节水、安全生产等专用设备的投资额，可以按一定比例实行税额抵免。

税额抵免，是指企业购置并实际使用《环境保护专用设备企业所得税优惠目录》《节能节水专用设备企业所得税优惠目录》和《安全生产专用设备企业所得税优惠目录》规定的环境保护、节能节水、安全生产等专用设备的，该专用设备的投资额的10%可以从企业当年的应纳税额中抵免；当年不足抵免的，可以在以后5个纳税年度结转抵免。

享受上述规定的企业所得税优惠的企业，应当实际购置并自身实际投入使用上述规定的专用设备；如果企业购置上述专用设备在5年内转让、出租的，应当停止享受企业所得税的抵免优惠，并补缴已经抵免的企业所得税税款。

六、西部大开发的税收优惠

（一）适用范围

本政策的适用范围包括重庆市、四川省、贵州省、云南省、西藏自治区、陕西省、甘肃省、宁夏回族自治区、青海省、新疆维吾尔自治区、新疆生产建设兵团、内蒙古自治区和广西壮族自治区（上述地区以下统称"西部地区"）。湖南省湘西自治州、湖北省恩施自治州、吉林省延边自治州和江西省赣州市，可以比照西部地区的税收优惠政策执行。

（二）具体内容

（1）对设在西部地区国家鼓励类产业的企业，2021年至2030年，减按15%的税率征收企业所得税。国家鼓励类产业的企业是指以《西部地区鼓励类产业目录（2020年本）》中规定的产业项目为主营业务，其主营业务收入占企业总收入60%以上的企业。

（2）经省级人民政府批准，民族自治地方的企业可以定期减征或免征企业所得税，凡减免税款涉及中央收入100万元（含100万元）以上的，须报国家税务总局批准。

（3）对在西部地区新办交通、电力、水利、邮政、广播电视企业等项目业务收入占企业总收入60%以上的，可以享受企业所得税如下优惠政策：内资企业自开始生产经营之日起享受"两免三减半"政策；外商投资企业经营期达10年以上的，自获利年度起享受"两免三减半"政策。

对实行汇总（合并）纳税企业，应将西部地区的成员企业与西部地区以外的成员企业分开，分别汇总（合并）申报纳税，分别适用税率。

七、海南自贸港的税收优惠

（1）为支持海南自由贸易港建设，对注册在海南自由贸易港并实质性运营的鼓励类产业企业，减按 15% 的税率征收企业所得税。

扩展阅读 6.11 《海南自贸港建设总体方案》国务院公报〔2020〕17号

鼓励类产业企业，是指以海南自由贸易港鼓励类产业目录中规定的产业项目为主营业务，且其主营业务收入占企业收入总额 60% 以上的企业。实质性运营，是指企业的实际管理机构设在海南自由贸易港，并对企业生产经营、人员、账务、财产等实施实质性全面管理和控制。对不符合实质性运营的企业，不得享受优惠。

对总机构设在海南自由贸易港的符合条件的企业，仅就其设在海南自由贸易港的总机构和分支机构的所得，适用 15% 税率；对总机构设在海南自由贸易港以外的企业，仅就其设在海南自由贸易港内的符合条件的分支机构的所得，适用 15% 税率。具体征管办法按照国家税务总局有关规定执行。

（2）对在海南自由贸易港设立的旅游业、现代服务业、高新技术产业企业新增境外直接投资取得的所得，免征企业所得税。新增境外直接投资所得应当符合以下条件：

①从境外新设分支机构取得的营业利润；或从持股比例超过 20%（含）的境外子公司分回的，与新增境外直接投资相对应的股息所得。

②被投资国（地区）的企业所得税法定税率不低于 5%。

（3）对在海南自由贸易港设立的企业，新购置（含自建、自行开发）除房屋、建筑物以外的固定资产或无形资产，单位价值不超过 500 万元（含）的，允许一次性计入当期成本费用在计算应纳税所得额时扣除，不再分年度计算折旧和摊销；新购置（含自建、自行开发）固定资产或无形资产，单位价值超过 500 万元的，可以缩短折旧、摊销年限或采取加速折旧、摊销的方法。

八、其他有关行业的税收优惠

（一）关于鼓励软件产业和集成电路产业发展的优惠政策

（1）国家鼓励的集成电路线宽小于 28 纳米（含），且经营期在 15 年以上的集成电路生产企业或项目，第 1～10 年免征企业所得税；国家鼓励的集成电路线宽小于 65 纳米（含），且经营期在 15 年以上的集成电路生产企业或项目，第 1～5 年免征企业所得税，第 6～10 年按照 25% 的法定税率减半征收企业所得税；国家鼓励的集成电路线宽小于 130 纳米（含），且经营期在 10 年以上的集成电路生产企业或项目，第 1～2 年免征企业所得税，第 3～5 年按照 25% 的法定税率减半征收企业所得税。

对于按照集成电路生产企业享受税收优惠政策的，优惠期自获利年度起计算；对于按照集成电路生产项目享受税收优惠政策的，优惠期自项目取得第一笔生产经营收入所属纳税年度起计算，集成电路生产项目需单独进行会计核算、计算所得，并合理分摊期间费用。

（2）国家鼓励的线宽小于 130 纳米（含）的集成电路生产企业，属于国家鼓励的集成电路生产企业清单年度之前 5 个纳税年度发生的尚未弥补完的亏损，准予向以后年度结转，总结转年限最长不得超过 10 年。

（3）国家鼓励的集成电路设计、装备、材料、封装、测试企业和软件企业，自获利年度起，第 1～2 年免征企业所得税，第 3～5 年按照 25% 的法定税率减半征收企业所得税。

（4）国家鼓励的重点集成电路设计企业和软件企业，自获利年度起，第 1～5 年免征企业所得税，接续年度减按 10% 的税率征收企业所得税。

（二）关于鼓励证券投资基金发展的优惠政策

（1）对证券投资基金从证券市场中取得的收入，包括买卖股票、债券的差价收入，股权的股息、红利收入，债券的利息收入及其他收入，暂不征收企业所得税。

（2）对投资者从证券投资基金分配中取得的收入，暂不征收企业所得税。

（3）对证券投资基金管理人运用基金买卖股票、债券的差价收入，暂不征收企业所得税。

（三）节能服务公司的优惠政策

自 2011 年 1 月 1 日起，对符合条件的节能服务公司实施合同能源管理项目，符合《企业所得税法》有关规定的，自项目取得第一笔生产经营收入所属纳税年度起，享受"三免三减半"的优惠待遇，按照 25% 的法定税率减半征收企业所得税。

（四）从事污染防治的第三方企业的优惠政策

2019 年 1 月 1 日至 2023 年 12 月 31 日，对符合条件的从事污染防治的第三方企业减按 15% 的税率征收企业所得税。第三方防治企业是指受排污企业或政府委托，负责环境污染治理设施（包括自动连续监测设施）运营维护的企业。

第六节　应纳税额的计算

一、居民企业应纳税额的计算

企业的应纳税所得额乘以适用税率，减除依照税法关于税收优惠的规定减免和抵免的税额后的余额，为应纳税额。其计算公式为

$$应纳税额 = 应纳税所得额 \times 税率 - 减免税额 - 抵免税额$$

在实际工作中，应纳税所得额有两种计算方法。

（一）直接计算法

直接计算法，是企业每一纳税年度的收入总额减除不征税收入、免税收入、各项扣除及允许税前弥补的以前年度亏损后的余额，为应纳税所得额。

$$应纳税所得额 = 收入总额 - 不征税收入 - 免税收入 - 扣除项目金额 - 允许弥补亏损$$

（二）间接计算法

间接计算法，是在会计利润总额的基础上，加上或减去按照税法规定调整的项目金额后，即为应纳税所得额。现行企业所得税纳税申报表格式，采用的是间接计算法。其计算公式为

$$应纳税所得额＝会计利润总额＋纳税调整增加额－纳税调整减少额$$

根据上述公式，现举例说明应纳税所得额和应纳税额的计算。

例 6-1：某企业为居民企业，202×年会计资料反映经营情况如下。

（1）销售收入 5 000 万元，销售成本 2 800 万元。

（2）销售费用 770 万元（其中广告费 650 万元）；管理费用 480 万元（其中业务招待费 60 万元）；财务费用 80 万元。

（3）已纳增值税 120 万元，销售税金及附加 60 万元。

（4）营业外收入 80 万元，营业外支出 50 万元（营业外支出中包含通过公益性社会团体向贫困山区捐款 30 万元，支付税收滞纳金 6 万元）。

（5）已计入成本、费用中的实发工资总额 200 万元，拨缴职工工会经费 5 万元、发生职工福利费 31 万元、发生职工教育经费 17 万元。

则该企业 202×年度应纳企业所得税额计算过程如下：

（1）会计利润总额＝5 000＋80－2 800－770－480－80－60－50＝840（万元）

（2）广告费和业务宣传费列支限额＝5 000×15%＝750（万元）

广告费和业务宣传费实际发生额为 650 万元，未超过列支限额，不作调整。

（3）业务招待费列支限额＝5 000×5‰＝25（万元）

业务招待费实际发生额 60 万元的 60% 为 36 万元，已超过列支限额，只允许按限额列支，税金差异额 35 万元应作纳税调整增加。

（4）公益性捐赠支出列支限额＝840×12%＝100.80（万元）

公益性捐赠实际发生额为 30 万元，未超过列支限额，不作调整。

（5）营业外支出中的税收滞纳金不允许在税前扣除，应作纳税调整增加 6 万元。

（6）工会经费列支限额＝200×2%＝4（万元）

工会经费实际发生额为 5 万元，已超过列支限额，应作纳税调整增加 1 万元。

（7）职工福利费列支限额＝200×14%＝28（万元）

职工福利费实际发生额为 31 万元，已超过列支限额，应作纳税调整增加 3 万元。

（8）职工教育经费列支限额＝200×8%＝16（万元）

职工教育经费实际发生额为 17 万元，超过列支限额，应作纳税调整增加 1 万元。

（9）应纳税所得额＝840＋35＋6＋1＋3＋1＝886（万元）

（10）企业 202×年度应纳税额＝886×25%＝221.50（万元）

例 6-2：某工业制造业企业为居民企业，202×年发生经营业务如下：

（1）全年取得主营业务收入 5 600 万元，主营业务成本 4 000 万元。

（2）其他业务收入 800 万元，其他业务成本 694 万元。

（3）取得国债利息收入 40 万元。

（4）缴纳非增值税销售税金及附加费用 300 万元。

（5）发生管理费用 760 万元，其中新技术研究开发费为 160 万元，业务招待费 50 万元。

（6）向非金融机构借款 2,000 万元，计入财务费用的利息 200 万元，同期商业银行贷款利率为 6%。

（7）取得直接投资于其他居民企业的投资性收益 34 万元（已在投资方所在地按 15% 的税率缴纳企业所得税）。

（8）取得营业外收入 100 万元，发生营业外支出 250 万元（其中含公益性捐赠 38 万元）。

要求：计算该公司应纳税额。

（1）会计利润总额 = 5 600 + 800 + 40 + 34 + 100 - 4 000 - 694 - 300 - 760 - 200 - 250 = 370（万元）

（2）国债利息收入免税，应作纳税调整减少 40 万元。

（3）研发费用加计扣除额 = 160 × 100% = 160（万元），制造业企业研发费用适用 100% 加计扣除，应作纳税调整减少 160 万元。

（4）业务招待费列支限额 =（5 600 + 800）× 5‰ = 32（万元）

业务招待费实际发生额 50 万元的 60% 为 30 万元，低于最高列支限额，只允许按 30 万元税前扣除，应作纳税调整增加 20 万元。

（5）借款利息支出准许扣除金额 = 2 000 × 6% = 120（万元），财务费用中超出的 80 万元应作纳税调整增加。

（6）居民企业取得直接投资于境内其他居民企业的投资性收益属于免税收入，应作纳税调整减少 34 万元。

（7）公益性捐赠支出列支限额 = 370 × 12% = 44.40（万元）

公益性捐赠实际发生额为 38 万元，未超过列支限额，可据实列支，不作调整。

（8）应纳税所得额 = 370 - 40 - 160 + 20 + 80 - 34 = 236（万元）

（9）企业 202× 年度应纳税额 = 236 × 25% = 59（万元）

如该企业其他指标符合小型微利企业标准，则按小型微利企业适用税率计税。

二、境外所得抵免税额的计算

国家对企业来自境外所得依法征收所得税时，允许企业将其已在境外缴纳的所得税税额从其应向本国缴纳的所得税税额中抵免。税额抵免是为了避免国际间对同一所得重复征税的一项重要措施，它能保证对同一项所得只征收一次税，能比较彻底地消除国际间重复征税，平衡境外投资所得与境内投资所得的税负，有利于资本的跨国流动，也有利于维护各国的税收管辖权和经济利益。

自 2008 年 1 月 1 日起，居民企业及非居民企业在中国境内设立的机构、场所（以下统称企业）依照《企业所得税法》第 23 条、第 24 条的有关规定，应在其应纳税额中抵免在境外缴纳的所得税额的，按以下规定执行。

企业应按照《企业所得税法》及其《实施条例》、税收协定以及《关于企业境外所得税收抵免有关问题的通知》（财税〔2009〕125 号）及其操作指南的规定，准确计算下列当期与抵免境外所得税有关的项目后，确定当期实际可抵免分国（地区）别的境外所得税税额和抵免限额：

（1）境内所得的应纳税所得额（以下称境内应纳税所得额）和分国（地区）别的境外所得的应纳税所得额（以下称境外应纳税所得额）。

（2）分国（地区）别的可抵免境外所得税税额。

（3）分国（地区）别的境外所得税的抵免限额。

企业不能准确计算上述项目实际可抵免分国（地区）别的境外所得税税额的，在相应国家（地区）缴纳的税收均不得在该企业当期应纳税额中抵免，也不得结转以后年度抵免。

（一）抵免办法

境外税额抵免办法分为直接抵免和间接抵免。

（1）直接抵免。直接抵免是指企业直接作为纳税人就其境外所得在境外缴纳的所得税额在我国应纳税额中抵免。直接抵免主要适用于企业就来源于境外的营业利润所得在境外所缴纳的企业所得税，以及就来源于或发生于境外的股息、红利等权益性投资所得、利息、租金、特许使用费、财产转让等所得在境外被源泉扣缴的预提所得税。

（2）间接抵免。间接抵免是指境外企业就分配股息前的利润缴纳的外国所得税额中由我国居民企业就该项分得的股息性质的所得间接负担的部分，在我国的应纳税额中抵免。间接抵免的适用范围为居民企业从其符合抵免范围规定的境外子公司取得的股息、红利等权益性投资收益所得。

（二）纳税人境外所得的范围

（1）企业应就其按照《企业所得税法实施条例》第7条规定确定的中国境外所得（境外税前所得），按以下规定计算《企业所得税法实施条例》第78条规定的境外应纳税所得额。

①居民企业在境外投资设立不具有独立纳税地位的分支机构，其来源于境外的所得，以境外收入总额扣除与取得境外收入有关的各项合理支出后的余额为应纳税所得额。各项收入、支出按《企业所得税法》及其《实施条例》的有关规定确定。

居民企业在境外投资设立不具有独立纳税地位的分支机构取得的各项境外所得，无论是否汇入中国境内，均应计入该企业所属纳税年度的境外应纳税所得额。

②居民企业应就其来源于境外的股息、红利等权益性投资收益，以及利息、租金、特许权使用费、转让财产等收入，扣除按照《企业所得税法》及其《实施条例》等规定计算与取得该项收入有关的各项合理支出后的余额为应纳税所得额。来源于境外的股息、红利等权益性投资收益，应按被投资方作出利润分配决定的日期确认收入实现；来源于境外的利息、租金、特许权使用费、转让财产等收入，应按有关合同约定应付交易对价款的日期确认收入实现。

③非居民企业在境内设立机构、场所的，应就其发生在境外但与境内所设机构、场所有实际联系的各项应税所得，比照上述第2项的规定计算相应的应纳税所得额。

④在计算境外应纳税所得额时，企业为取得境内、境外所得而在境内、境外发生的共

同支出，与取得境外应税所得有关的、合理的部分，应在境内、境外［分国（地区）别，下同］应税所得之间，按照合理比例进行分摊后扣除。

⑤在汇总计算境外应纳税所得额时，企业在境外同一国家（地区）设立不具有独立纳税地位的分支机构，按照《企业所得税法》及其《实施条例》的有关规定计算的亏损，不得抵减其境内或他国（地区）的应纳税所得额，但可以用同一国家（地区）其他项目或以后年度的所得按规定弥补。

（2）可抵免境外所得税税额，是指企业来源于中国境外的所得依照中国境外税收法律以及相关规定应当缴纳并已实际缴纳的企业所得税性质的税款。但不包括：

①按照境外所得税法律及相关规定属于错缴或错征的境外所得税税款。

②按照税收协定规定不应征收的境外所得税税款。

③因少缴或迟缴境外所得税而追加的利息、滞纳金或罚款。

④境外所得税纳税人或者其利害关系人从境外征税主体得到的实际返还或补偿的境外所得税税款。

⑤按照我国《企业所得税法》及其《实施条例》规定，已经免征我企业所得税的境外所得负担的境外所得税税款。

⑥按照国务院财政、税务主管部门有关规定已经从企业境外应纳税所得额中扣除的境外所得税税款。

（三）适用间接抵免的外国企业持股比例的计算

1. 本层企业所纳税额属于由一家上一层企业负担的税额的计算

居民企业在按照《企业所得税法》第 24 条规定，用境外所得间接负担的税额进行税收抵免时，其取得的境外投资收益实际间接负担的税额，是指根据直接或者间接持股方式合计持股 20%以上（含 20%，下同）的规定层级的外国企业股份，由此应分得的股息、红利等权益性投资收益中，从最低一层外国企业起逐层计算的属于由上一层企业负担的税额，其计算公式如下：

$$本层企业所纳税额属于由一家上一层企业负担的税额 =$$
$$（本层企业就利润和投资收益所实际缴纳的税额 +$$
$$符合本节规定的由本层企业间接负担的税额）×$$
$$本层企业向一家上一层企业分配的股息（红利）÷$$
$$本层企业所得税后利润额$$

2. 多层持股抵免仅限于符合规定持股方式的五层外国企业

根据财政部、国家税务总局《关于完善企业境外所得税收抵免政策问题的通知》（财税〔2017〕84 号）规定，自 2017 年 1 月 1 日起，企业在境外取得的股息所得，在按规定计算企业境外股息所得的可抵免所得税额和抵免限额时，除另有规定外，由居民企业直接或者间接持有 20% 以上股份的外国企业，限于按照规定持股方式确定的五层外国企业。

第一层：单一居民企业直接持有 20%以上股份的外国企业。

第二层至第五层：单一上一层外国企业直接持有 20% 以上股份，且由该企业直接持有或通过一个或多个符合规定持股方式的外国企业间接持有总和达到 20%以上股份的外国企业。

这里应注意的是，财政部、国家税务总局《关于企业境外所得税收抵免有关问题的通知》(财税〔2009〕125 号)原规定多层持股抵免仅限于符合规定持股方式的三层外国企业。企业境外所得税收抵免的其他事项，仍按照财税〔2009〕125 号文件的有关规定执行。

（四）抵免限额的计算

企业可以选择"分国抵免法"[即"分国（地区）不分项"]，或者"综合抵免法"[即"不分国（地区）不分项"]分别计算其来源于境外的应纳税所得额，并按照财税〔2009〕125 号文件第 8 条规定的税率，分别计算其可抵免境外所得税税额和抵免限额。上述方式一经选择，5 年内不得改变。

1. 分国抵免法

企业应按照《企业所得税法》及其《实施条例》和财税〔2009〕125 号文件通知的有关规定分国（地区）别计算境外税额的抵免限额。

$$某国（地区）所得税抵免限额 =$$
$$中国境内、境外所得依照企业所得税法及实施条例的规定计算的应纳税总额 \times$$
$$来源于某国（地区）的应纳税所得额 \div 中国境内、境外应纳税所得总额$$

据以计算上述公式中"中国境内、境外所得依照企业所得税法及实施条例的规定计算的应纳税总额"的税率，除国务院财政、税务主管部门另有规定外，应为《企业所得税法》第 4 条第 1 款规定的税率。

企业按照《企业所得税法》及其《实施条例》和本通知的有关规定计算的当期境内、境外应纳税所得总额小于零的，应以零计算当期境内、境外应纳税所得总额，其当期境外所得税的抵免限额也为零。

在计算实际应抵免的境外已缴纳和间接负担的所得税税额时，企业在境外一国（地区）当年缴纳和间接负担的符合规定的所得税税额低于所计算的该国（地区）抵免限额的，应以该项税额作为境外所得税抵免额从企业应纳税总额中据实抵免；超过抵免限额的，当年应以抵免限额作为境外所得税抵免额进行抵免，超过抵免限额的余额允许从次年起在连续5 个纳税年度内，用每年度抵免限额抵免当年应抵税额后的余额进行抵补。

2. 综合抵免法

根据财税〔2017〕84 号《关于完善企业境外所得税收抵免政策问题的通知》的规定，企业也可实行综合抵免法，对同时在多个国家投资的企业统一计算抵免限额。计算公式如下：

$$企业境外所得税抵免限额 = 中国境内、境外所得依照企业所得税法及实施条例的规定$$
$$计算的应纳税总额 \times 来源于境外的应纳税所得额 \div 中国境内、境外应纳税所得总额$$

当企业选择采用不同于以前年度的方式计算可抵免境外所得税税额和抵免限额时，对该企业以前年度按照财税〔2009〕125 号文件规定没有抵免完的余额，可在税法规定结转的剩余年限内，按新方式计算的抵免限额中继续结转抵免。

（五）适用简易办法计算抵免

属于下列情形的，可以采取简易办法对境外所得已纳税额计算抵免。

（1）企业从境外取得营业利润所得及符合境外税额间接抵免条件的股息所得，虽有所得来源国（地区）政府机关核发的具有纳税性质的凭证或证明，但因客观原因无法真实、准确地确认应当缴纳并已经实际缴纳的境外所得税税额的，除就该企业所得直接缴纳及间接负担的税额在所得来源国（地区）的实际有效税率低于我国《企业所得税法》第4条第1款规定税率50%以上的外，可按境外应纳税所得额的12.5%作为抵免限额，企业按该国（地区）税务机关或政府机关核发的具有纳税性质凭证或证明的金额，其不超过抵免限额的部分，准予抵免；超过的部分不得抵免。

扩展阅读 6.12　财税〔2017〕84号完善企业境外所得税收抵免政策的背景与意义

属于规定以外的股息、利息、租金、特许权使用费、转让财产等投资性所得，均应按财税〔2009〕125号文件通知的其他规定计算境外税额抵免。

（2）企业从境外取得营业利润所得及符合境外税额间接抵免条件的股息所得，凡就该所得缴纳及间接负担的税额在所得来源国（地区）的法定税率且其实际有效税率明显高于我国的，可直接以按财税〔2009〕125号文件通知规定计算的境外应纳税所得额和我国《企业所得税法》规定的税率计算的抵免限额作为可抵免的已在境外实际缴纳的企业所得税税额。法定税率明显高于我国的具体国家（地区）白名单为美国、阿根廷、布隆迪、喀麦隆、古巴、法国、日本、摩洛哥、巴基斯坦、赞比亚、科威特、孟加拉国、叙利亚、约旦、老挝。财政部、国家税务总局可根据实际情况适时对名单进行调整。

属于规定以外的股息、利息、租金、特许权使用费、转让财产等投资性所得，均应按财税〔2009〕125号文件通知的其他规定计算境外税额抵免。

（六）境外分支机构与我国对应纳税年度的确定

企业在境外投资设立不具有独立纳税地位的分支机构，其计算生产、经营所得的纳税年度与我国规定的纳税年度不一致的，与我国纳税年度当年度相对应的境外纳税年度，应为在我国有关纳税年度中任何一日结束的境外纳税年度。所称不具有独立纳税地位，是指根据企业设立地法律不具有独立法人地位或者按照税收协定规定不认定为对方国家（地区）的税收居民。

企业取得上款以外的境外所得实际缴纳或间接负担的境外所得税，应在该项境外所得实现日所在的我国对应纳税年度的应纳税额中计算抵免。

（七）境外所得抵免时应纳所得税额的计算

企业抵免境外所得税额后实际应纳所得税额的计算公式为

$$企业实际应纳所得税额 = 企业境内外所得应纳税总额 -$$
$$企业所得税减免、抵免优惠税额 - 境外所得税抵免额$$

企业取得来源于中国香港、澳门、台湾地区的应税所得，参照财税〔2009〕125号执行。中华人民共和国政府同外国政府订立的有关税收的协定与财税〔2009〕125 号有不同规定的，依照协定的规定办理。

例 6-3：公司 202× 年度境内应纳税所得额为 100 万元，适用 25% 的公司所得税税率。另外，该公司分别在 A、B 两国设有分支机构（我国与 A、B 两国已经缔结避免双重征税协定），在 A 国分支机构的应纳税所得额为 50 万元，A 国税率为 20%；在 B 国的分支机构的应纳税所得额为 30 万元，B 国税率为 30%。假设该公司在 A、B 两国所得按我国税法计算的应纳税所得额和按 A、B 两国税法计算的应纳税所得额一致，两个分支机构在 A、B 两国分别缴纳了 10 万元和 9 万元的公司所得税。

要求：计算该公司汇总时在我国应缴纳的公司所得税税额。

（1）该公司按我国税法计算的境内、境外所得的应纳税额

应纳税额 =（100 + 50 + 30）× 5% = 45（万元）

（2）A、B 两国的扣除限额

A 国扣除限额 = 50 × 25% = 12.5（万元）

B 国扣除限额 = 30 × 25% = 7.5（万元）

在 A 国缴纳的所得税为 10 万元，低于扣除限额 12.5 万元，可全额扣除。

在 B 国缴纳的所得税为 9 万元，高于扣除限额 7.5 万元，其超过扣除限额的部分 1.5 万元当年不能扣除。

（3）汇总时在我国应缴纳的所得税 = 45 − 10 − 7.5 = 27.5（万元）

纳税人来源于境外所得在境外实际缴纳的税款，低于按上述公式计算的扣除限额的，可以从应纳税额中按实扣除；超过扣除限额的，其超过部分不得在本年度的应纳税额中扣除。可见，此处也应用到了"孰低原则"，即将企业在境外实际缴纳的税款与计算出的该国抵免限额相比较，以其中较小者在汇总纳税时实际扣除。

三、居民企业核定征收应纳税额的计算

为了加强企业所得税征收管理，规范核定征收企业所得税工作，保障国家税款及时足额入库，维护纳税人合法权益，根据《企业所得税法》及其《实施条例》、《税收征收管理法》及其《实施细则》的有关规定，明确了居民企业核定征收应纳税额的办法。

（一）核定征收应纳税额的范围

居民企业纳税人具有下列情形之一的，依法核定征收企业所得税：

（1）依照法律、行政法规的规定可以不设置账簿的。

（2）依照法律、行政法规的规定应当设置但未设置账簿的。

（3）擅自销毁账簿或者拒不提供纳税资料的。

（4）虽设置账簿，但账目混乱或者成本资料、收入凭证、费用凭证残缺不全，难以查账的。

（5）发生纳税义务，未按照规定的期限办理纳税申报，经税务机关责令限期申报，逾期仍不申报的。

（6）申报的计税依据明显偏低，又无正当理由的。

（二）不适用核定征收办法的特定纳税人

特殊行业、特殊类型的纳税人和具有一定规模以上的纳税人不适用核定征收办法。上述"特定纳税人"包括以下类型的企业：

（1）专门从事股权（股票）投资业务的企业。

（2）汇总纳税企业。

（3）上市公司。

（4）金融企业。如银行、信用社、小额贷款公司、保险公司、证券公司、期货公司、信托投资公司、金融资产管理公司、融资租赁公司、担保公司、财务公司、典当公司等。

（5）鉴证类社会中介机构。如会计、审计、资产评估、税务、房地产估价、土地估价、工程造价、律师、价格鉴证、公证机构、基层法律服务机构、专利代理、商标代理以其他经济鉴证类社会中介机构。

（6）国家税务总局规定的其他企业。

对上述规定外的企业，主管税务机关要严格按照规定的范围和标准确定企业所得税的征收方式，不得违规扩大核定征收企业所得税范围；对其中达不到查账征收条件的企业实行核定征收企业所得税，并督促其完善会计核算和财务管理，待达到查账征收条件后要及时转为查账征收。

（三）核定征收的办法

税务机关应根据纳税人具体情况，对核定征收企业所得的纳税人，核定应税所得率或者核定应纳所得税额。

1. 具有下列情形之一的，核定其应税所得率

（1）能正确核算（查实）收入总额，但不能正确核算（查实）成本费用总额的；

（2）能正确核算（查实）成本费用总额，但不能正确核算（查实）收入总额的；

（3）通过合理方法，能计算和推定纳税人收入总额或成本费用总额的。

2. 纳税人不属于以上情形的，核定其应纳所得税额

税务机关采用下列方法核定征收企业所得税：

（1）参照当地同类行业或者类似行业中经营规模和收入水平相近的纳税人的税负水平核定。

（2）按照应税收入额或成本费用支出额定率核定。

（3）按照耗用的原材料、燃料、动力等推算或测算核定。

（4）按照其他合理方法核定。

采用前款所列一种方法不足以正确核定应纳税所得额或应纳税额的，可以同时采用两种以上的方法核定。两种以上方法测算的应纳税额不一致时，可从高核定。

采用应税所得率方式核定征收企业所得税的，应纳所得税额计算公式如下：

$$应纳所得税额 = 应纳税所得额 \times 适用税率$$
$$应纳税所得额 = 应税收入额 \times 应税所得率$$

或

$$应纳税所得额 = 成本（费用）支出额 / （1 - 应税所得率） \times 应税所得率$$

实行应税所得率方式核定征收企业所得税的纳税人，经营多业的，无论其经营项目是否单独核算，均由税务机关根据其主营项目确定适用的应税所得率。

主营项目应为纳税人所有经营项目中，收入总额或者成本（费用）支出额或者耗用原材料、燃料、动力数量所占比重最大的项目。

应税所得率按表 6-2 规定的幅度标准确定。

表 6-2　应税所得率

行　　业	应税所得率（%）
1. 农、林、牧、渔业	3～10
2. 制造业	5～15
3. 批发和零售贸易业	4～15
4. 交通运输业	7～15
5. 建筑业	8～20
6. 饮食业	8～25
7. 娱乐业	15～30
8. 其他行业	10～30

纳税人的生产经营范围、主营业务发生重大变化，或者应纳税所得额或应纳税额增减变化达到 20% 的，应及时向税务机关申报调整已确定的应纳税额或应税所得率。

税务机关应在每年 6 月底前对上年度实行核定征收企业所得税的纳税人进行重新鉴定。在重新鉴定工作完成前，纳税人可暂时按上年度的核定征收方式预缴企业所得税；重新鉴定工作完成后，按重新鉴定的结果进行调整。

主管税务机关应当分类逐户公示核定的应纳所得税额或应税所得率。纳税人对税务机关确定的企业所得税征收方式、核定的应纳所得税额或应税所得率有异议的，应当提供合法、有效的相关证据，经税务机关核实认定后调整有异议的事项。

（四）跨境电子商务综合试验区核定征收企业所得税的办法

自 2020 年 1 月 1 日起，为支持跨境电子商务健康发展，推动外贸模式创新，对经国务院批准的跨境电子商务综合试验区（以下简称"综试区"）内的跨境电子商务零售出口企业（以下简称"跨境电商企业"）核定征收企业所得税。

（1）综试区内的跨境电商企业，同时符合下列条件的，试行核定征收企业所得税办法：

①在综试区注册，并在注册地跨境电子商务线上综合服务平台登记出口货物日期、名称、计量单位、数量、单价、金额的。

②出口货物通过综试区所在地海关办理电子商务出口申报手续的。

③出口货物未取得有效进货凭证，其增值税、消费税享受免税政策的。

（2）综试区内核定征收的跨境电商企业应准确核算收入总额，并采用应税所得率方式核定征收企业所得税。应税所得率统一按照 4% 确定。

（3）综试区内实行核定征收的跨境电商企业符合小型微利企业优惠政策条件的，可享受小型微利企业所得税优惠政策；其取得的收入属于《中华人民共和国企业所得税法》第

26 条规定的免税收入的，可享受免税收入优惠政策。

第七节　特别纳税调整

随着我国对外开放的程度不断深入和扩大，跨国投资日益增多，有的跨国企业为谋求集团利益最大化，往往利用境内外税收制度的差异和境内不同地区间税收优惠的差异等进行税收套利，即通过集团内部关联交易的转让定价、资本弱化等多种方式将利润转移到国内外的税收洼地。企业避税行为侵蚀我国税基，损害我国税收权益，蚕食合资企业中方资产，影响税收调控作用，扭曲市场机制，不利于促进公平竞争，危害十分严重。反避税工作是国家税务管理的重要内容，也是世界各国税务管理机关维护国家税收主权和税收利益的主要手段之一。《企业所得税法》特别纳税调整的规定，为进一步完善转让定价制度，有效遏制各种避税行为提供了必要的法律依据。

一、特别纳税调整的概念

（一）一般纳税调整与特别纳税调整

特别纳税调整是相对于一般纳税调整而言的。

一般纳税调整是指按照税法规定在计算应纳税所得额时，如果企业财务会计处理办法同税收法律、行政法规的规定不一致，应当依照税收法律、行政法规的规定计算纳税所作的税务调整，并据此重新计算纳税，如国债利息收入，会计上作为收益处理，而按照税法规定作为免税收入，在计算缴纳企业所得税时需作纳税调整。

扩展阅读 6.13 《特别纳税调查调整及相互协商程序管理办法》国家税务总局公告〔2017〕6 号

特别纳税调整是指税务机关出于反避税目的而对纳税人特定纳税事项所作的税务调整，包括具体反避税条款和一般反避税条款：

（1）具体反避税条款，即针对纳税人最常用的关联交易转移定价（《企业所得税法》第 41～44 条）、受控外国企业（《企业所得税法》第 45 条）、资本弱化（《企业所得税法》第 46 条）这 3 种经典避税方式的反避税措施。

（2）一般反避税条款（《企业所得税法》第 47 条）是针对未来企业可能出现的新避税方式的兜底性反避税条款。

（二）特别纳税调整的具体内容

为贯彻落实《企业所得税法》及其《实施条例》，规范和加强特别纳税调整管理，国家税务总局制定了《特别纳税调整实施办法（试行）》（国税发〔2009〕2 号），适用于税务机关对企业的转让定价、预约定价安排、成本分摊协议、受控外国企业、资本弱化及一般反避税等特别纳税调整事项的管理。根据反避税工作的实际需要，国家税务总局又陆续颁布了一系列部门规章，对《特别纳税调整实施办法（试行）》部分内容进行修订完善。

（1）转让定价管理。转让定价管理是指税务机关按照《企业所得税法》第 6 章的规定，对企业与其关联方之间的业务往来（以下简称关联交易）是否符合独立交易原则进行审核评估和调查调整等工作的总称。

（2）预约定价安排管理。预约定价安排管理是指税务机关按照《企业所得税法》第 42 条的规定，对企业提出的未来年度关联交易的定价原则和计算方法进行审核评估，并与企业协商达成预约定价安排等工作的总称。

（3）成本分摊协议管理。成本分摊协议管理是指税务机关按照《企业所得税法》第 41 条第 2 款的规定，对企业与其关联方签署的成本分摊协议是否符合独立交易原则进行审核评估和调查调整等工作的总称。

（4）受控外国企业管理。受控外国企业管理是指税务机关按照《企业所得税法》第 45 条的规定，对受控外国企业不作利润分配或减少分配进行审核评估和调查，并对归属于中国居民企业所得进行调整等工作的总称。

（5）资本弱化管理。资本弱化管理是指税务机关按照《企业所得税法》第 46 条的规定，对企业接受关联方债权性投资与企业接受的权益性投资的比例是否符合规定比例或独立交易原则进行审核评估和调查调整等工作的总称。

（6）一般反避税管理。一般反避税管理是指税务机关按照《企业所得税法》第 47 条的规定，对企业实施其他不具有合理商业目的的安排而减少其应纳税收入或所得额进行审核评估和调查调整等工作的总称。

二、企业关联交易的税务处理

（一）关联交易的基本规定

企业与其关联方之间的业务往来，不符合独立交易原则而减少企业或者其关联方应纳税收入或者所得额的，税务机关有权按照合理方法调整。企业与其关联方共同开发、受让无形资产，或者共同提供、接受劳务发生的成本，在计算应纳税所得额时应当按照独立交易原则进行分摊。所谓独立交易原则，是指没有关联关系的交易各方，按照公平成交价格和营业常规进行业务往来遵循的原则。

（二）关联申报与同期资料管理

实行查账征收的居民企业和在中国境内设立机构、场所并据实申报缴纳企业所得税的非居民企业向税务机关报送年度企业所得税纳税申报表时，应当就其与关联方之间的业务往来进行关联申报，附送《中华人民共和国企业年度关联业务往来报告表（2016 年版）》。

1. 关联关系的认定

企业与其他企业、组织或者个人具有下列关系之一的，构成关联关系。

（1）一方直接或者间接持有另一方的股份总和达到 25% 以上；双方直接或者间接同为第三方，所持有的股份达到 25% 以上。

如果一方通过中间方对另一方间接持有股份，只要其对中间方持股比例达到 25% 以上，则其对另一方的持股比例按照中间方对另一方的持股比例计算。

两个以上具有夫妻、直系血亲、兄弟姐妹及其他抚养、赡养关系的自然人共同持股同一企业，在判定关联关系时将持股比例合并计算。

（2）双方存在持股关系或者同为第三方持股，虽持股比例未达到本条第（1）项规定，但双方之间借贷资金总额占任一方实收资本比例达到50%以上，或者一方全部借贷资金总额的10%以上由另一方担保（与独立金融机构之间的借贷或者担保除外）。

借贷资金总额占实收资本比例＝年度加权平均借贷资金÷年度加权平均实收资本

年度加权平均借贷资金＝i笔借入或者贷出资金账面金额×

i笔借入或者贷出资金年度实际占用天数/365

年度加权平均实收资本＝i笔实收资本账面金额×

i笔实收资本年度实际占用天数/365

（3）双方存在持股关系或者同为第三方持股，虽持股比例未达到第（1）项规定，但一方的生产经营活动必须由另一方提供专利权、非专利技术、商标权、著作权等特许权才能正常进行。

（4）双方存在持股关系或者同为第三方持股，虽持股比例未达到第（1）项规定，但一方的购买、销售、接受劳务、提供劳务等经营活动由另一方控制。上述控制是指一方有权决定另一方的财务和经营政策，并能据以从另一方的经营活动中获取利益。

（5）一方半数以上董事或者半数以上高级管理人员（包括上市公司董事会秘书、经理、副经理、财务负责人和公司章程规定的其他人员）由另一方任命或者委派，或者同时担任另一方的董事或者高级管理人员；或者双方各自半数以上董事或者半数以上高级管理人员同为第三方任命或者委派。

（6）具有夫妻、直系血亲、兄弟姐妹以及其他抚养、赡养关系的两个自然人分别与双方具有第（1）至（5）项关系之一。

（7）双方在实质上具有其他共同利益。

除上述第（2）项规定外，上述关联关系年度内发生变化的，关联关系按照实际存续期间认定。仅因国家持股或者由国有资产管理部门委派董事、高级管理人员而存在上述第（1）至（5）项关系的，不构成关联关系。

2. 同期资料管理

企业应当按纳税年度准备并按税务机关要求提供其关联交易的同期资料。

同期资料包括主体文档、本地文档和特殊事项文档。

（三）关联交易的主要类型

关联交易的类型主要包括以下5种。其转移定价难易程度见图6-1。

（1）有形资产使用权或者所有权的转让。有形资产包括商品、产品、房屋建筑物、交通工具、机器设备、工具器具等。

（2）金融资产的转让。金融资产包括应收账款、应收票据、其他应收款项、股权投资、债权投资和衍生金融工具形成的资产等。

（3）无形资产使用权或者所有权的转让。无形资产包括专利权、非专利技术、商业秘密、商标权、品牌、客户名单、销售渠道、特许经营权、政府许可、著作权等。

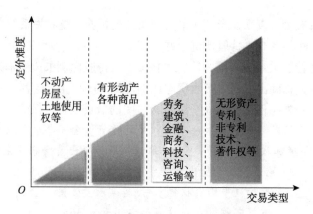

图 6-1　转移定价难易程度对比图

（4）资金融通。资金包括各类长短期借贷资金（含集团资金池）、担保费、各类应计息预付款和延期收付款等。

（5）劳务交易。劳务包括市场调查、营销策划、代理、设计、咨询、行政管理、技术服务、合约研发、维修、法律服务、财务管理、审计、招聘、培训、集中采购等。

（四）转让定价调查及调整

税务机关有权依据《税收征收管理法》及其《实施细则》有关税务检查的规定，确定调查企业，进行转让定价调查、调整。被调查企业必须据实报告其关联交易情况，并提供相关资料，不得拒绝或隐瞒。税务机关实施特别纳税调查，应当重点关注具有以下风险特征的企业：

（1）关联交易金额较大或者类型较多。

（2）存在长期亏损、微利或者跳跃性盈利。

（3）低于同行业利润水平。

（4）利润水平与其所承担的功能风险不匹配，或者分享的收益与分摊的成本不匹配。

（5）与低税国家（地区）关联方发生关联交易。

（6）未按照规定进行关联申报或者准备同期资料。

（7）从其关联方接受的债权性投资与权益性投资的比例超过规定标准。

（8）由居民企业，或者由居民企业和中国居民控制的设立在实际税负低于12.5%的国家（地区）的企业，并非由于合理的经营需要而对利润不作分配或者减少分配。

（9）实施其他不具有合理商业目的的税收筹划或者安排。

实际税负相同的境内关联方之间的交易，只要该交易没有直接或间接导致国家总体税收收入的减少，原则上不作转让定价调查、调整。

税务机关对企业实施转让定价纳税调整后，应自企业被调整的最后年度的下一年度起5年内实施跟踪管理。在跟踪管理期内，企业应在跟踪年度的次年6月20日之前向税务机关提供跟踪年度的同期资料，税务机关根据同期资料和纳税申报资料进行重点分析、评估。

（五）转让定价方法

税务机关应当在可比性分析的基础上，选择合理的转让定价方法，对企业关联交易进行分析评估。转让定价方法包括可比非受控价格法、再销售价格法、成本加成法、交易净利润法、利润分割法及其他符合独立交易原则的方法。

1. 可比非受控价格法

可比非受控价格法以非关联方之间进行的与关联交易相同或者类似业务活动所收取的价格作为关联交易的公平成交价格。可比非受控价格法可以适用于所有类型的关联交易。

可比非受控价格法的可比性分析，应当按照不同交易类型，特别考察关联交易与非关联交易中交易资产或者劳务的特性、合同条款、经济环境和经营策略上的差异。关联交易与非关联交易在以上方面存在重大差异的，应当就其差异对价格的影响进行合理调整，无法合理调整的，应当选择其他合理的转让定价方法。

2. 再销售价格法

再销售价格法以关联方购进商品，再销售给非关联方的价格减去可比非关联交易毛利后的金额，作为关联方购进商品的公平成交价格。其计算公式如下

公平成交价格＝再销售给非关联方的价格×（1－可比非关联交易毛利率）

可比非关联交易毛利率＝可比非关联交易毛利÷可比非关联交易收入净额×100%

再销售价格法一般适用于再销售者未对商品进行改变外形、性能、结构或者更换商标等实质性增值加工的简单加工或者单纯购销业务。

再销售价格法的可比性分析，应当特别考察关联交易与非关联交易中企业执行的功能、承担的风险、使用的资产和合同条款上的差异，以及影响毛利率的其他因素，具体包括营销、分销、产品保障及服务功能，存货风险，机器、设备的价值及使用年限，无形资产的使用及价值，有价值的营销型无形资产，批发或者零售环节，商业经验，会计处理及管理效率等。关联交易与非关联交易在以上方面存在重大差异的，应当就该差异对毛利率的影响进行合理调整，无法合理调整的，应当选择其他合理的转让定价方法。

3. 成本加成法

成本加成法以关联交易发生的合理成本加上可比非关联交易毛利后的金额作为关联交易的公平成交价格。其计算公式如下

公平成交价格＝关联交易发生的合理成本×（1＋可比非关联交易成本加成率）

可比非关联交易成本加成率＝可比非关联交易毛利÷可比非关联交易成本×100%

成本加成法一般适用于有形资产使用权或者所有权的转让、资金融通、劳务交易等关联交易。

成本加成法的可比性分析，应当特别考察关联交易与非关联交易中企业执行的功能、承担的风险、使用的资产和合同条款上的差异，以及影响成本加成率的其他因素，具体包括制造、加工、安装及测试功能，市场及汇兑风险，机器、设备的价值及使用年限，无形资产的使用及价值，商业经验，会计处理，生产及管理效率等。关联交易与非关联交易在

以上方面存在重大差异的，应当就该差异对成本加成率的影响进行合理调整，无法合理调整的，应当选择其他合理的转让定价方法。

4. 交易净利润法

交易净利润法以可比非关联交易的利润指标确定关联交易的利润。利润指标包括息税前利润率、完全成本加成率、资产收益率、贝里比率等。具体计算公式如下：

（1）息税前利润率 = 息税前利润 ÷ 营业收入 × 100%

（2）完全成本加成率 = 息税前利润 ÷ 完全成本 × 100%

（3）资产收益率 = 息税前利润 ÷ [（年初资产总额 + 年末资产总额）÷ 2] × 100%

（4）贝里比率 = 毛利 ÷（营业费用 + 管理费用）× 100%

利润指标的选取应当反映交易各方执行的功能、承担的风险和使用的资产。利润指标的计算以企业会计处理为基础，必要时可以对指标口径进行合理调整。

交易净利润法一般适用于不拥有重大价值无形资产企业的有形资产使用权或者所有权的转让和受让、无形资产使用权受让及劳务交易等关联交易。

交易净利润法的可比性分析，应当特别考察关联交易与非关联交易中企业执行的功能、承担的风险和使用的资产，经济环境上的差异，以及影响利润的其他因素，具体包括行业和市场情况，经营规模，经济周期和产品生命周期，收入、成本、费用和资产在各交易间的分配，会计处理及经营管理效率等。关联交易与非关联交易在以上方面存在重大差异的，应当就该差异对交易净利润的影响进行合理调整，无法合理调整的，应当选择其他合理的转让定价方法。

5. 利润分割法

利润分割法根据企业与其关联方对关联交易合并利润（实际或者预计）的贡献计算各自应当分配的利润额。利润分割法主要包括一般利润分割法和剩余利润分割法。

一般利润分割法通常根据关联交易各方所执行的功能、承担的风险和使用的资产，采用符合独立交易原则的利润分割方式，确定各方应当取得的合理利润；当难以获取可比交易信息但能合理确定合并利润时，可以结合实际情况考虑与价值贡献相关的收入、成本、费用、资产、雇员人数等因素，分析关联交易各方对价值作出的贡献，将利润在各方之间进行合理分配。

剩余利润分割法将关联交易各方的合并利润减去分配给各方的常规利润后的余额作为剩余利润，再根据各方对剩余利润的贡献程度进行分配。

利润分割法一般适用于企业及其关联方均对利润创造具有独特贡献，业务高度整合且难以单独评估各方交易结果的关联交易。利润分割法的适用应当体现利润在经济活动发生地和价值创造地征税的基本原则。

利润分割法的可比性分析，应当特别考察关联交易各方执行的功能、承担的风险和使用的资产，收入、成本、费用和资产在各方之间的分配，成本节约、市场溢价等地域特殊因素，以及其他价值贡献因素，确定各方对剩余利润贡献所使用的信息和假设条件的可靠性等。

6. 其他符合独立交易原则的方法

其他符合独立交易原则的方法包括成本法、市场法和收益法等资产评估方法，以及其他能够反映利润与经济活动发生地和价值创造地相匹配原则的方法。

成本法是以替代或者重置原则为基础，通过在当前市场价格下创造一项相似资产所发生的支出，确定其评估标的价值的评估方法。成本法适用于能够被替代的资产价值评估。

市场法是利用市场上相同或者相似资产的近期交易价格，经过直接比较或者类比分析以确定评估标的价值的评估方法。市场法适用于在市场上能找到与评估标的相同或者相似的非关联可比交易信息时的资产价值评估。

收益法是通过评估标的未来预期收益现值来确定其价值的评估方法。收益法适用于对企业整体资产和可预期未来收益的单项资产评估。

三、预约定价安排管理

预约定价安排，是指企业就其未来年度关联交易的定价原则和计算方法，向税务机关提出申请，与税务机关按照独立交易原则协商、确认后达成的协议。预约定价安排的谈签与执行经过预备会谈、谈签意向、分析评估、正式申请、协商签署和监控执行 6 个阶段。预约定价安排包括单边、双边和多边 3 种类型。

（一）预约定价安排适用范围

预约定价安排一般适用于主管税务机关向企业送达接收其谈签意向的《税务事项通知书》之日所属纳税年度前 3 个年度每年度发生的关联交易金额 4 000 万元人民币以上的企业。税企达成的预约定价安排适用于主管税务机关向企业送达接收其谈签意向的《税务事项通知书》之日所属纳税年度起 3 个至 5 个年度的关联交易。

企业以前的年度关联交易与预约定价安排适用于年度相同或者类似的关联交易，经企业申请，税务机关可以将预约定价安排确定的定价原则和计算方法追溯适用于以前年度该关联交易的评估和调整。追溯期最长为 10 年。

预约定价安排的谈签不影响税务机关对企业不适用预约定价安排的年度及关联交易的特别纳税调查调整和监控管理。

（二）预约定价安排的预备会谈

企业有谈签预约定价安排意向的，应当向税务机关书面提出预备会谈申请。税务机关可以与企业开展预备会谈。

单边预约定价安排预备会谈期间，企业应当就以下内容作出简要说明：①预约定价安排的适用年度；②预约定价安排涉及的关联方及关联交易；③企业及其所属企业集团的组织结构和管理架构；④企业最近 3 个至 5 个年度生产经营情况、同期资料等；预约定价安排涉及各关联方功能和风险的说明，包括功能和风险划分所依据的机构、人员、费用、资产等；市场情况的说明，包括行业发展趋势和竞争环境等；⑤是否存在成本节约、市场溢价等地域特殊优势；⑥预约定价安排是否追溯适用以前年度；⑦其他需要说明的情况。

企业申请双边或者多边预约定价安排的，说明内容还应当包括：①向税收协定缔约对方税务主管当局提出预约定价安排申请的情况；②预约定价安排涉及的关联方最近 3 个～5 个年度生产经营情况及关联交易情况；③是否涉及国际重复征税及其说明。

（三）预约定价安排的谈签意向

税务机关和企业在预备会谈期间达成一致意见的，主管税务机关向企业送达同意其提交谈签意向的《税务事项通知书》。企业收到《税务事项通知书》后向税务机关提出谈签意向。

（四）预约定价安排的分析评估

当企业提交谈签意向后，税务机关应当分析预约定价安排申请草案的内容，评估其是否符合独立交易原则。根据分析评估的具体情况可以要求企业补充提供有关资料。

（五）预约定价安排的正式申请与协商签署

税务机关应当在分析评估的基础上形成协商方案，并据此开展协商签署工作。

（1）主管税务机关与企业开展单边预约定价安排协商，协商达成一致的，拟定单边预约定价安排文本，双方的法定代表人或者法定代表人授权的代表签署单边预约定价安排。

（2）国家税务总局与税收协定缔约的税务主管当局开展双边或者多边预约定价安排协商，协商达成一致的，拟定双边或者多边预约定价安排文本，双方或者多方税务主管当局授权的代表签署双边或者多边预约定价安排。国家税务总局应当将预约定价安排转发主管税务机关。主管税务机关应当向企业送达《税务事项通知书》，附送预约定价安排，并做好执行工作。

（六）预约定价安排的监控执行与期满续签

税务机关应当监控预约定价安排的执行情况。

预约定价安排执行期间，主管税务机关与企业发生分歧的，双方应当进行协商。协商不能解决的，可以报上一级税务机关协调；涉及双边或者多边预约定价安排的，必须呈报国家税务总局协调。对上一级税务机关或者国家税务总局的决定，下一级税务机关应当予以执行。企业仍不能接受的，可以终止预约定价安排的执行。

没有按照规定的权限和程序签署预约定价安排，或者税务机关发现企业隐瞒事实的，应当认定预约定价安排自始无效，并向企业送达《税务事项通知书》，说明原因；发现企业拒不执行预约定价安排或者存在违反预约定价安排的其他情况，可以视情况进行处理，直至终止预约定价安排。

预约定价安排执行期满后自动失效。企业申请续签的，应当在预约定价安排执行期满前 90 日内向税务机关提出续签申请，报送《预约定价安排续签申请书》，并提供执行现行预约定价安排情况的报告，报告包括现行预约定价安排所述事实和经营环境是否发生实质性变化的说明材料及续签预约定价安排年度的预测情况等相关资料。

四、成本分摊协议管理

（一）成本分摊协议的适用范围

企业与其关联方签署成本分摊协议，共同开发、受让无形资产，或者共同提供、接受劳务，应符合相关成本分摊协议管理的规定。

（1）成本分摊协议的参与方对开发、受让的无形资产或参与的劳务活动享有受益权，并承担相应的活动成本。关联方承担的成本应与非关联方在可比条件下为获得上述受益权而支付的成本相一致。参与方使用成本分摊协议所开发或受让的无形资产无须另支付特许权使用费。

（2）企业对成本分摊协议所涉及无形资产或劳务的受益权应有合理的、可计量的预期收益，且以合理商业假设和营业常规为基础。

涉及劳务的成本分摊协议一般适用于集团采购和集团营销策划。

（二）成本分摊协议的报送与后续管理

（1）企业应与关联方签订（变更）成本分摊协议之日起 30 日内，向主管税务机关报送成本分摊协议副本，并在年度企业所得税纳税申报时，附送《中华人民共和国企业年度关联业务往来报告表》。

（2）税务机关应当加强成本分摊协议的后续管理，对不符合独立交易原则和成本与收益相匹配原则的成本分摊协议，实施特别纳税调查调整。

对于符合独立交易原则的成本分摊协议，有关税务处理如下：①企业按照协议分摊的成本，应在协议规定的各年度税前扣除；②涉及补偿调整的，应在补偿调整的年度计入应纳税所得额；③涉及无形资产的成本分摊协议，加入支付、退出补偿或终止协议时对协议成果分配的，应按资产购置或处置的有关规定处理。

企业与其关联方签署成本分摊协议，有下列情形之一的，须自行分摊成本不得税前扣除：不具有合理商业目的和经济实质；不符合独立交易原则；没有遵循成本与收益配比原则；未按有关规定备案或准备、保存和提供有关成本分摊协议的同期资料；自签署成本分摊协议之日起经营期限少于 20 年。

企业执行成本分摊协议期间，参与方实际分享的收益与分摊的成本不配比的，应当根据实际情况做出补偿调整。参与方未做补偿调整的，税务机关应当实施特别纳税调查调整。

五、受控外国企业管理

受控外国企业是根据《企业所得税法》第 45 条的规定，由居民企业，或者由居民企业和居民个人（以下统称中国居民股东，包括中国居民企业股东和中国居民个人股东）控制的设立在实际税负低于 12.5% 的国家（地区），并非出于合理经营需要对利润不作分配或减少分配的外国企业。

（一）受控外国企业的认定

所谓控制，是指在股份、资金、经营、购销等方面构成实质控制。其中，股份控制是指由中国居民股东在纳税年度内单层直接或多层间接地单一持有外国企业 10%以上有表决权的股份，且共同持有该外国企业 50% 以上股份。

中国居民股东多层间接持有股份按各层持股比例相乘计算，中间层持有股份超过 50%的，按 100% 计算。

计入中国居民企业股东当期的视同受控外国企业股息分配的所得，应按以下公式计算：

$$中国居民企业股东当期所得 = 视同股息分配额 \times 实际持股天数 \div$$

$$受控外国企业纳税年度天数 \times 股东持股比例$$

中国居民股东多层间接持有股份的，股东持股比例按各层持股比例相乘计算。

（二）免于视同股息分配的条件

中国居民企业股东能够提供资料证明其控制的外国企业满足以下条件之一的，可免于将外国企业不作分配或减少分配的利润视同股息分配额，计入中国居民企业股东的当期所得：

（1）设立在国家税务总局指定的非低税率国家（地区）。

（2）主要取得积极经营活动所得。

（3）年度利润总额低于 500 万元人民币。

扩展阅读 6.14 纳税筹划

六、资本弱化管理

（一）资本弱化管理的一般规定

针对企业的资本弱化避税行为，《企业所得税法》规定企业从其关联方接受的债权性投资与权益性投资的比例超过规定标准而发生的利息支出，不得在计算应纳税所得额时扣除。

债权性投资，是指企业直接或者间接从关联方获得的，需要偿还本金和支付利息或者需要以其他具有支付利息性质的方式予以补偿的融资。

企业间接从关联方获得的债权性投资，包括：①关联方通过无关联第三方提供的债权性投资；②无关联第三方提供的、由关联方担保且负有连带责任的债权性投资；③其他间接从关联方获得的具有负债实质的债权性投资。

所涉及的利息支出包括直接或间接关联债权投资实际支付的利息、担保费、抵押费和其他具有利息性质的费用。

（二）资本弱化管理的固定比例法

不得在计算应纳税所得额时扣除的利息支出，应按以下公式计算：

$$不得扣除利息支出 = 年度实际支付的全部关联方利息 \times (1 - 标准比例 \div 关联债资比例)$$

其中，标准比例是指《财政部 国家税务总局关于企业关联方利息支出税前扣除标准有关税收政策问题的通知》（财税〔2008〕121 号）规定的比例。金融企业为 5∶1，其他企业为 2∶1。

关联债资比例是指根据《企业所得税法》第 46 条及《企业所得税法实施条例》第 119 条的规定，企业从其全部关联方接受的债权性投资（以下简称关联债权投资）占企业接受的权益性投资（以下简称权益投资）的比例，关联债权投资包括关联方以各种形式提供担保的债权性投资。

关联债资比例的具体计算方法如下：

$$关联债资比例 = 年度各月平均关联债权投资之和 \div 年度各月平均权益投资之和$$

$$各月平均关联债权投资 = （关联债权投资月初账面余额 + 月末账面余额）÷ 2$$
$$各月平均权益投资 = （权益投资月初账面余额 + 月末账面余额）÷ 2$$

权益投资为企业资产负债表所列示的所有者权益金额。如果所有者权益小于实收资本（股本）与资本公积之和，则权益投资为实收资本（股本）与资本公积之和；如果实收资本（股本）与资本公积之和小于实收资本（股本）金额，则权益投资为实收资本（股本）金额。

《企业所得税法》第 46 条规定，在计算应纳税所得额时扣除的利息支出，不得结转到以后纳税年度；应按照实际支付给各关联方利息占关联方利息总额的比例，在各关联方之间进行分配，其中，分配给实际税负高于企业的境内关联方的利息准予扣除；直接或间接实际支付给境外关联方的利息应视同分配的股息，按照股息和利息分别适用的所得税税率差补征企业所得税，如已扣缴的所得税税款多于按股息计算应征所得税税款，多出的部分不予退税。

（三）资本弱化管理的独立交易法

企业关联债资比例超过标准比例的利息支出，如要在计算应纳税所得额时扣除，还应准备、保存，并按税务机关要求提供相关同期资料，证明关联债权投资金额、利率、期限、融资条件及债资比例等均符合独立交易原则。若企业未按规定准备、保存和提供同期资料证明关联债权投资金额、利率、期限、融资条件及债资比例等均符合独立交易原则的，其超过标准比例的关联方利息支出，不得在计算应纳税所得额时扣除。

七、一般反避税管理

《企业所得税法》第 47 条规定，企业实施其他不具有合理商业目的的安排而减少其应纳税收入或者所得额的，税务机关有权在该业务发生的纳税年度起 10 年内，按照合理方法调整。

《企业所得税法实施条例》第 120 条规定，企业所得税法所称不具有合理商业目的，是指以减少、免除或者推迟缴纳税款为主要的目的。

按照不完备契约理论，合同、协议、法律等契约在订立时都不可能完全准确地描述与交易有关的所有未来可能的状态，以及各种状态下缔约各方的权利和责任，这种不完备性是客观的、难以避免的。各国在进行税收立法时，会有意识地让税法的某些反避税条款保持一定的界限模糊和弹性空间，而赋予税务机关判断企业行为是否构成避税的自由裁量权。所以，我国借鉴国外立法经验，针对今后企业可能会出现的一些新的避税手段，预先将《企业所得税法》第 47 条的一般反避税条款作为兜底的补充性条款。这样既维护了《企业所得税法》的稳定性，又授予税务机关一定的自由裁量权，按照实质课税原则打击和遏制以规避税收为主要目的，其他反避税措施无法涵括的避税行为。

（一）一般反避税调查的适用范围

税务机关可依法对存在以下避税安排的企业，启动一般反避税调查：①滥用税收优惠；②滥用税收协定；③滥用公司组织形式；④利用避税港避税；⑤其他不具有合理商业目的的安排。

（二）不适用一般反避税调查的情形

下列情况不适用一般反避税办法：

（1）跨境交易或者与支付无关的安排。

（2）涉嫌逃避缴纳税款、逃避追缴欠税、骗税、抗税以及虚开发票等税收违法行为。

（3）企业的安排属于转让定价、成本分摊、受控外国企业、资本弱化等其他特别纳税调整范围的，应当首先适用其他特别纳税调整相关规定。

（4）企业的安排属于受益所有人、利益限制等税收协定执行范围的，应当首先适用税收协定执行的相关规定。

（三）一般反避税的特别纳税调整方法

一般反避税调查及调整须层报国家税务总局批准。税务机关应按照实质重于形式的原则审核企业是否存在避税安排。对存在避税安排的企业，税务机关应当以具有合理商业目的和经济实质的类似安排为基准，按照实质重于形式的原则实施特别纳税调整。调整方法包括：①对安排的全部或者部分交易重新定性；②在税收上否定交易方的存在，或者将该交易方与其他交易方视为同一实体；③对相关所得、扣除、税收优惠、境外税收抵免等重新定性或者在交易各方间重新分配；④其他合理方法。

（四）一般反避税的立案、调查与结案

（1）立案。各级税务机关应当结合工作实际，应用各种数据资源，如企业所得税汇算清缴、纳税评估、同期资料管理、对外支付税务管理、股权转让交易管理、税收协定执行等，及时发现一般反避税案源。主管税务机关发现企业存在避税嫌疑的，层报省、自治区、直辖市和计划单列市（以下简称省）税务机关复核同意后，报国家税务总局申请立案。省税务机关应当将国家税务总局形成的立案申请审核意见转发主管税务机关。国家税务总局同意立案的，主管税务机关实施一般反避税调查。

（2）调查。主管税务机关实施一般反避税调查时，应当向被调查企业送达《税务检查通知书》。被调查企业认为其安排不属于避税安排的，应当自收到《税务检查通知书》之日起 60 日内提供下列资料：①安排的背景资料；②安排的商业目的等说明文件；③安排的内部决策和管理资料，如董事会决议、备忘录、电子邮件等；④安排涉及的详细交易资料，如合同、补充协议、收付款凭证等；⑤与其他交易方的沟通信息；⑥可以证明其安排不属于避税安排的其他资料；⑦税务机关认为有必要提供的其他资料。

扩展阅读 6.15 税法解读

主管税务机关审核企业、筹划方、关联方及与关联业务调查有关的其他企业提供的资料，可以采用现场调查、发函协查和查阅公开信息等方式核实。需取得境外有关资料的，可以按有关规定启动税收情报交换程序，或者通过我国驻外机构调查收集有关信息。涉及境外关联方相关资料的，主管税务机关也可以要求企业提供公证机构的证明。

（3）结案。主管税务机关根据调查过程中获得的相关资料，自国家税务总局同意立案之日起 9 个月内进行审核，综合判断企业是否存在避税安排，形成案件不予调整或者初步

调整方案的意见和理由，层报省税务机关复核同意后，报国家税务总局申请结案。

经综合判断企业存在避税安排的，税务机关应按照经济实质对企业的避税安排重新定性，取消企业从避税安排获得的税收利益。对于没有经济实质的企业，特别是设在避税港并导致其关联或非关联方避税的企业，可在税收上否定该企业的存在。

第八节 征 收 管 理

一、纳税地点

（1）除税收法律、行政法规另有规定外，居民企业以企业登记注册地为纳税地点；但登记注册地在境外的，以实际管理机构所在地为纳税地点。

（2）居民企业在中国境内设立不具有法人资格的营业机构的，应当汇总计算并缴纳企业所得税。企业汇总计算并缴纳企业所得税时，应当统一核算应纳税所得额，具体办法由国务院财政、税务主管部门另行制定。

（3）非居民企业在中国境内设立的机构、场所取得的来源于中国境内的所得，以及发生在中国境外但与其所设机构、场所有实际联系的所得，以机构、场所所在地为纳税地点。非居民企业在中国境内设立两个或者两个以上机构、场所的，经税务机关审核批准，可以选择由其主要机构、场所汇总缴纳企业所得税。

（4）非居民企业在中国境内未设立机构、场所的，或者虽设立机构、场所但取得的所得与其所设机构、场所没有实际联系，其取得的来源于中国境内的所得，以扣缴义务人所在地为纳税地点。

（5）除国务院另有规定外，企业之间不得合并缴纳企业所得税。

二、纳税期限与纳税申报

（一）基本规定

企业所得税按年计征，分月或者分季预缴，年终汇算清缴，多退少补。

企业所得税是按照纳税人每一纳税年度的应纳税所得额和适用税率计算征收的，由此可见，税款入库必须在纳税年度汇算后的一段时间内完成。但是，为了国家稳定、均衡地取得财政收入，世界各国政府对企业所得税都采取分月或分季预缴及年度汇算清缴的办法。

（二）分月或分季预缴

分月或者分季预缴，由主管税务机关根据纳税人应纳税额的大小具体核定；企业应当自月份或者季度终了之日起 15 日内，向税务机关报送预缴企业所得税纳税申报表，预缴税款。

（三）年度汇算清缴

（1）纳税年度，是指自公历 1 月 1 日起至 12 月 31 日止。企业应自年度终了之日起 5

个月内，向税务机关报送年度企业所得税纳税申报表，并汇算清缴，结清应缴应退税款。

（2）纳税人在一个纳税年度的中间开业，或者终止经营活动，使该纳税年度的实际经营期不足 12 个月的，应当以其实际经营期为一个纳税年度。企业在年度中间终止经营活动的，应当自实际经营终止之日起 60 日内，向税务机关办理当期企业所得税汇算清缴。

（3）企业依法清算时，应当以清算期间作为一个纳税年度。纳税人进行清算时，应当在办理工商注销登记之前向当地主管税务机关办理所得税申报，并应就其清算终了后的清算所得依法缴纳企业所得税。所谓清算所得，是指纳税人清算时的全部资产或者财产，扣除各项清算费用、损失、负债、企业未分配利润、公益金和公积金后的金额，超过实缴资本的部分。

（4）纳税人缴纳的所得税额，应以人民币为计算单位。所得为外国货币的，应当折合成人民币计算并缴纳税款。

（5）企业在纳税年度内，无论盈利还是亏损，都应当依照《企业所得税法》规定期限，向税务机关报送预缴企业所得税纳税申报表、年度企业所得税纳税申报表、财务会计报告和税务机关规定应当报送的其他有关资料。

三、源泉扣缴

源泉扣缴是指以所得支付者为扣缴义务人，在每次向纳税人支付有关所得款项时，代为扣缴税款的做法。实行源泉扣缴的最大优点在于可以有效地保护税源，保证国家的财政收入，防止偷漏税，简化纳税手续。

（一）扣缴义务人与扣缴范围

《企业所得税法》第 5 章规定，对纳税人取得的下列所得，必须实行源泉扣缴。

（1）对非居民企业在中国境内未设立机构、场所的，或者虽设立机构、场所但取得的所得与其所设机构、场所没有实际联系的，其来源于中国境内的所得应缴纳的所得税，实行源泉扣缴，以支付人为扣缴义务人。税款由扣缴义务人在每次支付或者到期应支付时，从支付或者到期应支付的款项中扣缴。

（2）对非居民企业在中国境内取得工程作业和劳务所得应缴纳的所得税，税务机关可以指定工程价款或者劳务费的支付人为扣缴义务人。

（二）扣缴方法

（1）扣缴义务人在扣缴税款时，按非居民企业应纳税额计算方法计算税款。

（2）若应当扣缴的所得税，扣缴义务人未依法扣缴或者无法履行扣缴义务的，由纳税人在所得发生地缴纳；纳税人未依法缴纳的，税务机关可以从该纳税人在中国境内其他收入项目的支付人应付的款项中，追缴该纳税人的应纳税款。

（3）税务机关在追缴税款时，应当将追缴理由、追缴数额、缴纳期限和缴纳方式等告知企业。

（4）扣缴义务人每次代扣的税款，应当自代扣之日起 7 日内缴入国库，并向所在地的税务机关报送扣缴企业所得税报告表。

四、跨地区经营汇总企业所得税征收管理

（一）跨地区经营汇总纳税企业范围

居民企业在中国境内跨地区（指跨省、自治区、直辖市和计划单列市）设立不具有法人资格分支机构的，该居民企业为跨地区经营汇总纳税企业，除另有规定外，其企业所得税征收管理适用国家税务总局公告〔2012〕57 号《跨地区经营汇总纳税企业所得税征收管理办法》。

扩展阅读 6.16 《关于发布企业所得税月（季）度预缴纳税申报表（A 类）的公告》国家税务总局公告〔2021〕3 号

国有邮政企业（包括中国邮政集团公司及其控股公司和直属单位）、中国工商银行股份有限公司、中国农业银行股份有限公司、中国银行股份有限公司、国家开发银行股份有限公司、中国农业发展银行、中国进出口银行、中国投资有限责任公司、中国建设银行股份有限公司、中国建银投资有限责任公司、中国信达资产管理股份有限公司、中国石油天然气股份有限公司、中国石油化工股份有限公司、海洋石油天然气企业[包括中国海洋石油总公司、中海石油（中国）有限公司、中海油田服务股份有限公司、海洋石油工程股份有限公司]、中国长江电力股份有限公司等企业缴纳的企业所得税(包括滞纳金、罚款)为中央收入，全额上缴中央国库，其企业所得税征收管理不适用《跨地区经营汇总纳税企业所得税征收管理办法》。

铁路运输企业所得税征收管理不适用上述《跨地区经营汇总纳税企业所得税征收管理办法》。

（二）《跨地区经营汇总纳税企业所得税征收管理办法》

跨地区汇总纳税企业实行"统一计算、分级管理、就地预缴、汇总清算、财政调库"的企业所得税征收管理办法。

（1）统一计算。统一计算是指总机构统一计算包括汇总纳税企业所属各个不具有法人资格分支机构在内的全部应纳税所得额、应纳税额。

（2）分级管理。分级管理是指总机构、分支机构所在地的主管税务机关都有对当地机构进行企业所得税管理的责任，总机构和分支机构应分别接受机构所在地主管税务机关的管理。

（3）就地预缴。就地预缴是指总机构、分支机构应按上述《跨地区经营汇总纳税企业所得税征收管理办法》的规定，分月或分季分别向所在地主管税务机关申报预缴企业所得税。

（4）汇总清算。汇总清算是指在年度终了后，总机构统一计算汇总纳税企业的年度应纳税所得额、应纳所得税额，抵减总机构、分支机构当年已就地分期预缴的企业所得税款后，多退少补。

（5）财政调库。财政调库是指财政部定期将缴入中央国库的汇总纳税企业所得税待分配收入，按照核定的系数调整至地方国库。

练习题

一、复习思考题

1. 企业所得税的纳税人如何确定？如何划分居民企业和非居民企业？

2. 企业所得税的准予扣除项目包括哪些？关于其扣除具体范围和标准有哪些规定？

3. 哪些项目不得在企业所得税前扣除？为什么？

4. 我国税法对关联企业之间的业务往来有什么要求？《企业所得税法》对此有哪些特别调整的规定？

5. 对纳税人发生年度亏损的弥补有何规定？

6. 企业境外所得已纳税款在我国汇总纳税时如何抵免？

7. 新旧《企业所得税法》相比有哪些重大变化？将对我国的区域经济发展和社会、科技进步产生哪些积极影响？

二、综合业务题

1. 某饮料生产企业为增值税一般纳税人，202×年度的生产经营情况如下：

（1）取得产品销售收入总额 8 000 万元。

（2）取得企业债券利息收入 300 万元。

（3）发生产品销售成本 2 340 万元。

（4）本年应纳增值税 250 万元，应纳消费税等产品销售税金及附加费用 1 560 万元。

（5）发生产品销售费用 1 350 万元，其中广告费和业务宣传费 1 220 万元。

（6）发生管理费用 400 万元，其中业务招待费 130 万元。

（7）发生财务费用 250 万元，其中包括逾期未还银行流动资金贷款的违约罚息 15 万元。

（8）本年企业通过希望工程基金会捐款 100 万元，直接向某地震灾区捐赠 20 万元。

已知饮料企业适用企业所得税率 25%，求该企业本年度应纳企业所得税额。

2. 某啤酒企业为居民企业，202×年度的生产经营情况如下：

（1）取得产品销售收入 6 800 万元。

（2）发生产品销售成本 2 340 万元；应纳增值税 800 万元，税金及附加 90 万元。

（3）取得国债利息收入 200 万元，直接投资居民企业一年的股息收入 100 万元。

（4）发生产品销售费用 900 万元，其中广告费 650 万元。

（5）发生管理费用 400 万元，其中业务招待费 100 万元。

（6）发生财务费用 250 万元，其中包括向非居民企业（非关联方）借款支付的 6 个月利息费用 13 万元，借款金额为 320 万元，当年同期同类银行贷款年利率为 6%。

（7）本年已计入成本费用的实际发放职工工资 1 500 万元。

（8）本年已计入成本费用的职工福利费支出 130 万元，职工教育经费 90 万元，拨缴职工工会经费 50 万元。

已知啤酒企业适用企业所得税率 25%，求企业本年度应纳企业所得税额。

3. 某高新技术企业，以软件产品的开发、生产及销售为主要业务，202×年度发生以下业务：

（1）将自行开发的软件产品销售，取得不含税销售收入 5 000 万元。

（2）转让国债取得收入 30 万元。

（3）软件产品的销售成本为 2 300 万元。

（4）将一项技术所有权进行转让，取得转让所得 700 万元。

（5）发生软件产品销售费用 450 万元，其中广告费和业务宣传费 90 万元。

（6）当年发生管理费用 300 万元，其中业务招待费 25 万元、新产品研究费用 100 万元（未形成无形资产）。

（7）发生营业外支出 60 万元，其中支付某商厦开业赞助费 5 万元、支付另一企业合同违约金 8 万元、接受技术监督部门罚款 3 万元、直接向受灾地区捐款 10 万元。

已知高新技术企业适用企业所得税率 15%，求企业本年度应纳企业所得税额。

4. A 家电生产企业为增值税一般纳税人，202× 年度的生产经营情况如下：

（1）销售 A 牌家电 3 000 台，每台不含税单价销售 5 000 元，每台销售成本 1 500 元。

（2）购买企业债券取得利息收入 30 万元，买卖股票取得转让所得 60 万元。

（3）发生销售费用 360 万元，其中广告费和业务宣传费 200 万元。

（4）上年结转未抵扣的广告费 60 万元。

（5）发生管理费用 250 万元，其中包含当年 1 月 1 日租入一间办公室，合同注明租期 3 年，不含增值税年租金 8 万元，当月一次性支付 3 年租金 24 万元，全额计入管理费用（不考虑印花税等）。

（6）企业将自产的 200 台 A 牌家电作为实物股利分配给投资方，没有确认收入。

（7）企业将自产的 30 台 A 牌家电作为职工福利发放给本企业优秀员工。

已知家电生产企业适用企业所得税率 25%，不考虑城建税、教育费附加等，求 A 企业本年度应纳企业所得税额。

即测即练

自学自测　扫描此码

第七章

个人所得税

【学习目标】

　　本章要求重点掌握个人所得税的纳税人、征税范围、税率、应纳税所得额的确定、应纳税额的计算；一般掌握工资薪金所得税目几种具体情况应纳税额的计算、对收入中"次"的确定、个体工商户应纳税额的计算；理解个人所得税的税收优惠；了解个人所得税的征收管理、全员全额申报和个人所得税的纳税筹划基本思路等。

第一节　个人所得税概述

一、个人所得税的概念

　　个人所得税是以个人（自然人）取得的各类应税所得为对象征收的一种所得税。个人所得税法是指国家制定的用以调整个人所得税征收与缴纳之间权利与义务关系的法律规范。我国现行个人所得税的基本法律规范，是第十三届全国人民代表大会常务委员会第 5 次会议于 2018 年 8 月 31 日第 7 次修改通过，并于 2019 年 1 月 1 日起施行的《中华人民共和国个人所得税法》，以及国务院制定的《个人所得税法实施条例》。2022 年，我国实现个人所得税收入 14 922.85 亿元，占当年全国税收收入的比重为 8.96%。

二、我国个人所得税的建立与发展

　　个人所得税最早于 1799 年在英国创立，目前世界上已有 140 多个国家开征了该税种。尤其是发达国家，因其人均国民生产总值较高，个人收入较多，因而个人所得税的收入在整个税收收入中占有较高比重。

　　我国在中华民国时期，曾开征薪给报酬所得税、证券存款利息所得税。1950 年 7 月，在政务院公布的《税政实施要则》中，就曾列举有对个人所得课税的税种，定名为"薪给报酬所得税"。但由于当时我国生产力和人均收入水平较低，虽然设立了税种，却一直没有开征。为了适应改革开放的需要，1980 年 9 月，第五届全国人民代表大会审议通过了《中华人民共和国个人所得税法》，适用于中国公民和在我国取得收入的外籍人员。这项重要立法是中国税制建设的一个重大发展，对于在国际经济交往中合理地实施中国的税收管辖权，按照平等互利原则处理国家间的税收利益和鼓励外籍人员来华从事业务，都有着积极意义。

根据我国社会经济发展状况，为了有效缩小社会成员收入水平差距，国务院于 1986 年发布了《中华人民共和国个人收入调节税暂行条例》，适用于中国公民；原《个人所得税法》从 1987 年 1 月 1 日起只适用于在我国取得收入的外籍人员；同年颁布的《中华人民共和国城乡个体工商业户所得税暂行条例》，则适用于个体工商户。

扩展阅读 7.1　《中华人民共和国个人所得税法》主席令〔2018〕9 号

1993 年 10 月 31 日，第八届全国人大常委会首次修改《个人所得税法》，将原来的个人所得税法、个人收入调节税暂行条例及城乡个体工商业户所得税暂行条例合为一体，统一适用于中国公民、外籍个人和个体工商户，自 1994 年 1 月 1 日起施行；1999 年 8 月 30 日，第九届全国人大常委会第 2 次修订《个人所得税法》，恢复对储蓄存款利息征税；2005 年 10 月 27 日，第十届全国人大常委会第 3 次修改《个人所得税法》，将工资、薪金所得减除费用标准从 800 元/月提高到 1 600 元/月；2007 年 6 月 29 日，第十届全国人大常委会第 4 次修改《个人所得税法》，规定"对储蓄存款

扩展阅读 7.2　《个人所得税专项附加扣除暂行办法》国家税务总局公告 2022 年第 7 号

利息所得开征、减征、停征个人所得税及其具体办法，由国务院规定"，国务院随即停止对储蓄存款利息征税；2007 年 12 月 29 日，第十届全国人大常委会第 5 次修改《个人所得税法》，将工资、薪金所得减除费用标准从 1 600 元/月提高到 2 000 元/月；2011 年 6 月 30 日，第十一届全国人大常委会第 6 次修改《个人所得税法》，将工资、薪金所得税目减除费用标准提高到 3 500 元/月，工资、薪金所得税率由九级超额累进调整为七级超额累进税率，并相应调整个体工商户生产经营所得和企事业单位承包、承租经营所得税目的税率；2018 年 8 月 31 日，第十三届全国人大常委会第 7 次修改《个人所得税法》，将年综合所得减除费用标准提高到 5 000 元/月，修订了工资、薪金所得税率级距，从 2019 年 1 月 1 日起首次实行个人综合所得年终汇算清缴，增加了专项附加扣除项目和反避税条款。

第二节　纳税义务人、征税范围与税率

一、纳税义务人

个人所得税的纳税义务人，包括中国公民、个体工商业户、个人独资企业、个人合伙企业投资者及在中国有所得的外籍人员（包括无国籍人员，下同）和中国香港、澳门、台湾同胞。上述纳税义务人依据住所和居住时间两个标准，区分为居民纳税人和非居民纳税人，分别承担不同的纳税义务。

（一）居民纳税人

居民纳税人是指在中国境内有住所，或虽无住所但在境内居住满 183 天的纳税人。居民纳税人负有全面纳税义务，应就其从中国境内和境外取得的全部应税所得在中国缴纳个

人所得税。

一个人在某地是否有住所，主要考虑两个因素：①是否有长期居住的权利；②是否有长期居住的意思。

具体地说，所谓在中国境内有住所的个人，是指因户籍、家庭、经济利益关系而在中国境内习惯性居住的个人。这里所说的习惯性居住，是判定纳税义务人属于居民还是非居民的重要依据。它是指个人因学习、工作、探亲等原因消除后，没有理由在其他地方继续居留时，所要回到的地方，而不是指实际居住或在某一特定时期内的居住地。例如，一个纳税人因学习、工作、探亲、旅游等原因，原来是在中国境外居住，但是在这些原因消除之后，如果必须回到中国境内居住的，则中国为该人的习惯性居住地。尽管该纳税义务人可能在一个或连续多个纳税年度内都未在中国境内居住过一天，但他仍然是中国居民纳税人，应就其来自全球的应纳税所得向中国缴纳个人所得税。

所谓在中国境内居住满 183 天，是指在一个纳税年度（即公历 1 月 1 日起至 12 月 31 日止）中在中国境内累计居住满 183 天。在计算居住天数时取消了原有的"临时离境"的规定，按纳税人一个纳税年度内在境内的实际居住时间确定。即境内无住所的个人在一个纳税年度内无论出境多少次，只要在我国境内累计住满 183 天，就可判定为我国的居民个人。

综上所述，个人所得税的居民纳税义务人主要包括以下两类：

（1）在中国境内定居的中国公民和外国侨民。但不包括虽具有中国国籍，却并没有在中国大陆定居，而是侨居海外的华侨和居住在香港、澳门、台湾的同胞。

（2）从公历 1 月 1 日起至 12 月 31 日止，在中国境内累计居住满 183 天的外国人、海外侨胞和香港、澳门、台湾同胞。

现行税法中关于"中国境内"的概念，是指中国大陆地区，目前还不包括香港、澳门和台湾地区。

自 2000 年 1 月 1 日起，个人独资企业和合伙企业投资者也为个人所得税的纳税义务人。

（二）非居民纳税人

非居民纳税人，是指在中国境内无住所又不居住，或无住所而在境内居住不满 183 天并从中国境内取得应税所得的个人，即不符合居民纳税义务人判定标准的纳税义务人。非居民纳税义务人只承担有限纳税义务，仅就其来源于中国境内的所得向我国申报纳税。

现实生活中，习惯性居住地不在中国境内的个人，只有外籍人员、华侨和香港、澳门、台湾同胞。因此，非居民纳税人实际上能是在一个纳税年度内，没有在中国境内居住，或者在境内居住不满 183 天的外籍人员、华侨和香港、澳门、台湾同胞。

（三）所得来源地的确定

由于非居民纳税人只就其来源于中国境内的所得征税，所以判定一项所得的来源地就显得十分重要，它是确定该项所得是否应该征收个人所得税的重要依据。个人所得税所得来源地的判断应反映经济活动的实质，要遵循方便税务机关实行有效征管的原则。

《个人所得税法实施条例》规定，除国务院财政、税务主管部门另有规定外，下列所得，不论支付地点是否在中国境内，均为来源于中国境内的所得：

（1）因任职、受雇、履约等因素在中国境内提供劳务取得的所得。

（2）将财产出租给承租人在中国境内使用而取得的所得。

（3）许可各种特许权在中国境内使用而取得的所得。

（4）转让中国境内的不动产等财产或者在中国境内转让其他财产取得的所得。

（5）从中国境内企业、事业单位、其他组织以及居民个人取得的利息、股息、红利所得。

二、征税范围

个人所得税以纳税人取得的应税所得为征税对象，纳税人的征税对象具体划分为 9 个所得项目。我国实行综合所得征收与分类所得征收相结合的政策，居民个人取得以下第（一）至第（四）项所得（即工资薪金所得、劳务报酬所得、稿酬所得、特许权使用费所得，以下简称综合所得）的，取得时由支付方预扣预缴，年度终了后由居民个人于次年 3 月至 6 月按年度合并综合所得进行汇算清缴，多退少补；非居民个人取得下列第（一）至第（四）项所得，按月或按次分项计算个人所得税。纳税人取得下列第（五）至第（九）项所得，分别计算个人所得税。

（一）工资、薪金所得

工资、薪金所得是指个人因任职或受雇而取得的工资、薪金、奖金、年终加薪、劳动分红、津贴及与任职或受雇有关的其他所得。

（1）一般来说，工资、薪金所得属于非独立个人劳动所得。所谓非独立个人劳动所得，是指个人所从事的是由他人指定、安排并接受管理的劳动。工作或服务于公司、工厂、行政、事业单位的人员(私营企业主除外)均为非独立劳动者，他们从上述单位取得的劳动报酬，是以工资、薪金的形式体现的。

（2）下列不属于工资、薪金性质的补贴、津贴，不予征税：

①独生子女补贴。

②执行公务员工资制度未纳入基本工资总额的补贴、津贴差额和家属成员副食品补贴。

③托儿补助费。

④差旅费津贴。

⑤误餐补助等。误餐补助是指个人因公在城区、郊区工作，不能在工作单位或返回就餐的，根据实际误餐次数和规定标准领取的补助。单位以误餐补助名义发给职工的补助、津贴不能包括在内。

⑥外国来华留学生领取的生活津贴费、奖学金。

（3）实行内部退养的个人在其办理内部退养手续后至法定离退休年龄之间从原任职

单位取得的工资、薪金，不属于离退休工资，应按"工资、薪金所得"项目计征个人所得税。

个人在办理内部退养手续后从原任职单位取得的一次性收入，应按办理内部退养手续后至法定离退休年龄之间的所属月份进行平均，并与领取当月的"工资、薪金所得"合并后减除当月费用扣除标准，以余额为基数确定适用税率，再将当月工资、薪金加上取得的一次性收入，减去费用扣除标准，按适用税率计征个人所得税。

个人在办理内部退养手续后至法定离退休年龄之间重新就业取得的"工资、薪金所得"，应与其从原任职单位取得的同一月份的"工资、薪金所得"合并，并依法自行向主管税务机关申报缴纳个人所得税。

（4）个人因公务用车和通信制度改革而取得的公务用车、通信补贴收入，扣除一定标准的公务费用后，按照"工资、薪金"所得项目计征个人所得税。按月发放的，并入当月"工资、薪金所得"计征个人所得税；不按月发放的，分解到所属月份并与该月份"工资、薪金所得"合并后计征个人所得税。公务费用的扣除标准，由省税务局根据纳税人公务交通、通信费用的实际发生情况调查测算，报经省级人民政府批准后确定，并报国家税务总局备案。因公务用车制度改革而以现金、报销等形式向职工个人支付的收入，如"私车公用"租金等，均应视为个人取得公务用车补贴收入，按照"工资、薪金所得"税目计征个人所得税。

（5）自2004年1月20日起，对商品营销活动中，企业和单位对其营销业绩突出的雇员以培训班、研讨会、工作考察等名义组织旅游活动，通过免收差旅费、旅游费对个人实行的营销业绩奖励（包括实物和有价证券等），应根据所发生费用的全额作为该营销人员当期的工资薪金所得，按照"工资、薪金所得"税目由提供上述费用的企业和单位代扣代缴个人所得税。

（6）出租汽车经营单位对出租车驾驶员采取单车承包或承租方式运营，出租车驾驶员从事客货营运取得的收入，按"工资、薪金所得"税目征税。从事个体出租车运营的出租车驾驶员取得的收入，按照生产经营所得税目纳税。

（7）企业和个人按照国家或地方政府规定的比例提取并向指定金融机构实际缴付的住房公积金、医疗保险金、基本养老保险金和失业保险基金（简称"三险一金"），不计入个人当期的工资、薪金收入，免予征收个人所得税。超过国家或地方政府规定的比例缴付的"三险一金"，应将其超过部分并入个人当期的工资、薪金收入，计征个人所得税。个人领取原提存的"三险一金"时，免予征收个人所得税。上述"三险一金"资金存入个人账户所取得的利息收入也免征个人所得税。

（8）企业和事业单位根据国家有关政策规定的办法和标准，为在本单位任职或者受雇的全体职工缴付的企业年金或职业年金单位缴费部分，在计入个人账户时，个人暂不缴纳个人所得税。个人根据国家有关政策规定缴付的年金个人缴费部分，在不超过本人缴费工资计税基数的4%标准内的部分，暂从个人当期的应纳税所得额中扣除。年金基金投资运营收益分配计入个人账户时，个人暂不缴纳个人所得税。个人达到国家规定的退休年龄后，按月领取的年金，全额按照"工资、薪金所得"项目适用的税率，计征个人所得税；按年或按季领取的年金，平均分摊计入各月，每月领取额全额按照"工资、薪金所得"项目适用的税率，计征个人所得税。

（9）企业以现金形式发给个人的住房补贴、医疗补助费，应全额计入领取人的当期工资、薪金收入计征个人所得税。但对外籍个人以实报实销形式取得的住房补贴，暂免征收个人所得税。

（二）劳务报酬所得

劳务报酬所得，是指个人从事劳动取得的所得，包括从事设计、装潢、安装、制图、化验、测试、医疗、法律、会计、咨询、新闻、广播、翻译、审稿、书画、雕刻、影视、录音、演出、表演、广告、展览、技术服务、介绍服务、经纪服务、代办服务及其他劳务取得的所得。

（1）个人由于担任董事、监事职务所取得的董（监）事费收入，属于劳务报酬所得性质，按照劳务报酬所得项目征收个人所得税。但应注意的是，董（监）事费按劳务报酬纳税时，仅指单位向外部董（监）事支付的董（监）事费，如独立董事津贴。如果同时担任企业高管职务的内部董事、监事，其担任董事、监事职务取得的所得应与个人工资收入合并后，统一按"工资、薪金所得"纳税。

（2）自2004年1月20日起，对商品营销活动中，企业和单位对其营销业绩突出的非雇员以培训班、研讨会、工作考察等名义组织旅游活动，通过免收差旅费、旅游费对个人实行的营销业绩奖励（包括实物和有价证券等），应根据所发生的费用的全额作为该营销人员当期的劳务收入，按照"劳务报酬所得"税目由提供上述费用的企业和单位代扣代缴个人所得税。

（3）保险营销员、证券经纪人取得的佣金收入，属于劳务报酬所得，以不含增值税的收入减除20%的费用后的余额为收入额，收入额减去展业成本及附加税费后，并入当年综合所得，计算缴纳个人所得税。保险营销员、证券经纪人展业成本按照收入额的25%计算。

劳务报酬所得与工资、薪金所得的区别在于是否存在雇佣与被雇佣的关系，是否属于个人独立劳动所得。工资、薪金所得是属于非独立个人劳动活动，即在机关、团体、学校、部队、企业、事业单位或其他组织中任职、受雇而得到的报酬；而劳务报酬所得，则是个人独立从事各种技艺、提供各种劳务取得的报酬。

（三）稿酬所得

稿酬所得，是指个人因其作品以图书、报刊形式出版、发行而取得的所得。将稿酬所得独立划归一个征税项目，而对不以图书、报刊形式出版、发表的翻译、审稿、书画所得归为劳务报酬所得，主要是考虑了出版、发表作品的特殊性。第一，它是一种依靠较高智力创作的精神产品；第二，它具有普遍性；第三，它与社会主义物质文明和精神文明密切相关；第四，它的报酬相对偏低。因此，稿酬应与一般劳务报酬相区别，并给予适当优惠照顾。

（四）特许权使用费所得

特许权使用费所得，是指个人提供专利权、商标权、著作权、非专利权技术以及其他特许权的使用权取得的所得。提供著作权的使用权所得，不包括稿酬所得。但作者将自己的文字作品、手稿原件或复印件公开拍卖（竞价）取得的所得，应按特许权使用费所得税目征税。

（五）经营所得

经营所得，包括以下几类：

（1）个体工商户从事生产、经营活动取得的所得，个人独资企业投资人、合伙企业的个人合伙人来源于境内注册的个人独资企业、合伙企业生产、经营的所得。

（2）个人依法从事办学、医疗、咨询以及其他有偿服务活动取得的所得。

（3）个人对企业、事业单位承包经营、承租经营以及转包、转租取得的所得。承包项目可分多种，如生产经营、采购、销售、建筑安装等各种承包。转包包括全部转包或部分转包。

（4）个人从事其他生产、经营取得的所得，如个人因从事彩票代销业务而取得的收入，或者从事个体出租车运营的出租车驾驶员取得的收入。

应注意，个体工商户和从事生产经营的个人，取得的与其生产、经营无关的其他应税所得，应分别按照其他应税项目的有关规定计算纳税，如买彩票中奖所得，应按"偶然所得"税目征税，将自有房屋出租取得的租金收入应按"财产租赁所得"税目征税。

个人独资企业、合伙企业的个人投资者，以企业资金为本人、家庭成员及其相关人员支付与企业生产经营无关的消费性支出及购买汽车、住房等财产性支出，应视为企业对个人投资者分配利润，应并入投资者个人的生产、经营所得，依照"经营所得"征收个人所得税。

（六）利息、股息、红利所得

利息、股息、红利所得，是指个人拥有债权、股权而取得的利息、股息、红利所得。

（1）依税法规定，个人购买国债和国家发行的金融债券取得的利息所得，免征个人所得税。

（2）除个人独资企业、合伙企业以外的其他企业的个人投资者，以企业资金为本人、家庭成员及其相关人员支付与企业生产经营无关的消费性支出及购买汽车、住房等财产性支出，应视为企业向个人投资者分配红利，依照"利息、股息、红利所得"税目计征个人所得税。企业的上述支出不允许在企业所得税前扣除。

（3）股份制企业用资本公积金转增股本不属于股息、红利性质的分配，对个人取得的转增股本数额，不征收个人所得税。股份制企业用盈余公积金派发红股属于股息、红利性质的分配，对个人取得的红股数额，应作为个人所得征税。

（4）纳税年度内，个人投资者从其投资企业（个人独资企业、合伙企业除外）借款，在该纳税年度终了后既不归还，又未用于企业生产经营的，其未归还的借款可视为企业对个人投资者的红利分配，依照"利息、股息、红利所得"项目计征个人所得税。

（七）财产租赁所得

财产租赁所得，是指个人出租建筑物、土地使用权、机器设备、车船以及其他财产取得的所得。

个人取得的财产转租收入，属于"财产租赁所得"的征税范围。

（八）财产转让所得

财产转让所得，是指个人转让有价证券、股权、合伙企业中的财产份额、不动产、机器设备以及其他财产取得的所得。具体规定包括以下三种。

扩展阅读 7.3 案例分析

1. 股票转让所得

为配合企业改制，促进资本市场稳健发展，经报国务院批准，从 1997 年 1 月 1 日起，对个人转让上市公司股票取得的所得继续暂免征收个人所得税。

自 2010 年 1 月 1 日起，对个人转让上市公司限售股取得的所得，按"财产转让所得"税目适用 20% 税率征收个人所得税。

2. 量化资产股份转让

集体所有制企业在改制为股份合作制企业时，对职工个人以股份形式取得的拥有所有权的企业量化资产，暂缓征收个人所得税；待个人将股份转让时，就其转让收入额，减除个人取得股份时实际支付的费用支出和合理费用后的余额，按"财产转让所得"项目征税。

3. 个人转让住房

为了整顿房地产市场，打击炒房投机行为，根据国家税务总局国税发〔2006〕108 号《关于个人住房转让所得征收个人所得税有关问题的通知》的规定，自 2006 年 8 月 1 日起实施。

（1）对住房转让所得征收个人所得税时，以实际成交价格为转让收入。成交价格明显低于市场价格且无正当理由的，征收机关有权依法根据有关信息核定其转让收入。

（2）纳税人可凭原购房合同、发票等有效凭证，经税务机关审核后，允许从其转让收入中减除房屋原值、转让住房过程中缴纳的税金及有关合理费用。缴纳的税金，是指纳税人在转让住房时实际缴纳的城市维护建设税、教育费附加、土地增值税、印花税等税金。合理费用是指纳税人实际支付的住房装修费用、住房贷款利息、手续费、公证费等费用。

（3）2022 年 10 月 1 日至 2025 年 12 月 31 日，纳税人出售自有住房并在现住房出售后 1 年内，在同一城市重新购买住房的，可按规定申请退还其出售现住房已缴纳的个人所得税。

（4）对个人转让自用 5 年以上，并且是家庭唯一生活用房取得的所得，继续免征个人所得税。"五年唯一"是社会公众最熟悉的免税条件之一。

（九）偶然所得

偶然所得，是指个人得奖、中奖、中彩以及其他偶然性质的所得。偶然所得应缴纳的个人所得税，一律由发奖单位或机构代扣代缴。

扩展阅读 7.4 税法解读

个人取得的所得，难以界定应纳税所得项目的，由国务院税务主管部门确定。

三、个人所得税的税率

（一）综合所得适用税率

综合所得适用 7 级超额累进税率，税率为 3%～45%（表 7-1）。

由于综合所得适用 7 级超额累进税率，在计算应纳税额时，应按每一级距的应纳税所得额和对应的税率分段计算后再累加，非常烦琐、麻烦。为了简化计算过程，可以采用速算扣除数计算法。速算扣除数是指在采用超额累进税率征税的情况下，根据划分的应纳税所得额级距和税率，先用全额累进方法计算出税额，再减去用超额累进方法计算的应征税额以后的差额。当超额累进税率表中的级距和税率确定以后，各级速算扣除数也是固定不变的常数。

表 7-1　综合所得个人所得税税率表

级数	全年应纳税所得额	税率（%）	速算扣除数（元）
1	不超过 36 000 元	3%	0
2	超过 36 000 元至 144 000 元的部分	10%	2 520
3	超过 144 000 元至 300 000 元的部分	20%	16 920
4	超过 300 000 元至 420 000 元的部分	25%	31 920
5	超过 420 000 元至 660 000 元的部分	30%	52 920
6	超过 660 000 元至 960 000 元的部分	35%	85 920
7	超过 960 000 元的部分	45%	181 920

注：1. 本表所称全年应纳税所得额是指依照《个人所得税法》第 6 条的规定，居民个人取得综合所得以每一纳税年度收入额减除费用 6 万元及专项扣除、专项附加扣除和依法确定的其他扣除后的余额。

2. 非居民个人取得工资、薪金所得，劳务报酬所得，稿酬所得和特许权使用费所得，依照本表按月换算后计算应纳税额。

（二）经营所得适用税率

经营所得适用 5 级超额累进税率，税率为 5%～35%（表 7-2）。

表 7-2　经营所得个人所得税税率表

级数	全年应纳税所得额	税率（%）	速算扣除数（元）
1	不超过 30 000 元的	5	0
2	超过 30 000 元至 90 000 元的部分	10	1 500
3	超过 90 000 元至 300 000 元的部分	20	10 500
4	超过 300 000 元至 500 000 元的部分	30	40 500
5	超过 500 000 元的部分	35	65 500

注：本表所称全年应纳税所得额是指依照《个人所得税法》第 6 条的规定，以每一纳税年度的收入总额减除成本、费用以及损失后的余额。

（三）劳务报酬所得预扣预缴适用税率

居民个人每次取得劳务报酬时，应先由劳务报酬支付方在支付时预扣预缴个人所得税，年度终了后再和工资薪金、稿酬、特许权使用费等综合所得汇总在一起，由居民个人进行汇算清缴，多退少补。居民个人劳务报酬所得预扣预缴适用 3 级超额累进税率（表 7-3）。

表 7-3 居民个人劳务报酬所得预扣预缴税率表

级数	预扣预缴应纳税所得额	税率（%）	速算扣除数（元）
1	不超过 20 000 元的	20	0
2	超过 20 000 元至 50 000 元的部分	30	2 000
3	超过 50 000 元的部分	40	7 000

注：预扣预缴应纳税所得额，是指每次劳务收入不超过 4 000 元时，减除费用 800 元后的余额；或每次劳务收入超过 4 000 元时，减除 20% 费用之后的余额。

（四）稿酬所得预扣预缴适用税率

居民个人每次取得稿酬时，应先由稿酬支付方在支付时预扣预缴个人所得税，年度终了后再和工资薪金、劳务报酬、特许权使用费等综合所得一起进行汇算清缴。稿酬所得预扣预缴适用 20% 税率，并按应纳税额减征 30%。

（五）特许权使用费所得预扣预缴适用税率

居民个人每次取得特许权使用费时，应先由特许权使用费支付方在支付时预扣预缴个人所得税，年度终了后再和工资薪金、劳务报酬、稿酬等综合所得一起进行汇算清缴。特许权使用费所得预扣预缴适用 20% 税率。

（六）其他各项所得适用税率

利息、股息、红利所得，财产租赁所得，财产转让所得和偶然所得，均适用 20% 的比例税率。

第三节　应纳税所得额的确定

计算个人所得税应纳税所得额，需按不同应税项目分项计算。以某项应税项目的收入额减去税法规定的该项费用减除标准后的余额，就是该项所得的应纳税所得额。其中，居民个人分别从不同来源取得工资薪金、劳务报酬、稿酬和特许权使用费时，应先由各支付方按各所得项目预扣预缴的应纳税所得额在支付时代扣个人所得税；年度终了后再由纳税人把工资薪金、劳务报酬、稿酬和特许权使用费等合并在一起计算综合所得的应纳税所得额，进行年度汇算清缴。

一、"每次"收入的确定

《个人所得税法》规定了按年计征、按月计征和按次计征 3 种不同征税方法。其中，居民个人取得的综合所得、经营所得按年计征；非居民取得的工资薪金所得按月计征；利息、股息、红利所得、财产租赁所得、偶然所得、非居民个人取得的劳务报酬所得、稿酬所得、特许权使用费所得按次计征。另外，居民个人取得的劳务报酬所得、稿酬所得、特许权使用费所得按次预扣预缴，年度终了再按综合所得汇算清缴。

在按次征收时，由于扣除费用依据每次应纳税所得额大小不同，分为小于4 000元时定额扣除800元，大于4 000元时定率扣除20%两种形式，所以如何划分取得收入的"每次"就显得十分重要。《个人所得税法实施条例》规定，分别按照下列方法确定"每次"。

（1）劳务报酬所得、稿酬所得、特许权使用费所得，属于一次性收入的，以取得该项收入为一次；属于同一项目连续性收入的，以一个月内取得的收入为一次。

其中，稿酬所得，以每次出版、发表文字作品、书画作品、摄影作品及其他作品取得的收入为一次。具体细分为：

①个人每次以图书、报刊方式出版、发表同一作品，不论出版单位是预付还是分笔支付稿酬，或者加印该作品后再付稿酬，均应合并其稿酬所得按一次征税。

②在两处或两处以上出版、发表或再版同一作品而取得稿酬所得，则可分别各处取得的所得或再版所得按分次所得征税。

③个人的同一作品在报刊上连载，应合并其因连载而取得的所有稿酬所得为一次，按税法规定征税。

④在其连载之后又出书取得稿酬所得，或先出书后连载取得稿酬所得，应视同再版稿酬分次征税。

⑤作者离世后，对取得其遗作稿酬的人，按"稿酬所得"计税。

（2）财产租赁所得，以一个月内取得的收入为一次。

（3）利息、股息、红利所得，以支付利息、股息、红利时取得的收入为一次。

（4）偶然所得，以每次取得该项收入为一次。

二、应纳税所得额和费用减除标准

（一）居民个人综合所得的应纳税所得额

居民个人的综合所得，以每一纳税年度的收入额减除费用60 000元及专项扣除、专项附加扣除和依法确定的其他扣除后的余额，为应纳税所得额（图7-1）。

（1）基本减除费用。居民纳税人按照5 000元/月，即60 000元/年的费用标准进行扣除。

（2）专项扣除。专项扣除包括居民个人按照国家规定的范围和标准缴纳的基本养老保险、基本医疗保险、失业保险等社会保险费和住房公积金等。

（3）专项附加扣除。专项附加扣除包括3岁以下婴幼儿照护、子女教育、继续教育、住房贷款利息、住房租金、赡养老人、大病医疗等支出。本节内容重要且细致，详细内容在本节第（七）条单独介绍。

（4）依法确定的其他扣除。依法确定的其他扣除包括个人缴付符合国家规定的企业年金、职业年金，个人购买符合国家规定的税优商业健康保险、税收递延型商业养老保险和个人养老金的支出，以及国务院规定可以扣除的其他项目。

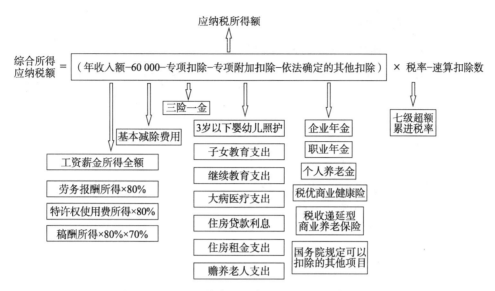

图 7-1　居民个人综合所得应纳税所得额计算示意图

专项扣除、专项附加扣除和依法确定的其他扣除，以居民个人一个纳税年度的应纳税所得额为限额；一个纳税年度扣除不完的，不结转以后年度扣除。

（二）非居民个人的工资、薪金所得的应纳税所得额

扣缴义务人向非居民个人支付工资、薪金所得，劳务报酬所得，稿酬所得和特许权使用费所得时，应当按照以下方法按月或者按次代扣代缴税款：非居民个人的工资、薪金所得，以每月收入额减除费用 5 000 元后的余额为应纳税所得额；劳务报酬所得、稿酬所得、特许权使用费所得，以每次收入额为应纳税所得额，适用非居民所得个人所得税税率表计算应纳税额。劳务报酬所得、稿酬所得、特许权使用费所得以减除收入 20%的费用后的余额为收入额；其中，稿酬所得的收入额减按 70%计算。

（三）经营所得的应纳税所得额

以每一纳税年度的收入总额减除成本、费用及损失后的余额，为应纳税所得额。

成本、费用，是指生产、经营活动中发生的各项直接支出和分配计入成本的间接费用及销售费用、管理费用、财务费用；所谓损失，是指生产、经营活动中发生的固定资产和存货的盘亏、毁损、报废损失，转让财产损失，坏账损失，自然灾害等不可抗力因素造成的损失及其他损失。

取得经营所得的个人，没有综合所得的，在计算其每一纳税年度的应纳税所得额时，应当减除费用 60 000 元、专项扣除、专项附加扣除及依法确定的其他扣除。专项附加扣除在办理汇算清缴时减除。

从事生产、经营活动，未提供完整、准确的纳税资料，不能正确计算应纳税所得额的，由主管税务机关核定应纳税所得额或者应纳税额。

（四）财产租赁所得的应纳税所得额

每次收入不超过 4 000 元的，定额减除费用 800 元；收入超 4 000 元以上的，减除 20%

的费用，其余额为应纳税所得额。

（五）财产转让所得的应纳税所得额

财产转让所得，按照一次转让财产的收入额减除财产原值和合理费用后的余额计算纳税。

（1）财产原值，按照下列方法确定：

①有价证券，为买入价以及买入时按照规定交纳的有关费用。

②建筑物，为建造费或者购进价格以及其他有关费用。

③土地使用权，为取得土地使用权所支付的金额、开发土地的费用以及其他有关费用。

④机器设备、车船，为购进价格、运输费、安装费以及其他有关费用。

⑤其他财产，参照前款规定的方法确定财产原值。

纳税人未提供完整、准确的财产原值凭证，不能按照本条第一款规定的方法确定财产原值的，由主管税务机关核定财产原值。

（2）合理费用，是指卖出财产时按照规定支付的有关税费。

（六）利息、股息、红利所得和偶然所得的应纳税所得额

居民个人取得利息、股息、红利所得和偶然所得，以每次收入额为应纳税所得额。

（七）专项附加扣除标准

个人所得税专项附加扣除，是指个人所得税法规定的3岁以下婴幼儿照护、子女教育、继续教育、住房贷款利息、住房租金、赡养老人、大病医疗等7项专项附加扣除。这是全国人大及其常委会对《个人所得税法》修订所作出的重大创新，7项专项附加扣除囊括了纳税人从出生、接受教育、租房、购房、赡养老人到大病医疗的人生过程，税前扣除项目不再千篇一律，而是考虑到了纳税人不同的家庭负担情况，更加公平合理。

1. 3岁以下婴幼儿照护

我国自2022年1月1日起，实施3岁以下婴幼儿照护专项附加扣除政策：

3岁以下婴幼儿，是指婴幼儿出生的当月至年满3周岁的前一个月。自2023年1月1日起，纳税人照护3岁以下婴幼儿的相关支出，按照每个婴幼儿每月2 000元的标准定额扣除。

父母可以选择由其中一方按扣除标准的100%扣除，也可以选择由双方分别按扣除标准的50%扣除，具体扣除方式在一个纳税年度内不能变更。

3岁以下婴幼儿的监护人，包括生父母、继父母、养父母，父母之外的其他人担任未成年人的监护人的，可以比照执行。

2. 子女教育

自2023年1月1日起，纳税人的子女接受全日制学历教育的相关支出，按照每个子女每月2 000元的标准定额扣除。父母可以选择由其中一方按扣除标准的100%扣除，也可以选择由双方分别按扣除标准的50%扣除，具体扣除方式在一个纳税年度内不能变更。

学历教育包括义务教育（小学、初中教育）、高中阶段教育（普通高中、中等职业、技工教育）、高等教育（大学专科、大学本科、硕士研究生、博士研究生教育）。年满 3 岁至小学入学前处于学前教育阶段的子女，按规定执行扣除。

纳税人子女在中国境外接受教育的，纳税人应当留存境外学校《录取通知书》、留学签证等相关教育的证明资料备查。

3. 继续教育

继续教育分为学历（学位）继续教育和职业资格继续教育两类。

纳税人在中国境内接受学历（学位）继续教育的支出，在学历（学位）教育期间按照每月 400 元定额扣除。同一学历（学位）继续教育的扣除期限不能超过 48 个月。

个人接受本科及以下学历（学位）继续教育，符合规定扣除条件的，可以选择由其父母扣除，也可以选择由本人扣除。

纳税人接受技能人员职业资格继续教育、专业技术人员职业资格继续教育的支出，在取得相关证书的当年，按照 3 600 元定额扣除。纳税人接受技能人员职业资格继续教育、专业技术人员职业资格继续教育的，应当留存相关证书等资料备查。

4. 住房租金

纳税人在主要工作城市没有自有住房而发生的住房租金支出，可以按照以下标准定额扣除：

（1）直辖市、省会（首府）城市、计划单列市及国务院确定的其他城市，扣除标准为每月 1 500 元。

（2）除第一项所列城市以外，市辖区户籍人口超过 100 万人的城市，扣除标准为每月 1 100 元；市辖区户籍人口不超过 100 万人的城市，扣除标准为每月 800 元。

纳税人的配偶在纳税人的主要工作城市有自有住房的，视同纳税人在主要工作城市有自有住房。市辖区户籍人口，以国家统计局公布的数据为准。

主要工作城市是指纳税人任职受雇单位的直辖市、计划单列市、副省级城市、地级市（地区、州、盟）全部行政区域范围；纳税人无任职受雇单位的，为受理其综合所得汇算清缴的税务机关所在城市。夫妻双方主要工作城市相同的，只能由一方扣除住房租金支出。住房租金支出由签订租赁住房合同的承租人扣除。纳税人及其配偶在一个纳税年度内不能同时分别享受住房贷款利息和住房租金专项附加扣除。

纳税人应当留存住房租赁合同、协议等有关资料备查。

5. 住房贷款利息

纳税人本人或者配偶单独或者共同使用商业银行或者住房公积金个人住房贷款为本人或者其配偶购买中国境内住房，发生的首套住房贷款利息支出，在实际发生贷款利息的年度，按照每月 1 000 元的标准定额扣除，扣除期限最长不超过 240 个月。纳税人只能享受一次首套住房贷款的利息扣除。

首套住房贷款是指购买住房享受首套住房贷款利率的住房贷款。

经夫妻双方约定，可以选择由其中一方扣除，具体扣除方式在一个纳税年度内不能变更。夫妻双方婚前分别购买住房发生的首套住房贷款，其贷款利息支出，婚后可以选择其中一套购买的住房，由购买方按扣除标准的 100% 扣除，也可以由夫妻双方对各自购买的住房分别按扣除标准的 50% 扣除，具体扣除方式在一个纳税年度内不能变更。

纳税人应当留存住房贷款合同、贷款还款支出凭证备查。

6. 赡养老人

自 2023 年 1 月 1 日起，纳税人赡养一位及以上被赡养人的赡养支出，统一按照以下标准定额扣除：

（1）纳税人为独生子女的，按照每月 3 000 元的标准定额扣除。

（2）纳税人为非独生子女的，由其与兄弟姐妹分摊每月 3 000 元的扣除额度，每人分摊的额度不能超过每月 1 500 元。可以由赡养人均摊或者约定分摊，也可以由被赡养人指定分摊。约定或者指定分摊的须签订书面分摊协议，指定分摊优先于约定分摊。具体分摊方式和额度在一个纳税年度内不能变更。

被赡养人是指年满 60 岁的父母，以及子女均已去世的年满 60 岁的祖父母、外祖父母。

这里应注意，前述第 1 项和第 2 项扣除中的 3 岁以下婴幼儿照护、子女教育均为按符合条件的子女人数来计算允许扣除的金额，符合条件的子女数越多，允许扣除的专项附加扣除金额就越多，反映了国家鼓励生育的政策导向。而赡养老人扣除项中符合条件的老人人数多少不影响扣除金额。

7. 大病医疗

在一个纳税年度内，纳税人发生的与基本医保相关的医药费用支出，扣除医保报销后个人负担（指医保目录范围内的自付部分）累计超过 15 000 元的部分，由纳税人在办理年度汇算清缴时，在 80 000 元限额内据实扣除。

纳税人发生的医药费用支出可以选择由本人或者其配偶扣除；未成年子女发生的医药费用支出可以选择由其父母一方扣除。纳税人及其配偶、未成年子女发生的医药费用支出，按规定分别计算扣除额。

纳税人应当留存医药服务收费及医保报销相关票据原件（或者复印件）等资料备查。医疗保障部门应当向患者提供在医疗保障信息系统记录的本人年度医药费用信息查询服务。

三、应纳税所得额的其他规定

（1）个人所得税在汇算清缴时，劳务报酬所得、稿酬所得、特许权使用费所得以收入减除 20% 的费用后的余额为收入额。稿酬所得的收入额减按 70% 计算。

这个规定是因为居民纳税人在日常取得劳务报酬所得、稿酬所得、特许权使用费所得并由支付方按规定预扣预缴个人所得税时，劳务报酬所得、稿酬所得、特许权使用费所得按规定可以减除 20% 的费用，且稿酬所得应纳税额再减免 30%。等到年度终了汇算清缴时，汇算清缴公式中对劳务报酬所得、稿酬所得、特许权使用费所得并没有列出单独的费用扣除项目，所以只能直接对这 3 个项目收入额进行折扣。

（2）个人将其所得对教育、扶贫、济困等公益慈善事业进行捐赠，捐赠额未超过纳税人申报的应纳税所得额 30% 的部分，可以从其应纳税所得额中扣除；国务院规定对公益慈善事业捐赠实行全额税前扣除的，从其规定。很明显，此处与企业所得税公益性捐赠一样，应按"孰低原则"来比较实际捐赠额与按应纳税所得额的 30% 计算的扣除限额，实际扣除的是其中的较小者。

个人将其所得对教育、扶贫、济困等公益慈善事业进行捐赠，是指个人将其所得通过中国境内的公益性社会组织、国家机关向教育、扶贫、济困等公益慈善事业的捐赠；应纳税所得额，是指计算扣除捐赠额之前的应纳税所得额。

（3）个人所得的形式，包括现金、实物、有价证券和其他形式的经济利益；所得为实物的，应当按照取得的凭证上所注明的价格计算应纳税所得额，无凭证的实物或者凭证上所注明的价格明显偏低的，参照市场价格核定应纳税所得额；所得为有价证券的，根据票面价格和市场价格核定应纳税所得额；所得为其他形式的经济利益的，参照市场价格核定应纳税所得额。

（4）居民个人从中国境外取得的所得，可以从其应纳税额中抵免已在境外缴纳的个人所得税税额，但抵免额不得超过该纳税人境外所得依照本法规定计算的应纳税额。

（5）有下列情形之一的，税务机关有权按照合理方法进行纳税调整：

①个人与其关联方之间的业务往来不符合独立交易原则而减少本人或者其关联方应纳税额，且无正当理由。

②居民个人控制的，或者居民个人和居民企业共同控制的设立在实际税负明显偏低的国家（地区）的企业，无合理经营需要，对应当归属于居民个人的利润不作分配或者减少分配。

③个人实施其他不具有合理商业目的的安排而获取不当税收利益。

第四节　应纳税额的计算

我国居民个人所得税实行综合所得征收与分类所得征收相结合的形式，当居民每月或每次取得工资薪金所得，劳务报酬所得，稿酬所得，特许权使用费所得，利息、股息、红利所得，财产租赁所得，财税转让所得，偶然所得这 8 项所得时，应由支付方在支付时进行预扣预缴（适用于综合所得）或者代扣代缴（适用于其他各项所得），并向主管税务机关作全员全额扣缴申报；年度终了后，符合汇算清缴条件的居民个人应合并其上年度取得的工资薪金所得、劳务报酬所得、稿酬所得、特许权使用费所得等 4 项综合所得，于次年 3 月至 6 月进行年度汇算清缴，再扣除其已预扣预缴税款，多退少补。

经营所得项目由纳税人自行申报缴纳，税务机关查账征收或核定征收。

非居民个人取得所得，按月或按次分项计算个人所得税。

一、全员全额扣缴申报纳税（预扣预缴或代扣代缴）

为规范个人所得税扣缴申报行为，维护纳税人和扣缴义务人合法权益，国家税务总局根据《个人所得税法》及其《实施条例》、《税收征收管理法》及其《实施细则》等法律法规的规定，制定了《个人所得税扣缴申报管理办法（试行）》，规定了扣缴义务人和预扣代扣税款的范围、不同项目所得的扣缴方法、扣缴义务人的义务及应承担的责任等内容。

扣缴义务人，是指向个人支付所得的单位或者个人。扣缴义务人应当依法办理全员全额扣缴申报。

全员全额扣缴申报，是指扣缴义务人应当在代扣税款的次月 15 日内，向主管税务机关报送其支付所得的所有个人的有关信息、支付所得数额、扣除事项和数额、扣缴税款的具体数额和总额及其他相关涉税信息资料。扣缴义务人每月或者每次预扣、代扣的税款，应当在次月 15 日内缴入国库，并向税务机关报送《个人所得税扣缴申报表》。

实行个人所得税全员全额扣缴申报的应税所得包括：①工资、薪金所得；②劳务报酬所得；③稿酬所得；④特许权使用费所得；⑤利息、股息、红利所得；⑥财产租赁所得；⑦财产转让所得；⑧偶然所得。

对经营所得，由纳税人自主进行纳税申报，主管税务机关进行查账征收或核定征收。

（一）扣缴义务人向居民个人支付工资、薪金所得时，应当按照累计预扣法计算预扣税款，并按月办理扣缴申报

累计预扣法，是指扣缴义务人在一个纳税年度内预扣预缴税款时，以纳税人在本单位截至当前月份工资、薪金所得累计收入减除累计免税收入、累计减除费用、累计专项扣除、累计专项附加扣除和累计依法确定的其他扣除后的余额为累计预扣预缴应纳税所得额，适用表 7-4，计算累计应预扣预缴税额，再减除累计减免税额和累计已预扣预缴税额，其余额为本期应预扣预缴税额。余额为负值时，暂不退税。当纳税年度终了后，余额仍为负值时，由纳税人通过办理综合所得年度汇算清缴，税款多退少补。

具体计算公式如下

$$本期应预扣预缴税额 =（累计预扣预缴应纳税所得额 \times 预扣率 - 速算扣除数）- 累计减免税额 - 累计已预扣预缴税额$$

$$累计预扣预缴应纳税所得额 = 累计收入 - 累计免税收入 - 累计减除费用 - 累计专项扣除 - 累计专项附加扣除 - 累计依法确定的其他扣除$$

其中，累计减除费用，按照 5 000 元/月乘以纳税人当年截至本月在本单位的任职受雇月份数计算。自 2020 年 7 月 1 日起，对一个纳税年度内首次取得工资、薪金所得的居民个人，扣缴义务人在预扣预缴个人所得税时，可按照 5 000 元/月乘以纳税人当年截至本月月份数计算累计减除费用，如某大学生 6 月毕业，当年 7 月参加工作并取得首次工资收入，扣缴义务人在 7 月预扣预缴时可按 7×5 000＝35 000（元）扣除基本减除费用，这样可避免一些当年预扣，第二年又申请退税的情况。

居民个人取得全年一次性奖金、半年奖、季度奖、加班奖、先进奖、考勤奖等各种名

目的奖金时，须与当月工资、薪金所得合并，按规定预扣预缴个人所得税。

居民个人向扣缴义务人提供有关信息并依法要求办理专项附加扣除的，扣缴义务人应当按照规定在工资、薪金所得按月预扣预缴税款时予以扣除，不得拒绝。

居民工资、薪金所得适用 7 级超额累进税率，税率为 3%～45%。

表 7-4　居民工资、薪金所得预扣预缴税率表

级数	累计预扣预缴应纳税所得额	预扣率（%）	速算扣除数（元）
1	不超过 36 000 元	3%	0
2	超过 36 000 元至 144 000 元的部分	10%	2 520
3	超过 144 000 元至 300 000 元的部分	20%	16 920
4	超过 300 000 元至 420 000 元的部分	25%	31 920
5	超过 420 000 元至 660 000 元的部分	30%	52 920
6	超过 660 000 元至 960 000 元的部分	35%	85 920
7	超过 960 000 元的部分	45%	181 920

例 7-1：中南公司小王为独生子女，202×年度每月工资 15 000 元，每月应扣除三险一金 1 000 元，每月可以办理的专项附加扣除为赡养老人支出 3 000 元，无其他扣除项目。请计算该公司应为小王每月预扣预缴的个人所得税。

202×年 1 月累计预扣预缴应纳税所得额＝累计收入－累计免税收入－累计减除费用－累计专项扣除－累计专项附加扣除－累计依法确定的其他扣除

$$＝15\,000－5\,000－1\,000－3\,000＝6\,000（元）$$

1 月应预扣预缴税款＝6 000×3%＝180 元

202×年 2 月累计预扣预缴应纳税所得额＝累计收入－累计免税收入－累计减除费用－累计专项扣除－累计专项附加扣除－累计依法确定的其他扣除

$$＝30\,000－10\,000－2\,000－6\,000＝12\,000（元）$$

2 月应预扣预缴税款＝（累计预扣预缴应纳税所得额×预扣率－速算扣除数）－累计减免税额－累计已预扣预缴税额

$$＝（12\,000×3%－0）－180＝180（元）$$

以此类推……

202×年 12 月累计预扣预缴应纳税所得额＝累计收入－累计免税收入－累计减除费用－累计专项扣除－累计专项附加扣除－累计依法确定的其他扣除

$$＝180\,000－60\,000－12\,000－36\,000＝72\,000（元）$$

12 月应预扣预缴税款＝（累计预扣预缴应纳税所得额×预扣率－速算扣除数)－累计减免税额－累计已预扣预缴税额

$$＝（72\,000×10%－2\,520）－4\,080＝600（元）$$

公司全年累计为小王预扣税款 4 680 元。如小王已如实申报全部扣除项目，且无其他综合所得，则小王年度终了无须再进行汇算清缴。否则，应于次年办理汇算清缴。

各月具体计算过程如表 7-5 所示。

表 7-5 工资、薪金所得累计预扣法计算表

月份	累计工资薪金所得	累计减除费用	累计专项扣除	累计专项附加扣除	累计预扣预缴应纳税所得额	预扣率	速算扣除数	累计应缴税金	累计已缴税金	本期应预扣预缴税金
	1	2	3	4	5=1-2-3-4	6	7	8=5×6-7	9	10=8-9
1	15 000	5 000	1 000	3 000	6 000	3%	0	180	0	180
2	30 000	10 000	2 000	6 000	12 000	3%	0	360	180	180
3	45 000	15 000	3 000	9 000	18 000	3%	0	540	360	180
4	60 000	20 000	4 000	12 000	24 000	3%	0	720	540	180
5	75 000	25 000	5 000	15 000	30 000	3%	0	900	720	180
6	90 000	30 000	6 000	18 000	36 000	3%	0	1 080	900	180
7	105 000	35 000	7 000	21 000	42 000	10%	2 520	1 680	1 080	600
8	120 000	40 000	8 000	24 000	48 000	10%	2 520	2 280	1 680	600
9	135 000	45 000	9 000	27 000	54 000	10%	2 520	2 880	2 280	600
10	150 000	50 000	10 000	30 000	60 000	10%	2 520	3 480	2 880	600
11	165 000	55 000	11 000	33 000	66 000	10%	2 520	4 080	3 480	600
12	180 000	60 000	12 000	36 000	72 000	10%	2 520	4 680	4 080	600
全年累计应缴（已缴）税金								4 680	4 680	

为进一步支持稳就业、保就业、促消费，助力构建新发展格局，自 2021 年 1 月 1 日起，对上一完整纳税年度内每月均在同一单位预扣预缴工资、薪金所得个人所得税且全年工资、薪金收入不超过 6 万元的居民个人，扣缴义务人在预扣预缴本年度工资、薪金所得个人所得税时，累计减除费用自 1 月起直接按照全年 6 万元计算扣除。即，在纳税人累计收入不超过 6 万元的月份，暂不预扣预缴个人所得税；在其累计收入超过 6 万元的当月及年内后续月份，再预扣预缴个人所得税。

扣缴义务人应当按规定办理全员全额扣缴申报，并在《个人所得税扣缴申报表》相应纳税人的备注栏注明"上年各月均有申报且全年收入不超过 6 万元"字样。

对按照累计预扣法预扣预缴劳务报酬所得个人所得税的居民个人，扣缴义务人比照上述规定执行。

（二）扣缴义务人向居民个人支付劳务报酬所得、稿酬所得、特许权使用费所得时，应当按照以下方法按次或者按月预扣预缴税款

劳务报酬所得、稿酬所得、特许权使用费所得以收入减除费用后的余额为收入额；其中，稿酬所得的收入额减按 70% 计算。

减除费用：预扣预缴税款时，劳务报酬所得、稿酬所得、特许权使用费所得每次收入不超过 4 000 元的，减除费用按 800 元计算；每次收入 4 000 元以上的，减除费用按收入的 20% 计算。

应纳税所得额：劳务报酬所得、稿酬所得、特许权使用费所得，以每次收入额为预扣

预缴应纳税所得额，计算应预扣预缴税额。

居民个人劳务报酬所得适用表 7-6，稿酬所得、特许权使用费所得适用 20%的比例预扣率。

表 7-6 居民个人劳务报酬所得预扣预缴税率表

级数	预扣预缴应纳税所得额	税率(%)	速算扣除数
1	不超过 20 000 元的	20	0
2	超过 20 000 元至 50 000 元的部分	30	2 000
3	超过 50 000 元的部分	40	7 000

预扣预缴计算公式为

劳务报酬所得应预扣预缴税额＝预扣预缴应纳税所得额×预扣率－速算扣除数

稿酬所得、特许权使用费所得应预扣预缴税额＝预扣预缴应纳税所得额×20%

居民个人办理年度综合所得汇算清缴时，应当依法计算劳务报酬所得、稿酬所得、特许权使用费所得的收入额，并入年度综合所得计算应纳税款，税款多退少补。

例 7-2：接例 7-1，假定小王在该年度 3 月取得劳务报酬 30 000 元，8 月取得稿酬 10 000 元，11 月取得特许权使用费收入 50 000 元。请计算上述 3 项所得的支付方应预扣预缴个人所得税额。

支付劳务报酬应预扣预缴税款＝（30 000－30 000×20%）×30%－2 000＝5 200（元）

支付稿酬应预扣预缴税款＝10 000×（1－20%）×70%×20%＝1 120（元）

支付特许权使用费应预扣预缴税款＝50 000×（1－20%）×20%＝8 000（元）

（三）扣缴义务人支付利息、股息、红利所得，财产租赁所得，财产转让所得或者偶然所得时，应当依法按次或者按月代扣代缴税款

1. 利息、股息、红利所得

利息、股息、红利所得无减除费用，每次收入额即为应纳税所得额，适用 20%税率。

应纳税额＝应纳税所得额×适用税率

＝每次收入额×20%

为扶持资本市场发展，我国对上市公司利息、股息、红利实行差别化个人所得税政策。自 2015 年 9 月 8 日起，个人从公开发行和转让市场取得的上市公司股票，持股期限超过 1 年的，股息红利所得暂免征收个人所得税。

个人从公开发行和转让市场取得的上市公司股票，持股期限在 1 个月以内（含 1 个月）的，其股息红利所得全额计入应纳税所得额；持股期限在 1 个月以上至 1 年（含 1 年）的，暂减按 50%计入应纳税所得额；上述所得统一适用 20%的税率计征个人所得税。

2. 财产租赁所得

财产租赁所得一般以每个人一个月取得的收入为一次，定额或定率减除规定费用后的余额为应纳税所得额。每次收入不超过 4 000 元的，减除费用按 800 元计算；每次收入 4 000 元以上的，减除费用按收入的 20% 计算。

在确定财产租赁所得的应纳税所得额时，可持完税凭证扣除在出租财产过程中缴纳的

税金、国家能源交通重点建设基金、国家预算调节基金和教育费附加等税费，以及能够提供有效、准确凭证证明由纳税人承担的该出租财产实际开支的修缮费用。修缮费用以每次800元为限，一次扣除不完的，准予下一次继续扣除，直到扣完为止。

财产租赁所得应纳税所得额的计算公式为

$$应纳税所得额 = 每次（月）收入额 - 准予扣除税费 -$$
$$修缮费用（800为限）- 800 或收入额的 20\%$$

例 7-3：假定小王将自己一套公寓出租，当月取得房屋租赁收入 2 000 元。房租缴纳房产税等准予扣除税费 200 元，发生修缮费用支出 300 元。请计算财税租赁应纳税额。

$$应纳税额 = 应纳税所得额 \times 20\% = （2\,000 - 200 - 300 - 800）\times 20\% = 140（元）$$

3. 财产转让所得

财产转让所得应纳税额的计算公式为

$$应纳税额 = 应纳税所得额 \times 适用税率 = （收入总额 - 财产原值 - 合理费用）\times 20\%$$

1）个人住房转让所得应纳税额的计算

自 2006 年 8 月 1 日起，对住房转让所得征收个人所得税时，以实际成交价格为转让收入。纳税人申报的住房成交价格明显低于市场价格且无正当理由的，征收机关依法有权根据有关信息核定其转让收入，但必须保证各税种计税价格一致。

对转让住房收入计算个人所得税应纳税所得额时，纳税人可凭原购房合同、发票等有效凭证，经税务机关审核后，允许从其转让收入中减除房屋原值、转让住房过程中缴纳的税金及有关合理费用。合理费用是指纳税人按照规定实际支付的住房装修费用、住房贷款利息、手续费、公证费等费用。

通过离婚析产的方式分割房屋产权是夫妻双方对共同共有财产的处置，个人因离婚析产方式办理房屋产权过户手续的，不征收个人所得税。

个人转让离婚析产房屋所取得的收入，允许扣除其相应的财产原值和合理费用后，余额按照规定的税率缴纳个人所得税；其相应的财产原值，为房屋初次购置全部原值和相关税费之和乘以转让者占房屋所有权的比例。

个人转让离婚析产房屋所取得的收入，符合家庭生活自用 5 年以上唯一住房的，可以申请免征个人所得税。

2）居民换购住房个人所得税政策

为支持居民改善住房条件，2022 年 10 月 1 日至 2025 年 12 月 31 日，纳税人出售自有住房并在现住房出售后 1 年内，在同一城市重新购买住房的，可按规定申请退还其出售现住房已缴纳的个人所得税。

纳税人换购住房个人所得税退税额的计算公式为：

$$新购住房金额大于或等于现住房转让金额的，退税金额 =$$
$$现住房转让时缴纳的个人所得税$$

$$新购住房金额小于现住房转让金额的，退税金额 = （新购住房金额 \div$$
$$现住房转让金额）\times 现住房转让时缴纳的个人所得税。$$

3）个人转让股权应纳税额的计算

这里所称的股权是指自然人股东（以下简称个人）投资于在中国境内成立的企业或组织（以下统称被投资企业，不包括个人独资企业和合伙企业）的股权或股份。

所谓股权转让，是指个人将股权转让给其他个人或法人的行为，包括以下情形：出售股权；公司回购股权；发行人首次公开发行新股时，被投资企业股东将其持有的股份以公开发行方式一并向投资者发售；股权被司法或行政机关强制过户；以股权对外投资或进行其他非货币性交易；以股权抵偿债务；其他股权转移行为。

个人转让股权，以股权转让收入减除股权原值和合理费用后的余额为应纳税所得额，按"财产转让所得"缴纳个人所得税。

合理费用是指个人股权转让时按照规定支付的有关税费。

个人股权转让所得个人所得税，以股权转让方为纳税人，以受让方为扣缴义务人。扣缴义务人应于股权转让相关协议签订后 5 个工作日内，将股权转让的有关情况报告主管税务机关。被投资企业应当详细记录股东持有本企业股权的相关成本，如实向税务机关提供与股权转让有关的信息，协助税务机关依法执行公务。

4. 偶然所得

偶然所得也无减除费用，每次收入额即为应纳税所得额，适用 20% 税率。

$$应纳税额 = 应纳税所得额 \times 适用税率$$
$$= 每次收入额 \times 20\%$$

（四）扣缴义务人向非居民个人支付工资、薪金所得，劳务报酬所得，稿酬所得和特许权使用费所得时，应当按照以下方法按月或者按次代扣代缴税款，不办理汇算清缴

同居民个人取得劳务报酬所得、稿酬所得、特许权使用费所得一样，非居民个人的劳务报酬所得、稿酬所得、特许权使用费所得以收入减除 20% 的费用后的余额为收入额；其中，稿酬所得的收入额减按 70% 计算。非居民个人的工资、薪金所得，以每月收入额减除费用 5 000 元后的余额为应纳税所得额；劳务报酬所得、稿酬所得、特许权使用费所得，以每次收入额为应纳税所得额，适用表 7-7。

表 7-7 非居民个人取得工资薪金、劳务报酬、稿酬和特许权使用费所得适用税率表

级数	应纳税所得额	税率	速算扣除数（元）
1	不超过 3 000 元	3%	0
2	超过 3 000 元至 12 000 元的部分	10%	210
3	超过 12 000 元至 25 000 元的部分	20%	1 410
4	超过 25 000 元至 35 000 元的部分	25%	2 660
5	超过 35 000 元至 55 000 元的部分	30%	4 410
6	超过 55 000 元至 80 000 元的部分	35%	7 160
7	超过 80 000 元的部分	45%	15 160

非居民个人在一个纳税年度内税款扣缴方法保持不变，由扣缴义务人按月或按次代扣代缴后，不需要再办理汇算清缴；达到居民个人条件时，应当告知扣缴义务人基础信息变化情况，年度终了后按照居民个人有关规定办理汇算清缴。

例 7-4：假定某大学外籍教师 Peter（假设符合非居民纳税人身份）202×年 2 月取得由该校发放的含税工资收入 20 000 元，此外还在国内其他高校做学术报告取得劳务报酬 5 000 元。请计算 Peter 当月应纳个人所得税额。

（1）Peter 当月取得工资、薪金所得应纳税额＝（20 000－5 000）×20%－1 410＝1 590（元）

（2）Peter 当次取得劳务报酬所得应纳税额＝5 000×（1－20%）×10%－210＝190（元）

二、居民个人综合所得的汇算清缴

（一）居民个人综合所得汇算清缴的期限

居民个人取得综合所得，按年计算个人所得税；有扣缴义务人的，由扣缴义务人按月或者按次预扣预缴税款；需要办理汇算清缴的，应当在取得个人综合所得的次年 3 月 1 日至 6 月 30 日内办理汇算清缴，税款多退少补。

（二）居民个人取得综合所得需要办理汇算清缴的情形

取得综合所得需要办理汇算清缴的情形包括：

（1）从两处以上取得综合所得，且综合所得年收入额减除专项扣除的余额超过 6 万元。

（2）取得劳务报酬所得、稿酬所得、特许权使用费所得中一项或者多项所得，且综合所得年收入额减除专项扣除的余额超过 6 万元。

（3）纳税年度内预缴税额低于应纳税额。

（4）纳税人申请退税。

纳税人申请退税，应当提供其在中国境内开设的银行账户，并在汇算清缴地就地办理税款退库。

（三）居民个人取得综合所得汇算清缴的计算

劳务报酬所得、稿酬所得、特许权使用费所得计入综合所得汇算清缴时，以收入减除 20%的费用后的余额为收入额；其中，稿酬所得的收入额减按 70%计算。综合所得汇算清缴适用税率表见表 7-1。

年应纳税额计算公式为

年综合所得额＝年工资、薪金收入＋劳务报酬所得×（1－20%）＋稿酬所得×（1－20%）×70%＋特许权使用费所得×（1－20%）

年应纳税额＝（年综合所得额－60 000－专项扣除－专项附加扣除－其他扣除）×适用税率－速算扣除数

例 7-5：接例 7-1，中南公司小王为独生子女，202×年度每月工资 15 000 元，每月应扣除三险一金 1 000 元，每月可以办理的专项附加扣除为赡养老人支出 3 000 元，无其他扣除项目，公司全年已预扣预缴工资、薪金的个人所得税 4 680 元。小王在该年度 3 月取得劳务报酬 30 000 元，支付方已预扣税款 5 200 元；8 月取得稿酬 10 000 元，支付方已预扣税款 1 120 元；11 月取得特许权使用费收入 50 000 元，支付方已预扣税款 8 000 元。请对上述综合所得进行个人所得税汇算清缴。

$$年综合所得额 = 180\ 000 + 30\ 000 \times 80\% + 10\ 000 \times 80\% \times 70\% + 50\ 000 \times 80\%$$
$$= 249\ 600（元）$$

$$年应纳税额 =（249\ 600 - 60\ 000 - 12\ 000 - 36\ 000）\times 适用税率 - 速算扣除数$$
$$= 141\ 600 \times 20\% - 16\ 920 = 11\ 400（元）$$

$$应补（退）税额 = 年应纳税额 - 年已预扣预缴税额$$
$$= 11\ 400 -（4\ 680 + 5\ 200 + 1\ 120 + 8\ 000）= -7\ 600（元）$$

由于已预扣税款大于汇算清缴应纳税款，故小王可申请退税 7 600 元。

三、经营所得

经营所得应纳税额的计算公式为

$$应纳税额 = 全年应纳税所得额 \times 适用税率 - 速算扣除数$$
$$=（全年收入总额 - 成本、费用及损失）\times 适用税率 - 速算扣除数$$

经营所得个人所得税税率如表 7-8 所示。

表 7-8　经营所得个人所得税税率

级数	全年应纳税所得额	税率	速算扣除数（元）
1	不超过 30 000 元	5%	0
2	超过 30 000 元至 90 000 元的部分	10%	1 500
3	超过 90 000 元至 300 000 元的部分	20%	10 500
4	超过 300 000 元至 500 000 元的部分	30%	40 500
5	超过 500 000 元的部分	35%	65 500

（一）个体工商户应纳税额的计算

个体工商户以业主为个人所得税纳税义务人，实行查账征收的个体工商户应当按照规定计算并申报缴纳个人所得税。

个体工商户应纳税所得额的计算，以权责发生制为原则，属于当期的收入和费用，不论款项是否收付，均作为当期的收入和费用；不属于当期的收入和费用，即使款项已经在当期收付，均不作为当期收入和费用。在计算应纳税所得额时，个体工商户会计的处理办法与《个体工商户个人所得税计税办法》（国家税务总局令第 35 号）及财政部、国家税务总局相关规定不一致的，应当依照该计税办法和财政部、国家税务总局的相关规定计算。

1. 计税基本规定

（1）个体工商户的生产、经营所得，以每一纳税年度的收入总额，减除成本、费用、税金、损失、其他支出及允许弥补的以前年度亏损后的余额，为应纳税所得额。

（2）个体工商户从事生产经营及与生产经营有关的活动（以下简称生产经营）取得的

货币形式和非货币形式的各项收入为收入总额，包括销售货物收入、提供劳务收入、转让财产收入、利息收入、租金收入、接受捐赠收入、其他收入。

（3）其他收入包括个体工商户资产溢余收入、逾期一年以上的未退包装物押金收入、确实无法偿付的应付款项、已作坏账损失处理后又收回的应收款项、债务重组收入、补贴收入、违约金收入、汇兑收益等。

（4）成本是指个体工商户在生产经营活动中发生的销售成本、销货成本、业务支出及其他耗费。费用是指个体工商户在生产经营活动中发生的销售费用、管理费用和财务费用，已经计入成本的有关费用除外。

（5）税金是指个体工商户在生产经营活动中发生的除个人所得税和允许抵扣的增值税以外的各项税金及其附加。

（6）损失是指个体工商户在生产经营活动中发生的固定资产和存货的盘亏、毁损、报废损失，转让财产损失，坏账损失，自然灾害等不可抗力因素造成的损失及其他损失。个体工商户发生的损失，减除责任人赔偿和保险赔款后的余额，参照财政部、国家税务总局有关企业资产损失税前扣除的规定扣除。个体工商户已经作为损失处理的资产，在以后纳税年度又全部收回或者部分收回时，应当计入收回当期的收入。

（7）其他支出是指除成本、费用、税金、损失外，个体工商户在生产经营活动中发生的个体工商户发生的支出是指与取得收入直接相关的支出，应当区分收益性支出和资本性支出。收益性支出在发生当期直接扣除；资本性支出应当分期扣除或者计入有关资产成本，不得在发生当期直接扣除。除税收法律法规另有规定外，个体工商户实际发生的成本、费用、税金、损失和其他支出，不得重复扣除。

（8）个体工商户下列支出不得扣除：①个人所得税税款；②税收滞纳金；③罚金、罚款和被没收财物的损失；④不符合扣除规定的捐赠支出；⑤赞助支出；⑥用于个人和家庭的支出；⑦与取得生产经营收入无关的其他支出；⑧国家税务总局规定不准扣除的支出。

（9）个体工商户生产经营活动中，应当分别核算生产经营费用和个人、家庭费用。对于生产经营与个人、家庭生活混用难以分清的费用，其40%视为与生产经营有关费用，准予扣除。

（10）个体工商户纳税年度发生的亏损，准予向以后年度结转，用以后年度的生产经营所得弥补，但结转年限最长不得超过5年。

（11）个体工商户使用或者销售存货，按照规定计算的存货成本，准予在计算应纳税所得额时扣除。

（12）个体工商户转让资产，该项资产的净值，准予在计算应纳税所得额时扣除。

2. 扣除项目及标准

（1）个体工商户实际支付给从业人员的、合理的工资薪金支出，准予扣除。

（2）个体工商户业主的费用扣除标准为60 000元/年。个体工商户业主的工资薪金支出不得税前扣除。

（3）个体工商户按照国务院有关主管部门或者省级人民政府规定的范围和标准为其业主和从业人员缴纳的基本养老保险费、基本医疗保险费、失业保险费、生育保险费、工伤保险费和住房公积金，准予扣除。个体工商户为从业人员缴纳的补充养老保险费、补充医疗保险费，分别在不超过从业人员工资总额 5% 标准内的部分据实扣除；超过部分，不得扣除。个体工商户业主本人缴纳的补充养老保险费、补充医疗保险费，以当地（地级市）上年度社会平均工资的 3 倍为计算基数，分别在不超过该计算基数 5% 标准内的部分据实扣除；超过部分，不得扣除。除个体工商户依照国家有关规定为特殊工种从业人员支付的人身安全保险费和财政部、国家税务总局规定可以扣除的其他商业保险费外，个体工商户业主本人或者为从业人员支付的商业保险费，不得扣除。

（4）个体工商户在生产经营活动中发生的合理的不需要资本化的借款费用，准予扣除。个体工商户为购置、建造固定资产、无形资产和经过 12 个月以上的建造才能达到预定可销售状态的存货发生借款的，在有关资产购置、建造期间发生的合理的借款费用，应当作为资本性支出计入有关资产的成本，并依照规定扣除。个体工商户在生产经营活动中发生的下列利息支出，准予扣除：①向金融企业借款的利息支出；②向非金融企业和个人借款的利息支出，不超过按照金融企业同期同类贷款利率计算的数额的部分。

（5）个体工商户在货币交易中，以及纳税年度终了时将人民币以外的货币性资产、负债按照期末即期人民币汇率中间价折算为人民币时产生的汇兑损失，除已经计入有关资产成本部分外，准予扣除。

（6）个体工商户向当地工会组织拨缴的工会经费、实际发生的职工福利费支出、职工教育经费支出分别在允许在当期税前扣除的工资薪金总额的 2%、14%、2.5% 的标准内据实扣除。职工教育经费的实际发生数额超出规定比例当期不能扣除的数额，准予在以后纳税年度结转扣除。个体工商户业主本人向当地工会组织缴纳的工会经费、实际发生的职工福利费支出、职工教育经费支出，以当地（地级市）上年度社会平均工资的 3 倍为计算基数，在规定比例内据实扣除。

（7）个体工商户发生的与生产经营活动有关的业务招待费，按照实际发生额的 60% 扣除，但最高不得超过当年销售（营业）收入的 5‰。业主自申请营业执照之日起至开始生产经营之日止所发生的业务招待费，按照实际发生额的 60% 计入个体工商户的开办费。

（8）个体工商户每一纳税年度发生的与其生产经营活动直接相关的广告费和业务宣传费不超过当年销售（营业）收入 15% 的部分，可以据实扣除；超过部分，准予在以后纳税年度结转扣除。

（9）个体工商户代其从业人员或者他人负担的税款，不得税前扣除。

（10）个体工商户按照规定缴纳的摊位费、行政性收费、协会会费等，按实际发生数额扣除。

（11）个体工商户根据生产经营活动的需要租入固定资产支付的租赁费，按照以下方法扣除：①以经营租赁方式租入固定资产发生的租赁费支出，按照租赁期限均匀扣除；②以融资租赁方式租入固定资产发生的租赁费支出，按照规定构成融资租入固定资产价值的部分应当提取折旧费用，分期扣除。

（12）个体工商户参加财产保险，按照规定缴纳的保险费，准予扣除。

（13）个体工商户发生的合理的劳动保护支出，准予扣除。

（14）个体工商户自申请营业执照之日起至开始生产经营之日止所发生符合规定的费用，除为取得固定资产、无形资产的支出，以及应计入资产价值的汇兑损益、利息支出外，作为开办费，个体工商户可以选择在开始生产经营的当年一次性扣除，也可自生产经营月份起在不短于 3 年期限内摊销扣除，但一经选定，不得改变。开始生产经营之日为个体工商户取得第一笔销售（营业）收入的日期。

（15）个体工商户通过公益性社会团体或者县级以上人民政府及其部门，用于《中华人民共和国公益事业捐赠法》规定的公益事业的捐赠，捐赠额不超过其应纳税所得额30%的部分可以据实扣除。财政部、国家税务总局规定可以全额在税前扣除的捐赠支出项目，按有关规定执行。个体工商户直接对受益人的捐赠不得扣除。

（16）个体工商户研究开发新产品、新技术、新工艺所发生的开发费用，以及研究开发新产品、新技术而购置单台价值在 10 万元以下的测试仪器和试验性装置的购置费准予直接扣除；单台价值在 10 万元以上（含 10 万元）的测试仪器和试验性装置，按固定资产管理，不得在当期直接扣除。

（二）个人独资企业和个人合伙企业应纳税额的计算

个人独资企业和合伙企业是指：

（1）依照《中华人民共和国个人独资企业法》和《中华人民共和国合伙企业法》登记成立的个人独资企业、合伙企业。

（2）依照《中华人民共和国私营企业暂行条例》登记成立的独资、合伙性质的私营企业。

（3）依照《中华人民共和国律师法》登记成立的合伙制律师事务所。

（4）经政府有关部门依照法律法规批准成立的负无限责任和无限连带责任的其他个人独资、个人合伙性质的机构或组织。

个人独资企业以投资者为纳税义务人，合伙企业以每一个合伙人为纳税义务人（以下简称投资者）。个人独资企业和合伙企业生产经营所得应纳税额的计算有以下两种方式。

1. 查账征收方式

实行查账征收方式的，个人独资企业和合伙企业（以下简称企业）每一纳税年度的收入总额减除成本、费用及损失后的余额，作为投资者个人的生产经营所得，按照个人所得税法"经营所得"应税项目，适用5%~35% 的 5 级超额累进税率，计算征收个人所得税。收入总额，是指企业从事生产经营以及与生产经营有关的活动所取得的各项收入，包括商品（产品）销售收入、营运收入、劳务服务收入、工程价款收入、财产出租或转让收入、利息收入、其他业务收入和营业外收入。

个人独资企业的投资者以全部生产经营所得为应纳税所得额；合伙企业的投资者按照合伙企业的全部生产经营所得和合伙协议约定的分配比例确定应纳税所得额，合伙协议没有约定分配比例的，以全部生产经营所得和合伙人数量平均计算每个投资者的应纳税所得额。生产经营所得，包括企业分配给投资者个人的所得和企业当年留存的所得（利润）。

凡实行查账征税办法的，生产经营所得比照《个体工商户个人所得税计税办法》（国家税务总局令 35 号）的规定确定。但下列项目的扣除依照以下规定执行。

（1）投资者的费用扣除标准，统一确定为 60 000 元/年，即 5 000 元/月。投资者的工资不得在税前扣除。

（2）企业向其从业人员支付的合理的工资、薪金支出，准予在税前扣除。

（3）投资者及其家庭发生的生活费用不允许在税前扣除。投资者及其家庭发生的生活费用与企业生产经营费用混合在一起，并且难以划分的，全部视为投资者个人及其家庭发生的生活费用，不允许在税前扣除。

（4）企业生产经营和投资者及其家庭生活共用的固定资产，难以划分的，由主管税务机关根据企业的生产经营类型、规模等具体情况，核定准予在税前扣除的折旧费用的数额或比例。

（5）企业实际发生的工会经费、职工福利费、职工教育经费分别在其计税工资总额的 2%、14%、2.5% 的标准内据实扣除。

（6）企业每一纳税年度发生的广告和业务宣传费用不超过当年销售（营业）收入 15% 的部分，可据实扣除；超过部分准予在以后纳税年度扣除。

（7）企业每一纳税年度发生的与其生产经营业务直接相关的业务招待费，按照实际发生额的 60% 扣除，但最高不得超过销售（营业）收入的 5%。

（8）企业计提的各种准备金不得扣除。

企业与其关联企业之间的业务往来，应当按照独立企业之间的业务往来收取或者支付价款、费用。不按照独立企业之间的业务往来收取或者支付价款、费用，而减少其应纳税所得额的，主管税务机关有权进行合理调整。

投资者兴办两个或两个以上企业的（包括参与兴办，下同），年度终了时，应汇总从所有企业取得的应纳税所得额，据此确定适用税率并计算缴纳应纳税款。投资者兴办两个或两个以上企业的，按规定准予扣除的个人费用，由投资者选择在其中一个企业的生产经营所得中扣除。

企业的年度亏损，允许用本企业下一年度的生产经营所得弥补，下一年度所得不足以弥补的，允许逐年延续弥补，但最长不得超过 5 年。投资者兴办两个或两个以上企业的，企业的年度经营亏损不能跨企业弥补。

投资者来源于中国境外的生产经营所得，已在境外缴纳所得税的，可以按照个人所得税法的有关规定计算扣除已在境外缴纳的所得税。

2. 核定征收方式

有下列情形之一的，主管税务机关应采取核定征收方式征收个人所得税：

（1）企业依照国家有关规定应当设置但未设置账簿的。

（2）企业虽设置账簿，但账目混乱或者成本资料、收入凭证、费用凭证残缺不全，难以查账的。

（3）纳税人发生纳税义务，未按照规定的期限办理纳税申报，经税务机关责令限期申报，逾期仍不申报的。

核定征收方式，包括定额征收、核定应税所得率征收以及其他合理的征收方式。实行核定应税所得率征收方式的，应纳所得税额的计算公式如下：

$$应纳所得税额 = 应纳税所得额 \times 适用税率$$

$$应纳税所得额 = 收入总额 \times 应税所得率$$

或

$$应纳税所得额 = 成本费用支出额 \div （1 - 应税所得率） \times 应税所得率$$

应税所得率应按表 7-9 规定的标准执行。

表 7-9   应税所得率

行　业	应税所得率（%）
工业、交通运输业、商业	5～20
建筑业、房地产开发业	7～20
饮食服务业	7～25
娱乐业	20～40
其他行业	10～30

企业经营多个项目的，无论其经营项目是否单独核算，均应根据其主营项目确定其适用的应税所得率。

实行核定征税的投资者，不能享受个人所得税的优惠政策。

自 2022 年 1 月 1 日起，持有股权、股票、合伙企业财产份额等权益性投资的个人独资企业、合伙企业，一律适用查账征收方式计征个人所得税。

3. 个人独资企业和合伙企业生产经营所得应纳税额的其他规定

当企业进行清算时，投资者应当在注销工商登记之前，向主管税务机关结清有关税务事宜。企业的清算所得应当视为年度生产经营所得，由投资者依法缴纳个人所得税。清算所得，是指企业清算时的全部资产或者财产的公允价值扣除各项清算费用、损失、负债、以前年度留存的利润后，超过实缴资本的部分。

投资者应纳的个人所得税税款，按年计算，分月或者分季预缴，由投资者在每月或者每季度终了后 7 日内预缴，年度终了后 3 个月内汇算清缴，多退少补。如果企业在年度中间合并、分立、终止的，投资者应当在停止生产经营之日起 60 日内，向主管税务机关办理当期个人所得税汇算清缴。企业在纳税年度的中间开业，或者由于合并、关闭等原因，使该纳税年度的实际经营期不足 12 个月的，应当以其实际经营期为一个纳税年度。

投资者应向企业实际经营管理所在地主管税务机关申报缴纳个人所得税。投资者从合伙企业取得的生产经营所得，由合伙企业向企业实际经营管理所在地主管税务机关申报缴纳投资者应纳的个人所得税，并将个人所得税申报表抄送投资者。

扩展阅读 7.5   税法解读

四、居民个人取得股权激励的税务处理

居民个人取得股票期权、股票增值权、限制性股票、股权奖励等股权激励（以下简称股权激励）符合《财政部　国家税务总局关于个人股票期权所得征收个人所得税问题的通知》（财税〔2005〕35号）《财政部　国家税务总局关于股票增值权所得和限制性股票所得征收个人所得税有关问题的通知》（财税〔2009〕5号）《财政部　国家税务总局关于将国家自主创新示范区有关税收试点政策推广到全国范围实施的通知》（财税〔2015〕116号）第4条、《财政部　国家税务总局关于完善股权激励和技术入股有关所得税政策的通知》（财税〔2016〕101号）第4条第（1）项规定的相关条件的，在2027年12月31日前，不并入当年综合所得，全额单独适用综合所得税率表，计算纳税。计算公式为

$$应纳税额 = 股权激励收入 × 适用税率 - 速算扣除数$$

居民个人在一个纳税年度内取得两次以上（含两次）股权激励的，应合并按规定计算纳税。

五、应纳税额计算中的一些特殊情况

（一）个人取得全年一次性奖金

全年一次性奖金是指行政机关、企事业单位等扣缴义务人根据其全年经济效益和对雇员全年工作业绩的综合考核情况，向雇员发放的一次性奖金。上述一次性奖金也包括年终加薪、实行年薪制和绩效工资办法的单位根据考核情况兑现的年薪和绩效工资。

居民个人取得全年一次性奖金，符合《国家税务总局关于调整个人取得全年一次性奖金等计算征收个人所得税方法问题的通知》（国税发〔2005〕9号）规定的，在2027年12月31日前，不并入当年综合所得，以全年一次性奖金收入除以12个月得到的数额，按照表7-10月度综合所得税率表，确定适用税率和速算扣除数，单独计算纳税。

计算公式为

$$应纳税额 = 全年一次性奖金收入 × 适用税率 - 速算扣除数$$

居民个人取得全年一次性奖金，也可以选择并入当年综合所得计算纳税。居民个人办理年度汇算清缴时，个人所得税App系统对已单独计税的全年一次性奖金，再次提供单独计税和并全年综合所得计税两种选项，纳税人可比较测算后选择最优税负选项。

全年一次性奖金单独计税优惠政策，在一个纳税年度内对每一个纳税人只允许采用一次。雇员取得除全年一次性奖金以外的其他各种名目奖金，如半年奖、季度奖、加班奖、先进奖、考勤奖等，一律与当月工资、薪金收入合并，按税法规定缴纳个人所得税。

表 7-10　按月换算后的综合所得税率表（月度税率表）

级数	应纳税所得额	税率	速算扣除数（元）
1	不超过 3 000 元	3%	0
2	超过 3 000 元至 12 000 元的部分	10%	210
3	超过 12 000 元至 25 000 元的部分	20%	1 410

续表

级数	应纳税所得额	税率	速算扣除数（元）
4	超过 25 000 元至 35 000 元的部分	25%	2 660
5	超过 35 000 元至 55 000 元的部分	30%	4 410
6	超过 55 000 元至 80 000 元的部分	35%	7 160
7	超过 80 000 元的部分	45%	15 160

例 7-6：居民个人小刘 2023 年 1 月从单位取得 2022 年度全年绩效奖金 48 000 元，2022 年全年工资 120 000 元，不考虑三险一金，无其他所得收入，专项附加扣除 12 000 元。如何计缴个人所得税?

（1）如选择全年一次性奖金 48 000 元单独计税：

确定适用税率和速算扣除数：48 000÷12 = 4 000（元）

适用税率 10%，速算扣除数为 210 元。

全年一次性奖金应纳个人所得税 = 48 000×10% − 210 = 4 590（元）

综合所得应纳个人所得税 = (120 000 − 60 000 − 12 000)×10% − 2 520 = 2 280（元）

全年应纳个人所得税 = 4 590+2 280=6 870（元）

（2）如选择全年一次性奖金 48 000 元并入综合所得计算纳税：

全年应纳个人所得税 = (120 000 + 48 000 − 60 000 − 12 000)×10% − 2 520 = 7 080(元)

（二）出售限售股所得征收个人所得税的规定

扩展阅读 7.6　纳税筹划

为进一步完善股权分置改革后的相关制度，发挥税收对高收入者的调节作用，促进资本市场长期稳定健康发展，就个人转让上市公司限售流通股（以下简称限售股）取得的所得征收个人所得税有关问题规定如下。

（1）自 2010 年 1 月 1 日起，对个人转让限售股取得的所得，按照"财产转让所得"，适用 20%的比例税率征收个人所得税。对个人在上海证券交易所、深圳证券交易所转让从上市公司公开发行和转让市场取得的上市公司股票所得，继续免征个人所得税。

（2）所称限售股，包括以下 3 点。①上市公司股权分置改革完成后股票复牌日之前股东所持原非流通股股份，以及股票复牌日至解禁日期间由上述股份孳生的送、转股（即股改限售股）。②2006 年股权分置改革新老划断后，首次公开发行股票并上市的公司形成的限售股，以及上市首日至解禁日期间由上述股份孳生的送、转股（即新股限售股）。③财政部、国家税务总局、法制办和证监会共同确定的其他限售股。

（3）个人转让限售股，以每次限售股转让收入，减除股票原值和合理税费后的余额，为应纳税所得额。即

$$应纳税所得额 = 限售股转让收入 − （限售股原值 + 合理税费）$$

$$应纳税额 = 应纳税所得额×20\%$$

限售股转让收入，是指转让限售股股票实际取得的收入。限售股原值，是指限售股买入时的买入价及按照规定缴纳的有关费用。合理税费，是指转让限售股过程中发生的印花税、佣金、过户费等与交易相关的税费。

如果纳税人未能提供完整、真实的限售股原值凭证的，不能准确计算限售股原值的，主管税务机关一律按限售股转让收入的15%核定限售股原值及合理税费。但是，网上发行资金申购日在2012年3月1日（含）之后的首次公开发行上市公司，应按照证券登记结算公司业务规定做好各项资料准备工作，在向证券登记结算公司申请办理股份初始登记时一并申报，由个人限售股股东提供的有关限售股成本原值详细资料，以及会计师事务所或税务师事务所对该资料出具的鉴证报告。

（4）限售股转让所得个人所得税，以限售股持有者为纳税义务人，以个人股东开户的证券机构为扣缴义务人。限售股个人所得税由证券机构所在地主管税务机关负责征收管理。

（5）纳税人同时持有限售股及该股流通股的，其股票转让所得，按照限售股优先原则，即转让股票视同为先转让限售股，按规定计算缴纳个人所得税。

（三）关于解除劳动关系、提前退休、内部退养的一次性补偿收入的政策

（1）个人与用人单位解除劳动关系取得一次性补偿收入（包括用人单位发放的经济补偿金、生活补助费和其他补助费），在当地上年职工平均工资3倍数额以内的部分，免征个人所得税；超过3倍数额的部分，不并入当年综合所得，单独适用综合所得税率表计算纳税。

（2）个人办理提前退休手续而取得的一次性补贴收入，应按照办理提前退休手续至法定离退休年龄之间实际年度数平均分摊，确定适用税率和速算扣除数，单独适用综合所得税率表计算纳税。计算公式为

$$应纳税额＝【（一次性补贴收入÷办理提前退休手续至法定退休年龄的$$
$$实际年度数－费用扣除标准）×适用税率－速算扣除数】×$$
$$办理提前退休手续至法定退休年龄的实际年度数$$

（3）个人办理内部退养手续而取得的一次性补贴收入，按照《国家税务总局关于个人所得税有关政策问题的通知》（国税发〔1999〕58号）的规定计算纳税。

例7-7：李海2023年每月取得工资7 000元。2023年5月李海办理了内部退养手续，从单位取得了一次性内部退养收入10万元。李海离正式退休时间还有20个月，假定李海2023年度没有其他综合所得，可享受12 000元子女教育专项附加扣除，计算李海应如何缴纳的个人所得税？

①李海离正式退休时间还有20个月，平均分摊一次性收入100 000÷20＝5 000元。

②5 000元与当月工资7 000元合并，减除当月费用扣除标准5 000元，以其余额为基数确定适用税率和速算扣除数；（5 000＋7 000）－5 000＝7 000（元），应适用税率10%，速算扣除数210。

③将当月工资7 000元加上当月取得的一次性收入100 000元，减去费用扣除标准5 000元，计算税款（7 000＋100 000－5 000）×10%－210＝9 990（元）

模拟计算单月工资应计算的税款为（7 000－5 000）×3%＝60（元）

内部退养应缴纳的税款为 9 990－60＝9 930（元）

④李海 2023 年度取得内部退养一次性收入不并入当月，其他月份另行累计预扣预缴税款（7 000×12－5 000×12－12 000）×3%＝360（元）

⑤李海 2023 年全年应缴纳个人所得税为 9 930＋360＝10 290（元）

（四）关于单位低价向职工售房的政策

单位按低于购置或建造成本的价格出售住房给职工，职工因而少支出的差价部分，符合《财政部 国家税务总局关于单位低价向职工售房有关个人所得税问题的通知》（财税〔2007〕13 号）第 2 条规定的，不并入当年综合所得，以差价收入除以 12 个月得到的数额，按照月度税率表确定适用税率和速算扣除数，单独计算纳税。计算公式为

$$应纳税额＝职工实际支付的购房价款低于该房屋的购置或建造成本价格的差额×\\适用税率－速算扣除数$$

（五）境外所得已纳税款的抵免

居民纳税人取得境外所得时，其境外所得通常已依照该所得来源国家（地区）的法律应当缴纳并且实际已经缴纳所得税税额。基于国家（地区）之间对同一所得应避免双重征税的原则，我国在对该项所得行使税收管辖权时，对该境外所得已纳税款准予抵免。

1. 来源于中国境外的所得的范围

下列所得，为来源于中国境外的所得：

（1）因任职、受雇、履约等在中国境外提供劳务取得的所得。

（2）中国境外企业以及其他组织支付且负担的稿酬所得。

（3）许可各种特许权在中国境外使用而取得的所得。

（4）在中国境外从事生产、经营活动而取得的与生产、经营活动相关的所得。

（5）从中国境外企业、其他组织以及非居民个人取得的利息、股息、红利所得。

（6）将财产出租给承租人在中国境外使用而取得的所得。

（7）转让中国境外的不动产、转让对中国境外企业以及其他组织投资形成的股票、股权以及其他权益性资产（以下称权益性资产）或者在中国境外转让其他财产取得的所得。但转让对中国境外企业以及其他组织投资形成的权益性资产，该权益性资产被转让前 3 年（连续 36 个公历月份）内的任一时间，被投资企业或其他组织的资产公允价值 50%以上直接或间接来自位于中国境内的不动产的，取得的所得为来源于中国境内的所得。

（8）中国境外企业、其他组织以及非居民个人支付且负担的偶然所得。

（9）财政部、国家税务总局另有规定的，按照相关规定执行。

2. 境外所得抵免限额的计算

纳税人境外所得依照我国税法规定计算的应纳税额，是居民个人抵免已在境外缴纳的综合所得、经营所得及其他所得的所得税税额的限额（以下简称抵免限额）。除国务院财政、税务主管部门另有规定外，来源于中国境外一个国家（地区）的综合所得抵免限额、

经营所得抵免限额及其他所得抵免限额之和，为来源于该国家（地区）所得的抵免限额。

　　居民个人在中国境外一个国家（地区）实际已经缴纳的个人所得税税额，低于依照前款规定计算出的来源于该国家（地区）所得的抵免限额的，应当在中国缴纳差额部分的税款；超过来源于该国家（地区）所得的抵免限额的，其超过部分不得在本纳税年度的应纳税额中抵免，但是可以在以后纳税年度来源于该国家（地区）所得的抵免限额的余额中补扣。补扣期限最长不得超过5年。居民个人申请抵免已在境外缴纳的个人所得税税额，应当提供境外税务机关出具的税款所属年度的有关纳税凭证。

　　我国居民个人境外所得应纳税额应按中国国内税法的相关规定计算，在计算抵免限额时采取"分国又分项"原则，具体分为以下3步。

　　第一步，将居民个人一个年度内取得的全部境内、境外所得，按照综合所得、经营所得、其他分类所得所对应的计税方法分别计算出该类所得的应纳税额。

　　第二步，计算来源于境外一国（地区）某类所得的抵免限额，如根据来源于A国的境外所得种类和金额，按照以下方式计算其抵免限额。

　　（1）对于综合所得，按照居民个人来源于A国的综合所得收入额占其全部境内、境外综合所得收入额中的占比计算来源于A国综合所得的抵免限额；其中，在按照《关于境外所得有关个人所得税政策的公告》（财政部　国家税务总局公告2020年第3号）第3条第（1）项公式计算综合所得应纳税额时，对于纳税人取得全年一次性奖金、股权激励等依法单独计税的所得的，先按照税法规定单独计算出该笔所得的应纳税额，再与需合并计税的综合所得依法计算出的应纳税额相加，得出境内和境外综合所得应纳税额。

　　　　来源于境外一国（地区）综合所得的抵免限额＝合并中国境内和境外
　　　全部综合所得计算得到的应纳税额×来源于该国（地区）的综合所得÷
　　　　　　　中国境内和境外综合所得收入额合计

　　（2）对于经营所得，先将居民个人来源于A国的经营所得依照上述公告第2条的规定计算出应纳税所得额，再根据该经营所得的应纳税所得额占其全部境内、境外经营所得的占比计算来源于A国经营所得的抵免限额。

　　　　来源于境外一国（地区）经营所得的抵免限额＝合并中国境内和境外
　　　全部经营所得计算得到的应纳税额×来源于该国（地区）的经营所得÷
　　　　　　　中国境内和境外经营所得收入额合计

　　（3）对于利息、股息、红利所得，财产租赁所得，财产转让所得和偶然所得等其他分类所得，按照来源于A国的各项其他分类所得单独计算出的应纳税额，加总后作为来源于A国的其他分类所得的抵免限额。

　　　　来源于境外一国（地区）其他分类所得的抵免限额＝来源于该国（地区）
　　　　　　　的其他分类所得单独计算的应纳税额

　　第三步，上述来源于境外一国（地区）各项所得的抵免限额之和就是来源于一国（地区）所得的抵免限额。

　　来源于境外一国（地区）所得的抵免限额＝来源于境外一国（地区）经营所得的
　抵免限额＋源于境外一国（地区）经营所得的抵免限额＋来源于境外一国（地区）
　　　　　　其他分类所得的抵免限额

例 7-8：居民个人张先生于 202×纳税年度从国内取得工资薪金收入 30 万元，取得来源于 B 国的工资薪金收入折合成人民币 20 万元，张先生该年度内无其他应税所得。假定其可以扣除的基本减除费用为 6 万元，可以扣除的专项扣除为 3 万元，可以扣除的专项附加扣除为 4 万元。张先生就其从 B 国取得的工资薪金收入在 B 国缴纳的个人所得税为 6 万元。假定不考虑其国内工资薪金的预扣预缴情况和税收协定因素。

（1）张先生该年度全部境内、境外综合所得应纳税所得额

＝（300 000＋200 000－60 000－30 000－40 000）＝370 000（元）

（2）张先生该年度按照国内税法规定计算的境内、境外综合所得应纳税额

＝370 000×25%－31 920＝60 580（元）

（3）张先生可以抵免的 B 国税款的抵免限额

＝60 580×[200 000/（300 000＋200 000）]＝24 232（元）

由于张先生在 B 国实际缴纳个人所得税款为 60 000 元，大于可以抵免的境外所得抵免限额 24 232 元，因此张先生在次年综合所得年度汇算时可抵免 24 232 元，尚未抵免的 35 768 元可在接下来的 5 年内在申报从 B 国取得的境外所得时结转补扣。

此处也应用到了"孰低原则"，即该纳税人境外所得在境外实际缴纳的个人所得税税款与按规定计算的抵免限额相比较，实际抵免其中的较低者。

第五节　税收优惠政策

《个人所得税法》及其实施条例以及财政部、国家税务总局的一些部门规章都对个人所得项目作了一些减免税的优惠规定。

一、下列各项个人所得，免征个人所得税

（1）省级人民政府、国务院部委和中国人民解放军军以上单位，以及外国组织、国际组织颁发的科学、教育、技术、文化、卫生、体育、环境保护等方面的奖金。

（2）国债和国家发行的金融债券利息。国债利息，是指个人持有中华人民共和国财政部发行的债券而取得的利息；国家发行的金融债券利息，是指个人持有经国务院批准发行的金融债券而取得的利息。

（3）按照国家统一规定发给的补贴、津贴。其包括按照国务院规定发给的政府特殊津贴、院士津贴，以及国务院规定免予缴纳个人所得税的其他补贴、津贴。

（4）福利费、抚恤金、救济金。福利费，是指根据国家有关规定，从企业、事业单位、国家机关、社会组织提留的福利费或者工会经费中支付给个人的生活补助费；救济金，是指各级人民政府民政部门支付给个人的生活困难补助费。

（5）保险赔款。

（6）军人的转业费、复员费、退役金。

（7）按照国家统一规定发给干部、职工的安家费、退职费、退休工资、离休工资、离休生活补助费。离退休人员除按规定领取离退休工资或养老金外，另从原任职单位取得的

返聘工资及各类补贴、奖金、实物，应在减除按《个人所得税法》规定的费用扣除标准后，按"工资、薪金所得"应税项目缴纳个人所得税。需要办理年度汇算的，按照规定办理年度汇算。

（8）依照我国有关法律规定应予免税的各国驻华使馆、领事馆的外交代表、领事官员和其他人员的所得。

（9）中国政府参加的国际公约、签订的协议中规定免税的所得。

（10）关于见义勇为者的奖金问题。对乡、镇（含乡镇）以上人民政府或经县以上（含县）人民政府主管部门批准成立的有机构、有章程的见义勇为基金或类似性质组织，奖励见义勇为者的奖金或奖品，免征个人所得税。

（11）生育妇女按照县级以上人民政府根据国家有关规定制定的生育保险办法，取得的生育津贴、生育医疗费或其他属于生育保险性质的津贴、补贴。

（12）对工伤职工及其近亲属按照《工伤保险条例》规定取得的工伤保险待遇。

（13）对个体工商户或者个人，以及个人独资企业和合伙企业从事种植业、养殖业、饲养业和捕捞业取得的所得。

（14）个人举报、协查各种违法、犯罪行为而获得的奖金。

（15）个人办理代扣代缴税款手续，按规定取得的手续费。

（16）个人转让自用5年以上，并且是唯一的家庭生活用房取得的所得。

（17）对被拆迁人按照国家有关城镇房屋拆迁管理办法规定的标准取得的拆迁补偿款。

（18）对达到规定离退休年龄，但因工作需要，适当延长退休年龄的高级专家（指享受国务院政府特殊津贴的专家、学者），其在延长离退休期间的工资、薪金所得，视同离退休工资免征个人所得税。

（19）凡符合下列条件之一的外籍专家取得的工资、薪金所得可免征个人所得税：

①根据世界银行专项贷款协议由世界银行直接派往我国工作的外国专家。

②联合国组织直接派往我国工作的专家。

③为联合国援助项目来华工作的专家。

④援助国派往我国专为该国无偿援助项目工作的专家。

⑤根据两国政府签订文化交流项目来华工作两年以内的文教专家，其工资、薪金所得由该国负担的。

⑥根据我国大专院校国际交流项目来华工作两年以内的文教专家，其工资、薪金所得由该国负担的。

⑦通过民间科研协定来华工作的专家，其工资、薪金所得由该国政府机构负担的。

（20）对个人转让从公开发行和转让市场上取得的上市公司股票取得的所得暂免征收个人所得税；对个人转让限售股按"财产转让所得"税目征税。

（21）个人从公开发行和转让市场取得的上市公司股票，持股期限超过1年的，股息红利所得暂免征收个人所得税。个人从公开发行和转让市场取得的上市公司股票，持股期限在1个月以内（含1个月）的，其股息红利所得全额计入应纳税所得额；持股期限在1个月以上至1年（含1年）的，暂减按50%计入应纳税所得额；上述所得统一适用20%的税率计征个人所得税。

（22）对个人中奖、中彩所得的免税规定：

①单张有奖发票奖金所得不超过 800 元（含 800 元）的，暂免征收个人所得税；单张有奖发票奖金所得超过 800 元的，应全额按"偶然所得"税目征收个人所得税。

②对个人购买社会福利彩票、体育彩票取得中奖收入的，凡一次中奖收入不超过 1 万元的，暂免征收个人所得税；超过 1 万元的，应全额征收个人所得税。

（23）科研机构、高等学校转化职务科技成果以股份或出资比例等股权形式给予个人奖励，获奖人在取得股份、出资比例时，暂不缴纳个人所得税；取得按股份、出资比例分红或转让股权、出资比例所得时，应依法缴纳个人所得税。

（24）经国务院财政部门批准免税的所得。

二、有下列情形之一的，经批准可以减征个人所得税

（1）残疾、孤老人员和烈属的所得。

此处应注意，经省级人民政府批准可减征个人所得税的残疾、孤老人员和烈属的所得仅限于劳动所得，具体所得项目为：工资、薪金所得；个体工商户的生产经营所得；对企事业单位的承包经营、承租经营所得；劳务报酬所得；稿酬所得；特许权使用费所得。其他各项所得，不属减征照顾的范围。

（2）因严重自然灾害造成重大损失的。

（3）关于重点群体创业就业有关税收优惠的规定。2023 年 1 月 1 日至 2027 年 12 月 31 日，脱贫人口（含防止返贫监测对象）持《就业创业证》（注明"自主创业税收政策"或"毕业年度内自主创业税收政策"）或《就业失业登记证》（注明"自主创业税收政策"）的人员，从事个体经营的（除建筑业、娱乐业及销售不动产、转让土地使用权、广告业、房屋中介、桑拿、按摩、网吧、氧吧外），自办理个体工商户登记当月起，在 3 年（36 个月，下同）内按每户每年 20 000 元为限额依次扣减其当年实际应缴纳的增值税、城市维护建设税、教育费附加、地方教育附加和个人所得税。限额标准最高可上浮 20%，各省、自治区、直辖市人民政府可根据本地区实际情况在此幅度内确定具体限额标准。

纳税人年度应缴纳税款小于上述扣减限额的，减免税额以其实际缴纳的税款为限；大于上述扣减限额的，以上述扣减限额为限。

上述重点群体人员具体包括：

①纳入全国扶贫开发信息系统的脱贫人口（含防止返贫监测对象）。

②在人力资源和社会保障部门公共就业服务机构登记失业半年以上的人员。

③零就业家庭、享受城市居民最低生活保障家庭劳动年龄内的登记失业人员。

④毕业年度内高校毕业生。高校毕业生是指实施高等学历教育的普通高等学校、成人高等学校应届毕业的学生；毕业年度是指毕业所在自然年，即 1 月 1 日至 12 月 31 日。

（4）关于自主就业退役士兵从事个体经营的有关税收优惠。2023 年 1 月 1 日至 2027 年 12 月 31 日，自主就业退役士兵从事个体经营的，自办理个体工商户登记当月起，在 3 年（36 个月）内按每户每年 20 000 元为限额依次扣减其当年实际应缴纳的增值税、城市维护建设税、教育费附加、地方教育附加和个人所得税。限额标准最高可上浮 20%，各省、

自治区、直辖市人民政府可根据本地区实际情况在此幅度内确定具体限额标准。

（5）自 2018 年 7 月 1 日起，依法批准设立的非营利性研究开发机构和高等学校根据《中华人民共和国促进科技成果转化法》的规定，从职务科技成果转化收入中给予科技人员的现金奖励，可减按 50% 计入科技人员当月"工资、薪金所得"，依法缴纳个人所得税。

（6）个人投资者持有 2019—2023 年发行的铁路债券取得的利息收入，减按 50% 计入应纳税所得额计算征收个人所得税。

（7）2019 年 1 月 1 日至 2027 年 12 月 31 日，一个纳税年度内在船航行时间累计满 183 天的远洋船员，其取得的工资、薪金收入减按 50% 计入应纳税所得额计算征收个人所得税。

（8）其他经国务院财政部门批准减税的所得。

三、对在中国境内无住所的纳税人的特别免税优惠

扩展阅读 7.7　税法解读

（1）在中国境内无住所的个人，在中国境内居住累计满 183 天的、年度连续不满 6 年的，经向主管税务机关备案，其来源于中国境外且由境外单位或者个人支付的所得，免予缴纳个人所得税；在中国境内居住累计满 183 天的任一年度中有一次离境超过 30 天的，其在中国境内居住累计满 183 天的年度的连续年限重新起算。

（2）在中国境内无住所的个人，在一个纳税年度内在中国境内居住累计不超过 90 天的，其来源于中国境内的所得，由境外雇主支付并且不由该雇主在中国境内的机构、场所负担的部分，免予缴纳个人所得税。

第六节　征 收 管 理

全国通用的个人所得税的纳税办法有自行申报纳税和全员全额扣缴申报纳税两种方式。另外，《税收征收管理法》还对无法查账征收的纳税人规定了核定征收的方式，但各地税务机关根据自身情况制定的核定征收细则各不相同，因此本书对核定征收不作介绍。

一、自行申报纳税

扩展阅读 7.8　《个人所得税扣缴申报管理办法（试行）》国家税务总局公告 2018 年第 61 号

自行申报纳税，是由纳税人自行在税法规定的纳税期限内，向税务机关申报取得的应税项目和数额，如实填写个人所得税纳税申报表，并按照税法规定计算应纳税额，据此缴纳个人所得税的一种方法。

（一）自行申报缴纳适用于下列类型的纳税人

有下列情形之一的，纳税人应当依法办理纳税申报：

（1）取得综合所得需要办理汇算清缴。

（2）取得应税所得没有扣缴义务人。

扩展阅读 7.9 《关于个人所得税自行纳税申报有关问题的公告》国家税务总局公告 2018 年第 62 号

（3）取得应税所得，扣缴义务人未扣缴税款。

（4）取得境外所得。

（5）因移居境外注销中国户籍。

（6）非居民个人在中国境内从两处以上取得工资、薪金所得。

（7）国务院规定的其他情形。

（二）取得综合所得需要办理汇算清缴的纳税申报

1. 需要办理年度汇算的情形

取得综合所得且符合下列情形之一的纳税人，应当依法办理汇算清缴：

（1）从两处以上取得综合所得，且综合所得年收入额减除专项扣除后的余额超过 6 万元。

（2）取得劳务报酬所得、稿酬所得、特许权使用费所得中一项或者多项所得，且综合所得年收入额减除专项扣除的余额超过 6 万元。

（3）纳税年度内预缴税额低于应纳税额。

（4）纳税人申请退税。

需要办理汇算清缴的纳税人，应当在取得所得的次年 3 月 1 日至 6 月 30 日内，向任职、受雇单位所在地主管税务机关办理纳税申报，并报送《个人所得税年度自行纳税申报表》。纳税人有两处以上任职、受雇单位的，选择向其中一处任职、受雇单位所在地主管税务机关办理纳税申报；纳税人没有任职、受雇单位的，向户籍所在地或经常居住地主管税务机关办理纳税申报。

纳税人办理综合所得汇算清缴，应当准备与收入、专项扣除、专项附加扣除、依法确定的其他扣除、捐赠、享受税收优惠等相关的资料，并按规定留存备查或报送。

2. 无须办理年度汇算的情形

纳税人在纳税年度内已依法预缴个人所得税且符合下列情形之一的，无须办理年度汇算：

（1）2027 年 12 月 31 日前，年度汇算需补税但综合所得收入全年不超过 12 万元的。

（2）2027 年 12 月 31 日前，年度汇算需补税金额不超过 400 元的。

（3）已预缴税额与年度汇算应纳税额一致的。

（4）符合年度汇算退税条件但不申请退税的。

因适用所得项目错误或者扣缴义务人未依法履行扣缴义务，造成纳税年度内少申报或者未申报综合所得的，纳税人应当依法据实办理年度汇算。

3. 年度汇算服务

税务机关推出系列优化服务措施，加强年度汇算的政策解读和操作辅导力度，分类编制办税指引，通俗解释政策口径、专业术语和操作流程，多渠道、多形式开展提示提醒服务，并通过手机个人所得税 App、网页端、12366 纳税缴费服务平台等渠道提供涉税咨询，帮助纳税人解决办理年度汇算中的疑难问题。

年度汇算开始前，纳税人可登录手机个人所得税 App，查看自己的综合所得和纳税情况，核对银行卡、专项附加扣除涉及人员身份信息等基础资料，为年度汇算做好准备。

为合理有序引导纳税人办理年度汇算，提升纳税人办理体验，主管税务机关将分批分期通知提醒纳税人在确定的时间段内办理。

（三）取得经营所得的纳税申报

个体工商户业主、个人独资企业投资者、合伙企业个人合伙人、承包承租经营者个人以及其他从事生产、经营活动的个人取得经营所得，办理纳税申报包括以下情形：

（1）个体工商户从事生产、经营活动取得的所得，个人独资企业投资人、合伙企业的个人合伙人来源于境内注册的个人独资企业、合伙企业生产、经营的所得。

（2）个人依法从事办学、医疗、咨询以及其他有偿服务活动取得的所得。

（3）个人对企业、事业单位承包经营、承租经营以及转包、转租取得的所得。

（4）个人从事其他生产、经营活动取得的所得。

纳税人取得经营所得，按年计算个人所得税，由纳税人在月度或季度终了后 15 日内，向经营管理所在地主管税务机关办理预缴纳税申报，并报送《个人所得税经营所得纳税申报表（A 表）》。在取得所得的次年 3 月 31 日前，向经营管理所在地主管税务机关办理汇算清缴，并报送《个人所得税经营所得纳税申报表（B 表）》；从两处以上取得经营所得的，选择向其中一处经营管理所在地主管税务机关办理年度汇总申报，并报送《个人所得税经营所得纳税申报表（C 表）》。

（四）取得应税所得，扣缴义务人未扣缴税款的纳税申报

纳税人取得应税所得，扣缴义务人未扣缴税款的，应当区别以下情形办理纳税申报：

（1）居民个人取得综合所得的，按照《关于个人所得税自行纳税申报有关问题的公告》第 1 条办理。

（2）非居民个人取得工资、薪金所得，劳务报酬所得，稿酬所得，特许权使用费所得的，应当在取得所得的次年 6 月 30 日前，向扣缴义务人所在地主管税务机关办理纳税申报，并报送《个人所得税自行纳税申报表（A 表）》。有两个以上扣缴义务人均未扣缴税款的，选择向其中一处扣缴义务人所在地主管税务机关办理纳税申报。

非居民个人在次年 6 月 30 日前离境（临时离境除外）的，应当在离境前办理纳税申报。

（3）纳税人取得利息、股息、红利所得，财产租赁所得，财产转让所得和偶然所得的，应当在取得所得的次年 6 月 30 日前，按相关规定向主管税务机关办理纳税申报，并报送《个人所得税自行纳税申报表（A 表）》。

税务机关通知限期缴纳的，纳税人应当按照期限缴纳税款。

（五）取得境外所得的纳税申报

居民个人从中国境外取得所得的，应当在取得所得的次年 3 月 1 日至 6 月 30 日内，向中国境内任职、受雇单位所在地主管税务机关办理纳税申报；在中国境内没有任职、受雇单位的，向户籍所在地或中国境内经常居住地主管税务机关办理纳税申报；户籍所在地与中国境内经常居住地不一致的，选择其中一地主管税务机关办理纳税申报；在中国境内

没有户籍的，向中国境内经常居住地主管税务机关办理纳税申报。

纳税人取得境外所得办理纳税申报的具体规定，另行公告。

（六）因移居境外注销中国户籍的纳税申报

纳税人因移居境外注销中国户籍的，应当在申请注销中国户籍前，向户籍所在地主管税务机关办理纳税申报，进行税款清算。

（七）非居民个人在中国境内从两处以上取得工资、薪金所得的纳税申报

非居民个人在中国境内从两处以上取得工资、薪金所得的，应当在取得所得的次月 15 日内，向其中一处任职、受雇单位所在地主管税务机关办理纳税申报，并报送《个人所得税自行纳税申报表（A 表）》。

（八）纳税申报方式

纳税人可以采用远程办税端、邮寄等方式申报，也可以直接到主管税务机关申报。

（九）其他有关问题

（1）纳税人办理自行纳税申报时，应当一并报送税务机关要求报送的其他有关资料。首次申报或者个人基础信息发生变化的，还应报送《个人所得税基础信息表（B 表）》。有关表证单书，由国家税务总局统一制定式样，另行公告。

（2）纳税人在办理纳税申报时需要享受税收协定待遇的，按照享受税收协定待遇有关办法办理。

二、全员全额扣缴申报纳税

全员全额扣缴申报，是指扣缴义务人应当在代扣税款的次月 15 日内，向主管税务机关报送其支付所得的所有个人的有关信息、支付所得数额、扣除事项和数额、扣缴税款的具体数额和总额以及其他相关涉税信息资料。

扣缴义务人，是指向个人支付所得的单位或者个人。扣缴义务人应当依法办理全员全额扣缴申报。

扣缴义务人每月或者每次预扣、代扣的税款，应当在次月 15 日内缴入国库，并向税务机关报送《个人所得税扣缴申报表》。

实行个人所得税全员全额扣缴申报的应税所得包括：①工资、薪金所得；②劳务报酬所得；③稿酬所得；④特许权使用费所得；⑤利息、股息、红利所得；⑥财产租赁所得；⑦财产转让所得；⑧偶然所得。

扣缴义务人向居民个人支付工资、薪金所得时，应当按照累计预扣法计算预扣税款，并按月办理扣缴申报。

居民个人向扣缴义务人提供有关信息并依法要求办理专项附加扣除的，扣缴义务人应当按照规定在工资、薪金所得按月预扣预缴税款时予以扣除，不得拒绝。

扣缴义务人向居民个人支付劳务报酬所得、稿酬所得、特许权使用费所得时，应当按次或者按月预扣预缴税款。居民个人办理年度综合所得汇算清缴时，应当依法计算劳务报

酬所得、稿酬所得、特许权使用费所得的收入额，并入年度综合所得计算应纳税款，税款多退少补。

扣缴义务人向非居民个人支付工资、薪金所得，劳务报酬所得，稿酬所得和特许权使用费所得时，应当按月或者按次代扣代缴税款。非居民个人在一个纳税年度内税款扣缴方法保持不变，达到居民个人条件时，应当告知扣缴义务人基础信息变化情况，年度终了后按照居民个人有关规定办理汇算清缴。

扣缴义务人支付利息、股息、红利所得，财产租赁所得，财产转让所得或者偶然所得时，应当依法按次或者按月代扣代缴税款。

三、自然人纳税人识别号

扣缴义务人首次向纳税人支付所得时，应当按照纳税人提供的纳税人识别号等基础信息，填写《个人所得税基础信息表（A 表）》，并于次月扣缴申报时向税务机关报送。

扣缴义务人对纳税人向其报告的相关基础信息变化情况，应当于次月扣缴申报时向税务机关报送。

自然人纳税人识别号，是自然人纳税人办理各类涉税事项的唯一代码标识。

（1）有中国公民身份号码的，以其中国公民身份号码作为纳税人识别号；没有中国公民身份号码的，由税务机关赋予其纳税人识别号。

（2）纳税人首次办理涉税事项时，应当向税务机关或者扣缴义务人出示有效身份证件，并报送相关基础信息。

（3）税务机关应当在赋予自然人纳税人识别号后告知或者通过扣缴义务人告知纳税人其纳税人识别号，并为自然人纳税人查询本人纳税人识别号提供便利。

（4）自然人纳税人办理纳税申报、税款缴纳、申请退税、开具完税凭证、纳税查询等涉税事项时应当向税务机关或扣缴义务人提供纳税人识别号。

（5）"有效身份证件"，是指以下 5 种类型

①纳税人为中国公民且持有有效《中华人民共和国居民身份证》（以下简称"居民身份证"）的，为居民身份证。

②纳税人为华侨且没有居民身份证的，为有效的《中华人民共和国护照》和华侨身份证明。

③纳税人为港澳居民的，为有效的《港澳居民来往内地通行证》或《中华人民共和国港澳居民居住证》。

④纳税人为台湾居民的，为有效的《台湾居民来往大陆通行证》或《中华人民共和国台湾居民居住证》。

⑤纳税人为持有有效《中华人民共和国外国人永久居留身份证》（以下简称《永久居留证》）的外籍个人的，为《永久居留证》和外国护照；未持有《永久居留证》但持有有效《中华人民共和国外国人工作许可证》（以下简称《工作许可证》）的，为《工作许可证》和外国护照；其他外籍个人，为有效的外国护照。

四、反避税的有关规定

纳税人有下列情形之一的，税务机关有权按照合理方法进行纳税调整：

（1）个人与其关联方之间的业务往来不符合独立交易原则而减少本人或者其关联方应纳税额，且无正当理由。

（2）居民个人控制的，或者居民个人和居民企业共同控制的设立在实际税负明显偏低的国家（地区）的企业，无合理经营需要，对应当归属于居民个人的利润不作分配或者减少分配。

（3）个人实施其他不具有合理商业目的的安排而获取不当税收利益。

税务机关依照前款规定作出纳税调整需要补征税款的，应当补征税款，并依法加收利息。

五、建立个人所得税纳税信用管理机制

（一）全面实施个人所得税申报信用承诺制

税务部门在个人所得税自行纳税申报表、个人所得税专项附加扣除信息表等表单中设立格式规范、标准统一的信用承诺书，纳税人需对填报信息的真实性、准确性、完整性作出信用承诺。信用承诺的履行情况纳入个人信用记录，提醒和引导纳税人重视自身纳税信用，并视情况予以失信惩戒。

（二）建立健全个人所得税纳税信用记录

国家税务总局以自然人纳税人识别号为唯一标识，以个人所得税纳税申报记录、专项附加扣除信息报送记录、违反信用承诺和违法违规行为记录为重点，研究制定自然人纳税信用管理的制度办法，全面建立自然人纳税信用信息采集、记录、查询、应用、修复、安全管理和权益维护机制，依法依规采集和评价自然人纳税信用信息，形成全国自然人纳税信用信息库，并与全国信用信息共享平台建立数据共享机制。

（三）建立自然人失信行为认定机制

对于违反《中华人民共和国税收征收管理法》《中华人民共和国个人所得税法》以及其他法律法规和规范性文件，违背诚实信用原则，存在偷税、骗税、骗抵、冒用他人身份信息、恶意举报、虚假申诉等失信行为的当事人，税务部门将其列入重点关注对象，依法依规采取行政性约束和惩戒措施；对于情节严重、达到重大税收违法失信案件标准的，税务部门将其列为严重失信当事人，依法对外公示，并与全国信用信息共享平台共享。

练习题

一、复习思考题

1. 如何判定居民纳税人和非居民纳税人？其纳税义务有何区别？
2. 如何判定所得来源地？

3. 工资、薪金所得与劳务报酬所得、劳务报酬所得与生产经营所得有什么区别？

4. 个人所得税各税目的费用扣除标准是怎样的？

5. 个人所得税有哪些税收优惠政策？

6. 个人所得税的计税有哪些特殊情况，其具体计税规定是什么？

7. 个人转让所持上市公司限售股在缴纳个人所得税上有哪些规定？

二、综合业务题

1. 中国居民李某是境内某企业一名员工，2022年每月取得工资、薪金收入18 000元；每月扣除"三险一金"3 500元，享受子女教育专项附加扣除2 000元，赡养老人专项附加扣除3 000元。并且从A公司取得劳务报酬收入4 000元，从B公司取得稿酬收入1 500元，从C公司取得劳务报酬收入35 000元，从D公司取得特许权使用费收入2 500元。

（1）李某的综合所得年收入额是多少？

（2）李某的综合所得应纳税所得额是多少？

（3）李某的综合所得应纳税额是多少？

2. 中国居民王某的孩子在某中学就读，王某是独生子，父母均已70周岁，王某及其配偶在省会租房居住和工作，名下均无住房，于2022年9月开始攻读在职博士，现有2022年王某收入及部分支出。

（1）王某每月从单位领取扣除社会保险及住房公积金后的收入为12 000元，截至11月底累计已经预扣预缴个人所得税税款468元。

（2）取得年终奖50 400元，选择单独计税。

（3）通过出版摄影作品，取得稿酬收入18 000元。

（其他相关资料：以上专项附加扣除均由王某100%扣除）

（1）计算2022年12月王某应预扣预缴的个人所得税。

（2）计算王某取得年终奖应缴纳的个人所得税。

（3）计算王某取得稿酬应预扣预缴的个人所得税。

（4）计算王某取得2022年综合所得应缴纳的个人所得税税额。

（5）计算王某2022年办理汇算清缴时应补缴的税款或申请的应退税额。

3. 中国居民赵女士是某公司的一名经理，2022年度取得个人收入项目如下。

（1）每月扣除"三险一金"后的工资9 600元，取得年终奖74 000元。

（2）从1月1日起出租住房用于居住，扣除相关税费后的每月租金所得6 500元。

（3）9月25日拍卖祖传字画一幅，拍卖收入55 000元，不能提供字画原值凭证。

（4）10月因协查违规行为获得奖金10 000元，同时因其参与的一项技术创新获得国家科技创新二等奖，分得奖金60 000元。

（其他相关资料：赵女士选择将年终奖并入综合所得计税；本题不考虑专项附加扣除的相关规定）

（1）计算全年工资所得和年终奖应缴纳的个人所得税。

（2）计算出租住房取得的租金收入全年应缴纳的个人所得税。

（3）计算拍卖字画收入应缴纳的个人所得税。

（4）赵女士 10 月获得的奖金应如何缴纳个人所得税，并简要说明理由。

4. 龚某为国内某公司的一名职员，其父母均为 56 周岁、岳父母均为 62 周岁。2022 年龚某的收入与部分支出情况如下：

（1）每月工资 11 000 元，每月"三险一金"个人支付部分为 2 500 元。

（2）龚某父亲的住房贷款利息支出 3 000 元。

（3）3 月取得保险赔款 4 000 元。

（4）4 月因持有某上市公司股票而取得股息红利 14 000 元，已知该股票为龚某去年 10 月从公开发行和转让市场取得的，龚某于 6 月将该股票转让。

要求：根据上述资料，计算回答下列问题。

（1）解释龚某是否可以享受赡养老人专项附加扣除。

（2）解释龚某是否可以享受住房贷款利息专项附加扣除。

（3）解释龚某取得保险赔款是否需要缴纳个人所得税。

（4）计算龚某取得的股息红利所得应缴纳的个人所得税。

（5）计算龚某 2022 年综合所得应缴纳的个人所得税。

5. 无住所外籍个人温妮女士于 2023 年在中国境内居住天数为 80 天。2023 年 1 月，温妮女士取得境内履职公司支付的股权激励所得 60 万元，其中归属于境内工作期间的所得为 186 000 元；2023 年 5 月，再次取得境内履职公司支付的股权激励所得 70 万元，其中归属于境内工作期间的所得为 132 000 元。

求温妮女士境内股权激励所得应纳个人所得税。（不考虑税收协定因素）

即测即练

第八章

资源税相关税收

【学习目标】

　　资源税相关税收是以资源的开发和占用为课税对象的各种税收的统称。对部分资源进行课税是各国通行的做法，有利于加强资源的保护，调节不同等级资源的收益级差。我国现行税法体系中属于资源税类的税种包括资源税、土地增值税、城镇土地使用税和耕地占用税。本章要求重点掌握上述 4 个税种的纳税人、征税范围、计征依据和应纳税额的计算等内容；一般掌握其税率、税收优惠；理解各税种出台的背景和发展历史；了解其征收管理办法。

第一节　资　源　税

一、资源税概述

　　资源是指在自然界存在的、能为人类所利用的物质财富。资源税是对在中华人民共和国领域和中华人民共和国管辖的其他海域开发应税资源的单位和个人，依法征收的税种。资源税并不是对所有资源课税，而是把某些特殊的资源列入征税范围。

扩展阅读 8.1　《关于资源税有关问题执行口径的公告》财政部和国家税务总局公告 2020 年第 34 号

　　我国征收资源税的法律依据是《中华人民共和国矿产资源法》，它规定"国家对矿产资源实行依法开采。开采矿产资源，必须按照国家有关规定缴纳资源税和资源补偿费"。1993 年 12 月，国务院发布《资源税暂行条例》及财政部发布《资源税暂行条例实施细则》，按照"普遍征收、级差调节"的原则征收资源税。为贯彻习近平生态文明思想，落实税收法定原则，2019 年 8 月 26 日，第十三届全国人民代表大会常务委员会第 12 次会议通过了《中华人民共和国资源税法》（以下简称《资源税法》）。为贯彻落实《资源税法》，财政部、国家税务总局相继发布了《关于资源税有关问题执行口径的公告》（2020 年第 34 号）、《关于资源税征收管理若干问题的公告》（国家税务总局公告 2020 年第 14 号）、《关于继续执行的资源税优惠政策的公告》（财政部 国家税务总局公告 2020 年第 32 号）等部门规章。资源税法的实施，对资源的合理开发、利用起到较好的调节作用，也为国家筹集财政资金起到了重要的推动作用。2022 年，我国实现资源税收入 3 388.61 亿元，占当年全部税收收入的 2.03%。

我国目前的资源税法具有如下特点。

第一，征收的目的主要在于调节因资源差别所形成的级差收入。一般而言，征收资源税可以发挥多方面的作用，如促进现有资源的合理开发，充分实现国有资源的有偿使用，便于筹集财政收入。但是，资源税的主要目的在于，调节资源开采企业因资源禀赋、资源开采条件等的差异所形成的级差收入，为资源开采企业之间开展公平竞争创造条件。

第二，采用差别税额，实行从价计征。我国最初的《资源税暂行条例》规定资源税以应税资源产品的销售量为计税依据，实行从量定额计税。同时按资源禀赋情况、开采条件、资源等级和地理位置等客观条件的差异规定了幅度税额，为每一个课税矿区规定了适用税率。近年来，全球原材料价格迅猛上涨，但定额税率与资源价格无关，导致资源所在地无法分享资源价格上涨带来的收益，不利于我国中西部一些经济落后但资源富集地区的发展。为此，根据中共中央、国务院新疆工作座谈会精神，经国务院批准，财政部、国家国家税务总局制定了《新疆原油、天然气资源税改革若干问题的规定》，对在新疆开采的原油、天然气实行从价计征改革试点。根据党中央、国务院关于全面推进资源税改革的要求，2016 年 5 月财政部、国家税务总局公布《关于全面推进资源税改革的通知》，对绝大部分应税产品实行从价计征方式；对经营分散，多为现金交易且难以管控的黏土、砂石，为便利征管仍实行从量定额计征。

第三，我国的资源税属于中央与地方共享税。按资源种类划分资源税收入归属，其中，海洋石油企业缴纳的资源税归中央财政所有，其他企业缴纳的资源税划归地方财政所有。

二、纳税义务人

资源税的纳税义务人是指在中华人民共和国领域和中华人民共和国管辖的其他海域开发应税资源的单位和个人。应税资源的具体范围，由《资源税法》所附《资源税税目税率表》（以下称《税目税率表》）确定。单位是指国有企业、集体企业、私营企业、股份制企业、其他企业和行政单位、事业单位、社会团体及其他单位；个人是指个体经营者或其他个人；其他单位和其他个人包括外商投资企业、外国企业及外籍人员。

2011 年 11 月 1 日前已依法订立中外合作开采陆上、海上石油资源合同的，在该合同有效期内，继续依照国家有关规定缴纳矿区使用费，不缴纳资源税；合同期满后，依法缴纳资源税。

纳税人自用应税产品，如果属于应当缴纳资源税的情形，应按规定缴纳资源税。上述情形包括：纳税人将应税产品用于非货币性资产交换、捐赠、偿债、赞助、集资、投资、广告、样品、职工福利、利润分配或者连续生产非应税产品等。

纳税人开采或者生产应税产品自用于连续生产应税产品的，不缴纳资源税，如铁原矿用于连续生产铁精粉的，在移送铁原矿时不缴纳资源税；但对于生产非应税产品的，如将铁精粉继续用于冶炼的，应当在移送环节缴纳资源税。

三、税目与税率

资源税税目包括能源矿产、金属矿产、非金属矿产、水气矿产和盐等 5 大类，在 5 个税目下设置子目。《资源税法》所列税目共有 164 个，涵盖了所有已发现的矿种和盐。资源税税目、税率表具体如表 8-1 所示。

表 8-1　资源税税目、税率表

税目			征税对象	税率
能源矿产	原油		原矿	6%
	天然气、页岩气、天然气水合物		原矿	6%
	煤		原矿或者选矿	2%～10%
	煤成（层）气		原矿	1%～2%
	铀、钍		原矿	4%
	油页岩、油砂、天然沥青、石煤		原矿或者选矿	1%～4%
	地热		原矿	1%～20%或者每立方米 1～30 元
金属矿产	黑色金属	铁、锰、铬、钒、钛	原矿或者选矿	1%～9%
	有色金属	铜、铅、锌、锡、镍、锑、镁、钴、铋、汞	原矿或者选矿	2%～10%
		铝土矿	原矿或者选矿	2%～9%
		钨	选矿	6.5%
		钼	选矿	8%
		金、银	原矿或者选矿	2%～6%
		铂、钯、钌、锇、铱、铑	原矿或者选矿	5%～10%
		轻稀土	选矿	7%～12%
		中重稀土	选矿	20%
		铍、锂、锆、锶、铷、铯、铌、钽、锗、镓、铟、铊、铪、铼、镉、硒、碲	原矿或者选矿	2%～10%
非金属矿产	矿物类	高岭土	原矿或者选矿	1%～6%
		石灰岩	原矿或者选矿	1%～6%或者每吨（或者每立方米）1～10 元
		磷	原矿或者选矿	3%～8%
		石墨	原矿或者选矿	3%～12%
		萤石、硫铁矿、自然硫	原矿或者选矿	1%～8%
		天然石英砂、脉石英、粉石英、水晶、工业用金刚石、冰洲石、蓝晶石、硅线石（矽线石）、长石、滑石、刚玉、菱镁矿、颜料矿物、天然碱、芒硝、钠硝石、明矾石、砷、硼、碘、溴、膨润土、硅藻土、陶瓷土、耐火黏土、铁矾土、凹凸棒石黏土、海泡石黏土、伊利石黏土、累托石黏土	原矿或者选矿	1%～12%

续表

税目		征税对象	税率
矿物类	叶蜡石、硅灰石、透辉石、珍珠岩、云母、沸石、重晶石、毒重石、方解石、蛭石、透闪石、工业用电气石、白垩、石棉、蓝石棉、红柱石、石榴子石、石膏	原矿或者选矿	2%～12%
	其他黏土（铸型用黏土、砖瓦用黏土、陶粒用黏土、水泥配料用黏土、水泥配料用红土、水泥配料用黄土、水泥配料用泥岩、保温材料用黏土）	原矿或者选矿	1%～5%或者每吨（或者每立方米）0.1～5元
岩石类	大理岩、花岗岩、白云岩、石英岩、砂岩、辉绿岩、安山岩、闪长岩、板岩、玄武岩、片麻岩、角闪岩、页岩、浮石、凝灰岩、黑曜岩、霞石正长岩、蛇纹岩、麦饭石、泥灰岩、含钾岩岩、含钾砂页岩、天然油石、橄榄岩、松脂岩、粗面岩、辉长岩、辉石岩、正长岩、火山灰、火山渣、泥炭	原矿或者选矿	1%～10%
	砂石	原矿或者选矿	1%～5%或者每吨（或者每立方米）0.1～5元
宝玉石类	宝石、玉石、宝石级金刚石、玛瑙、黄玉、碧玺	原矿或者选矿	4%～20%
水气矿产	二氧化碳气、硫化氢气、氦气、氢气	原矿	2%～5%
	矿泉水	原矿	1%～20%或者每立方米1～30元
盐	钠盐、钾盐、镁盐、锂盐	选矿	3%～15%
	天然卤水	原矿	3%～15%或者每吨（或者每立方米）1～10元
	海盐		2%～5%

除上述税目外，为全面贯彻落实党的十九大精神，推进资源全面节约和循环利用，推动形成绿色发展方式和生活方式，按照党中央、国务院决策部署，财政部、国家税务总局和水利部印发《扩大水资源税改革试点实施办法》（财税〔2017〕80号），自2017年12月1日起在北京、天津、山西、内蒙古、山东、河南、四川、陕西、宁夏等9个试点省份进行水资源税改革试点。

扩展阅读8.2《扩大水资源税改革试点实施办法》财税〔2017〕80号

四、计税依据

资源税适用以从价定率计征为主、从量定额征收为辅的征税方式，计税依据为应税产品的销售额或销售量。根据规定，地热、砂石、矿泉水和天然卤水可采用从价定率或从量定额计征的方式，其他应税产品统一适用从价定率征收方式。

纳税人开采或者生产不同税目应税产品的，应当分别核算不同税目应税产品的销售额或者销售数量；未分别核算或者不能准确提供不同税目应税产品的销售额或者销售数量的，从高适用税率。

（一）从价定率征收的计税依据

1. 销售额的基本规定

资源税应税产品（以下简称应税产品）的销售额，按照纳税人销售应税产品向购买方收取的全部价款确定，不包括增值税税款。

计入销售额中的相关运杂费用，凡取得增值税发票或者其他合法有效凭据的，准予从销售额中扣除。相关运杂费用是指应税产品从坑口或者洗选（加工）地到车站、码头或者购买方指定地点的运输费用、建设基金及随运销产生的装卸、仓储、港杂费用。

2. 特殊情形下销售额的确定

（1）纳税人申报的应税产品销售额明显偏低且无正当理由的，或者有自用应税产品行为而无销售额的，主管税务机关可以按下列方法和顺序确定其应税产品销售额：

①按纳税人最近时期同类产品的平均销售价格确定。

②按其他纳税人最近时期同类产品的平均销售价格确定。

③按后续加工非应税产品销售价格，减去后续加工环节的成本利润后确定。

④按应税产品组成计税价格确定；

$$组成计税价格＝成本×（1＋成本利润率）÷（1－资源税税率）$$

上述公式中的成本利润率由省、自治区、直辖市税务机关确定。

⑤按其他合理方法确定。

（2）外购应税产品购进金额、购进数量的扣减。

①纳税人外购应税产品与自采应税产品混合销售或者混合加工为应税产品销售的，在计算应税产品销售额或者销售数量时，准予扣减外购应税产品的购进金额或者购进数量；当期不足扣减的，可结转下期扣减。纳税人应当准确核算外购应税产品的购进金额或者购进数量，未准确核算的，一并计算缴纳资源税。

纳税人核算并扣减当期外购应税产品购进金额、购进数量，应当依据外购应税产品的增值税发票、海关进口增值税专用缴款书或者其他合法有效凭据。

②纳税人以外购原矿与自采原矿混合为原矿销售，或者以外购选矿产品与自产选矿产品混合为选矿产品销售的，在计算应税产品销售额或者销售数量时，直接扣减外购原矿或者外购选矿产品的购进金额或者购进数量。

纳税人以外购原矿与自采原矿混合洗选加工为选矿产品销售的，在计算应税产品销售额或者销售数量时，按照下列方法进行扣减：

$$准予扣减的外购应税产品购进金额（数量）＝外购原矿购进金额（数量）×$$
$$（本地区原矿适用税率÷本地区选矿产品适用税率）$$

不能按照上述方法计算扣减的，按照主管税务机关确定的其他合理方法进行扣减。

例 8-1：某煤炭企业将外购 120 万元原煤与自采价值 180 万元原煤混合洗选加工为选煤销售，取得销售额 400 万元。当地原煤税率为 3%，选煤税率为 2%，请计算准予扣除的外购应税产品购进金额。

准予扣减的外购应税产品购进金额

= 外购原煤购进金额 ×（本地区原煤适用税率 ÷ 本地区选煤适用税率）

= 120 ×（3% ÷ 2%）

= 180（万元）

（二）从量定额征收的计税依据

对实行从量定额征收的应税产品，以其销售数量为计税依据。应税产品的销售数量，包括纳税人开采或者生产应税产品的实际销售数量和自用于应当缴纳资源税情形的应税产品数量。

五、应纳税额的计算

（一）从价定率征收的应纳税额

实行从价定率方式征收资源税的，根据应税产品的销售额和适用税率计算应纳税额。其具体计算公式为

$$应纳税额 = 销售额 × 适用税率$$

例 8-2：某石化企业为增值税一般纳税人，202×年 6 月发生了以下几笔业务。

（1）从俄罗斯进口原油 5 万吨，支付不含税价款折合人民币 21 000 万元。

（2）开采原油 4 万吨，并对外销售原油 3 万吨，取得含税销售额 13 560 万元。另收取包装费 2 万元，支付运输及港杂费用 7 万元。

（3）将开采的原油 3 000 吨加工为汽油 2 000 吨。

该油田原油适用资源税税率为 6%。要求：计算该油田 6 月应缴纳的资源税。

解：（1）进口原油无需缴纳资源税，故业务（1）不产生资源税纳税义务。

（2）业务（2）应缴纳的资源税 =（13 560 + 2）÷（1 + 13%）× 6% = 720.106 2（万元）

（3）业务（3）为纳税人将生产的应税产品自用于连续生产非应税产品，应当在移送环节缴纳资源税，并按纳税人最近时期同类产品的平均销售价格确定销售额。最近时期同类产品的平均不含税销售价格为 0.4 万元/吨（即含税价格为 13 560 ÷ 30 000 = 0.452 万元/吨）。

应纳资源税 = 3 000 × 0.4 × 6% = 72（万元）

（4）当月该公司共计缴纳资源税 = 720.106 2 + 72 = 792.106 2（万元）

（二）从量定额征收的应纳税额

实行从量定额方式征收资源税的，根据应税产品的课税数量和适用的单位税额计算应纳税额。其具体计算公式为

$$应纳税额 = 课税数量 × 单位税额$$

六、税收优惠

（一）免征资源税

有下列情形之一的，免征资源税：

（1）开采原油以及在油田范围内运输原油过程中用于加热的原油、天然气。

（2）煤炭开采企业因安全生产需要抽采的煤成（层）气。

（二）减征资源税

有下列情形之一的，减征资源税：

（1）从低丰度油气田开采的原油、天然气，减征 20%资源税。

（2）高含硫天然气、三次采油和从深水油气田开采的原油、天然气，减征 30%资源税。

（3）稠油、高凝油减征 40%资源税。

（4）从衰竭期矿山开采的矿产品，减征 30%资源税。

根据国民经济和社会发展需要，国务院对有利于促进资源节约集约利用、保护环境等情形可以规定免征或者减征资源税，报全国人民代表大会常务委员会备案。

（三）由各省、自治区、直辖市人民政府决定免征或者减征

有下列情形之一的，省、自治区、直辖市可以决定免征或者减征资源税：

（1）纳税人开采或者生产应税产品过程中，因意外事故或者自然灾害等原因遭受重大损失。

（2）纳税人开采共伴生矿、低品位矿、尾矿。

（四）其他免征或者减征

《资源税法》施行后，以下几项原有的资源税优惠政策继续执行：

（1）对青藏铁路公司及其所属单位运营期间自采自用的砂、石等材料免征资源税。

（2）2018 年 4 月 1 日至 2021 年 3 月 31 日，对页岩气资源税减征 30%。

（3）2019 年 1 月 1 日至 2021 年 12 月 31 日，对增值税小规模纳税人可以在 50%的税额幅度内减征资源税。

（4）2014 年 12 月 1 日至 2023 年 8 月 31 日，对充填开采置换出来的煤炭，资源税减征 50%。

纳税人的免税、减税项目，应当单独核算销售额或者销售数量；未单独核算或者不能准确提供销售额或者销售数量的，不予免税或者减税。

纳税人开采或者生产同一应税产品，其中既有享受减免税政策的，又有不享受减免税政策的，按照免税、减税项目的产量占比等方法分别核算确定免税、减税项目的销售额或者销售数量。

纳税人开采或者生产同一应税产品同时符合两项或者两项以上减征资源税优惠政策的，除另有规定外，只能选择其中一项执行。

七、征收管理

（一）纳税义务发生时间

纳税人销售应税产品的资源税纳税义务发生时间，为收讫销售款或者取得索取销售款凭据的当天。自用应税产品的，为移送应税产品的当天。

（二）纳税期限

资源税按月或者按季申报缴纳；不能按固定期限计算纳税的，可以按次申报缴纳。

纳税人按月或者按季申报缴纳的，应当自月度或者季度终了之日起 15 日内，向税务机关办理纳税申报并缴纳税款。

（三）纳税地点

纳税人应当向应税产品的开采地或者海盐的生产地主管税务机关缴纳税款。

第二节　土地增值税

一、土地增值税的概念和征收目的

（一）土地增值税的概念

土地增值税是对转让国有土地使用权、地上建筑物及其附着物并取得收入的单位和个人，就其转让房地产所取得的增值额征收的一种税。

土地增值税法是调整土地增值税税收法律关系的法律规范。我国目前的土地增值税的基本规范，是 1993 年 12 月 13 日国务院颁布的《中华人民共和国土地增值税暂行条例》（以下简称《土地增值税暂行条例》）及 1995 年 1 月 27 日财政部颁布的《土地增值税暂行条例实施细则》。为了贯彻落实税收法定原则，2019 年 7 月，财政部会同国家税务总局发布了《中华人民共和国土地增值税法（征求意见稿）》，向全社会公开征求意见，广泛凝聚共识，推进民主立法。2022 年，我国实现土地增值税收入 6 349 亿元，占当年全部税收收入的 3.81%。

（二）开征土地增值税的目的

扩展阅读 8.3 《土地增值税暂行条例实施细则》财法字〔1995〕6 号

土地增值税的性质属于特定目的税和资源税。它是规范房地产交易秩序，适当调节土地增值收益而征收的一种税收。我国开征土地增值税出于以下目的。

（1）进一步改革和完善税制，增强国家对房地产市场调控力度。自 1993 年以来，我国房地产市场的发展非常迅速，尤其是进入 21 世纪后，房地产开发过热，投机行为盛行，房地产价格上涨过猛，投入开发的资金规模过大，土地资源浪费严重，国家收回土地增值收益较少，不同程度上对国民经济发展造成了不良影响。

因此，开征土地增值税，有利于利用税收杠杆对房地产市场进行宏观调控。

（2）抑制炒卖土地投机获取暴利的行为。土地资源属于国家所有，国家为整治和开发国土资源投入了巨额资金，应当在土地增值收益的分配中取得较多份额。征收土地增值税通过对房地产的过高增值收益进行合理调节分配，不仅维护了国家利益，而且打击了炒买炒卖获取暴利的行为，并对房地产正当开发者的合法权益给予保护。

（3）规范国家参与土地增值收益的分配方式，增加国家财政收入。在税制改革以前，由于没有统一的土地增值税，各地征收办法及收取标准差异较大，国家在土地增值收益的分配中所占比重不大。通过征收土地增值税，有利于国家参与土地增值收益的分配增加财政收入。

二、纳税义务人

土地增值税的纳税人，为转让国有土地使用权、地上建筑物及其附着物（以下简称转让房地产）并取得收入的单位或个人。这里所指的单位包括各类企业、事业单位、国家机关和社会团体及其他组织。个人包括个体经营者和其他个人。

概括起来，《土地增值税暂行条例》对纳税人的规定主要有以下4个特点。

（1）不论法人与自然人。即不论是企业、事业单位、国家机关、社会团体及其他组织，还是个人，只要有偿转让房地产，都是土地增值税的纳税人。

（2）不论经济性质。即不论是全民所有制企业、集体企业、私营企业、个体经营者，还是联营企业、合资合作企业、外商独资企业等，只要有偿转让房地产都是土地增值税的纳税人。

（3）不论内资与外资企业、中国公民与外籍个人。即只要有偿转让房地产，都是土地增值税的纳税人。

（4）不论行业与部门。即无论是工业、农业、商业、学校、医院、机关等，只要有偿转让房地产，都是土地增值税的纳税人。

三、征税范围

土地增值税的征税范围为，凡有偿转让中华人民共和国国有土地使用权及地上建筑物和其他附着物产权并取得的收入的行为。这里所说的"地上建筑物"是指建于土地上的一切建筑物，包括地上、地下的种种附属设施。"附着物"是指附着于土地上的不能移动，一经移动即遭损坏的物品。

土地增值税是对转让土地权利而获取收益的主体，就其转让土地的增值额征收的一种财产税。确定土地增值税的征税范围十分重要，在实际工作中，通常用如下标准来判定。

1. 土地增值税是对转让国有土地使用权及其地上建筑物和附着物的行为征税

转让的土地是否为国家所有，是判定是否属于土地增值税征税范围的标准之一。根据《中华人民共和国宪法》和《中华人民共和国土地管理法》的规定，城市的土地属于国家所有，其土地所有权在转让时，按照《土地增值税暂行条例》的规定，属于土地增值税的征税范围。农村和城市郊区的土地除由国家法律规定属于国家所有的以外，属于集体所有，集体所有的土地不能自行转让。但国家为了公共利益，可以依法对集体所有的土地实行征用，征用后的土地属于国家所有，其转让时属于《土地增值税暂行条例》的征税范围。

2. 土地增值税是对国有土地使用权及其地上的建筑物和附着物的转让行为征税

土地使用权、地上建筑物及其附着物的产权是否发生转让，是判定是否属于土地增值税征税范围的标准之一。根据这个特点，土地增值税的征税范围不包括国有土地使用权出让（土地买卖的一级市场）所取得的收入，而是指土地使用者通过出让等形式取得土地使用权后，将土地使用权再转让的行为，包括出售、交换和赠与，它属于土地买卖的二级市场；其次，土地增值税的征税范围不包括未转让土地使用权、房产产权的行为。

3. 土地增值税是对转让房地产并取得收入的行为征税

转让的土地是否取得收入，是判定是否属于土地增值税征税范围的标准之三。土地增值税的征税范围不包括房地产的权属虽转让，但未取得收入的行为。但无论单独转让国有土地使用权，还是房屋产权与国有土地使用权一并转让时，只要取得收入，均属于土地使用权的征税范围。

按照上述标准，对以下特殊业务的纳税义务规定如下。

（1）以出售方式转让国有土地使用权、地上建筑物及其附着物的，包括出售国有土地使用权、取得国有土地使用权后进行房屋开发建造后出售、买卖存量房地产等均属于土地增值税的征收范围。

（2）以法定继承、赠与直系亲属或直接赡养义务人等方式转让房地产的，不属于土地增值税的征收范围。

（3）将房地产用于公益性捐赠的，不属于土地增值税的征收范围。

（4）房地产的出租、抵押不属于土地增值税的征收范围，但是对于以房地产抵债而发生房地产权属转让的，属于征收范围。

（5）合作建房，一方出地，一方出资金，建成后按比例分房自用的，暂免征收土地增值税；建成后出售的，应征收土地增值税。

（6）房地产的代建行为，房地产权属属于委托方，房地产开发公司取得的是劳务性质的收入，不属于土地增值税的征收范围。

（7）以房地产进行投资、联营的，暂免征收土地增值税；被投资、联营企业再将该房地产转让的，应征收土地增值税。

（8）房地产的重新评估，房地产虽有增值，但没有发生房地产权属转让，房地产所有人也未取得收入的，不属于土地增值税的征收范围。

四、税率

土地增值税实行 4 级超率累进税率，具体规定如表 8-2 所示。

表 8-2 土地增值税税率表

级数	增值额与扣除项目金额的比率	税率	速算扣除率
1	未超过 50%的部分	30%	0
2	超过 50%，未超过 100%的部分	40%	5%
3	超过 100%，未超过 200%的部分	50%	15%
4	超过 200%的部分	60%	35%

五、土地增值额的确定

土地增值税的计税依据是土地增值额，即土地增值税纳税人转让房地产所取得的收入减除法定扣除项目金额后的余额。

（一）应税收入的确定

纳税人转让房地产所取得的收入（不含增值税），应包括转让房地产的全部价款及有关的经济利益。从收入的形式来看，包括货币收入、实物收入和其他收入。

货币收入指纳税人转让土地使用权、房屋产权而向取得方收取的现金、银行存款、支票、银行本票、汇票等各种信用票据和国库券、金融债券、企业债券、股票等有价证券；实物收入指纳税人转让房地产而取得的各种实物形态的收入，如建筑材料、房屋、土地等；其他收入指纳税人转让房地产而取得的无形资产收入或具有财产价值的权利，如专利权、商标权、著作权、专有技术使用权、土地使用权、商誉权等。实物收入及其他收入的价值一般要通过评估确定。

（二）扣除项目金额的确定

计算土地增值额，并不是直接对转让房地产所取得的收入征税，而是要对收入额扣除国家规定的各项扣除项目金额后的余额计算征税。因此，要计算增值额，首先必须确定扣除项目金额。

1. 取得土地使用权所支付的金额

取得土地使用权所支付的金额包含两方面的内容：

（1）纳税人为取得土地使用权所支付的地价款，如以协议、招标、拍卖等出让方式取得土地使用权而支付的土地出让金；或以行政划拨形式取得土地使用权按规定补交的土地出让金；或以转让方式取得土地使用权而实际支付的地价款。

（2）纳税人在取得土地使用权时按国家统一规定缴纳的有关费用，如登记、过户手续费。

2. 房地产开发成本

房地产开发成本是指纳税人房地产开发项目实际发生的成本，包括土地的征用及拆迁补偿费、前期工程费、建筑安装工程费、基础设施费、公共配套设施费、开发间接费用等。

3. 房地产开发费用

房地产开发费用是指与房地产项目有关的销售费用、管理费用、财务费用。这 3 项费用作为期间费用直接计入当期损益，不按成本核算对象进行分摊，故作为土地增值税扣除项目的开发费用，不是据实扣除，而是按《土地增值税暂行条例实施细则》的标准进行扣除。

（1）财务费用中的利息支出，凡能按转让房地产项目分摊利息并提供金融机构证明的，允许据实扣除，但最高不能超过按商业银行同类贷款利率计算的金额。其他房地产开发费用，按取得土地使用权所支付的金额和房地产开发成本的 5% 以内计算扣除。计算公式为

$$允许扣除的开发费用 = 利息支出 + （取得土地使用权所支付的金额 +$$
$$房地产开发成本）× 5\%$$

（2）凡不能按转让房地产项目分摊利息或不能提供金融机构证明的，房地产开发费用按取得土地使用权所支付的金额和房地产开发成本之和的 10% 以内计算扣除，计算公式为

$$允许扣除的开发费用 = （取得土地使用权所支付的金额 + 房地产开发成本）× 10\%$$

全部使用自有资金没有利息支出的，按照以上方法扣除。

计算扣除的具体比例，由各省（自治区、直辖市）人民政府确定。

4. 与转让房地产有关的税金

与转让房地产有关的税金，是指在转让房地产时缴纳的城市维护建设税、印花税及教育费附加。

（1）需要明确的是，房地产开发企业按照《施工、房地产开发企业财务制度》有关规定，其在转让房地产时缴纳的印花税因列入管理费用中，故不允许再单独扣除。其他纳税人缴纳的印花税（按产权转移书据所载金额的 0.5‰ 贴花）允许在此扣除。

（2）"营改增"后，房地产开发企业实际缴纳的城市维护建设税、教育费附加，凡能够按清算项目准确计算的，允许据实扣除；凡不能按清算项目准确计算的，则按该清算项目预缴增值税时实际缴纳的城市维护建设税和教育费附加扣除。

5. 财政部规定的其他扣除项目

财政部规定的其他扣除项目，是指从事房地产开发的纳税人，可按取得土地使用权所支付的金额和房地产开发成本之和，加计 20% 的扣除。应特别注意的是，本项加计扣除优惠政策只适用于从事房地产开发的纳税人，除此之外的其他纳税人不适用。这样规定是为了抑制炒买炒卖房地产的投机行为，保护正常开发投资者的积极性。

纳税人成片受让土地使用权后，分期分批开发、转让房地产的，其扣除项目的确定可按土地转让使用权的面积占总面积的比例计算分摊，也可按税务机关确认的其他方式计算分摊。

6. 旧房及建筑物的评估价格

纳税人转让旧房的，应按房屋及建筑物的评估价格、取得土地使用权所支付的地价款或出让金、按国家统一规定缴纳的有关费用和转让环节缴纳的税金作为扣除项目金额计征土地增值税。对取得土地使用权时未支付地价款或不能提供已支付地价款凭据的，不允许扣除。

在转让已使用的房屋及建筑物时，按房地产评估机构评定的重置成本价乘以成新度折扣率后的价格，经当地税务机关确认后扣除。

重置成本价，是对旧房及建筑物，按转让时的建材价格及人工费用计算，建造同样面积、同样层次、同样结构、同样建筑标准的新房及建筑物所需花费的成本费用。成新度折扣率，是按旧房的新旧程度作一定比例的折扣。

例 8-3：一栋别墅已经使用 10 年，原建造成本为 1 200 万元，按当前转让时的建材及人工费用标准计算，新建同样的别墅需花费 8 000 万元。假定该别墅 7 成新，对该房价格进行评估。

$$评估价格 = 8\ 000 \times 70\% = 5\ 600（万元）$$

纳税人转让旧房及建筑物，凡不能取得评估价格，但能提供购房发票的，经当地税务部门确认，《土地增值税暂行条例》第 6 条第（一）、（三）项规定的扣除项目的金额，可按发票所载金额并从购买年度起至转让年度止每年加计 5% 计算。对纳税人购房时缴纳的契税，凡能提供契税完税凭证的，准予作为"与转让房地产有关的税金"予以扣除，但不作为加计 5% 的基数。

对于转让旧房及建筑物，既没有评估价格，又不能提供购房发票的，地方税务机关可以根据《中华人民共和国税收征收管理法》（以下简称《税收征收管理法》）第 35 条的规定，实行核定征收。

（三）增值额的确定

土地增值税的纳税人转让房地产所取得的收入减除规定的扣除项目金额后的余额，为增值额。

增值额是土地增值税的本质所在。在实际房地产交易活动中，有些纳税人由于不能准确提供房地产转让价格或扣除项目金额，致使增值额计算不准确，直接影响应纳税额的计算和缴纳。因此，纳税人有下列情形之一的，由税务机关参照房地产评估价格确定转让房地产收入计算征收：

（1）隐瞒、虚报房地产成交价格的。

（2）提供扣除项目金额不实的。

（3）转让房地产的成交价格低于房地产评估价格，又无正当理由的。

六、应纳税额的计算

（一）分步计算法

土地增值税按照纳税人转让房地产所取得的增值额和规定的税率计算，按次征收。按分步计算法的土地增值税的计算公式是

$$应纳税额 = \sum（每级距的土地增值额 \times 适用税率）$$

应纳税额按分步计算法的具体计算步骤如下：

第一，计算土地增值额

$$土地增值额 = 转让房地产的总收入 - 扣除项目金额$$

第二，计算土地增值额与扣除项目金额的比例

土地增值额与扣除项目金额的比例＝（转让房地产的总收入－扣除项目金额）÷扣除项目金额

第三，计算土地增值税税额

$$应纳税额 = \sum（每级距的土地增值额 \times 适用税率）$$

由于土地增值税采用超率累进税率分步计算十分复杂，在实际征收中可采用速算扣除法进行计算。

（二）速算扣除法

速算扣除法，即用增值额乘以适用税率减去扣除项目金额乘以速算扣除系数的简便方法计算增值税应纳税额，应纳税额的具体计算公式如下。

情况一，增值额未超过扣除项目金额 50% 的应纳税额计算公式：

$$应纳税额 = 增值额 \times 30\%$$

情况二，增值额超过扣除项目金额 50%，未超过 100% 的应纳税额计算公式：

$$应纳税额 = 增值额 \times 40\% - 扣除项目金额 \times 5\%$$

情况三，增值额超过扣除项目金额 100%，未超过 200% 的应纳税额计算公式：

$$应纳税额 = 增值额 \times 50\% - 扣除项目金额 \times 15\%$$

情况四，增值额超过扣除项目金额 200% 的应纳税额计算公式：

$$应纳税额 = 增值额 \times 60\% - 扣除项目金额 \times 35\%$$

例 8-4：某市一企业（非房地产开发单位）建造一栋写字楼，取得不含增值税收入 1 000 万元。为建造此楼所支付的地价款为 150 万元，房地产开发成本 200 万元，开发费用中的利息支出为 80 万元（能按转让房地产计算、分摊利息费用并提供银行证明）。所在地规定的房地产开发费用计提比例为 5%，缴纳税收滞纳金 2 万元。（城建税税率 7%、教育费附加 3%、地方教育附加 2%、印花税税率为 0.5‰。）

要求：计算该企业的土地增值税。

解：（1）扣除项目金额 ＝ 150＋200＋80＋（150＋200）×5%＋1 000×9%×（7%＋3%＋2%）＋1 000×0.5‰＝458.80（万元）

（2）土地增值额 ＝ 1 000－458.80 ＝ 541.20（万元）

（3）土地增值税占扣除项目金额的比例 ＝ 541.20÷458.80×100% ＝ 117.96%

（4）计算该公司土地增值税应纳税额 ＝ 541.20×50%－458.80×15% ＝ 201.78（万元）

七、土地增值税的减免税优惠

（1）纳税人建造普通标准住宅增值率低于 20% 的，免征土地增值税。

纳税人建造普通标准住宅出售，增值额未超过扣除项目金额 20% 的，免征土地增值税，增值额超过扣除项目金额 20% 的，应就其全部增值额按规定计税。

这里所说的"普通标准住宅"是指按所在地一般民用住宅标准建造的居住用住宅。高级公寓、别墅、度假村等不属于普通标准住宅。根据《国务院办公厅转发建设部等部门关于做好稳定住房价格工作意见的通知》（国办发〔2005〕26 号）的规定，从 2005 年 6 月 1 日起，享受优惠政策的住房原则上应同时满足以下条件：住宅小区建筑容积率在 1.0

以上；单套建筑面积在 120 平方米以下；实际成交价格低于同级别土地上住房平均交易价格 1.2 倍以下。各省、自治区、直辖市要根据实际情况，制定本地区享受优惠政策普通住房的具体标准。允许单套建筑面积和价格标准适当浮动，但向上浮动的比例不得超过上述标准的 20%。普通标准住宅与其他住宅的具体划分界限由各省、自治区、直辖市人民政府规定。

对于纳税人既建普通标准住宅又开发其他房地产的，应分别核算增值额。不分别核算增值额或不能准确核算增值额的，其建造的普通住宅不能适用这一免税规定。

（2）因国家建设需要依法征用、收回的房地产，免征土地增值税。

这里所说的"因国家建设需要依法征用、收回的房地产"，是指因城市实施规划、国家建设的需要而被政府批准征用的房产或收回的土地使用权。

（3）因城市规划、国家建设需要而搬迁由纳税人自行转让原房地产的免征土地增值税。

（4）对企事业单位、社会团体等转让旧房作为改造安置住房或公共租赁住房房源，且增值税额未超过扣除项目金额 20%的，免征土地增值税

（5）个人销售住房的税收优惠。

自 2008 年 11 月 1 日起，对个人销售住房暂免征收土地增值税。

（6）企业改制重组有关土地增值税政策。

为支持企业改制重组，优化市场环境，2021 年 1 月 1 日至 2023 年 12 月 31 日，企业改制重组有关土地增值税政策规定如下。

①企业按照《中华人民共和国公司法》有关规定整体改制，包括非公司制企业改制为有限责任公司或股份有限公司，有限责任公司变更为股份有限公司，股份有限公司变更为有限责任公司，对改制前的企业将国有土地使用权、地上的建筑物及其附着物（以下称房地产）转移、变更到改制后的企业，暂不征土地增值税。

整体改制是指不改变原企业的投资主体，并承继原企业权利、义务的行为。

②按照法律规定或者合同约定，两个或两个以上企业合并为一个企业，且原企业投资主体存续的，对原企业将房地产转移、变更到合并后的企业，暂不征土地增值税。

③按照法律规定或者合同约定，企业分设为两个或两个以上与原企业投资主体相同的企业，对原企业将房地产转移、变更到分立后的企业，暂不征土地增值税。

④单位、个人在改制重组时以房地产作价入股进行投资，对其将房地产转移、变更到被投资的企业，暂不征土地增值税。

⑤上述改制重组有关土地增值税政策不适用于房地产转移任意一方为房地产开发企业的情形。

⑥改制重组后再转让房地产并申报缴纳土地增值税时，对"取得土地使用权所支付的金额"，按照改制重组前取得该宗国有土地使用权所支付的地价款和按国家统一规定缴纳的有关费用确定；经批准以国有土地使用权作价出资入股的，为作价入股时县级及以上自然资源部门批准的评估价格。按购房发票确定扣除项目金额的，按照改制重组前购房发票所载金额并从购买年度起至本次转让年度止每年加计 5%计算扣除项目金额，购买年度是指购房发票所载日期的当年。

⑦上述所称不改变原企业投资主体、投资主体相同，是指企业改制重组前后出资人不发生变动，出资人的出资比例可以发生变动；投资主体存续，是指原企业出资人必须存在于改制重组后的企业，出资人的出资比例可以发生变动。

八、土地增值税的征收管理

（一）土地增值税的清算

由于房地产开发与转让周期较长，此前各地一般都对土地增值税采取"预征＋清算"的方式征管。各地税务机关一般按房地产项目全部竣工结算前取得销售收入的 1%～2%的预征率预征，待该项目达到土地增值税清算条件后再进行汇算清缴。

扩展阅读 8.4 纳税筹划

土地增值税的清算是指纳税人在符合土地增值税清算条件后，依照税收法律、法规及土地增值税有关政策的规定，计算房地产开发项目应缴纳的土地增值税税额，并填写《土地增值税清算申报表》，向主管税务机关提供有关资料，办理土地增值税清算手续，结清该房地产项目应缴纳的土地增值税税款的行为。

国税发〔2006〕187 号《关于房地产开发企业土地增值税清算管理有关问题的通知》规定，自 2007 年 2 月 1 日起。

（1）符合下列情形之一的，纳税人应进行土地增值税的清算：①房地产开发项目全部竣工、完成销售的；②整体转让未竣工决算房地产开发项目的；③直接转让土地使用权的。

（2）符合下列情形之一的，税务机关可要求纳税人进行土地增值税清算：①已竣工验收的房地产开发项目，已转让的房地产建筑面积占整个项目可售建筑面积的比例在85%以上，或该比例虽未超过 85%，但剩余的可售建筑面积已经出租或自用的；②取得销售（预售）许可证满 3 年仍未销售完毕的；③纳税人申请注销税务登记但未办理土地增值税清算手续的；④省税务机关规定的其他情况。

（二）纳税期限和纳税地点

土地增值税的纳税人应在转让房地产合同签订后的 7 日内，到房地产所在地主管税务机关办理纳税申报，并向税务机关提交房屋及建筑物产权、土地使用权证书，土地转让、房产买卖合同，房地产评估报告及其他与转让房地产有关的资料。

纳税人必须按照税法的有关规定，向房地产所在地的主管税务机关如实申报转让房地产所取得的收入、扣除项目金额及应纳土地增值税税额，并按税务机关核定的期限内缴纳土地增值税税款。这里所称的"房地产所在地"，是指房地产坐落地。实际工作中，纳税地点的确定可分为两种情况：

（1）纳税人是法人时，转让房地产坐落地与其机构所在地或经营所在地一致的，应在办理税务登记的原管辖税务机关申报纳税；如果不一致的，则应在房地产坐落地所管辖的税务机关申报纳税。

（2）纳税人是自然人时，转让房地产坐落地与其居住地一致时，应在住所所在地税务机关申报纳税；如果不一致的，则应在办理过户手续所在地的税务机关申报纳税。

第三节 城镇土地使用税

一、城镇土地使用税的概念

城镇土地使用税是以国有土地为征税对象，对拥有土地使用权的单位和个人，以其实际占用土地面积为计税依据，按规定税额征收的一种税。目前我国城镇土地使用税的基本规范，是 2006 年 12 月 31 日国务院修改并颁布，自 2007 年 1 月 1 日起施行的《中华人民共和国城镇土地使用税暂行条例》。2013 年 12 月 4 日，国务院第 32 次常务会议作了部分修改。2022 年度，我国共实现城镇土地使用税 2 225.62 亿元，占当年税收收入的比例为 1.34%。

城镇土地使用税的特点在于，其征税对象是国有土地，实质上是国家运用政治权力，将纳税人获取的本应属于国家的土地收益集中到国家手中。农业土地因属于集体所有，故未纳入征税范围。

开征城镇土地使用税，有利于通过经济手段，加强对土地的管理，促进合理、节约使用土地，提高土地使用效益；通过实行差别幅度税额，有利于适当调节不同地区、不同地段之间的土地级差收入，促进企业加强经济核算，理顺国家与土地使用者之间的分配关系；城镇土地使用税属于地方税，也有利于筹集地方财政资金。

扩展阅读 8.5 《关于房产税城镇土地使用税有关问题的通知》财税〔2009〕128 号

二、纳税义务人与征税范围

（一）纳税义务人

在城市、县城、建制镇、工矿区范围内使用土地的单位和个人，为城镇土地使用税的纳税人。

上述所称单位，包括国有企业、集体企业、私营企业、股份制企业、外商投资企业、外国企业及其他企业和事业单位、社会团体、国家机关、军队及其他单位。

所称个人，包括个体工商户及其他个人。

城镇土地使用税的纳税人具体包括如下几类：

（1）拥有土地使用权的单位和个人是纳税人。

（2）拥有土地使用权的纳税人不在土地所在地的，以代管人或实际使用人为纳税人。

（3）土地使用权未确定或权属纠纷未解决的，以实际使用人为纳税人。

（4）土地使用权共有的，由共有各方按其实际使用土地面积的比例分别纳税。

（5）在城镇土地使用税征税范围内，承租集体所有建设用地的，由直接从集体经济组织承租土地的单位和个人缴纳城镇土地使用税。

（二）征税范围

城镇土地使用税的征税范围，包括在城市、县城、建制镇和工矿区内的国家所有和集体所有的土地。

对城市、县城、建制镇和工矿区的定义分别按以下标准确认：

（1）城市是指经国务院批准设立的市。

（2）县城是指未设立建制镇的县人民政府所在地。

（3）建制镇是指经省、自治区、直辖市人民政府批准设立的建制镇。

（4）工矿区是指工商业比较发达，人口比较集中，符合国务院规定的建制镇的标准，但尚未设立建制镇的大中型工矿企业所在地。开征房产税的工矿区须经省、自治区、直辖市人民政府批准。

上述城镇土地使用税的征税范围中，城市的土地包括市区和郊区的土地；县城的土地是指县人民政府所在地的城镇的土地；建制镇的土地是指镇人民政府所在地的土地。

建立在城市、县城、建制镇和工矿区以外的工矿企业则不需要缴纳城镇土地使用税。

三、计税依据和税率

（一）计税依据

城镇土地使用税以纳税人实际占用的应税土地面积为计税依据，土地面积的计量单位为每平方米。纳税人实际占用的土地面积按下列办法确定：

（1）凡有由省自治区、直辖市人民政府确定的单位组织测定土地面积的，以测定的面积为准。

（2）尚未组织测量，但纳税人持有政府部门核发的土地使用证书的，以证书确认面积为准。

（3）尚未核发土地使用证书的，应由纳税人申报土地面积，据此纳税，待核发土地使用证书后再作调整。

（4）对在城镇土地使用税征税范围内单独建造的地下建筑用地，按规定缴纳城镇土地使用税。对地下建筑用地暂按应征税款的50%征收城镇土地使用税。

（二）税率

城镇土地使用税采用定额税率。以每平方米为计税单位，按大、中、小城市和县城、建制镇、工矿区分别确定幅度差别税额。现行土地使用税的年税额如表8-3所示。

表8-3　现行土地使用税税额表

级　别	人口（人）	每平方米税额（元）
大城市	50万以上	1.5～30
中等城市	20万至50万	1.2～24
小城市	20万以下	0.9～18
县城、建制镇、工矿区		0.6～12

大、中、小城市以公安部门登记在册的非农业正式户口人数为依据，按照国务院颁布的《城市规划条例》中规定的标准划分。

具体适用税额，由各省、自治区、直辖市人民政府在规定税额幅度内，根据本地区的市政建设和经济繁荣程度等具体情况确定。经济落后地区可适当降低税率，但降低额不得超过最低税额的 30%，经济发达地区可适当提高税率，但须报财政部批准。

城镇土地使用税每一幅度税额的差距规定为 20 倍，各地政府在划分本辖区不同地段的等级，确定适用税额时，有选择余地，也可以调节不同区域、不同地段之间的土地级差收益，尽可能地平衡税负。

四、应纳税额的计算

城镇土地使用税应纳税额按纳税人实际占用的土地面积，依照规定税率按年计算。规定税率是指该土地所在地段的税率。其计算公式为

$$应纳税额 = 实际占用应税土地面积（平方米）× 适用税额$$

例 8-5：某国有企业生产经营用地分布于 A、B、C 三个地域，A 的土地使用权属于甲企业，面积为 10 000 平方米，其中幼儿园占地 1 000 平方米，厂区绿化占地面积 2 000 平方米；B 的土地使用权归甲企业和乙企业共同拥有，面积为 5 000 平方米，实际使用面积甲、乙企业各占一半；C 地区的面积 3 000 平方米，甲企业一直使用但土地使用权未确定。假设 A、B、C 的城镇土地使用税的单位税额每平方米 5 元。要求：计算甲企业全年应纳城镇土地使用税。

解：企业办的学校、医院、幼儿园用地免征土地使用税；几个单位共同拥有土地使用权的，应以各自实际占用面积占总面积的比例，分别计算缴纳土地使用税；土地使用权未确定的，实际使用人为纳税人。

甲企业城镇土地使用税应纳税额 =（10 000 - 1 000 + 2 500 + 3 000）× 5 = 72 500（元）

例 8-6：某企业实际占地面积 20 000 平方米，其中 3 000 平方米为职工家属区占地，400 平方米为厂区以外的绿化区，企业内学校和医院共占地 500 平方米。该企业所处地段适用年税额为 2 元/平方米。要求：计算该企业应缴纳的城镇土地使用税。

解：厂区以外的公共绿化用地、企业办的学校医院等用地，免征城镇土地使用税；纳税单位的职工家属宿舍用地，也应缴纳城镇土地使用税。

该企业城镇土地使用税应纳税额 =（20 000 - 400 - 500）× 2 = 38 200（元）

五、税收优惠

（一）法定免征城镇土地使用税的优惠

（1）国家机关、人民团体、军队自用的土地。

（2）由国家财政部门拨付事业经费的单位自用的土地。

（3）宗教寺庙、公园、名胜古迹自用的土地。

以上单位的生产经营用地和其他用地，不属于免税范围，应按规定缴纳城镇土地使用税，如公园、名胜古迹中附设的营业单位包括影剧院、饮食部、茶社、照相馆等使用的土地。

（4）市政街道、广场、绿化地带等公共用地。

（5）直接用于农、林、牧、渔业的生产用地，是指直接从事于种植、养殖的专业用地，不包括农副产品加工场地和生活办公用地。

（6）经批准开山填海整治的土地和改造的废弃土地，从使用的月份起免缴城镇土地使用税5～10年。

（7）对非营利医疗机构、疾病控制机构和妇幼保健机构等卫生机构和非营利科研机构自用的土地，免征城镇土地使用税。

（8）对国家拨付事业经费和企业办的学校、医院、托儿所、幼儿园自用的房产、土地，免征城镇土地使用税。

（9）免税单位无偿使用纳税单位的土地（如公安、海关等单位使用铁路、民航等单位的土地），免征城镇土地使用税。但纳税单位无偿使用免税单位的土地，纳税单位应照章缴纳城镇土地使用税；纳税单位与免税单位共同使用、共有使用权土地上的多层建筑，对纳税单位可按其占用的建筑面积占建筑总面积的比例计征城镇土地使用税。

（10）对改造安置住房建设用地，免征城镇土地使用税。

（11）为了体现国家的产业政策，支持重点产业的发展，对石油、电力、煤炭等能源用地，民用港口、铁路等交通用地和水利设施用地，盐业、采石场、邮电等一些特殊用地划分了征免税界限和给予政策性免税照顾。

（二）经省、自治区、直辖市税务局确定的城镇土地使用税减免优惠

（1）个人所有的居住房屋及院落用地。

（2）房产管理部门在房租调整改革前经租的居民住房用地。

（3）免税单位职工家属的宿舍用地。

（4）集体和个人办的各类学校、医院、托儿所、幼儿园用地。

六、征收管理

（一）纳税期限、纳税地点和征收机构

城镇土地使用税实行按年计算，分期缴纳的征收办法，具体缴纳期限由省、自治区、直辖市人民政府决定。

城镇土地使用税由土地所在地税务机关征收，税款纳入地方财政预算管理。纳税人使用的土地不属于同一省、自治区、直辖市管辖的，由纳税人分别向土地所在地的税务机关缴纳土地使用税；在同一省、自治区、直辖市管辖范围内的，纳税人跨地区使用的土地，其纳税地点由各省、自治区、直辖市税务局确定。

（二）纳税义务发生时间

（1）纳税人购置新建商品房，自房屋交付使用之次月起，缴纳城镇土地使用税。

（2）纳税人购置存量房，自办理房屋权属转移、变更登记手续，房地产权属登记机关签发房屋权属证书之次月起，缴纳城镇土地使用税。

（3）纳税人出租、出借房产，自交付出租、出租房产之次月起，缴纳城镇土地使用税。

（4）以出让或转让方式有偿取得土地使用权的，应由受让方从合同约定交付土地时间之次月起缴纳城镇土地使用税；合同未约定交付土地时间的，由受让方从合同签订之次月起缴纳城镇土地使用税。

（5）纳税人新征用的耕地，自批准征用之日起满 1 年时开始缴纳城镇土地使用税。

（6）新征用的非耕地，自批准征用次月起缴纳土地使用税。

（7）自 2009 年 1 月 1 日起，纳税人因土地的权属发生变更而依法终止城镇土地使用税的纳税义务的，其应纳税款的计算应截至土地权利发生变化的当月月末。

城镇土地使用税的纳税人应按照条例的有关规定及时办理纳税申报，并如实填写《城镇土地使用税纳税申报表》。

第四节　耕地占用税

一、耕地占用税的概念

耕地占用税是对在我国境内占用耕地建设建筑物、构筑物或者从事其他非农业建设的单位和个人，按其实际占用的耕地面积和规定税额一次性征收的一种税。现行的耕地占用税的基本法律规范，是 2018 年 12 月 29 日第十三届全国人民代表大会常务委员会第 7 次会议通过的《中华人民共和国耕地占用税法》。2022 年度，我国实现耕地占用税收入 1 256.84 亿元，占当年全部税收收入的 0.75%。

耕地占用税是为了加强土地管理、合理利用土地资源，保护农用耕地而征收的，它具有如下特点。

（1）耕地占用税具有资源税和特定行为税的双重性质，以占用的农用耕地为课税对象，属于土地资源税范畴；又是对占用耕地建房或者从事其他非农业建设的特种行为征税，具有行为税性质。

扩展阅读 8.6《耕地占用税法实施办法》财政部公告 2019 年第 81 号

（2）在发生应税行为时，实行一次性征收，以后不再征收。

（3）采取地区差别定额税率，以县为单位，人均耕地越少的地区单位税额越高。

（4）税收收入专用于耕地开发与改良。

二、纳税人与征税范围

（一）纳税人

耕地占用税的纳税人是在我国境内占用耕地建设建筑物、构筑物或从事其他非农业建设的单位和个人。

（1）经批准占用耕地的，纳税人为农用地转用审批文件中标明的建设用地人；农用地转用审批文件中未标明建设用地人的，纳税人为用地申请人，其中用地申请人为各级人民政府的，由同级土地储备中心、自然资源主管部门或政府委托的其他部门、单位履行耕地占用税申报纳税义务。

（2）未经批准占用耕地的，纳税人为实际用地人。

（3）占用耕地建设农田水利设施的，不缴纳耕地占用税。

（二）征税范围

耕地占用税的征税范围包括纳税人为建设建筑物、构筑物或从事其他非农业建设而占用的国家所有和集体所有的耕地。耕地占用税所称耕地，是指用于种植农作物的土地。占用园地、林地、草地、农田水利用地、养殖水面、渔业水域滩涂及其他农用地建设建筑物、构筑物或者从事非农业建设的，缴纳耕地占用税。

征税范围具体包括以下几类。

（1）基本农田，是指依据《基本农田保护条例》划定的基本农田保护区范围内的耕地。

（2）菜田，包括种植各种蔬菜的土地。

（3）园地，包括果园、茶园、橡胶园、其他园地。

（4）林地，包括乔木林地、竹林地、红树林地、森林沼泽、灌木林地、灌丛沼泽、其他林地，不包括城镇村庄范围内的绿化林木用地，铁路、公路征地范围内的林木用地，以及河流、沟渠的护堤林用地。

（5）草地，包括天然牧草地、沼泽草地、人工牧草地，以及用于农业生产并已由相关行政主管部门发放使用权证的草地。

（6）农田水利用地，包括农田排灌沟渠及相应附属设施用地。

（7）养殖水面，包括人工开挖或者天然形成的用于水产养殖的河流水面、湖泊水面、水库水面、坑塘水面及相应附属设施用地。

（8）渔业水域滩涂，包括专门用于种植或者养殖水生动植物的海水潮浸地带和滩地，以及用于种植芦苇并定期进行人工养护管理的苇田。

（9）建设直接为农业生产服务的生产设施占用上述农用地的，不征收耕地占用税。

三、计税依据、税率与应纳税额的计算

（一）计税依据

（1）耕地占用税以纳税人实际占用的耕地面积为计税依据，实行从量定额征收。

（2）实际占用的耕地面积，包括经批准占用的耕地面积和未经批准占用的耕地面积。

（3）纳税人因建设项目施工或者地质勘查临时占用耕地的，应当依法缴纳耕地占用税。纳税人在批准临时占用耕地期满之日起1年内依法复垦，恢复种植条件的，全额退还已经缴纳的耕地占用税。

（二）税率

现行的税率为地区差别定额税率，即以县为单位，按人均占有耕地面积的多少，参照经济发展情况，将全国划分为4类不同地区，各地区适用的具体税额分别为：

（1）人均耕地不超过1亩（1亩=666.67平方米）的地区（以县、自治县、不设区的市、市辖区为单位，下同），每平方米10～50元。

（2）人均耕地超过1亩但不超过2亩的地区，每平方米8～40元。

（3）人均耕地超过2亩但不超过3亩的地区，每平方米6～30元。

（4）人均耕地在3亩以上的地区，每平方米5～25元。

人均耕地低于 0.5 亩的，省、自治区、直辖市可适当提高税额标准，但最高不得超过上述规定税额的 50%（表 8-4）。

表 8-4 各省、自治区、直辖市耕地占用税平均税额

地　　　区	每平方米平均税额（元）
上海	45
北京	40
天津	35
江苏、浙江、福建、广东	30
辽宁、湖北、湖南	25
河北、安徽、江西、山东、河南、重庆、四川	22.5
广西、海南、贵州、云南、陕西	20
山西、吉林、黑龙江	17.5
内蒙古、西藏、甘肃、青海、宁夏、新疆	12.5

注：资料来源于《中华人民共和国耕地占用税法》，港澳台地区不适用上述法律条文。

（三）应纳税额的计算

耕地占用税以纳税人实际占用的耕地面积为计税依据，按照规定的适用税额一次性征收，应纳税额为纳税人实际占用的耕地面积（平方米）乘以适用税额。计算公式为

$$应纳税额 = 应税耕地占用面积 \times 适用单位税率$$

四、税收减免

耕地占用税对占用耕地实行一次征收，对生产经营单位和个人不设立减免税，仅对公益性单位和需要被照顾的群体设立减免税。

（一）免征耕地占用税

（1）军事设施占用耕地。

（2）学校、幼儿园、社会福利机构、医疗机构占用耕地。

（3）农村烈士遗属、因公牺牲军人遗属、残疾军人以及符合农村最低生活保障条件的农村居民，在规定用地标准以内新建自用住宅，免征耕地占用税。

（4）农村居民经批准搬迁，新建自用住宅占用耕地不超过原宅基地面积的部分，免征耕地占用税。

（二）减征耕地占用税

（1）铁路线路、公路线路、飞机场跑道、停机坪、港口、航道、水利工程占用耕地，减按每平方米 2 元的税额征收耕地占用税。

（2）农村居民在规定用地标准以内占用耕地新建自用住宅，按照当地适用税额减半征收耕地占用税。

（3）根据国民经济和社会发展的需要，国务院可以规定免征或者减征耕地占用税的其他情形，报全国人民代表大会常务委员会备案。

　　按规定免征或者减征耕地占用税后，纳税人改变原占地用途，不再属于免征或者减征耕地占用税情形的，应当按照当地适用税额补缴耕地占用税。

五、征收管理

　　（1）耕地占用税由税务机关负责征收。

　　（2）耕地占用税的纳税义务发生时间为纳税人收到自然资源主管部门办理占用耕地手续的书面通知的当日。纳税人应当自纳税义务发生之日起 30 日内申报缴纳耕地占用税。自然资源主管部门凭耕地占用税完税凭证或者免税凭证和其他有关文件发放建设用地批准书。

　　（3）因挖损、采矿塌陷、压占、污染等原因损毁耕地属于税法所称的非农业建设，应依照税法规定缴纳耕地占用税；自自然资源、农业农村等相关部门认定损毁耕地之日起 3 年内依法复垦或修复，恢复种植条件的，按规定办理退税。

　　（4）在农用地转用环节，用地申请人能证明建设用地人符合税法规定的免税情形的，免征用地申请人的耕地占用税；在供地环节，建设用地人使用耕地用途符合税法规定的免税情形的，由用地申请人和建设用地人共同申请，按退税管理的规定退还用地申请人已经缴纳的耕地占用税。

　　（5）各省、自治区、直辖市人民政府应当建立健全本地区跨部门耕地占用税部门协作和信息交换工作机制。

练习题

一、复习思考题

1. 资源税的概念和特点是什么？
2. 资源税的征收范围包括哪些内容？
3. 资源税的计税依据是如何规定的？
4. 我国开征土地增值税有什么重要作用？
5. 土地增值税的征收范围的判断标准是什么？
6. 土地增值税应纳税额的分步计算法与速算扣除法有什么区别？
7. 城镇土地使用税和耕地占用税的税率有什么特点？
8. 城镇土地使用税和耕地占用税的计税依据是什么？

二、综合业务题

1. 甲公司是一家互联网公司，地处郊区，年初占地面积共计 30 000 平方米，其中，办公区占地 26 000 平方米，学校占地 300 平方米，职工医院占地 450 平方米，厂区外部的公用绿化区占地 2 000 平方米，内部绿化区占地 1 250 平方米。2023 年发生以下占地情形。

　　（1）2 月征用耕地 28 000 平方米充当存储设备区，月底签订土地使用权出让合同。政府给予出让优惠 1 600 万元后，甲公司实际缴纳出让金 1 100 万元。另支付土地补偿费和地上附着物补偿费共计 480 万元。

（2）6 月底租赁某免税单位占地面积为 2 200 平方米的房产，用于设备存储，租期 1 年。已知：当地适用城镇土地使用税年税额为 8 元/平方米、耕地占用税税额为 15 元/平方米、契税税率为 3%。请计算：

①2023 年甲公司征用耕地应缴纳耕地占用税。

②2023 年甲公司征用耕地应缴纳契税。

③2023 年免税单位应缴纳城镇土地使用税。

④2023 年甲公司应缴纳城镇土地使用税。

2. 甲企业是一家物流企业，已知为增值税一般纳税人，202×年 8 月转让一间工厂取得收入 5 600 万元（不含增值税），签订了产权转让合同，为取得土地使用权而支付的地价款和相关费用为 1 200 万元，投入的房地产建造成本为 2 800 万元，其转让工厂相关的税金为 42 万元（不含增值税和印花税），其利息支出不能取得金融机构的合法证明，已知当地政府规定的房地产开发费用的计算扣除比例为 12%。计算该企业的转让行为应缴纳的土地增值税额。

3. 某工业企业为增值税一般纳税人，地处市区，已知：

（1）2023 年 2 月该企业开发生产矿泉水 4 800 立方米，销售 4 400 立方米，规定按从量定额征收资源税，资源税税率为 5 元/立方米；

（2）现需建造一栋办公楼，需补缴土地出让金 3 800 万元，补缴契税 180 万元；办公楼开发成本为 2 800 万元，其中装修费用为 500 万元；办公楼开发费用中的利息支出为 300 万元（无法提供银行证明）；2023 年 3 月办公楼竣工验收，销售总建筑面积的 1/2，取得不含增值税销售收入 6 600 万元。请计算：

①2023 年 2 月该企业应缴纳的资源税税额。

②计算土地增值税时允许扣除的项目金额。（该办公楼所在地政府规定房地产开发费用扣除比例为 10%，企业选择按照简易计税办法计算增值税，当地有关部门规定计算土地增值税时准予扣除地方教育附加）。

即测即练

第九章

财产税相关税收

【学习目标】

　　财产税相关税收是指对纳税人拥有的或属其支配的财产所征收的一类税收的统称。它并不是对全部财产课税，通常是对某些特定的财产课税。我国现行税制中财产税类只有房产税、契税和车船税。本章要求重点掌握房产税、契税、车船税等3个税种的纳税人、征税范围、计税依据的确定和应纳税额的计算等内容；一般掌握上述税种的税率；理解其税收优惠；了解其征收管理办法和纳税筹划的基本方法。

第一节　房　产　税

一、房产税的概念

　　房产税，是以房产为征税对象，按房产的计税余值或房产的租金收入为计税依据，向产权所有人征收的一种财产税。对房产征税的目的是运用税收杠杆，加强房产管理，提高房屋的使用效率，控制固定资产投资规模和配合国家房地产政策的调整，合理调节房产所有人和经营人的收入，积累建设资金。

扩展阅读9.1《中华人民共和国房产税暂行条例》国务院令第588号

　　房产税法是指国家制定的调整房产税征收与缴纳之间权利及义务关系的法律规范。我国现行房产税的基本规范是，1986年9月15日国务院国发〔1986〕90号发布，并于2011年1月8日国务院令第588号修订的《中华人民共和国房产税暂行条例》（以下简称《房产税暂行条例》）。2022年度，我国共实现房产税收入3 590.35亿元，占当年全部税收收入的2.15%。

二、纳税义务人及征税范围

（一）纳税义务人

　　房产税应由房屋产权所有人缴纳，即在中国境内拥有房屋产权的单位和个人。

　　（1）产权属于国家所有的，由经营管理单位缴纳；产权属于集体和个人所有的，由集体单位和个人缴纳。

　　所谓单位，包括国有企业、集体企业、私营企业、股份制企业、外商投资企业、外国企业和其他企业，以及事业单位、国家机关、社会团体、军队和其他单位；所谓个人，包括个体工商户及其他个人。

这里应注意的是，外商投资企业、外国企业和外籍个人经营的房产在 2008 年 12 月 31 日前的并不适用房产税，而是适用城市房地产税。根据 2008 年 12 月 31 日国务院发布的第 546 号令，自 2009 年 1 月 1 日起，废止《中华人民共和国城市房地产税暂行条例》，外商投资企业、外国企业和组织及外籍个人（包括港澳台资企业和组织以及华侨、港澳台同胞，以下统称外资企业及外籍个人）依照《房产税暂行条例》缴纳房产税，外资企业及外籍个人征收房产税的征税范围、计税依据、税率、税收优惠、征收管理等方面都完全按照《房产税暂行条例》及有关规定执行。

（2）产权出典的，由承典人缴纳。

产权出典是指产权所有人将房屋、生产资料等的产权，在一定期限内典当给他人使用，而取得资金的一种融资业务。产权的典价一般低于卖价。出典人在规定期间内须归还典价的本息，方可赎回出典房屋等的产权。由于在房屋出典期间，产权所有人已无权支配房屋，因此，税法规定对房屋具有支配权的承典人为纳税人。

（3）产权所有人、承典人不在房屋所在地的，或者产权未确定及租典纠纷未解决的，由房产代管人或者使用人纳税。

（4）纳税单位和个人无租使用房产管理部门、免税单位及纳税单位的房产，应由使用人依照房产余值代为缴纳房产税。

上述产权所有人、经营管理单位、承典人、房产代管人或者使用人统称为房产税的纳税义务人。

（二）征税范围

房产税的征税对象是房产。所谓房产，是指有屋面和围护结构（有墙或两边有柱），能够遮风避雨，可供人们在其中生产、学习、工作、娱乐、居住或储藏物资的场所。与房屋不可分割的各种附属设备或一般不单独计价的配套设施，也属于房产，应一并征收房产税。但独立于房屋之外的建筑物（如水塔、围墙等）不属于房产，不征房产税。

房地产开发企业建造的商品房，在出售前不征收房产税；但对出售前房地产开发企业已使用或出租、出借的商品房应按规定征收房产税。

房产税的征税范围不包括农村农民的房产，这主要是为了减轻农民负担。因为农村的房屋，除农副业生产用房外，大部分是农民居住用房。农村房屋不纳入房产征税范围，有利于农业发展，繁荣农村经济，维护社会稳定。

三、计税依据、税率与应纳税额的计算

（一）计税依据

房产税的计税依据是房产的计税余值或房产的租金收入。

计税依据按照房产用途不同，可分为从价计征或从租计征。按照房产余值征税的，称为从价计征；按照房产租金收入（包括货币收入和实物收入）计征的，称为从租计征。

1. 从价计征

《房产税暂行条例》规定，房产税依照房产原值一次减除 10%～30% 后的余值计算缴纳。各地扣除比例由当地省、自治区、直辖市人民政府在税法规定的减除幅度内自行确定。

对房产原值需要说明的是：

（1）房产原值，是指纳税人按照会计制度规定，在账簿"固定资产"科目中记载的房屋原价；自 2009 年 1 月 1 日起，对依照房产原值计税的房产，不论是否记载在会计账簿的固定资产科目中，均应按房屋原价计算缴纳房产税。

（2）房产原值应包括与房屋不可分割的各种附属设备或一般不单独计算价值的配套设施，如各种暖通、照明、卫生、煤气等设备；各种管线、管道；电梯、升降机；电气、智能化楼宇设备等。

（3）纳税人对原有房屋进行改建扩建的，要相应增加房屋的原值。

（4）在确定房屋计征依据时，还应注意下列特殊问题：

第一，以房产联营投资的，房产税计税依据应区别对待：①以房产联营投资，投资者参与投资利润分红，共担经营风险的，由被投资方按房产余值作为计税依据计征房产税；②以房产联营投资，不承担经营风险，只收取固定收入的，实际是以联营名义取得房产租金，因此应由出租方按租金收入计征房产税。

第二，融资租赁的房产，以房产余值为计税依据计征房产税，由承租人自融资租赁合同约定开始日的次月起缴纳房产税。合同未约定开始日的，由承租人自合同签订的次月起缴纳房产税。

第三，房屋附属设备和配套设施的计税规定：①凡以房屋为载体，不可随意搬动的附属设备和配套设施，无论会计记录与核算如何处理，都计入房产原值计征房产税；②更换附属设备和配套设施，在将其价值计入房产原值时，可扣减原来相应的附属设备和配套设施；附属设备和配套设施中易损坏、需经常更换的零配件更新后不再计入房产原值。

（5）凡在房产税征收范围内的具备房屋功能的地下建筑，包括与地上房屋相连的地下建筑以及完全建在地面以下的建筑、地下人防设施等，均应当依照有关规定征收房产税。

自用的地下建筑，按以下方式计税：

①工业用途房产，以房屋原价的 50%～60% 作为应税房产原值。

$$应纳房产税的税额 = 应税房产原值 \times [1 - （10\%～30\%）] \times 1.2\%$$

②商业和其他用途房产，以房屋原价的 70%～80% 作为应税房产原值。

$$应纳房产税的税额 = 应税房产原值 \times [1 - （10\%～30\%）] \times 1.2\%$$

房屋原价折算为应税房产原值的具体比例，由各省、自治区、直辖市和计划单列市财政和税务部门在上述幅度内自行确定。

③对于与地上房屋相连的地下建筑，如房屋的地下室、地下停车场、商场的地下部分等，应将地下部分与地上房屋视为一个整体，按照地上房屋建筑的有关规定计算征收房产税。

2. 从租计征

《房产税暂行条例》规定，房产出租的，以房产的租金收入为计税依据。

所谓房产的租金收入，是房屋产权所有人出租房产使用权所得的报酬，包括货币收入和实物收入。

如果是以劳务或者其他形式为报酬抵付房租收入的，应根据当地房产的租金水平，确定一个标准租金额从租计征。纳税人申报不实或与同一地段同类房屋的租金收入相比明显不合理的，税务部门可依法采取科学合理的方法核定其应纳税款。

对出租房产，租赁双方签订的租赁合同约定有免收租金期限的，免收租金期间由产权所有人按照房产原值缴纳房产税。

出租的地下建筑，按照出租地上房屋建筑的有关规定计算征收房产税。

（二）税率

我国现行房产税采用的是比例税率。由于房产税的计税依据分为从价计征和从租计征两种形式，所以房产税的税率也有两种：

从价计征是按房产原值一次减除 10%～30% 后的余值计算缴纳，税率为 1.2%。

从租计征是按房产出租的租金收入计征的，税率为 12%。从

扩展阅读 9.2 案例分析

2008 年 3 月 1 日起，对个人按市场价格出租的住房，不区分用途，均按 4% 的税率征收房产税。对企事业单位、社会团体及其他组织向个人、专业化规模化住房租赁企业出租住房的，减按 4% 的税率征收房产税。

（三）应纳税额的计算

1. 从价计征的计算

从价计征是按房产的原值扣除一定比例后的余值计征，其公式为

$$应纳税额 = 应税房产原值 × （1 - 扣除比例）× 1.2\%$$

2. 从租计征的计算

从租计征是按房产的租金收入计征，其公式为

$$应纳税额 = 租金收入 × 12\%$$

例 9-1：202× 年度的上半年，某企业共有房产原值 4 000 万元，6 月底办理移交手续，将原值 200 万元、占地面积 400 平方米的一栋仓库出租给某商场存放货物，从 7 月 1 日起计租，租期 1 年，每月租金收入 1.5 万元。8 月 10 日对委托施工单位建设的生产车间办理验收手续，由在建工程转入固定资产原值 500 万元。已知房产税计算余值的扣除比例为 20%。

要求：计算该企业 202× 年应缴纳的房产税。

（1）经营自用房产应缴纳的房产税：

$$（4\,000 - 200）× （1 - 20\%）× 1.2\% = 36.48 （万元）$$
$$200 × （1 - 20\%）× 1.2\% ÷ 12 × 6 = 0.96 （万元）$$
$$36.48 + 0.96 = 37.44 （万元）$$

或

$$4\,000 × （1 - 20\%）× 1.2\% - 200 × （1 - 20\%）× 1.2\% × 50\% = 37.44 （万元）$$

（2）出租房产应缴纳的房产税：
$$1.5 \times 6 \times 12\% = 1.08（万元）$$
（3）在建工程转入房产应缴纳的房产税：
$$500 \times (1 - 20\%) \times 1.2\% \div 12 \times 4 = 1.6（万元）$$
（4）202×年应纳房产税 $= 36.48 + 0.96 + 1.08 + 1.6 = 40.12$（万元）

四、税收优惠

房产税的税收优惠是根据国家政策需要和纳税人的负担能力制定的。由于房产税属于地方税，因此，给予地方一定的减免权限，有利于地方因地制宜处理问题。依照《房产税暂行条例》的规定，房产税的减免税优惠项目主要有：

（1）国家机关、人民团体、军队自用的房产免征房产税。自用的房产，是指这些单位本身的办公用房和公务用房。上述免税单位的出租房产及非自身业务使用的生产、营业用房，不属于免税范围。

（2）由国家财政部门拨付事业经费的单位，如学校、医疗卫生单位、托儿所、幼儿园、敬老院、文化、体育、艺术这些实行全额或差额预算管理的事业单位所有的，本身业务范围内使用的房产免征房产税。但上述单位所属的附属工厂、商店、招待所等不属于单位公务、业务的用房，应照章纳税。

由国家财政部门拨付事业经费的单位，其经费来源实行自收自支后，应征收房产税。

（3）宗教寺庙、公园、名胜古迹自用的房产免征房产税。但在宗教寺庙、公园、名胜古迹中附设的营业单位，如饮食部、摄影社、茶社、小卖部等所使用的房产及出租的房产不属于免税范围，应照章征税。

（4）个人所有非营业用的房产免征房产税。这主要是指居民住房，不论面积多少，一律免征房产税。

作为对房地产市场过热进行宏观调控的重要手段，为遏制房地产行业的过度投资、投机行为，自 2011 年 1 月 28 日起，我国在上海、重庆开展对部分个人住房征收房产税的试点，以为将来全面对居民个人住房开征房产税积累经验和数据。

（5）对非营利医疗机构、疾病控制机构和妇幼保健机构等卫生机构自用的房产，免征房产税。

（6）对按政府规定价格出租的公有住房和廉租住房，暂免征收房产税。

（7）为支持公共租赁住房的建设和运营，对经营公租房的租金收入，免征房产税。

（8）企业办的各类学校、医院、托儿所、幼儿园自用的房产，免征房产税。

（9）经有关部门鉴定，对毁损不堪居住的房屋和危险房屋，在停止使用后可免征房产税。

（10）纳税人因房屋大修导致连续停用半年以上的，在房屋大修期间免征房产税。

（11）凡是在基建工地为基建工地服务的各种工棚、材料棚、休息棚和办公室、食堂、茶炉房、汽车房等临时性房屋，不论是施工企业自行建造的还是由基建单位出资建造交施工企业使用的，在施工期间，一律免征房产税。但是，如果在基建工程结束以后，施工企业将这种临时性房屋交还或者估价转让给基建单位的，应当从基建单位接收的次月起，依照规定征收房产税。

（12）纳税单位与免税单位共同使用的房屋，按各自使用的部分分别征收或免征房产税。

（13）2019 年 6 月 1 日至 2025 年 12 月 31 日，为社区提供养老、托育、家政等服务的机构自用或其通过承租、无偿使用等方式取得并用于提供养老、托育、家政等服务的房产，免征房产税。

（14）在 2027 年 12 月 31 日前，对纳税人及其全资子公司从事大型民用客机发动机、中大功率民用涡轴涡桨发动机研制项目自用的科研、生产和办公房产，免征房产税。

五、征收管理

（一）纳税义务发生时间

（1）纳税人将原有房产用于生产经营，从生产经营之月起，缴纳房产税。

（2）纳税人自行新建房屋用于生产经营，从建成之次月起，缴纳房产税。

（3）纳税人委托施工企业建设的房屋，从办理验收手续之次月起，缴纳房产税。

（4）纳税人购置新建商品房，自房屋交付使用之次月起，缴纳房产税。

（5）纳税人购置存量房，自办理房屋权属转移、变更手续，房地产权属登记机关签发房屋权属证书之次月起，缴纳房产税。

（6）纳税人出租、出借房产，自交付出租、出借房产之次月起，缴纳房产税。

（7）房地产开发企业自用、出租、出借本企业建造的商品房，自房屋使用或交付之次月起，缴纳房产税。

（8）纳税人因房产的实物或权利状态发生变更而依法终止城镇房产税纳税义务的，其应纳税款的计算应截至房产的实物或权利状态发生变更的当月末。

（二）纳税期限与纳税地点

房产税实行按年计算、分期缴纳的征收方法，具体纳税期限由省、自治区、直辖市人民政府确定。

房产税的纳税地点为房产所在地。房产不在同一地方的纳税人，应按房产的坐落地点分别向房产所在地的税务机关纳税。

房产税的纳税人应按照《房产税暂行条例》的有关规定，及时办理纳税申报，并如实填写《房产税纳税申报表》。

第二节　契　　税

一、契税的概念

契税是以在中华人民共和国境内转移土地、房屋权属为征税对象，向产权承受人征收的一种财产税。征收契税有利于增加地方财政收入，保护合法产权。

契税最早起源于东晋的"估税"，至今有 1 600 多年的历史。新中国成立以后，政务院颁布的第一个税法就是《契税暂行条例》。1954 年，财政部对《契税暂行条例》进行修改，对公有制单位的买卖、典当、承受赠与和交换土地、房屋的行业，免征契税。社会主义的三大改造完成后，国家禁止土地买卖和转让，征收土地契税也自然停止了。契税的征税范围只限于非公有制单位的房屋产权转移行为，契税收入较少。"文化大革命"期间，有的地方甚至明令停止办理契税征收业务。1978 年新宪法公布后，逐步落实了房产政策。随着改革开放的不断深入，城乡房屋买卖又重新活跃起来。为此，财政部于 1981 年和 1990 年分别发出了《关于改进和加强契税征税管理工作的通知》和《关于加强契税工作的通知》，对契税政策进行了一些补充和调整，契税征收工作全面恢复。

现行契税的基本规范，是 2020 年 8 月 11 日第十三届全国人民代表大会常务委员会第 21 次会议通过，并于 2021 年 9 月 1 日开始施行的《中华人民共和国契税法》（以下简称《契税法》）。2022 年度，我国共实现契税收入 5 794 亿元，占当年全部税收收入的 3.48%。

二、纳税义务人及征税范围

（一）纳税义务人

契税的纳税义务人，是指在我国境内转移土地、房屋权属的承受单位和个人。

土地、房屋权属是指土地使用权和房屋所有权。

转移土地、房屋权属，是指下列行为：

（1）国有土地使用权出让。

（2）土地使用权转让，包括出售、赠与、互换，不包括土地承包经营权和土地经营权的转移。

（3）房屋买卖、赠与、互换。

以作价投资（入股）、偿还债务、划转、奖励等方式转移土地、房屋权属的，应当依照本法规定征收契税。

一般税种所确定的纳税人，通常确定为销售方，即卖方纳税。契税对买方征税的主要目的，在于承认不动产的转移生效，承受人纳税之后，便可拥有转移过来的不动产的产权或使用权，法律保护其合法权益。

（二）征税范围

契税的征税范围，是境内转移土地使用权、房屋所有权的行为。境内是指中华人民共和国实际税收行政管理范围内。具体征收范围包括以下几种。

（1）国有土地使用权出让。国有土地使用权出让是指土地使用者向国家交付土地使用权出让费用，国家将国有土地使用权在一定年限内让与土地使用者的行为。

（2）土地使用权转让。土地使用权转让是指土地使用者以出售、赠与、交换或者以其他方式将土地使用权转移给其他单位和个人的行为。土地使用权转让不包括农村集体土地承包经营权的转移。

（3）房屋买卖。房屋买卖是以货币为媒介，出卖者向购买者过渡房产所有权的行为。以下几种特殊情况，视同土地使用权转让、房屋买卖或者房屋赠与，应照章征收契税：

①以土地、房屋权属作价投资、入股。但以自有房产作股投入本人独资经营企业，免征契税。

②以土地、房屋权属抵债。

③以划转、奖励等获奖方式转移土地、房屋权属。

④以预购方式或者预付集资建房款方式承受土地、房屋权属。

⑤买房拆料或翻建新房。

（4）房屋赠与。房屋赠与是指房屋产权所有人将房屋无偿转让给他人所有。

房屋的受赠人，原则上要按规定缴纳契税。但对于《中华人民共和国民法典》规定的法定继承人（包括配偶、子女、父母、兄弟姐妹、祖父母、外祖父母）继承土地、房屋权属的，不征收契税。非法定继承人根据遗嘱承受死者生前的土地房屋权属，属于赠与行为，应征收契税。

以获奖方式取得房屋产权，本质上是接受房屋赠与的行为，也应缴纳契税。

（5）房屋交换。是指房屋所有者之间互相交换房屋的行为。

（6）下列情形发生土地、房屋权属转移的，承受方应当依法缴纳契税：

①因共有不动产份额变化的。

②因共有人增加或者减少的。

③因人民法院、仲裁委员会的生效法律文书或者监察机关出具的监察文书等因素，发生土地、房屋权属转移的。

三、计税依据、税率与应纳税额的计算

（一）计税依据

1. 计税依据的一般规定

契税的计税依据不包括增值税，包括：

（1）国有土地使用权出让、出售，房屋买卖，以土地、房屋权属转移合同确定的成交价格为计税依据，包括承受者应交付的货币、实物、无形资产或者其他经济利益对应的价款。

（2）土地使用权互换、房屋互换，为所互换的土地使用权、房屋价格的差额。

（3）土地使用权赠与、房屋赠与以及其他没有价格的转移土地、房屋权属行为，为税务机关参照土地使用权出售、房屋买卖的市场价格依法核定的价格。

纳税人申报的成交价格、互换价格差额明显偏低且无正当理由的，由税务机关依照《中华人民共和国税收征收管理法》的规定核定。

2. 计税依据的具体规定

由于土地、房屋权属转移方式不同，定价方法不同，因而具体计税依据应视下列不同情况确定。

（1）以划拨方式取得的土地使用权，经批准改为出让方式重新取得该土地使用权的，应由该土地使用权人以补缴的土地出让价款为计税依据缴纳契税。

（2）先以划拨方式取得土地使用权，后经批准转让房地产，划拨土地性质改为出让的，

承受方应分别以补缴的土地出让价款和房地产权属转移合同确定的成交价格为计税依据缴纳契税。

（3）先以划拨方式取得土地使用权，后经批准转让房地产，划拨土地性质未发生改变的，承受方应以房地产权属转移合同确定的成交价格为计税依据缴纳契税。

（4）土地使用权及所附建筑物、构筑物等（包括在建的房屋、其他建筑物、构筑物和其他附着物）转让的，计税依据为承受方应交付的总价款。

（5）土地使用权出让的，计税依据包括土地出让金、土地补偿费、安置补助费、地上附着物和青苗补偿费、征收补偿费、城市基础设施配套费、实物配建房屋等应交付的货币以及实物、其他经济利益对应的价款。

（6）房屋附属设施（包括停车位、机动车库、非机动车库、顶层阁楼、储藏室及其他房屋附属设施）与房屋为同一不动产单元的，计税依据为承受方应交付的总价款，并适用与房屋相同的税率；房屋附属设施与房屋为不同不动产单元的，计税依据为转移合同确定的成交价格，并按当地确定的适用税率计税。

（7）承受已装修房屋的，应将包括装修费用在内的费用计入承受方应交付的总价款。

（8）土地使用权互换、房屋互换，互换价格相等的，互换双方计税依据为零；互换价格不相等的，以其差额为计税依据，由支付差额的一方缴纳契税。

（二）契税税率

契税税率实行 3%～5% 的幅度税率。

契税的具体适用税率，由省、自治区、直辖市人民政府在规定的税率幅度内提出，报同级人民代表大会常务委员会决定，并报全国人民代表大会常务委员会和国务院备案。

省、自治区、直辖市可以依照上述规定的程序对不同主体、不同地区、不同类型的住房的权属转移确定差别税率。

自 2010 年 10 月 1 日起，对个人购买 90 平方米以下且属家庭唯一住房的普通住房，减按 1% 的税率征收契税。

（三）应纳税额的计算

契税的应纳税额依据契税的计税依据和税率计算征收。其计算公式为

$$应纳税额 = 计税依据 \times 税率$$

例 9-2：某学校何老师购买一套商品房，价格 60 万元，因一次性付款，售房单位给予 1 万元优惠，同时按当地政策规定对教师按正常售价优惠 5%，何老师还花了 8 万元购买小区内有产权的地下车位一个，当地契税税率为 4%。

要求：试确定何老师买房应交契税的计税依据并计算其应纳契税额。

解：房屋买卖中契税的计税依据为不动产成交价格；购买房屋附属设施土地使用权、房屋所有权的，应按合同规定的总价款计征契税。

$$契税的计税依据 = 60 \times （1 - 5\%） - 1 + 8 = 64（万元）$$
$$应纳税额 = 64 \times 4\% = 2.56（万元）$$

例 9-3：甲乙两单位互换经营性用房，甲换入的房屋价格为 490 万元，乙换入的房屋

价格为 600 万元，乙以人民币另支付甲 110 万元。当地契税适用税率为 3%。

要求：计算双方应纳契税税额。

解：房屋不等价交换，由多交付资产一方按价差缴纳契税。

$$乙应纳契税＝（600－490）×3\%＝3.3（万元）$$

四、税收优惠

（一）《契税法》规定的免税项目

依照《契税法》等的规定，有下列情形之一的，免征契税。

（1）国家机关、事业单位、社会团体、军事单位承受土地、房屋权属用于办公、教学、医疗、科研、军事设施。

（2）非营利性的学校、医疗机构、社会福利机构承受土地、房屋权属用于办公、教学、医疗、科研、养老、救助。

（3）承受荒山、荒地、荒滩土地使用权用于农、林、牧、渔业生产。

（4）婚姻关系存续期间夫妻之间变更土地、房屋权属。

（5）法定继承人通过继承承受土地、房屋权属。

（6）依照法律规定应当予以免税的外国驻华使馆、领事馆和国际组织驻华代表机构承受土地、房屋权属。

（7）省、自治区、直辖市可以决定对下列情形免征或者减征契税：

①因土地、房屋被县级以上人民政府征收、征用，重新承受土地、房屋权属。

②因不可抗力灭失住房，重新承受住房权属。

纳税人改变有关土地、房屋的用途，或者有其他不再属于本法第六条规定的免征、减征契税情形的，应当缴纳已经免征、减征的税款。

（二）《契税法》实施后继续执行的契税优惠政策

（1）夫妻因离婚分割共同财产发生土地、房屋权属变更的，免征契税。

（2）城镇职工按规定第一次购买公有住房的，免征契税。

公有制单位为解决职工住房而采取集资建房方式建成的普通住房或由单位购买的普通商品住房，经县级以上地方人民政府房改部门批准、按照国家房改政策出售给本单位职工的，如属职工首次购买住房，比照公有住房免征契税。

已购公有住房经补缴土地出让价款成为完全产权住房的，免征契税。

（3）外国银行分行按照《中华人民共和国外资银行管理条例》等相关规定改制为外商独资银行（或其分行），改制后的外商独资银行（或其分行）承受原外国银行分行的房屋权属的，免征契税。

（4）除上述政策外，其他继续执行的契税优惠政策按财政部、国家税务总局公告 2021 年第 29 号附件 1 规定原文件执行。

（三）财政部、国家税务总局规定继续执行的企业改组改制免税项目

根据财政部、国家税务总局公告 2021 年第 17 号规定，为支持企业、事业单位改制重

组，优化市场环境，现就继续执行有关契税政策规定如下。

（1）企业改制。企业按照《中华人民共和国公司法》有关规定整体改制，包括非公司制企业改制为有限责任公司或股份有限公司，有限责任公司变更为股份有限公司，股份有限公司变更为有限责任公司，原企业投资主体存续并在改制（变更）后的公司中所持股权（股份）比例超过75%，且改制（变更）后公司承继原企业权利、义务的，对改制（变更）后公司承受原企业土地、房屋权属，免征契税。

（2）事业单位改制。事业单位按照国家有关规定改制为企业，原投资主体存续并在改制后企业中出资（股权、股份）比例超过50%的，对改制后企业承受原事业单位土地、房屋权属，免征契税。

（3）公司合并。两个或两个以上的公司，依照法律规定、合同约定，合并为一个公司，且原投资主体存续的，对合并后公司承受原合并各方土地、房屋权属，免征契税。

（4）公司分立。公司依照法律规定、合同约定分立为两个或两个以上与原公司投资主体相同的公司，对分立后公司承受原公司土地、房屋权属，免征契税。

（5）企业破产。企业依照有关法律法规规定实施破产，债权人（包括破产企业职工）承受破产企业抵偿债务的土地、房屋权属，免征契税；对非债权人承受破产企业土地、房屋权属，凡按照《中华人民共和国劳动法》等国家有关法律法规政策妥善安置原企业全部职工规定，与原企业全部职工签订服务年限不少于3年的劳动用工合同的，对其承受所购企业土地、房屋权属，免征契税；与原企业超过30%的职工签订服务年限不少于3年的劳动用工合同的，减半征收契税。

（6）资产划转。对承受县级以上人民政府或国有资产管理部门按规定进行行政性调整、划转国有土地、房屋权属的单位，免征契税。

同一投资主体内部所属企业之间土地、房屋权属的划转，包括母公司与其全资子公司之间，同一公司所属全资子公司之间，同一自然人与其设立的个人独资企业、一人有限公司之间土地、房屋权属的划转，免征契税。

母公司以土地、房屋权属向其全资子公司增资，视同划转，免征契税。

（7）债权转股权。经国务院批准实施债权转股权的企业，对债权转股权后新设立的公司承受原企业的土地、房屋权属，免征契税。

（8）划拨用地出让或作价出资。以出让方式或国家作价出资（入股）方式承受原改制重组企业、事业单位划拨用地的，不属上述规定的免税范围，对承受方应按规定征收契税。

（9）公司股权（股份）转让。在股权（股份）转让中，单位、个人承受公司股权（股份），公司土地、房屋权属不发生转移，不征收契税。

（10）对银行业金融机构、金融资产管理公司接收抵债资产免征契税。

五、征收管理

（1）契税的纳税义务发生时间是纳税人签订土地、房屋权属转移合同的当天，或者纳税人取得其他具有土地、房屋权属转移合同性质凭证的当天。纳税期限是纳税人应当自纳税义务发生之日起10日内，向土地、房屋所在地的契税征收机关办理纳税申报，并在契税征收机关核定的期限内缴纳税款。

（2）关于纳税义务发生时间的具体情形。

①因人民法院、仲裁委员会的生效法律文书或者监察机关出具的监察文书等发生土地、房屋权属转移的，纳税义务发生时间为法律文书等生效当日。

②因改变土地、房屋用途等情形应当缴纳已经减征、免征契税的，纳税义务发生时间为改变有关土地、房屋用途等情形的当日。

③因改变土地性质、容积率等土地使用条件需补缴土地出让价款，应当缴纳契税的，纳税义务发生时间为改变土地使用条件当日。

发生上述情形，按规定不再需要办理土地、房屋权属登记的，纳税人应自纳税义务发生之日起 90 日内申报缴纳契税。

（3）纳税人办理纳税事宜后，征收机关应向纳税人开具契税完税凭证。纳税人持契税完税凭证和其他规定的文件资料，依法向土地管理部门、房产管理部门办理有关土地、房屋的权属变更登记手续。土地管理部门和房产管理部门应向契税征收机关提供有关资料，并协助契税征收机关依法纳税。

第三节　车　船　税

一、车船税的概述

车船税，是指国家对行驶于中华人民共和国境内公共道路的车辆和航行于境内河流、湖泊或者领海的船舶所有人或管理人，依法征收的一种财产税。通过征收车船税，可以用税收手段开辟财源，缓解发展交通事业资金短缺的问题，从而加强对车船的管理，也有利于调节财富差异。2022 年度，我国征收车船税 1 071.96 亿元，占当年全部税收收入的 0.64%。

车船税法是指调整车船税税收法律关系的法律规范系统。现行车船税的基本法律规范，是 2011 年 2 月 25 日第十一届全国人民代表大会常务委员会第 19 次会议审议通过公布的《中华人民共和国车船税法》(以下简称《车船税法》)，自 2012 年 1 月 1 日起施行。2019 年 4 月 23 日，第十三届全国人民代表大会常务委员会第 10 次会议对《车船税法》进行了修正。

我国目前对车船的所有人或管理人征收的税种主要有 3 个：车辆购置税、燃油的消费税和车船税，这 3 个税种各有侧重，功能不同。其中，车辆购置税来源于车辆购置附加费，燃油的消费税来源于养路费等收费。这两个税种都是通过"费改税"而来的，筹集的资金专门用于公路建设和养护。车船税属于财产税，是在保有环节征收的税种。

扩展阅读 9.3　《车船税法实施条例》国务院令第611 号

二、纳税义务人与征税范围

（一）纳税义务人

在中华人民共和国境内属于《车船税法》所附《车船税税目税额表》规定的车辆、船舶（以下简称车船）的所有人或者管理人，为车船税的纳税义务人，应当依照《车船税法》的规定缴纳车船税。

车船的管理人是指对车船具有管理使用权，不具有所有权的单位。通常情况下，车船的所有人与车船的管理人是一致的。但在我国实践中，经常会出现车船的所有权与管理权分离的情形，如国家机关拥有所使用车船的管理使用权，其所有权属于国家所有。因此，就出现了车船的所有人与车船的管理人不一致的情况。如果让抽象意义上的国家作为车船的所有人去缴纳车船税，在实践中是无法操作的。所以，《车船税法》将车船管理人也规定为车船税的纳税人。

（二）扣缴义务人

从事机动车第三者责任强制保险业务的保险机构为机动车车船税的扣缴义务人，应当在收取保险费时依法代收车船税，并出具代收税款凭证。

这既方便纳税人缴税，使车主少跑路，减少完税所需时间和成本，也有利于通过源泉控管，提高车船税征收效果。

（三）征税范围

在车船税的征收范围中的车辆、船舶，是指：

（1）依法应当在车船登记管理部门登记的机动车辆和船舶。

（2）依法不需要登记的在单位内部场所行驶或者作业的机动车辆和船舶。

（3）境内单位和个人租入外国籍船舶的，不征收车船税；境内单位和个人将船舶出租到境外的，应依法征收车船税。

三、计税依据、税额与应纳税额的计算

（一）计税依据

从理论上讲，车船税作为财产税，其计税依据应当是车船的评估价值。但从实际情况看，车船价值难以评估。车船税以纳税人所拥有的车辆数量、整备质量每吨，以及船舶的净吨位每吨和艇身长度每米为计征依据，实行从量定额征收。其中，在车辆征税中，乘用车、客车、摩托车均按每辆计征；货车、挂车、专用作业车和轮式专用机械车均按整备质量每吨计征。在船舶征税中，机动船舶按净吨位每吨计征，游艇按艇身长度每米计征。

（二）税额

《车船税法》对应税车船的应纳税额的计算适用有幅度的定额税率。

（1）车辆的具体适用税额由省、自治区、直辖市人民政府依照《车船税法》所附《车船税税目税额表》规定的税额幅度和国务院的规定确定（表9-1）。

对乘用车按发动机排气量征税，主要基于以下考虑：①据统计分析，乘用车的排气量与其价值总体上存在着显著的正相关关系，排气量越大，销售价格越高。②从征管角度看，按排气量征税简便易行，在计税依据方面，排气量是替代价值或评估值的最佳选择。

表 9-1 车船税税目税额表

税 目		计税单位	年基准税额	备 注
乘用车 （按发动机 排气量分档）	1.0 升（含）以下的	每辆	60 元至 360 元	核定载客人数 9 人（含）以下
	1.0 升至 1.6 升（含）的		300 元至 540 元	
	1.6 升至 2.0 升（含）的		360 元至 660 元	
	2.0 升至 2.5 升（含）的		660 元至 1 200 元	
	2.5 升至 3.0 升（含）的		1 200 元至 2 400 元	
	3.0 升至 4.0 升（含）的		2 400 元至 3 600 元	
	4.0 升以上的		3 600 元至 5 400 元	
商用车	客车	每辆	480 元至 1 440 元	核定载客人数 9 人以上，包括电车
	货车	整备质量每吨	16 元至 120 元	包括半挂牵引车、三轮汽车和低速载货汽车
挂车		整备质量每吨	按照货车税额的 50%	
其他 车辆	专用作业车	整备质量每吨	16 元至 120 元	不包括拖拉机
	轮式专用机械车		16 元至 120 元	
摩托车		每辆	36 元至 180 元	
船舶	机动船舶	净吨位每吨	3 元至 6 元	拖船、非机动驳船分别按照机动船舶税额的 50% 计算
	游艇	艇身长度每米	600 元至 2 000 元	

（2）船舶的具体适用税额由国务院在《车船税法》所附《车船税税目税额表》规定的税额幅度内确定。

机动船舶具体适用税额为：

①净吨位不超过 200 吨的，每吨 3 元。

②净吨位超过 200 吨但不超过 2 000 吨的，每吨 4 元。

③净吨位超过 2 000 吨但不超过 10 000 吨的，每吨 5 元。

④净吨位超过 10 000 吨的，每吨 6 元。

拖船按照发动机功率每 1 千瓦折合净吨位 0.67 吨计算征收车船税。

游艇具体适用税额为：

①艇身长度不超过 10 米的，每米 600 元。

②艇身长度超过 10 米但不超过 18 米的，每米 900 元。

③艇身长度超过 18 米但不超过 30 米的，每米 1 300 元。

④艇身长度超过 30 米的，每米 2 000 元。

⑤辅助动力帆艇，每米 600 元。

（3）车船税法及其实施条例所涉及的排气量、整备质量、核定载客人数、净吨位、千瓦、艇身长度，以车船登记管理部门核发的车船登记证书或者行驶证所载数据为准。

依法不需要办理登记的车船和依法应当登记而未办理登记或者不能提供车船登记证书、行驶证的车船，以车船出厂合格证明或者进口凭证标注的技术参数、数据为准；不能提供车船出厂合格证明或者进口凭证的，由主管税务机关参照国家相关标准核定，没有国家相关标准的参照同类车船核定。

（三）应纳税额的计算

纳税人按照纳税地点所在的省、自治区、直辖市人民政府确定的具体适用税额缴纳车船税。

（1）购置的新车船，购置当年的应纳税额自纳税义务发生的当月起按月计算。

$$应纳税额 = （年应纳税额 \div 12）\times 应纳税月份数$$
$$应纳税月份数 = 12 - 纳税义务发生时间（取月份）+ 1$$

（2）在一个纳税年度内，已完税的车船被盗抢、报废、灭失的，纳税人可以凭有关管理机关出具的证明和完税凭证，向纳税所在地的主管税务机关申请退还自被盗抢、报废、灭失月份起至该纳税年度终了期间的税款。

（3）已办理退税的被盗抢车船失而复得的，纳税人应当从公安机关出具相关证明的当月起计算缴纳车船税。

（4）已缴纳车船税的车船在同一纳税年度内办理转让过户的，不另纳税，也不退税。

（5）已缴纳车船税的车船，因质量原因，车船被退回生产企业或者经销商的，纳税人可以向纳税所在地的主管税务机关申请退还自退货月份起至该纳税年度终了期间的税款。退货月份以退货发票所载日期的当月为准。

扩展阅读 9.4 《享受车船税减免优惠的节约能源使用新能源汽车车型目录》（第 16 批）工信部 国家税务总局公告 2020 年 24 号

例 9-4：某工业企业有作为固定资产核算的载货汽车 20 辆，整备质量均为 10 吨；职工上下班的大客车 3 辆；小汽车 10 辆。

已知载货汽车每吨年税额为 80 元，乘人大客车每辆年税额 800 元，小汽车每辆年税额 900 元。计算：该工业企业车船税的应纳税额。

（1）载货汽车应纳税额 = 20 × 10 × 80 = 16 000（元）

（2）乘人汽车应纳税额 = 3 × 800 + 10 × 900 = 11 400（元）

（3）企业当年应纳车船税 = 16 000 + 11 400 = 27 400（元）

四、税收优惠

（一）《车船税法》规定的减免项目

1）捕捞、养殖渔船

2）军队、武装警察部队专用的车船

3）警用车船

4）悬挂应急救援专用号牌的国家综合性消防救援车辆和国家综合性消防救援专用船舶

5）依照法律规定应当予以免税的外国驻华使领馆、国际组织驻华代表机构及其有关人员的车船

6）对节约能源车船，减半征收车船税

（1）减半征收车船税的节约能源乘用车应同时符合以下标准：①获得许可在中国境内

销售的排量为 1.6 升以下（含 1.6 升）的燃用汽油、柴油的乘用车（含非插电式混合动力乘用车和双燃料乘用车）；②综合工况燃料消耗量应符合规定标准；③污染物排放符合规定的限值标准。

（2）减半征收车船税的节约能源商用车应同时符合下列标准：①获得许可在中国境内销售的燃用天然气、汽油、柴油的重型商用车（含非插电式混合动力和双燃料重型商用车）；②燃用汽油、柴油的重型商用车综合工况燃料消耗量应符合标准；③污染物排放符合规定标准。

7）对使用新能源车船，免征车船税

（1）免征车船税的使用新能源汽车是指纯电动商用车、插电式（含增程式）混合动力汽车、燃料电池商用车。纯电动乘用车和燃料电池乘用车不属于车船税征税范围，对其不征车船税。

（2）免征车船税的使用新能源汽车（不含纯电动乘用车和燃料电池乘用车，下同），应同时符合下列标准：①获得许可在中国境内销售的纯电动商用车、插电式（含增程式）混合动力汽车、燃料电池商用车；②纯电动续驶里程符合标准；③使用除铅酸电池以外的动力电池；④插电式混合动力乘用车综合燃料消耗量（不计电能消耗）与现行的常规燃料消耗量国家标准中对应目标值相比小于 60%；插电式混合动力商用车（含轻型、重型商用车）燃料消耗量（不含电能转化的燃料消耗量）与现行的常规燃料消耗量国家标准中对应限值相比小于 60%；⑤通过新能源汽车专项检测，符合新能源汽车标准。

8）其他情况

省、自治区、直辖市人民政府根据当地实际情况，可以对公共交通车船，农村居民拥有并主要在农村地区使用的摩托车、三轮汽车和低速载货汽车定期减征或者免征车船税。

（二）特定减免项目

临时入境的外国车船和香港特别行政区、澳门特别行政区、台湾省的车船，不征收车船税。

五、征收管理

（1）车船税按年申报，分月计算，一次性缴纳。纳税年度为公历 1 月 1 日至 12 月 31 日。具体申报纳税期限由省、自治区、直辖市人民政府规定。

（2）车船税纳税义务发生时间为取得车船所有权或者管理权的当月。

（3）车船税的纳税地点为车船的登记地或者车船税扣缴义务人所在地。依法不需要办理登记的车船，车船税的纳税地点为车船的所有人或者管理人所在地。税务机关可以在车船管理部门、车船检验机构的办公场所集中办理车船税的征收事宜。

（4）公安机关交通管理部门在办理车辆相关登记和定期检验手续时，经核查，对没有提供依法纳税或者免税证明的，不予办理相关手续。

（5）海事部门、船舶检验机构在办理船舶相关登记和定期检验手续时，经核查，对没有提供依法纳税或者免税证明的，不予办理相关手续。

（6）从事机动车第三者责任强制保险业务的保险机构为机动车车船税的扣缴义务人，

应当在收取保险费时依法代收车船税，并出具代收税款凭证。

（7）对于依法不需要购买机动车交强险的车辆，纳税人应当向主管税务机关申报缴纳车船税。

练习题

一、复习思考题

1. 房产税的征税对象及征税范围是什么？

2. 契税的计税依据是什么？有哪些具体规定？

3. 车船税的征税对象及计税依据是什么？

二、计算题

1. 某公司办公大楼原值 50 000 万元，2023 年 3 月 31 日将其中部分闲置房出租，租期为 3 年。出租部分房产原值为 10 000 万元，租金每年 2 000 万元。如果当地政府规定房产原值减除比例为 20%。计算：公司 2023 年应纳的房产税。

2. 居民甲有两套住房，2023 年居民甲将其中一套住房出售给居民乙，成交价格为 50 万元；将另一套两室住房与居民丙交换成两处一室的住房，并支付给丙换房差价款 8 万元。请计算：甲、乙、丙各自应缴纳的契税。（该地区契税税率为 3%）

即测即练

自学自测　　扫描此码

第十章

行为税及其他相关税收

【学习目标】

行为税是国家对某些特定行为课征的各种税收的统称。我国现行行为税有车辆购置税、印花税等。本章要求重点掌握车辆购置税、印花税、烟叶税及环境保护税等4个税种的纳税人、征税范围、计税依据的确定和应纳税额的计算等内容；一般掌握上述税种的税率；理解车辆购置税、印花税的起源与发展、各税种的税收优惠；了解各税种的征收管理。

第一节　车辆购置税

一、车辆购置税的概念

车辆购置税是对在我国境内购置规定应税车辆的单位和个人，按其购置车辆价格的一定比率征收的一种行为税。车辆购置税是由原交通部门征收的车辆购置附加费转化而来的，属于"费改税"。车辆购置税具有征收范围单一、征收环节单一、税率单一、征收方法单一的特点。开征车辆购置税是"费改税"的一项重大突破，它可以通过阶段性减免政策来刺激汽车消费拉动经济增长，也可以调节收入差距，合理增加政府预算收入。

我国现行车辆购置税的基本法律规范，是2018年12月29日第十三届全国人民代表大会常务委员会第7次会议通过，并于2019年7月1日起施行的《中华人民共和国车辆购置税法》（以下简称《车辆购置税法》）。2022年度，我国共实现车辆购置税收入2 398亿元，占当年全部税收收入的1.44%。

二、纳税义务人与征税范围

（一）纳税义务人

在中华人民共和国境内购置汽车、有轨电车、汽车挂车、排气量超过150毫升的摩托车（以下统称应税车辆）的单位和个人，为车辆购置税的纳税人，应当依照《车辆购置税法》规定缴纳车辆购置税。

扩展阅读10.1 《关于车辆购置税有关具体政策的公告》财政部和国家税务总局公告2019年第71号

其中购置，是指以购买、进口、自产、受赠、获奖或者其他方式取得并自用应税车辆的行为。车辆购置税实行一次性征收。购置已征车辆购置税的车辆，不再征收车辆购置税。

（二）征税范围

车辆购置税以列举的车辆作为征税对象，未列举的车辆不征税。其征税范围包括汽车、有轨电车、汽车挂车、排气量超过 150 毫升的摩托车。

地铁、轻轨等城市轨道交通车辆，装载机、平地机、挖掘机、推土机等轮式专用机械车，以及起重机（吊车）、叉车、电动摩托车，不属于应税车辆。

纳税人进口自用应税车辆，是指纳税人直接从境外进口或者委托代理进口自用的应税车辆，不包括在境内购买的进口车辆。

三、计税依据与税率

（一）计税依据

计税依据为应税车辆的计税价格，按照下列规定确定：

（1）纳税人购置应税车辆，以机动车统一销售发票电子信息中的不含增值税价作为计税价格，纳税人依据相关规定提供其他有效价格凭证的情形除外。

应税车辆存在多条发票电子信息或没有发票电子信息的，为纳税人实际支付给销售者的全部价款，不包括增值税税款。

（2）纳税人进口自用应税车辆的计税价格，为关税完税价格加上关税和消费税；

（3）纳税人自产自用应税车辆的计税价格，按照同类应税车辆（即车辆配置序列号相同的车辆）的销售价格确定，不包括增值税税款；没有同类应税车辆销售价格的，按照组成计税价格确定。组成计税价格计算公式如下

$$组成计税价格 = 成本 \times （1 + 成本利润率）$$

属于应征消费税的应税车辆，其组成计税价格中应加计消费税税额。

上述公式中的成本利润率，由国家税务总局各省、自治区、直辖市和计划单列市税务局确定。

（4）纳税人以受赠、获奖或者其他方式取得自用应税车辆的计税价格，按照购置应税车辆时相关凭证载明的价格确定，不包括增值税税款。

（5）纳税人申报的应税车辆计税价格明显偏低，又无正当理由的，由税务机关依照《中华人民共和国税收征收管理法》的规定核定其应纳税额；

（6）纳税人以外汇结算应税车辆价款的，按照申报纳税之日的人民币汇率中间价折合成人民币计算缴纳税款。

（二）税率

车辆购置税的税率为 10%。

四、应纳税额的计算

（一）购买自用应税车辆应纳税额的计算

纳税人购买自用的应税车辆，计税价格为纳税人购买应税车辆而支付给销售者的全部价款和价外费用，不包括增值税税款；价外费用是指销售方价外向购买方收取的基金、集资费、违约金（延期付款利息）和手续费、包装费、储存费、优质费、运输装卸费、保管费及其他各种性质的价外收费，但不包括销售方代办保险等而向购买方收取的保险费，以及向购买方收取的代购买方缴纳的车辆购置税、车辆牌照费。应纳税额的计算公式为

$$应纳税额 = 计税价格 \times 税率$$

例 10-1：刘某于 202× 年 6 月从长沙宝悦汽车销售公司购买了一辆小汽车自用，支付了含增值税在内的款项 406 800 元，另支付代办牌照费 550 元、代收保险费 10 000 元。所支付的款项均由该汽车销售公司开具"机动车销售统一发票"和有关票据。请计算刘某的应纳车辆购置税。

（1）计税依据 = 406 800 ÷（1 + 13%）= 360 000（元）

（2）应纳税额 = 360 000 × 10% = 36 000（元）

（二）进口自用应税车辆应纳税额的计算

纳税人进口自用应税车辆的计税价格，为关税完税价格加上关税和消费税。进口自用应税车辆应纳税额的计算公式为

$$应纳税额 =（关税完税价格 + 关税 + 消费税）\times 税率$$

例 10-2：202× 年 6 月，某平行进口汽车销售公司从国外进口 10 辆某型号小汽车，海关核定关税完税价格为每辆 200 000 元人民币，海关按政策规定每辆征收了 20% 的关税、12% 的消费税和 13% 的增值税。现公司因业务发展需要将其中一辆汽车转为公司自用，计算该自用车辆应纳车辆购置税金额。

该自用车辆应纳关税 = 200 000 × 20% = 40 000（元）

该自用车辆应纳消费税 =（200 000 + 40 000）÷（1 − 12%）× 12% = 32 727.27（元）

该自用车辆应纳增值税 =（200 000 + 40 000 + 32 727.27）× 13% = 35 454.55（元）

该自用车辆应纳车辆购置税 =（200 000 + 40 000 + 32 727.27）× 10% = 27 272.73（元）

（三）其他自用应税车辆应纳税额的计算

纳税人自产自用应税车辆的计税价格，按照纳税人生产的同类应税车辆的销售价格确定，不包括增值税。没有同类应税车辆销售价格的，按照组成计税价格确定。

纳税人受赠使用、获奖使用和以其他方式取得并自用应税车辆的，凡不能取得该型车辆的购置价格，或低于最低计税价格的，以国家税务总局核定的最低计税价格作为计税依据计算征收车辆购置税。

$$应纳税额 = 最低计税价格 \times 税率$$

（四）已免税或减税车辆因转让或改变用途不再属于免税、减税范围的处理

已免税、减税车辆因转让、改变用途等原因不再属于免税、减税范围的，纳税人应当

在办理车辆转移登记或者变更登记前缴纳车辆购置税。计税价格以免税、减税车辆初次办理纳税申报时确定的计税价格为基准，每满一年扣减10%。

$$应纳税额＝初次办理纳税申报时确定的计税价格×$$
$$（1－使用年限×10\%）×10\%－已纳税额$$

应纳税额不得为负数。使用年限的计算方法是，自纳税人初次办理纳税申报之日起，至不再属于免税、减税范围的情形发生之日止。使用年限取整计算，不满一年的不计算在内。

（五）已税车辆因质量问题等退回车辆生产企业或销售企业的处理

纳税人将已征车辆购置税的车辆退回车辆生产企业或者销售企业的，可以向主管税务机关申请退还车辆购置税。退税额以已缴税款为基准，自缴纳税款之日至申请退税之日，每满一年扣减10%。

$$应退税额＝已纳税额×（1－使用年限×10\%）$$

应退税额不得为负数。使用年限的计算，自纳税人缴纳税款之日起，至申请退税之日止。

五、税收优惠

下列车辆免征车辆购置税：

（1）依照法律规定应当予以免税的外国驻华使馆、领事馆和国际组织驻华机构及其有关人员自用的车辆。

（2）中国人民解放军和中国人民武装警察部队列入装备订货计划的车辆。

（3）悬挂应急救援专用号牌的国家综合性消防救援车辆。

（4）设有固定装置的非运输专用作业车辆。

（5）城市公交企业购置的公共汽电车辆。

（6）回国服务的在外留学人员用现汇购买1辆个人自用国产小汽车和长期来华定居的专家购买1辆自用进口小汽车，免征车辆购置税。

（7）防汛部门和森林消防部门用于指挥、检查、调度、报汛（警）、联络的由指定厂家生产的设有固定装置的指定型号的车辆免征车辆购置税。

扩展阅读10.2 《免征车辆购置税的设有固定装置的非运输专用作业车辆目录（第8批）》国家税务总局和工信部公告2023年第4号

（8）2021年1月1日至2023年12月31日，对购置的新能源汽车免征车辆购置税。免征车辆购置税的新能源汽车通过工业和信息化部、国家税务总局发布《免征车辆购置税的新能源汽车车型目录》实施管理，包括纯电动汽车、插电式混合动力（含增程式）汽车、燃料电池汽车。

（9）中国妇女发展基金会"母亲健康快车"项目的流动医疗车免征车辆购置税。

（10）原公安现役部队和原武警黄金、森林、水电部队改制后换发地方牌照的车辆（公安消防、武警森林部队执行灭火救援任务的车辆除外），一次性免征车辆购置税。

根据国民经济和社会发展的需要，国务院可以规定减征或者其他免征车辆购置税的情形，报全国人民代表大会常务委员会备案。

六、征收管理

车辆购置税由税务机关负责征收。

纳税人购置应税车辆，应当向车辆登记地的主管税务机关申报缴纳车辆购置税；购置不需要办理车辆登记的应税车辆的，应当向纳税人所在地的主管税务机关申报缴纳。

车辆购置税的纳税义务发生时间为纳税人购置应税车辆的当日。纳税人应当自纳税义务发生之日起 60 日内申报缴纳车辆购置税。

纳税人应当在向公安机关交通管理部门办理车辆注册登记前，缴纳车辆购置税。

公安机关交通管理部门办理车辆注册登记，应当根据税务机关提供的应税车辆完税或者免税电子信息对纳税人申请登记的车辆信息进行核对，核对无误后依法办理车辆注册登记。

税务机关和公安、商务、海关、工业和信息化等部门应当建立应税车辆信息共享和工作配合机制，及时交换应税车辆和纳税信息资料。

第二节 印 花 税

一、印花税的定义

印花税是对在经济活动和经济交往中书立、使用应税凭证、进行证券交易的单位和个人征收的一种税，因采用在应税凭证上粘贴印花税票作为完税的标志而得名。印花税是国际上常见的一种税。现行印花税的基本规范，是 2021 年 6 月 10 日第十三届全国人民代表大会常务委员会第 29 次会议通过的《中华人民共和国印花税法》（以下简称《印花税法》）。

《印花税法》总结原 1988 年 8 月 6 日国务院发布的《中华人民共和国印花税暂行条例》多年实践做法，总体保持现行税制不变，并将证券交易印花税纳入法律规范；对买卖、技术等合同和证券交易的税率维持不变，降低加工承揽、建设工程勘察设计、货物运输合同和营业账簿的税率，取消许可证照等的印花税税目；同时明确原印花税税收优惠政策总体不变。2022 年度，我国实现印花税收入为 4 390 亿元，占当年全部税收收入的 2.64%；2022 年度，实现证券交易印花税收入 2 759.33 亿元，占当年全部印花税收入的 62.85%。

扩展阅读 10.3 《关于实施印花税法有关事项的公告》国家税务总局公告 2022 年第 14 号

二、印花税的起源与发展

印花税是一个古老的税种。荷兰是印花税的创始国，1624 年荷兰政府实施了一种以商事产权凭证为征收对象的印花税，由于缴税时需在凭证上用刻花滚筒推出"印花"戳记，以示完税，因此被命名为"印花税"。1854 年，奥地利政府印制发售了形似邮票的印花税票，由纳税人自行购买贴在应纳税凭证上，并规定完成纳税义务是以在票上盖戳注销为标准，世界上由此诞生了印花税票。目前，世界上已有一百多个国家和地区开征了印花税。印花税是中国效仿西洋税制的第一个税种。从清光绪十五年（1889 年）始，清政府拟开征印花税，但终未能正式实施。中华民国北洋政府把推行印花税作为重要的聚财之举，于 1912 年 10 月 21 日公布了《印花税法》，并于次年正式实施。

新中国成立后，1950 年 1 月 30 日，中央人民政府政务院通令公布《全国税政实施要则》，确立了印花税为全国统一开征的税种之一。1950 年 12 月政务院公布《印花税暂行条例》，1951 年 1 月财政部公布了《印花税暂行条例施行细则》。1958 年全国税制改革，印花税并入工商统一税。1988 年 8 月 6 日，国务院发布《印花税暂行条例》，从当年 10 月 1 日起重新在全国统一开征印花税。

三、纳税义务人

（一）纳税人的一般规定

（1）在中华人民共和国境内书立应税凭证、进行证券交易的单位和个人，为印花税的纳税义务人，应当依照本法规定缴纳印花税。

（2）在中华人民共和国境外书立在境内使用的应税凭证的单位和个人，应当依照本法规定缴纳印花税。

应税凭证，是指本法所附《印花税税目税率表》列明的合同、产权转移书据和营业账簿。

证券交易，是指转让在依法设立的证券交易所、国务院批准的其他全国性证券交易场所交易的股票和以股票为基础的存托凭证。证券交易印花税对证券交易的出让方征收，不对受让方征收。

（二）关于纳税人的具体情形

（1）书立应税凭证的纳税人，为对应税凭证有直接权利义务关系的单位和个人。

（2）采用委托贷款方式书立的借款合同纳税人，为受托人和借款人，不包括委托人。

（3）按买卖合同或者产权转移书据税目缴纳印花税的拍卖成交确认书纳税人，为拍卖标的的产权人和买受人，不包括拍卖人。

（4）凡由两方或两方以上当事人共同书立的应税凭证，其当事人各方均为印花税的纳税人，应各就其所持凭证的计税金额履行纳税义务。

（三）扣缴义务人

纳税人为境外单位或者个人，在境内有代理人的，以其境内代理人为扣缴义务人；在境内没有代理人的，由纳税人自行申报缴纳印花税，具体办法由国务院税务主管部门规定。

证券登记结算机构为证券交易印花税的扣缴义务人，应当向其机构所在地的主管税务机关申报解缴税款以及银行结算的利息。

四、征税范围

（一）征税范围的一般规定

根据《印花税法》的规定，印花税的征税范围包括以下几方面的内容。

（1）经济合同。经济合同包括借款合同、融资租赁合同、买卖合同、加工承揽合同、建设工程勘察设计合同、货物运输合同、技术合同、财产租赁合同、保管合同、仓储保管合同和财产保险合同。

（2）产权转移书据。产权转移书据包括土地使用权出让书据、土地使用权、房屋等建筑物和构筑物所有权转让书据（不包括土地承包经营权和土地经营权转移）、股权转让书据（不包括应缴纳证券交易印花税的）、商标专用权、著作权、专利权、专用技术使用权转让书据。

（3）营业账簿。营业账簿包括记载实收资本（股本）、资本公积的会计账簿。

（4）证券交易。证券交易包括转让在依法设立的证券交易所、国务院批准的其他全国性证券交易场所交易的股票和以股票为基础的存托凭证。

（二）关于应税凭证的具体情形

（1）在中华人民共和国境外书立在境内使用的应税凭证，应当按规定缴纳印花税。包括以下几种情形：

①应税凭证的标的为不动产的，该不动产在境内。

②应税凭证的标的为股权的，该股权为中国居民企业的股权。

③应税凭证的标的为动产或者商标专用权、著作权、专利权、专有技术使用权的，其销售方或者购买方在境内，但不包括境外单位或者个人向境内单位或者个人销售完全在境外使用的动产或者商标专用权、著作权、专利权、专有技术使用权。

④应税凭证的标的为服务的，其提供方或者接受方在境内，但不包括境外单位或者个人向境内单位或者个人提供完全在境外发生的服务。

（2）企业之间书立的确定买卖关系、明确买卖双方权利义务的订单、要货单等单据，且未另外书立买卖合同的，应当按规定缴纳印花税。

（3）发电厂与电网之间、电网与电网之间书立的购售电合同，应当按买卖合同税目缴纳印花税。

（4）下列情形的凭证，不属于印花税征收范围：

①人民法院的生效法律文书，仲裁机构的仲裁文书，监察机关的监察文书。

②县级以上人民政府及其所属部门按照行政管理权限征收、收回或者补偿安置房地产书立的合同、协议或者行政类文书。

③总公司与分公司、分公司与分公司之间书立的作为执行计划使用的凭证。

五、印花税的计税依据

（一）计税依据的一般规定

印花税的计税依据如下。

（1）应税合同的计税依据，为合同所列的金额，不包括列明的增值税税款。

（2）应税产权转移书据的计税依据，为产权转移书据所列的金额，不包括列明的增值税税款。

（3）应税营业账簿的计税依据，为账簿记载的实收资本（股本）、资本公积合计金额。

（4）证券交易的计税依据，为成交金额。

（5）应税合同、产权转移书据未列明金额的，印花税的计税依据按照实际结算的金额确定。计税依据按照前款规定仍不能确定计税依据的，按照书立合同或产权转移书据时的市场价格确定；依法应当执行政府定价或者政府指导价的，按照国家有关规定确定。

（6）证券交易无转让价格的，按照办理过户登记手续时该证券前一个交易日收盘价计算确定计税依据；无收盘价的，按照证券面值计算确定计税依据。

（二）计税依据的具体情形

（1）同一应税合同、应税产权转移书据中涉及两方以上纳税人，且未列明纳税人各自涉及金额的，以纳税人平均分摊的应税凭证所列金额（不包括列明的增值税税款）确定计税依据。

（2）应税合同、应税产权转移书据所列的金额与实际结算金额不一致，不变更应税凭证所列金额的，以所列金额为计税依据；变更应税凭证所列金额的，以变更后的所列金额为计税依据。已缴纳印花税的应税凭证，变更后所列金额增加的，纳税人应当就增加部分的金额补缴印花税；变更后所列金额减少的，纳税人可以就减少部分的金额向税务机关申请退还或者抵缴印花税。

（3）纳税人因应税凭证列明的增值税税款计算错误导致应税凭证的计税依据减少或增加的，纳税人应当按规定调整应税凭证列明的增值税税款，重新确定应税凭证计税依据。已缴纳印花税的应税凭证，调整后计税依据增加的，纳税人应当就增加部分的金额补缴印花税；调整后计税依据减少的，纳税人可以就减少部分的金额向税务机关申请退还或抵缴印花税。

（4）纳税人转让股权的印花税计税依据，按照产权转移书据所列的金额（不包括列明的认缴后尚未实际出资权益部分）确定。

（5）应税凭证金额为人民币以外的货币的，应当按照凭证书立当日的人民币汇率中间价折合人民币确定计税依据。

（6）境内的货物多式联运，采用在起运地统一结算全程运费的，以全程运费作为运输合同的计税依据，由起运地运费结算双方缴纳印花税；采用分程结算运费的，以分程的运费作为计税依据，分别由办理运费结算的各方缴纳印花税。

六、税率

印花税的税率设计，遵守税负从轻、共同负担的原则。

印花税适用比例税率，取消了原权利证照和营业账簿适用的定额税率。各类合同及具有合同性质的凭证、产权转移书据、营业账簿、证券交易行为，均适用比例税率。

印花税税目税率表见表 10-1。

表 10-1　印花税税目税率表

税　目		税　率	备　注
书面合同	借款合同	借款金额的万分之零点五	指银行业金融机构、经国务院银行业监督管理机构批准设立的其他金融机构与借款人（不包括同业拆借）的借款合同
	融资租赁合同	租金的万分之零点五	
	买卖合同	价款的万分之三	指动产买卖合同（不包括个人书立的动产买卖合同）
	承揽合同	报酬的万分之三	含加工费和代垫的辅助材料金额之和
	建设工程合同	价款的万分之三	
	运输合同	运输费用的万分之三	指货运合同和多式联运合同（不包括管道运输合同）
	技术合同	价款、报酬或者使用费的万分之三	不包括专利权、专有技术使用权转让书据
	租赁合同	租金的千分之一	
	保管合同	保管费的千分之一	
	仓储合同	仓储费的千分之一	
	财产保险合同	保险费的千分之一	不包括再保险合同
产权转移书据	土地使用权出让书据	价款的万分之五	转让包括买卖（出售）、继承、赠与、互换、分割
	土地使用权、房屋等建筑物和构筑物所有权转让书据（不包括土地承包经营权和土地经营权转移）、	价款的万分之五	
	股权转让书据（不包括应缴纳证券交易印花税的）	价款的万分之五	
	商标专用权、著作权、专利权、专用技术使用权转让书据	价款的万分之三	
营业账簿		实收资本（股本）、资本公积合计金额的万分之二点五	
证券交易		成交金额的千分之一	

七、应纳税额的计算

纳税人发生书立应税合同、产权转移书据和设立营业账簿、进行证券交易情况的，印花税的应纳税额按照计税依据乘以适用税率计算。其应纳税额计算公式为

$$应纳税额 = 计税金额 \times 适用税率$$

（1）同一应税凭证载有两个以上税目事项并分别列明金额的，按照各自适用的税目税率分别计算应纳税额；未分别列明金额的，从高适用税率。

（2）同一应税凭证由两方以上当事人书立的，按照各自涉及的金额分别计算应纳税额。

（3）已缴纳印花税的营业账簿，以后年度记载的实收资本（股本）、资本公积合计金额比已缴纳印花税的实收资本（股本）、资本公积合计金额增加的，按照增加部分计算应纳税额。

（4）纳税人应当根据书立印花税应税合同、产权转移书据和营业账簿情况，填写《印花税税源明细表》，进行财产行为税综合申报。合同数量较多且属于同一税目的，可以合并汇总填写《印花税税源明细表》。

（5）经济活动中，纳税人书立合同、产权转移书据未列明金额，需要后续实际结算时才能确定金额的，纳税人应于书立应税合同、产权转移书据的首个纳税申报期申报应税合同、产权转移书据书立情况，在实际结算后下一个纳税申报期，以实际结算金额计算申报缴纳印花税。

例 10-3：纳税人甲按季申报缴纳印花税，2022 年第三季度书立买卖合同 5 份，合同所列价款（不包括列明的增值税税款）共计 100 万元，书立建筑工程合同 1 份，合同所列价款（不包括列明的增值税税款）共计 1 000 万元，书立产权转移书据 1 份，合同所列价款（不包括列明的增值税税款）共计 500 万元。该纳税人应在书立应税合同、产权转移书据时，填写《印花税税源明细表》，在 2022 年 10 月纳税申报期，进行财产行为税综合申报，具体如下：

纳税人甲 2022 年 10 月纳税申报期应缴纳印花税

$= 1\,000\,000 \times 0.3‰ + 10\,000\,000 \times 0.3‰ + 5\,000\,000 \times 0.5‰ = 5\,800$（元）

例 10-4：纳税人乙按季申报缴纳印花税，2022 年第三季度书立财产保险合同 100 万份，合同所列保险费（不包括列明的增值税税款）共计 100 000 万元。该纳税人应在书立应税合同时，填写《印花税税源明细表》，在 2022 年 10 月纳税申报期，进行财产行为税综合申报，具体如下：

纳税人乙 2022 年 10 月纳税申报期应缴纳印花税 $= 10\,000\,000\,000 \times 1‰ = 1\,000\,000$（元）

例 10-5：纳税人丙按季申报缴纳印花税，2022 年 8 月 25 日书立钢材买卖合同 1 份，合同列明了买卖钢材数量，并约定在实际交付钢材时，以交付当日市场报价确定成交价据以结算，2022 年 10 月 12 日按合同结算买卖钢材价款 100 万元，2023 年 3 月 7 日按合同结算买卖钢材价款 300 万元。该纳税人应在书立应税合同以及实际结算时，填写《印花税税源明细表》，分别在 2022 年 10 月、2023 年 1 月、2023 年 4 月纳税申报期，进行财产行为税综合申报，具体如下：

（1）纳税人丙 2022 年 10 月纳税申报期应缴纳印花税 $= 0 \times 0.3‰ = 0$（元）

（2）纳税人丙 2023 年 1 月纳税申报期应缴纳印花税 $= 1\,000\,000 \times 0.3‰ = 300$（元）

（3）纳税人丙 2023 年 4 月纳税申报期应缴纳印花税 $= 3\,000\,000 \times 0.3‰ = 900$（元）

八、税收优惠

下列凭证免征印花税：

（1）应税凭证的副本或者抄本。

（2）依照法律规定应当予以免税的外国驻华使馆、领事馆和国际组织驻华代表机构为获得馆舍书立的应税凭证。

（3）中国人民解放军、中国人民武装警察部队书立的应税凭证。

扩展阅读 10.4　《关于印花税法实施后有关优惠政策衔接问题的公告》财政部和国家税务总局公告 2022 年第 23 号

（4）农民、家庭农场、农民专业合作社、农村集体经济组织、村民委员会购买农业生产资料或者销售农产品书立的买卖合同和农业保险合同。

（5）无息或者贴息借款合同、国际金融组织向中国提供优惠贷款书立的借款合同。

（6）财产所有权人将财产赠与政府、学校、社会福利机构、慈善组织书立的产权转移书据。

（7）非营利医疗卫生机构采购药品或者卫生材料书立的买卖合同。

（8）个人与电子商务经营者订立的电子订单。

（9）2027 年 12 月 31 日前，对金融机构与小型企业、微型企业签订的借款合同免征印花税。

根据国民经济和社会发展的需要，国务院对居民住房需求保障、企业改制重组、破产、支持小型微型企业发展等情形可以规定减征或者免征印花税，报全国人民代表大会常务委员会备案。

九、征收管理

（一）印花税的缴纳方式

印花税根据税额大小、贴花次数及税收征收管理的需要，可以采用自行购买粘贴印花税票或者由税务机关依法开具其他完税凭证的方式缴纳。

1. 自行贴花方式

自行贴花方式一般适用于应税凭证较少或者贴花次数较少的纳税人，由纳税人根据税法规定自行计算应纳税额，自行购买印花税票，自行一次贴足印花税票并由纳税人在每枚税票的骑缝处盖戳注销或者划销。这就是通常所说的"三自"纳税方法。对已贴花的凭证，修改后所载金额增加的，其增加部分应当补贴印花税票。凡多贴印花税票者，不得申请退税或者抵用。

2. 综合申报汇缴方式

如果应纳税额较大或者贴花次数频繁的纳税人，可以采取汇缴办法。纳税人应当根据书立印花税应税合同、产权转移书据和营业账簿情况，填写《印花税税源明细表》，进行财产行为税综合申报。合同数量较多且属于同一税目的，可以合并汇总填写《印花税税源明细表》。

3. 核定征收印花税

根据《税收征收管理法》第 35 条规定和印花税的税源特征，为加强印花税征收管理，纳税人有下列情形的，地方税务机关可以核定纳税人印花税计税依据：

（1）未按规定建立印花税应税凭证登记簿，或未如实登记和完整保存应税凭证的；

（2）拒不提供应税凭证或不如实提供应税凭证，致使计税依据明显偏低的；

（3）采用按期汇总缴纳办法的，未按规定缴纳和申报的。

税务机关核定征收印花税，应根据纳税人的实际生产经营收入，参考纳税人各期印花税纳税情况及同行业合同签订情况，确定科学合理的数额或比例作为纳税人印花税计税依据。

（二）纳税时间

（1）印花税的纳税义务发生时间为纳税人书立应税凭证或者完成证券交易的当日。证券交易印花税扣缴义务发生时间为证券交易完成的当日。

（2）印花税按季、按年或者按次计征。实行按季、按年计征的，纳税人应当自季度、年度终了之日起 15 日内申报缴纳税款；实行按次计征的，纳税人应当自纳税义务发生之日起 15 日内申报缴纳税款。

（3）证券交易印花税按周解缴。证券交易印花税扣缴义务人应当自每周终了之日起 5 日内申报解缴税款及银行结算的利息。

（三）纳税地点

纳税人为单位的，应当向其机构所在地的主管税务机关申报缴纳印花税；纳税人为个人的，应当向应税凭证书立地或者纳税人居住地的主管税务机关申报缴纳印花税。

不动产产权发生转移的，纳税人应当向不动产所在地的主管税务机关申报缴纳印花税。

第三节　烟　叶　税

一、烟叶税的概念

烟叶税是对在中华人民共和国境内，依照《中华人民共和国烟草专卖法》的规定收购烟叶的单位为烟叶税的纳税人，纳税人应当依照规定缴纳烟叶税。现行烟叶税的基本法律规范，是 2017 年 12 月 27 日第十二届全国人民代表大会常务委员会第 31 次会议通过的《中华人民共和国烟叶税法》。2022 年度，我国实现烟叶税收入 133 亿元，占当年全部税收收入的 0.079%。

二、烟叶税的历史背景

烟叶作为一种特殊产品，国家历来对其实行专卖政策，与之相适应，对烟叶也一直征收较高的税收和实行比较严格的税收管理。1994 年，税制改革后对烟叶征收农业特产税，与对卷烟等烟草制品征收的增值税、消费税一起，构成对烟叶和烟草制品完整的税收调控体系。为减轻农民负担，2005 年 12 月 29 日，第十届全国人大常委会第 19 次会议决定废止《农业税条例》。农业特产税依据《农业税条例》开征，农业税取消以后，对烟叶特产征收农业税也失去了法律依据。但是，停止征收烟叶特产农业税，将会产生一些新的问题：

①由于原烟叶特产农业税收入是全部划归县乡财政的，停止征收烟叶特产农业税在一定程度上会加剧烟叶产区地方财政特别是县乡财政的困难。②我国的烟叶产区多数集中在西部和边远地区，农业基础薄弱，经济结构和财源比较单一，停止征收烟叶特产农业税对当地经济的培育和公共事业的发展不利。③停止征收烟叶特产农业税，会影响地方政府引导和发展烟叶种植的积极性，对于卷烟工业的持续稳定发展也是不利的。

在研究过程中，财政部、国家税务总局曾考虑过三种解决方式：一是在消费税税目中增加"烟叶"子税目，这样做对地方收入和烟叶生产均无大的影响，但会改变现行消费税属于中央收入的财政分配体制；二是适当提高卷烟消费税税率，然后由中央财政通过转移支付对地方财政进行弥补，好处是税制变动小，地方收入基本上可以得到弥补，但需要由中央政府向地方逐级返还收入，时间相对滞后，容易割断地方政府与烟草种植的经济互动关系，影响烟叶生产，地方财政也无法及时得到保证；三是开征烟叶税，在纳税人、征税环节、税率和收入归属等主要方面基本参照原烟叶特产农业税的规定。

以上三种方式中，只有以开征烟叶税的方式对现行税收制度、财政体制和对地方财政、烟草行业等各方面的影响最小，操作也简单，有利于改革的平稳过渡，也有利于通过税收手段对烟叶种植和收购及烟草行业的生产和经营实施必要的宏观调控。基于以上情况，国务院决定开征烟叶税取代原烟叶特产农业税。

三、纳税义务人与征税范围

在中华人民共和国境内，依照《中华人民共和国烟草专卖法》的规定收购烟叶的单位为烟叶税的纳税义务人。

烟叶税的纳税对象是指晾晒烟叶、烤烟叶。

四、计税依据、税率及应纳税额的计算

（一）计税依据

烟叶税计税依据为纳税人收购烟叶实际支付的价款总额，包括纳税人支付给烟叶生产销售单位和个人的烟叶收购价款和价外补贴。其中，价外补贴是指烟草公司补贴给烟农的种子、化肥、农药和搭建晾烟棚等的支出，统一按烟叶收购价款的10%计算。收购金额计算公式如下

$$实际支付价款 = 收购价款 \times (1 + 10\%)$$

（二）税率

烟叶税实行20%的比例税率。烟叶税实行全国统一的税率，主要是考虑烟叶属于特殊的专卖品，其税率不宜存在地区间的差异，否则会形成各地之间的不公平竞争，不利于烟叶种植的统一规划和烟叶市场、烟叶收购价格的统一。

（三）应纳税额的计算

烟叶税的应纳税额按照纳税人收购烟叶实际支付的价款总额和规定的税率计算。应纳税额的计算公式为

$$应纳税额＝实际支付价款×税率$$

例 10-6：某烟草公司为增值税一般纳税人，202×年 9 月收购一批烟叶 12 000 千克，收购单价 15 元/千克，支付货款 180 000 元。请计算该公司当月应缴纳的烟叶税金额。

$$应缴纳烟叶税＝180 000×（1＋10%）×20%＝39 600（元）$$

五、征收管理

烟叶税的纳税义务发生时间为纳税人收购烟叶的当日。收购烟叶的当日，是指纳税人向烟叶销售者付讫收购烟叶款项或者开具收购烟叶凭据的当天。

烟叶税按月计征，纳税人应当于纳税义务发生月终了之日起 15 日内申报并缴纳税款。

纳税人应当向烟叶收购地的主管税务机关申报缴纳烟叶税。

第四节　环境保护税

一、环境保护税概述

环境保护税是对在我国领域以及管辖的其他海域，直接向环境排放应税污染物的企事业单位和其他生产经营者征收的一种税，其立法目的是保护和改善生态环境、减少污染物排放、推进生态文明建设。

环境保护税法，是国家制定的调整环境保护税征收与缴纳相关权利义务关系的法律规范。现行环境保护税法的基本规范，是 2016 年 12 月 25 日第十二届全国人民代表大会常务委员会第 25 次会议通过，2018 年 10 月 26 日第十三届全国人民代表大会常务委员会第 6 次会议修正的《中华人民共和国环境保护税法》（以下简称《环境保护税法》），以及 2017 年由国务院令第 693 号发布的《环境保护税法实施条例》。《环境保护税法》于 2018 年 1 月 1 日起正式实施。2022 年度，我国实现环境保护税收入 211 亿元，占当年全部税收收入的 0.126%。

扩展阅读 10.5　《环境保护税法实施条例》国务院令第 693 号

环境保护税的立法渊源是排污费制度，根据党的十八届三中全会要求"推动环境保护费改税"，基本平移了原排污费的制度框架，但解决了原排污费制度存在的执法刚性不足的问题。环境保护税属地方税，有利于促进各地保护和改善环境。它采用"企业申报，税务征收，环保协同，信息共享"的征管方式，税务机关负责征收管理，环境保护主管部门负责对污染物监测管理，征收高度依赖税务和环保部门的配合和协作。

二、纳税义务人

环境保护税的纳税人，是在中华人民共和国领域和中华人民共和国管辖的其他海域，直接向环境排放应税污染物的企事业单位和其他生产经营者（图 10-1）。

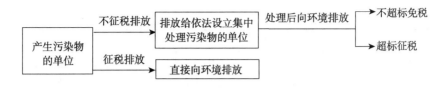

图 10-1 环境保护税纳税人示意图

应税污染物，是指《环境保护税法》所附《环境保护税税目税额表》《应税污染物和当量值表》规定的大气污染物、水污染物、固体废物和噪声。

依法设立的城乡污水集中处理、生活垃圾集中处理场所超过国家和地方规定的排放标准向环境排放应税污染物的，应当缴纳环境保护税。

企业事业单位和其他生产经营者储存或者处置固体废物不符合国家和地方环境保护标准的，应当缴纳环境保护税。

有下列情形之一的，不属于直接向环境排放污染物，不缴纳相应污染物的环境保护税：

（1）企业事业单位和其他生产经营者向依法设立的污水集中处理、生活垃圾集中处理场所排放应税污染物的。

（2）企业事业单位和其他生产经营者在符合国家和地方环境保护标准的设施、场所储存或者处置固体废物的。

（3）达到省级人民政府确定的规模标准并且有污染物排放口的畜禽养殖场，应当依法缴纳环境保护税；依法对畜禽养殖废弃物进行综合利用和无害化处理的，不属于直接向环境排放污染物，不缴纳环境保护税。

三、税目与税率

环境保护税的税目、税额，依照《环境保护税法》所附《环境保护税税目税额表》执行。应税大气污染物和水污染物的具体适用税额的确定和调整，由省、自治区、直辖市人民政府统筹考虑本地区环境承载能力、污染物排放现状和经济社会生态发展目标要求，在《环境保护税税目税额表》规定的税额幅度内提出，报同级人民代表大会常务委员会决定，并报全国人民代表大会常务委员会和国务院备案（表 10-2）。

表 10-2 环境保护税税目税额表

税 目		计税单位	税 额	备 注
大气污染物		每污染当量	1.2 元至 12 元	
水污染物		每污染当量	1.4 元至 14 元	
固体废物	煤矸石	每吨	5 元	
	尾矿	每吨	15 元	
	危险废物	每吨	1000 元	
	冶炼渣、粉煤灰、炉渣、其他固体废物（含半固态、液态废物）	每吨	25 元	

续表

税　目		计税单位	税　额	备　注
噪声污染	工业噪声	超标1～3分贝	每月350元	1. 一个单位边界上有多处噪声超标，根据最高一处超标声级计算应纳税额；当沿边界长度超过100米有两处以上噪声超标，按照两个单位计算应纳税额 2. 一个单位有不同地点作业场所的，应当分别计算应纳税额，合并计征 3. 昼、夜均超标的环境噪声，昼、夜分别计算应纳税额，累计计征 4. 声源一个月内超标不足15天的，减半计算应纳税额 5. 夜间频繁突发和夜间偶然突发厂界超标噪声，按等效声级和峰值噪声两种指标中超标分贝值高的一项计算应纳税额
		超标4～6分贝	每月700元	
		超标7～9分贝	每月1 400元	
		超标10～12分贝	每月2 800元	
		超标13～15分贝	每月5 600元	
		超标16分贝以上	每月11 200元	

四、计税依据

（一）计税依据确定的基本方法

应税污染物的计税依据，按照下列方法确定：①应税大气污染物按照污染物排放量折合的污染当量数确定；②应税水污染物按照污染物排放量折合的污染当量数确定；③应税固体废物按照固体废物的排放量确定；④应税噪声按照超过国家规定标准的分贝数确定。

1. 应税大气污染物、水污染物的污染当量数，以该污染物的排放量除以该污染物的污染当量值计算

应税大气污染物、水污染物的污染当量数＝该污染物的排放量÷该污染物的污染当量值

污染当量，是指根据污染物或者污染排放活动对环境的有害程度及处理的技术经济性，衡量不同污染物对环境污染的综合性指标或者计量单位。同一介质相同污染当量的不同污染物，其污染程度基本相当。以水污染物为例，将排放1千克的化学需氧量所造成的环境危害作为基准，设定为1个污染当量，将排放其他水污染物造成的环境危害与其进行比较，设定相当的量值。比如，氨氮的污染当量值为0.8千克，表示排放0.8千克的氨氮与排放1千克的化学需氧量的环境危害基本相等。每种应税大气污染物、水污染物的具体污染当量值，依照《应税污染物和当量值表》执行。

每一排放口或者没有排放口的应税大气污染物，按照污染当量数从大到小排序，对前3项污染物征收环境保护税。

每一排放口的应税水污染物，按照《应税污染物和当量值表》，区分第一类水污染物和其他类水污染物，按照污染当量数从大到小排序，对第一类水污染物按照前5项征收环境保护税，对其他类水污染物按照前3项征收环境保护税。

省、自治区、直辖市人民政府根据本地区污染物减排的特殊需要，可以增加同一排放

口征收环境保护税的应税污染物项目数，报同级人民代表大会常务委员会决定，并报全国人民代表大会常务委员会和国务院备案。

纳税人有下列情形之一的，以其当期应税大气污染物、水污染物的产生量作为污染物的排放量：

（1）未依法安装使用污染物自动监测设备或者未将污染物自动监测设备与环境保护主管部门的监控设备联网。

（2）损毁或者擅自移动、改变污染物自动监测设备。

（3）篡改、伪造污染物监测数据。

（4）通过暗管、渗井、渗坑、灌注或者稀释排放以及不正常运行防治污染设施等方式违法排放应税污染物。

（5）进行虚假纳税申报。

2. 应税固体废物的计税依据，按照固体废物的排放量确定

固体废物的排放量为当期应税固体废物的产生量减去当期应税固体废物的储存量、处置量、综合利用量的余额。固体废物的储存量、处置量，是指在符合国家和地方环境保护标准的设施、场所储存或者处置的固体废物数量；固体废物的综合利用量，是指按照国务院发展改革、工业和信息化主管部门关于资源综合利用要求以及国家和地方环境保护标准进行综合利用的固体废物数量。

纳税人有下列情形之一的，以其当期应税固体废物的产生量作为固体废物的排放量：

（1）非法倾倒应税固体废物。

（2）进行虚假纳税申报。

3. 应税噪声按照超过国家规定标准的分贝数确定计税依据

工业噪声按照超过国家规定标准的分贝数确定每月税额。超过国家规定的分贝数是指实际产生的工业噪声与国家规定的工业噪声排放标准限值之间的差值。

（二）应税大气污染物、水污染物、固体废物的排放量和噪声分贝数的确定方法

应税大气污染物、水污染物、固体废物的排放量和噪声的分贝数，按照下列方法和顺序计算：

（1）纳税人安装使用符合国家规定和监测规范的污染物自动监测设备的，按照污染物自动监测数据计算。

（2）纳税人未安装使用污染物自动监测设备的，按照监测机构出具的符合国家有关规定和监测规范的监测数据计算。

（3）因排放污染物种类多等原因不具备监测条件的，按照国务院生态环境主管部门规定的排污系数、物料衡算方法计算。

（4）不能按照上述第1项至第3项规定的方法计算的，按照省、自治区、直辖市人民政府生态环境主管部门规定的抽样测算的方法核定计算。

五、应纳税额的计算

（一）应税大气污染物应纳税额的计算

应税大气污染物的应纳税额为污染当量数乘以具体适用税额。计算公式为

$$大气污染物的应纳税额 = 污染当量数 \times 适用税额$$

$$应税大气污染物的污染当量数 = 该污染物的排放量 \div 该污染物的污染当量值$$

例 10-7：某企业 202× 年 5 月直接向大气排放二氧化硫、氟化物各 110 千克，氯化氢 150 千克，一氧化碳 280 千克。假定当地大气污染物每污染当量税额为 1.5 元；二氧化硫、氟化物、一氧化碳和氯化氢的污染当量值分别为 0.95、0.87、16.7、10.75（单位：千克）；该企业只有一个排放口。请计算该企业当月应纳环境保护税额。

（1）先计算各污染物的污染当量数：

二氧化硫污染当量数 = 110 ÷ 0.95 = 115.79

氟化物污染当量数 = 110 ÷ 0.87 = 126.44

氯化氢污染当量数 = 150 ÷ 10.75 = 13.95

一氧化碳污染当量数 = 280 ÷ 16.7 = 16.77

（2）按污染当量数给 4 项污染物排序，对大气污染物确定排序前 3 项的污染物。

氟化物污染当量数（126.44）>二氧化硫污染当量数（115.79）>一氧化碳污染当量数（16.77）>氯化氢污染当量数（13.95）

由于该企业只有一个排放口，故排序选取计税的前 3 项污染物为氟化物、二氧化硫和一氧化碳。

（3）应税大气污染物应纳税额 =（126.44 + 115.79 + 16.77）×1.5 = 388.50（元）。

（二）应税水污染物应纳税额的计算

1. 适用监测数据法的水污染物应纳税额的计算

适用监测数据法的水污染物（包括第一类水污染物和第二类水污染物）的应纳税额为污染当量数乘以具体适用税额。计算公式为

$$水污染物的应纳税额 = 污染当量数 \times 适用税额$$

$$应税水污染物的污染当量数 = 该污染物的排放量 \div 该污染物的污染当量值$$

例 10-8：某化工厂是环境保护税的纳税人，该厂仅有一个排污口直接向河流排放污水。环保部门安装使用的污染物自动监测设备监测数据显示，202× 年 6 月该厂共排放污水 7 万吨（折合 7 万立方米），应税污染物为六价铬，浓度为 0.5 毫克/升。已知该厂所在省的水污染物税率为 5 元/污染当量，六价铬的污染当量值为 0.02 千克，请计算该厂 2 月应纳税额。

（1）先计算六价铬污染物的污染当量数：

六价铬的污染排放量 = 污染排放总量 × 浓度值 ÷ 当量值 = 70 000 000 × 0.5 ÷

$$1\ 000\ 000 \div 0.02 = 1\ 750$$

（2）应税水污染物应纳税额 = 1 750 × 5 = 8 750（元）

2. 适用抽样测算法的水污染物应纳税额的计算

例 10-9：某养殖场 202×年养殖奶牛存栏量为 800 头，污染当量值为 0.1 头。已知当地水污染物适用税额为每污染当量 2 元，当月应纳税环境保护税计算如下

$$水污染当量数 = 800 \div 0.1 = 8\,000$$

$$应税水污染物应纳税额 = 8\,000 \times 2 = 16\,000（元）$$

（三）应税固体废物应纳税额的计算

应税固体废物的应纳税额为固体废物排放量乘以具体适用税额。计算公式为

$$固体废物的应纳税额 =（当期固体废物的产生量 - 当期固体废物的综合利用量 -$$
$$当期固体废物的储存量 - 当期固体废物的处置量）\times 适用税额$$

例 10-10：某煤矿开采企业 202×年 7 月产生煤矸石 500 吨，其中符合国家规定的综合利用尾矿 150 吨，在符合国家和地方环境保护标准的设施内储存量为 100 吨。计算该矿当月煤矸石应纳税额过程如下

$$固体废物的应纳税额 =（500 - 150 - 100）\times 5 = 1\,250（元）$$

（四）应税噪声应纳税额的计算

应税噪声的应纳税额为超过国家规定标准的分贝数对应的具体适用税额。

例 10-11：某金属制品公司只有一个生产场所，边界处声环境功能区为 1 类，公司只在昼间生产，生产时产生的噪声为 70 分贝，《工业企业厂界环境噪声排放标准》规定的 1 类功能区昼间噪声排放限值为 55 分贝。该公司声源一个月内超标 14 天，计算该公司应纳环境保护税税额过程如下：

超标分贝数 = 70 - 55 = 15（分贝），因声源一个月内超标天数未达 15 天，按每月 5 600 元税额标准减半征收为 2 800 元。

六、税收减免

（一）暂予免征项目

下列情形，暂予免征环境保护税。

（1）农业生产（不包括规模化养殖）排放应税污染物的。

（2）机动车、铁路机车、非道路移动机械、船舶和航空器等流动污染源排放应税污染物的。

（3）依法设立的城乡污水集中处理、生活垃圾集中处理场所排放相应应税污染物，不超过国家和地方规定的排放标准的。

（4）纳税人综合利用的固体废物，符合国家和地方环境保护标准的。

（5）国务院批准免税的其他情形。

（二）减征税额项目

（1）纳税人排放应税大气污染物或者水污染物的浓度值低于国家和地方规定的污染物排放标准 30% 的，减按 75% 征收环境保护税。

（2）纳税人排放应税大气污染物或者水污染物的浓度值低于国家和地方规定的污染物排放标准 50%的，减按 50%征收环境保护税。

七、征收管理

（一）征管方式

环境保护税采用"企业申报，税务征收，环保协同，信息共享"的征管方式，税务机关负责征收管理，环境保护主管部门负责对污染物监测管理。

（1）环境保护税由税务机关依照《中华人民共和国税收征收管理法》和《环境保护税法》的有关规定征收管理。税务机关应当将纳税人的纳税申报、税款入库、减免税额、欠缴税款以及风险疑点等环境保护税涉税信息，定期交送生态环境主管部门。

（2）生态环境主管部门依照《环境保护税法》和有关环境保护法律法规的规定负责对污染物的监测管理。生态环境主管部门应当将排污单位的排污许可、污染物排放数据、环境违法和受行政处罚情况等环境保护相关信息，定期交送税务机关。

（3）县级以上地方人民政府应当建立税务机关、生态环境主管部门和其他相关单位分工协作工作机制，加强环境保护税征收管理，保障税款及时足额入库。

（4）生态环境主管部门和税务机关应当建立涉税信息共享平台和工作配合机制。税务机关应当将纳税人的纳税申报数据资料与生态环境主管部门交送的相关数据资料进行比对。税务机关发现纳税人的纳税申报数据资料异常或者纳税人未按照规定期限办理纳税申报的，可以提请生态环境主管部门进行复核，生态环境主管部门应当自收到税务机关的数据资料之日起 15 日内向税务机关出具复核意见。税务机关应当按照生态环境主管部门复核的数据资料调整纳税人的应纳税额。

（二）纳税义务发生时间

环境保护税的纳税义务发生时间为纳税人排放应税污染物的当日。

（三）纳税地点

纳税人应当向应税污染物排放地的税务机关申报缴纳环境保护税。

环境保护税按月计算，按季申报缴纳。不能按固定期限计算缴纳的，可以按次申报缴纳。纳税人按季申报缴纳的，应当自季度终了之日起 15 日内，向税务机关办理纳税申报并缴纳税款。纳税人按次申报缴纳的，应当自纳税义务发生之日起 15 日内，向税务机关办理纳税申报并缴纳税款。

纳税人应当依法如实办理纳税申报，对申报的真实性和完整性承担责任。

练习题

一、复习思考题

1. 什么是印花税？印花税有什么特点？
2. 印花税的征税范围是什么？

3. 印花税的票面金额有哪几种？当印花税应纳税额太大（超过 500 元）时如何处理？

4. 实收资本、资本公积账簿与其他账簿的计税依据有何不同？

5. 印花税的纳税方法有哪几种形式？

6. 车辆购置税的纳税人及征税范围是什么？

7. 烟叶税的制定背景是什么？制定烟叶税有什么意义？

二、综合计算题

1. 某外贸进出口 A 公司、2023 年 3 月发生如下经济业务：

（1）从某汽车制造 B 公司购进 11 辆国产小汽车，取得的发票注明不含税价 100 000 元/辆；其中 3 辆作为本公司自用业务车，其余 8 辆用于出口，出口离岸价 150 000 元/辆。

（2）进口货车 4 辆自用，关税完税价格折合人民币共计 160 000 元，缴纳关税 32 000 元、增值税 24 960 元。

要求：根据上述资料，回答下列问题。

（1）计算 A 公司第 1 笔业务应纳的车辆购置税。

（2）计算 A 公司第 2 笔业务应纳的车辆购置税。

2. 甲企业于 2022 年 9 月领取了工商营业执照，新启用的资金账簿记载实收资本 1 650 万元，新启用其他营业账簿 10 本，当年发生的经济业务如下：

（1）10 月与乙企业签订货物运输保管合同，合同记载运费 11 万元、保管费 9 万元。

（2）11 月初将一间门面房租给某商户，签订租赁合同，租期一年，合同记载年租金 16 万元（不含增值税，下同)，本年内取得租金收入 4 万元。

（3）12 月以一栋房产作为抵押，取得银行抵押贷款 60 万，并签订抵押贷款合同，年底由于资金周转困难，按合同约定将价值 70 万元的房产产权转移给银行，并依法签订产权转移书据。

（其他相关资料：运输合同的印花税税率为 0.3‰，租赁合同、保管合同的印花税税率为 1‰，借款合同的印花税税率为 0.05‰，房屋所有权转让书据的印花税税率为 0.5‰，营业账簿的印花税税率为 0.25‰）

要求：根据上述资料，回答下列问题。

（1）当年甲企业营业账簿应缴纳的印花税。

（2）当年甲企业签订货物运输保管合同应缴纳的印花税。

（3）当年甲企业签订租赁合同应缴纳的印花税。

（4）当年甲企业业务（3）应缴纳的印花税。

即测即练

第十一章

税收征收管理法

【学习目标】

本章要求重点掌握税务登记时限、账簿凭证设置的要求、开具发票的要求、税款征收环节、税收保全措施与税收强制措施各自的形式与适用条件；一般掌握税务检查与稽查的类型、程序；理解发票的印制、税款多退少补、滞纳金规定、逃税、抗税等妨碍税款征收行为的界定与处罚规定、纳税信用管理和重大税收违法失信主体信息公布管理制度；了解违反税收征收管理的相关法律责任等内容。

第一节　税收征收管理法概述

一、税收征收管理的基本法律规范

税收征收管理法是有关税收征收管理法律规范的总称，包括税收征收管理法及税收征收管理的有关法律、法规和规章。《中华人民共和国税收征收管理法》（以下简称《税收征收管理法》）于 1992 年 9 月 4 日由第七届全国人民代表大会常务委员会第 27 次会议通过，自 1993 年 1 月 1 日起施行。全国人民代表大会常务委员会分别于 1995 年、2001 年、2013 年和 2015 年进行过 4 次修正或修订。2002 年 9 月 7 日，国务院令第 362 号公布《税收征收管理法实施细则》（以下简称《税收征收管理法实施细则》），分别于 2013 年 1 月、2013 年 7 月和 2016 年 2 月进行过 3 次修正。

二、税收征收管理法的立法目的

《税收征收管理法》第 1 条规定："为了加强税收征收管理，规范税收征收和缴纳行为，保障国家税收收入，保护纳税人的合法权益，促进经济和社会发展，制定本法。"这是对《税收征收管理法》立法目的的高度概括。

扩展阅读 11.1　《税收征收管理法实施细则》国务院令第 362 号

三、税收征收管理法的适用范围

《税收征收管理法》第 2 条规定："凡依法由税务机关征收的各种税收的征收管理，均适用本法。"

国务院税务主管部门主管全国税收征收管理工作。各地税务局应当按照国务院规定的税收征收管理范围分别进行征收管理。地方各级人民政府应当依法加强对本行政区域内税收征收管理工作的领导或者协调，支持税务机关依法执行职务，依照法定税率计算税额，依法征收税款。

我国的税收征收机关有税务部门和海关部门，税务部门征收各种工商税收，海关征收关税及代征进口货物的增值税、消费税。《税收征收管理法》只适用由税务部门征收的各种税收的征收管理。海关征收关税及代征进口货物的增值税、消费税，适用其他法律、法规的规定。

另外应注意，目前还有一部分费由税务机关征收，如教育费附加及部分地区社会保险费由税务机关征收，这些费不适用《税收征收管理法》，不能采取《税收征收管理法》规定的措施，其具体管理办法由各种费的条例和规章决定。

第二节 税务登记管理

税务登记又称纳税登记，是税务机关对纳税人的生产、经营活动进行登记并据此对纳税人实施税务管理的一种法定制度。及时办理税务登记是纳税人的法定义务，也是税务机关切实控制税源和对纳税人进行账簿、凭证管理、税款征收、税务检查与稽查等的基础和依据。

一、税务登记的内容

根据税法的规定，凡有法律、行政法规规定的应税收入、应税财产或者应税行为的纳税人，应当向税务机关办理税务登记；凡法律、行政法规规定负有代扣代缴、代收代缴税款义务的扣缴义务人，应当向税务机关办理扣缴税款登记。

税务登记一般分为设立税务登记，变更税务登记，停业、复业登记和注销税务登记四种类型，其登记内容和程序各不相同。

（一）设立税务登记

企业，企业在外地设立的分支机构和从事生产、经营的场所，个体工商户和从事生产、经营的事业单位（以下统称从事生产、经营的纳税人），向生产、经营所在地税务机关申报办理税务登记。

（1）从事生产、经营的纳税人领取工商营业执照的，应当自领取工商营业执照之日起30日内申报办理税务登记，税务机关发放税务登记证及副本。

（2）从事生产、经营的纳税人未办理工商营业执照但经有关部门批准设立的，应当自有关部门批准设立之日起30日内申报办理税务登记，税务机关发放税务登记证及副本。

（3）从事生产、经营的纳税人未办理工商营业执照也未经有关部门批准设立的，应当自纳税义务发生之日起30日内申报办理税务登记，税务机关发放临时税务登记证及副本。

（4）有独立的生产经营权、在财务上独立核算并定期向发包人或者出租人上交承包费或租金的承包承租人，应当自承包承租合同签订之日起30日内，向其承包承租业务发生地税务机关申报办理税务登记，税务机关发放临时税务登记证及副本。

（5）境外企业在中国境内承包建筑、安装、装配、勘探工程和提供劳务的，应当自项目合同或协议签订之日起 30 日内，向项目所在地税务机关申报办理税务登记，税务机关发放临时税务登记证及副本。

纳税人在申报办理税务登记时，应当根据不同情况向税务机关如实提供以下证件和资料：①工商营业执照或其他核准执业证件；②有关合同、章程、协议书；③组织机构统一代码证书；④法定代表人或负责人或业主的居民身份证、护照或者其他合法证件。

纳税人在申报办理税务登记时，应当如实填写《税务登记表》。税务登记表的主要内容包括：①单位名称、法定代表人或者业主姓名及其居民身份证、护照或者其他合法证件的号码；②住所、经营地点；③登记类型；④核算方式；⑤生产经营方式；⑥生产经营范围；⑦注册资金（资本）、投资总额；⑧生产经营期限；⑨财务负责人、联系电话；⑩国家税务总局确定的其他有关事项。

（二）变更税务登记

纳税人税务登记内容发生变化的，应当向原税务登记机关申报办理变更税务登记。

这里分为两种情况：

一是纳税人已在工商行政管理机关办理变更登记的，应当自工商行政管理机关变更登记之日起 30 日内，向原税务登记机关如实提供相关证件、资料，申报办理变更税务登记。

二是纳税人按照规定不需要在工商行政管理机关办理变更登记，或者其变更登记的内容与工商登记内容无关的，应当自税务登记内容实际发生变化之日起 30 日内，或者自有关机关批准或者宣布变更之日起 30 日内，持相关证件到原税务登记机关申报办理变更税务登记。

（三）停业、复业登记

（1）实行定期定额征收方式的个体工商户需要停业的，应当在停业前向税务机关申报办理停业登记。纳税人的停业期限不得超过一年。

（2）纳税人在申报办理停业登记时，应如实填写《停业复业报告书》，说明停业理由、停业期限、停业前的纳税情况和发票的领、用、存情况，并结清应纳税款、滞纳金、罚款。税务机关应收存其税务登记证件及副本、发票领购簿、未使用完的发票和其他税务证件。

（3）纳税人在停业期间发生纳税义务的，应当按照税收法律、行政法规的规定申报缴纳税款。

（4）纳税人应当于恢复生产经营之前，向税务机关申报办理复业登记，如实填写《停业复业报告书》，领回并启用税务登记证件、发票领购簿及其停业前领购的发票。

（5）纳税人停业期满不能及时恢复生产经营的，应当在停业期满前到税务机关办理延长停业登记，并如实填写《停业复业报告书》。

（四）注销税务登记

（1）纳税人发生解散、破产、撤销以及其他情形，依法终止纳税义务的，应当在向工商行政管理机关或者其他机关办理注销登记前，持有关证件和资料向原税务登记机关申报办理注销税务登记；按规定不需要在工商行政管理机关或者其他机关办理注册登记的，应当自有关机关批准或者宣告终止之日起 15 日内，持有关证件和资料向原税务登记机关申报办理注销税务登记。

纳税人被工商行政管理机关吊销营业执照或者被其他机关予以撤销登记的，应当自营业执照被吊销或者被撤销登记之日起 15 日内，向原税务登记机关申报办理注销税务登记。

（2）纳税人因住所、经营地点变动，涉及改变税务登记机关的，应当在向工商行政管理机关或者其他机关申请办理变更、注销登记前，或者住所、经营地点变动前，持有关证件和资料，向原税务登记机关申报办理注销税务登记，并自注销税务登记之日起 30 日内向迁达地税务机关申报办理税务登记。

（3）境外企业在中国境内承包建筑、安装、装配、勘探工程和提供劳务的，应当在项目完工、离开中国前 15 日内，持有关证件和资料，向原税务登记机关申报办理注销税务登记。

（4）纳税人办理注销税务登记前，应当向税务机关提交相关证明文件和资料，结清应纳税款、多退（免）税款、滞纳金和罚款，缴销发票、税务登记证件和其他税务证件，经税务机关核准后，办理注销税务登记手续。

二、非正常户处理

（1）已办理税务登记的纳税人未按照规定的期限申报纳税，在税务机关责令其限期改正后，逾期不改正的，税务机关应当派员实地检查，查无下落并且无法强制其履行纳税义务的，由检查人员制作非正常户认定书，存入纳税人档案，税务机关暂停其税务登记证件、发票领购簿和发票的使用。

（2）纳税人被列入非正常户超过 3 个月的，税务机关可以宣布其税务登记证件失效，其应纳税款的追征仍按《税收征收管理法》及其《实施细则》的规定执行。

三、税务登记证件的使用和管理

（一）税务登记证件的使用

除按照规定不需要发给税务登记证件的外，纳税人办理下列事项时，必须持税务登记证件：①开立银行账户；②申请减税、免税、退税；③申请办理延期申报、延期缴纳税款；④领购发票；⑤申请开具外出经营活动税收管理证明；⑥办理停业、歇业；⑦其他有关税务事项。

（二）税务登记证件的管理

（1）税务机关对税务登记证件实行定期验证和换证制度。纳税人应当在规定的期限内持有关证件到主管税务机关办理验证或者换证手续。税务机关应当加强税务登记证件的管理，采取实地调查、上门验证等方法进行税务登记证件的管理。

（2）纳税人应当将税务登记证件正本在其生产、经营场所或者办公场所公开悬挂，接受税务机关检查。纳税人遗失税务登记证件的，应当在 15 日内书面报告主管税务机关，并登报声明作废。

（3）从事生产、经营的纳税人到外县（市）临时从事生产、经营活动的，应当在外出生产经营以前，持税务登记证副本和所在地税务机关填开的《外出经营活动税收管理证明》，向营业地税务机关报验登记，接受税务管理。从事生产、经营的纳税人外出经营，在同一地累计超过 180 天的，应当在营业地办理税务登记手续。

（4）纳税人、扣缴义务人遗失税务登记证件的，应当自遗失税务登记证件之日起 15 日内，书面报告主管税务机关，如实填写《税务登记证件遗失报告表》，并将纳税人的名称、税务登记证件名称、税务登记证件号码、税务登记证件有效期、发证机关名称在税务机关认可的报刊上作遗失声明，凭报刊上刊登的遗失声明到主管税务机关补办税务登记证件。

第三节 账簿、凭证管理与发票管理

账簿和凭证是纳税人全面、系统、连续记录其生产经营活动情况，组织会计核算的重要工具。纳税人的生产、经营业务情况，从最初庞大的原始凭证体系，到经过初步整理的记账凭证体系，再到系统记录的账簿体系，最后高度浓缩成会计报表体系。账簿和凭证也是税务机关对纳税人、扣缴义务人进行税务检查、确定课税基数和应纳税额的基本依据。

一、账簿、凭证管理

从事生产、经营的纳税人和扣缴义务人，除经税务机关批准可不设置账簿的以外，都必须根据税法的规定设置账簿。需设置的账簿具体包括总账、明细账、现金日记账、银行存款日记账及有关辅助账簿，其中总账、日记账应当采用订本式。同时，纳税人还必须按照会计法、税法的规定，取得、填制有关原始凭证和记账凭证。账簿、记账凭证、报表、完税凭证、发票、出口凭证以及其他有关涉税资料应当合法、真实、完整。

1. 纳税人、扣缴义务人按照有关法律、行政法规和国务院财政、税务主管部门的规定设置账簿，根据合法、有效凭证记账，进行核算

（1）从事生产、经营的纳税人应当自领取营业执照或者发生纳税义务之日起 15 日内，按照国家有关规定设置账簿。

（2）生产、经营规模小又确无建账能力的纳税人，可以聘请经批准从事会计代理记账业务的专业机构或者经税务机关认可的财会人员代为建账和办理账务；聘请上述机构或者人员有实际困难的，经县以上税务机关批准，可以按照税务机关的规定，建立收支凭证粘贴簿、进货销货登记簿或者使用税控装置。

2. 对会计核算和财务会计制度备案的要求

从事生产、经营的纳税人的财务、会计制度或者财务、会计处理办法和会计核算软件，应当报送税务机关备案。

（1）从事生产、经营的纳税人应当自领取税务登记证件之日起 15 日内，将其财务、会计制度或者财务、会计处理办法报送主管税务机关备案。

（2）纳税人使用计算机记账的，应当在使用前将会计电算化系统的会计核算软件、使用说明书及有关资料报送主管税务机关备案。纳税人建立的会计电算化系统应当符合国家有关规定，并能正确、完整核算其收入或者所得。

（3）扣缴义务人应当自税收法律、行政法规规定的扣缴义务发生之日起 10 日内，按照所代扣、代收的税种，分别设置代扣代缴、代收代缴税款账簿。

（4）纳税人、扣缴义务人会计制度健全，能够通过计算机正确、完整计算其收入和所得或者代扣代缴、代收代缴税款情况的，其计算机输出的完整的书面会计记录，可视同会计账簿。纳税人、扣缴义务人会计制度不健全，不能通过计算机正确、完整计算其收入和所得或者代扣代缴、代收代缴税款情况的，应当建立总账及与纳税或者代扣代缴、代收代缴税款有关的其他账簿。

（5）纳税人、扣缴义务人的财务、会计制度或者财务、会计处理办法与国务院或者国务院财政、税务主管部门有关税收的规定抵触的，依照国务院或者国务院财政、税务主管部门有关税收的规定计算应纳税款、代扣代缴和代收代缴税款。

（6）账簿、会计凭证和报表，应当使用中文。民族自治地方可以同时使用当地通用的一种民族文字。外商投资企业和外国企业可以同时使用一种外国文字。

（7）纳税人应当按照税务机关的要求安装、使用税控装置，不得损毁或者擅自改动税控装置，并按照税务机关的规定报送有关数据和资料。税控装置推广应用的管理办法由国家税务总局另行制定，报国务院批准后实施。纳税人应当按照规定安装、使用税控装置。

（8）账簿、记账凭证、报表、完税凭证、发票、出口凭证以及其他有关涉税资料应当保存 10 年；但是，法律、行政法规另有规定的除外。

二、发票管理

发票，是指在购销商品、提供或者接受服务以及从事其他经营活动中，开具、收取的收款或付款凭证，它是纳税人重要的会计核算凭证，也是税务检查的重要依据。加强发票管理和财务监督，对于维护国家正常的税收秩序，保证国家税收收入及时、足额入库具有重要意义。

发票管理是税务管理的重要内容。所谓发票管理，是指税务机关对发票印制、领购、开具、取得、保管、缴销等一系列活动进行组织、协调和监督的总称。《税收征收管理法》第 21 条规定，税务机关是发票的主管机关，负责发票印制、领购、开具、取得、保管、缴销的管理和监督。单位、个人在购销商品、提供或者接受经营服务以及从事其他经营活动中，应当按照规定开具、使用、取得发票。

现行关于发票管理的法规，主要是国务院于 1993 年 12 月发布，2010 年 12 月修订的《中华人民共和国发票管理办法》，及国家税务总局令第 37 号发布的《中华人民共和国发票管理办法实施细则》，以及国家税务总局发布的《增值税专用发票使用规定》。

扩展阅读 11.2 　《发票管理办法实施细则》国家税务总局令第 37 号

（一）发票的印制

增值税专用发票由国务院税务主管部门指定的企业印制；其他发票，按照国务院税务主管部门的规定，分别由省、自治区、直辖市国家税务局指定企业印制。

未经上述规定的税务机关指定，不得印制发票。禁止私印、伪造、变造发票。发票防伪专用品由国家税务总局指定的企业生产。禁止非法制造发票防伪专用品。

省、自治区、直辖市税务机关对发票印制实行统一管理的原则，严格审查印制发票企业的资格，对指定印制发票的企业发给发票准印证。税务机关应定期对印制发票企业和生产发票防伪专用品企业进行监督检查，对不符合条件的，应取消其印制发票或生产发票防伪专用品的资格。

（二）发票的领购

依法办理税务登记的单位和个人，在领取税务登记证件后，向主管税务机关申请领购发票。

1. 发票领购的程序和要求

申请领购发票的单位和个人应当提出购票申请，提供经办人身份证明、税务登记证件或者其他有关证明，以及按照税务主管部门规定式样制作的发票专用章的印模，向主管税务机关办理发票领购手续。主管税务机关根据领购单位和个人的经营范围和规模，确认领购发票的种类、数量以及购票方式，在 5 个工作日内发给发票领购簿。

2. 临时使用发票的代开票

需要临时使用发票的单位和个人，应提供发生购销业务、提供接受服务或者从事其他经营活动的书面证明、经办人身份证明，直接向税务机关申请代开发票。税务机关应当先征收税款，再开具发票。

3. 临时到外地从事经营活动的发票领购

单位或者个人临时到本省、自治区、直辖市行政区域以外从事经营活动的，应当凭所在地税务机关的证明，向经营地税务机关申请领购经营地的发票。临时在本省、自治区、直辖市以内跨市、县从事经营活动领购发票的办法，由省、自治区、直辖市税务机关规定。

税务机关对外省、自治区、直辖市来本辖区从事临时经营活动的单位和个人申请领购发票的，可以要求其提供保证人或者根据所领购发票的票面限额及数量缴纳不超过 1 万元的保证金，并限期缴销发票。按期缴销发票的，解除保证人的担保义务或者退还保证金；未按期缴销发票的，由保证人或者以保证金承担法律责任。

（三）发票的开具

除增值税专用发票的开具、使用和管理按增值税相关规定执行外，普通发票的开具、使用和管理，应注意以下几点。

1. 发票的开具和取得

销售商品、提供服务以及从事其他经营活动的单位和个人，对外发生经营业务收取款项，收款方应向付款方开具发票；特殊情况下（收购单位和扣缴义务人支付个人款项时）

由付款方向收款方开具发票。

所有单位和从事生产、经营活动的个人在购买商品、接受服务以及从事其他经营活动支付款项时，应当向收款方取得发票。取得发票时，不得要求变更品名和金额。

不符合规定的发票，即开具或取得的发票是应经而未经税务机关监制，或填写项目不齐全，内容不真实，字迹不清楚，没有加盖财务印章或发票专用章，伪造、作废及其他不符合税务机关规定的发票，一律不得作为财务报销凭证，任何单位和个人有权拒收。

2. 开具发票的要求

填开发票的单位和个人必须在发生经营业务确认营业收入时开具发票。未发生经营业务的一律不准开具发票。单位和个人在开具发票时，必须做到按号码顺序填开，填写项目齐全，内容真实，字迹清楚，全部联次一次复写、打印，内容完全一致，并在发票联和抵扣联加盖单位发票专用章。开具发票应当使用中文。民族自治地方可以同时使用当地通用的一种民族文字。外商投资企业和外国企业可以同时使用一种外国文字。

开具发票后，如发生销货退回需开红字发票的，必须收回原发票并注明"作废"字样或取得对方有效证明；发生销售折让的，在收回原发票并注明"作废"字样后，重新开具销售发票。

使用电子计算机开具发票，须经主管税务机关批准，并使用税务机关统一监制的机外发票，开具后的存根联应当按照顺序号装订成册。

任何单位和个人不得转借、转让、代开发票；未经税务机关批准，不得拆本使用发票；不得自行扩大专业发票使用范围。禁止倒买倒卖发票、发票监制章和发票防伪专用品。

3. 开具发票的区域范围

发票限于领购单位和个人在本省、自治区、直辖市内开具。对根据税收管理需要，须跨省、自治区、直辖市开具发票的，由国家税务总局确定。省际毗邻市县之间是否允许跨省、自治区、直辖市开具发票，由有关省级税务机关确定。任何单位和个人未经批准，不得跨规定的使用区域携带、邮寄、运输空白发票。禁止携带、邮寄或者运输空白发票出入境。

4. 发票使用登记制度

开具发票的单位和个人应当建立发票使用登记制度，设置发票登记簿，并定期向主管税务机关报告发票使用情况。开具发票的单位和个人应当在办理变更或者注销税务登记的同时，办理发票和发票领购簿的变更、缴销手续。

（四）发票的保管

开具发票的单位和个人应当按照税务机关的规定存放和保管发票，不得擅自损毁。已开具的发票存根联和发票登记簿，应当保存 5 年。保存期满，报经税务机关查验后销毁。

使用发票的单位和个人应当妥善保管发票，不得丢失。发票丢失，应于丢失当日书面报告主管税务机关，并在报刊和电视等传播媒介上公告声明作废。

（五）发票的检查

发票检查是税务机关依法对印制、使用发票的单位和个人执行发票管理规定情况进行的监督活动。

税务机关在发票管理中有权进行下列检查：①检查印制、领购、开具、取得和保管发票的情况；②调出发票查验；③查阅、复制与发票有关的凭证、资料；④向当事各方询问与发票有关的问题和情况；⑤在查处发票案件时，对与案件有关的情况和资料，可以记录、录音、录像、照相和复制。

税务人员进行检查时，应当出示税务检查证。印制、使用发票的单位和个人，必须接受税务机关依法检查，如实反映情况，提供有关资料，不得拒绝、隐瞒。

发票的真伪由税务机关鉴定。税务机关需要将已开具的发票调出查验时，应当向被查验的单位和个人开具发票换票证。发票换票证与所调出查验的发票有同等的效力。被调出查验发票的单位和个人不得拒绝接受。但发票换票证仅限于在本县（市）范围内使用，需要调出外县（市）的发票查验时，应与该县（市）税务机关联系，使用当地的发票换票证。税务机关需要将空白发票调出查验时，应当开具收据；经查无问题的，应当及时发还。

单位和个人从中国境外取得的与纳税有关的发票或者凭证，税务机关在纳税审查时有疑义的，可以要求其提供境外公证机构或者注册会计师的确认证明，经税务机关审核认可后，方可作为记账核算的凭证。

税务机关在发票检查中需要核对发票存根联与发票联填写情况时，可以向持有发票或者发票存根联的单位发出发票填写情况核对卡，收执发票或保管发票存根联的单位，接到税务机关"发票填写情况核对卡"后，应在15日内如实填写有关情况，按期报回。

（六）税务机关对税收服务和管理的创新

根据国家税务总局《关于创新税收服务和管理的意见》（税总发〔2014〕85号）规定，税务机关要进一步推进税收管理科学化、精细化、现代化，在发票领用、纳税申报等后续环节健全制度，完善措施，不断完善发票发放领用的服务与监管。

（1）及时为纳税人提供清晰的发票领用指南。通过印发提示卡或涉税事项告知卡，引导纳税人快速办理发票领用手续。推行免填单、预填单、勾选等方式，补充采集国标行业、登记注册类型等税务机关所需的数据，以核定应纳税种、适用的发票票种、版别及数量，让纳税人切实感受到税务机关的优质服务。

（2）简化发票申领程序。申领普通发票原则上取消实地核查，统一在办税服务厅即时办结。一般纳税人申请增值税专用发票（包括增值税专用发票和货物运输业增值税专用发票）最高开票限额不超过10万元的，主管税务机关不需事前进行实地查验。可在此基础上适当扩大不需事前实地查验的范围，实地查验的范围和方法由各省国税机关确定。

（3）建立发票风险防范的有效制度。初次申领普通发票数量应控制在一个月用量或省税务机关确定的初次领用数量范围内。对纳税信用好、税收风险低的纳税人可适当放宽，但最多不得超过省税务机关确定的最高领用数量，省税务机关未确定最高领用数量的，最多不得超过3个月使用量。对新开业的一般纳税人，税务机关可按照纳税人生产经营规模、经营模式、行业特点、开具发票特殊性等因素设置增值税专用发票基本月供应量，申领超过基本月供应量的纳税人，需向税务机关提供相关证明材料。对小规模纳税人（包括个体工商户）第一次申请发票增量时，可以要求其法定代表人或者财务负责人到场，并积极探索发票申领环节对经办人的拍照存档制度。对新增纳税人已领用发票却未及时申报等情况，采取停止供应发票、实地核查等应对措施。对列入企业异常名录的纳税人采取停供发票措施。

（七）电子发票的推广与应用

2015年11月26日，国家税务总局发布《关于推行通过增值税电子发票系统开具的增值税电子普通发票有关问题的公告》（国家税务总局公告2015年84号），为进一步适应经济社会发展和税收现代化建设需要，国家税务总局在增值税发票系统升级版基础上，组织开发了增值税电子发票系统，经过前期试点，系统运行平稳，开始在全国推行。通过增值税电子发票系统开具的增值税电子普通发票，对降低纳税人经营成本，节约社会资源，方便消费者保存使用发票，营造健康公平的税收环境有着重要作用。

2021年2月22日，为贯彻中央经济工作会议精神，落实《国家税务总局等十三部门关于推进纳税便利化改革优化税收营商环境若干措施的通知》要求，加快增值税电子发票应用和推广实施工作，降低企业交易成本，助力国家数字经济发展，国家档案局会同财政部、商务部、国家税务总局发布《关于进一步扩大增值税电子发票电子化报销、入账、归档试点工作的通知》（档办发〔2021〕1号），进一步完善数字经济发展所需的制度和标准规范。

2023年3月22日，为进一步推进电子发票应用和推广实施工作，助力国家数字经济发展，国家档案局会同财政部、商务部、国家税务总局总结三批增值税电子发票电子化报销、入账、归档试点经验，依据国家相关法律法规和标准规范，编制形成了《电子发票全流程电子化管理指南》，指导各单位的电子发票开具、接收、报销、入账、归档全流程管理。

（八）税控管理

税控管理是税收征收管理的一个重要组成部分，它是税务机关利用税控装置对纳税人的生产经营情况进行监督和管理，以保障国家税收收入，防止税款流失，提高税收征管工作效率，降低税收征管成本的各项活动的总称。

《税收征收管理法》第23条规定："国家根据税收征收管理的需要，积极推广使用税控装置。纳税人应当按照规定安装、使用税控装置，不得损毁或者擅自改动税控装置。"

《税收征收管理法》第60条第5款规定："纳税人未按照规定安装、使用税控装置，损毁或者擅自改动税控装置的，由税务机关责令限期改正，可以处2 000元以下的罚款；情节严重的，处2 000元以上1万元以下的罚款。"

扩展阅读11.3 《电子发票全流程电子化管理指南》

第四节 纳 税 申 报

我国在1994年工商税制改革后，建立了以申报纳税和优化服务为基础，以计算机网络为依托，集中征收，重点稽查的征管模式。该模式是根据我国国情采用的一种自行报税征管模式，与原征、管、查集于一身的税务专管员上门收税模式相比，有利于提高征管效率，增强纳税人的依法纳税意识，减少营私舞弊行为的发生。

一、纳税申报的概念

纳税申报是指纳税人发生纳税义务后，依法在规定的时间内向其主管税务机关报送纳税申报表、财务会计报表及其他有关资料的一项征管制度。纳税申报是纳税人必须履行的法定手续，也是税务机关办理征税业务、开具完税凭证的主要根据。

二、纳税申报方式

《税收征收管理法》第 26 条规定，纳税人、扣缴义务人可以直接到税务机关办理纳税申报或者报送代扣代缴、代收代缴税款报告表，也可以按照规定采取邮寄、数据电文或者其他方式办理上述申报、报送事项。

（1）直接申报。直接申报是指纳税人自行到税务机关办理纳税申报。这是传统申报方式。

（2）邮寄申报。纳税人采取邮寄方式办理纳税申报的，应当使用统一的纳税申报专用信封，并以邮政部门收据作为申报凭据。邮寄申报以寄出的邮戳日期为实际申报日期。

（3）数据电文申报。数据电文申报是指经税务机关确定的电话语音、电子数据交换和网络传输等电子方式申报。目前纳税人的网上申报，就是一种数据电文申报方式的一种形式。

纳税人采取电子方式办理纳税申报的，应当按照税务机关规定的期限和要求保存有关资料，并定期书面报送主管税务机关。

根据《税收征收管理法》第 25 条规定，纳税人、扣缴义务人必须依照法律、行政法规规定或者税务机关依照法律、行政法规的规定确定的申报期限、申报内容如实办理纳税申报，报送纳税申报表、财务会计报表、代扣代缴、代收代缴税款报告表以及税务机关根据实际需要要求纳税人报送的其他纳税资料。

（4）延期申报管理。纳税人、扣缴义务人不能按期办理纳税申报或者报送代扣代缴、代收代缴税款报告表的，经税务机关核准，可以延期申报。经核准延期办理前款规定的申报、报送事项的，应当在纳税期内按照上期实际缴纳的税额或者税务机关核定的税额预缴税款，并在核准的延期内办理税款结算。

三、进一步简化纳税申报

国家税务总局要求，税务机关要为纳税人提供纳税申报办理指引，详细告知纳税人申报期限和申报方法，辅导纳税人准确申报。畅通申报渠道，确保纳税人可以根据实际生产经营情况，自由选择办税大厅、邮寄或网上申报等多种申报方式。

进一步简并征期。积极推行小规模纳税人（包括个体工商户）简并征期申报工作。对于小型微型企业、长期不经营企业，税务机关可以按照法律、法规规定采取合并征期、调整申报期限等方式，进一步减轻纳税人负担。

第五节　税款征收

税款征收是税收征收管理的中心环节，是全部税收征管工作的目的和归宿，在整个税收工作中占据着极其重要的地位。税务机关应当加强对税款征收的管理，建立、健全责任制度，保证国家税款及时足额入库。

一、税款征收的原则

（1）税务机关是征税的唯一行政主体。《税收征收管理法》第29条规定，除税务机关、税务人员以及经税务机关依照法律、行政法规委托的单位和人员外，任何单位和个人不得进行税款征收活动。

（2）税务机关只能依照法律、行政法规的规定征收税款。《税收征收管理法》第28条规定，税务机关依照法律、行政法规的规定征收税款，不得违反法律、行政法规的规定开征、停征、多征、少征、提前征收、延缓征收或者摊派税款。即税务机关应当按照税收法律、行政法规预先规定的税种的征收标准进行征税，不得擅自增减改变税目、调高或者降低税率、加征或者减免税款、提前征收或者缓征税款及摊派税款。

（3）税务机关征收税款必须遵守法定权限和法定程序。税务机关在执行税收保全或者强制执行措施时，以及在办理减税、免税和退税时，都必须按照法律或者行政法规规定的审批权限和程序进行操作，否则就是违法。

（4）税款优先原则。《税收征收管理法》第45条规定，第一次在税收法律上确定了税款优先的地位。即税务机关征收税款，税收优先于无担保债权，法律另有规定的除外；纳税人欠缴的税款发生在纳税人以其财产设定抵押、质押或者纳税人的财产被留置之前的，税收应当先于抵押权、质押权、留置权执行。纳税人欠缴税款，同时又被行政机关决定处以罚款、没收违法所得的，税收优先于罚款、没收违法所得。

（5）利害关系回避原则。税务人员在核定应纳税额、调整税收定额、进行税务检查、实施税务行政处罚、办理税务行政复议时，与纳税人、扣缴义务人或者其法定代表人、直接责任人有下列关系之一的，应当回避：①夫妻关系；②直系血亲关系；③三代以内旁系血亲关系；④近姻亲关系；⑤可能影响公正执法的其他利害关系。

二、税款征收方式

税款征收方式，是税务机关根据税法规定和纳税人生产经营及财务管理状况，对纳税人的应纳税款组织入库的具体方式。税款征收方式主要有以下几种。

（一）查账征收

查账征收是指税务机关按照纳税人提供的账表所反映的经营情况，依照适用税率计算缴纳税款的方式。这种方式一般适用于财务会计制度较为健全、能够认真履行纳税义务的纳税单位。

（二）查定征收

查定征收是指税务机关根据纳税人的从业人员、生产设备、采用原材料等因素，对其产制的应税产品查实核定产量、销售额并据以征收税款的方式。这种方式一般适用于账册不够健全，但能够控制原材料或进销货的纳税单位。

（三）查验征收

查验征收是指税务机关对纳税人应税商品，通过查验数量，按市场一般销售单价计算其销售收入并据以征收税款的方式。这种方式一般适用于经营品种比较单一、经营地点、时间和商品来源不固定的纳税单位。

（四）定期定额征收

定期定额征收是指税务机关通过典型调查，逐户确定营业额和所得额并据以征收税款的方式。这种方式一般适用于无完整考核依据的小型纳税单位。

（五）代扣代缴、代收代缴

代扣代缴，是指按照税法规定，负有扣缴税款义务的单位或个人，负责对纳税人应纳的税款进行代扣代缴的方式。由支付人在向纳税人支付款项时，从所支付的款项中依法直接扣收税款并代为缴纳，其目的在于对零星分散、不易控管的税源实行源泉控制，如我国目前对个人所得税、预提所得税就是采用代扣代缴的源泉扣缴形式。

代收代缴，是指按照税法规定，负有收缴税款义务的法定义务人，负责对纳税人应纳的税款进行代收代缴的方式。其实质上是与纳税人有经济业务往来的单位和个人借助经济往来关系，向纳税人收取款项时依法收取税款，并向税务机关解缴，其目的在于对税收网络覆盖不到或难以征收的领域实行源头控制，如我国《消费税暂行条例》规定，对委托加工应税消费品，应在委托方提货时由受托方代收代缴消费税。

（六）委托代征

委托代征是指税务机关委托代征人以税务机关的名义征收税款，并将税款缴入国库的方式。这种方式一般适用于小额、零散税源的征收，如车船税一般委托办理车辆强制保险的单位代为征收。

（七）邮寄纳税

邮寄纳税是一种新的纳税方式，主要适用于那些有能力按期纳税，但采用其他方式纳税又不方便的纳税人。

三、税款征收制度

（一）代扣代缴、代收代缴税款制度

（1）扣缴义务人依照法律、行政法规的规定履行代扣、代收税款的义务。扣缴义务人

依法履行代扣、代收税款义务时，纳税人不得拒绝。纳税人拒绝的，扣缴义务人应当及时报告税务机关处理。税务机关按照规定付给扣缴义务人代扣、代收手续费。

（2）对法律、行政法规没有规定负有代扣、代收税款义务的单位和个人，税务机关不得要求其履行代扣、代收税款义务。

（3）扣缴义务人代扣、代缴税款，只限于法律、行政法规规定的范围，并依照法律、行政法规规定的征收标准执行。

（4）税务机关应按照规定付给扣缴义务人代扣、代收手续费。代扣、代收手续费只能由县（市）以上税务机关统一办理退库手续，而不能在征收税款过程中坐支。

（二）延期缴纳税款制度

《税收征收管理法》规定，纳税人、扣缴义务人应当在规定的期限内，缴纳或者解缴税款。但考虑到纳税人可能会遇到特殊困难的客观情况，为了保护纳税人的合法权益，《税收征收管理法》第 31 条第 2 款规定："纳税人因有特殊困难，不能按期缴纳税款的，经省、自治区、直辖市国家税务局批准，可以延期缴纳税款，但是最长不得超过 3 个月。"计划单列的市国家税务局、地方税务局可以参照《税收征收管理法》第 31 条第 2 款的批准权限，审批纳税人延期缴纳税款。

纳税人在申请延期缴纳税款时，应注意以下几点。

（1）纳税人有下列情形之一的，属于《税收征收管理法》第 31 条所称特殊困难：①因不可抗力，导致纳税人发生较大损失，正常生产经营活动受到较大影响的；②当期货币资金在扣除应付职工工资、社会保险费后，不足以缴纳税款的。

（2）纳税人需要延期缴纳税款的，应当在缴纳税款期限届满前提出申请，并报送下列材料：①申请延期缴纳税款报告；②当期货币资金余额情况及所有银行存款账户的对账单；③资产负债表；④应付职工工资和社会保险费等税务机关要求提供的支出预算。

税务机关应当自收到申请延期缴纳税款报告之日起 20 日内作出批准或者不予批准的决定；不予批准的，从缴纳税款期限届满之日起加收滞纳金。

（3）延期期限最长不得超过 3 个月，同一笔税款不得滚动审批。

（4）批准延期内免予加收滞纳金。

（三）税收滞纳金征收制度

《税收征收管理法》第 32 条规定："纳税人未按照规定期限缴纳税款的，扣缴义务人未按照规定期限解缴税款的，税务机关除责令限期缴纳外，从滞纳税款之日起，按日加收滞纳税款万分之五的滞纳金。"

加收滞纳金的具体操作应按下列程序进行。

（1）税务机关应先发出催缴税款通知书，责令限期缴纳或解缴税款，告知纳税人如不按期履行纳税义务，将依法按日加收滞纳税款万分之五的滞纳金。

（2）从滞纳税款之日起加收滞纳金，其起止时间为法律、行政法规规定或者税务机关依法确定的税款缴纳期限届满次日起至纳税人、扣缴义务人实际缴纳或者解缴税款之日止。

（3）拒绝缴纳滞纳金的，可以按不履行纳税义务实行强制执行措施，强行划拨或者强制征收。

（四）减免税制度

根据《税收征收管理法》及《税收减免管理办法（试行）》的有关规定，办理减税、免税应注意以下事项。

（1）减免税必须有法律、行政法规的明确规定（具体规定在各税收实体法中体现）。地方各级人民政府、各级人民政府主管部门、单位和个人违反法律、行政法规规定，擅自作出的减税、免税决定无效，税务机关不得执行，并向上级税务机关报告。

（2）纳税人申请减税、免税的，应向主管税务机关提出书面申请，并按规定报送有关资料。

（3）减税、免税申请，须经法律、行政法规规定的减税、免税审查批准机关审批。

（4）享受减税、免税优惠的纳税人，减税、免税条件发生变化的，应当自发生变化之日起15日内向税务机关报告；不再符合减税、免税条件的，应当依法履行纳税义务；未依法纳税的，税务机关应当予以追缴。

（5）纳税人在享受减免税期间，仍应按规定办理纳税申报。

（6）减税、免税期满，应当自期满次日起恢复纳税。

（7）减免税分为报批类减免税和备案类减免税。报批类减免税是指应由税务机关审批的减免税项目；备案类减免税是指取消审批手续的减免税项目和不需税务机关审批的减免税项目。

（8）纳税人同时从事减免项目与非减免项目的，应分别核算，独立计算减免项目的计税依据以及减免税额度。不能分别核算的，不能享受减免税；核算不清的，由税务机关按合理方法核定。

（9）纳税人依法可以享受减免税待遇，但未享受而多缴税款的，凡属于无明确规定须经税务机关审批或没有规定申请期限的，纳税人可以在《税收征收管理法》第51条规定的期限内申请减免税，要求退还多缴的税款，但不加算银行同期存款利息。

（10）税务机关作出的减免税审批决定，应当自作出决定之日起10个工作日内向纳税人送达减免税审批书面决定。

（11）减免税批复未下达前，纳税人应按规定办理申报缴纳税款。

（五）税额核定制度

《税收征收管理法》第35条规定，纳税人有下列情形之一的，税务机关有权核定其应纳税额。

（1）依照法律、行政法规的规定可以不设置账簿的。

（2）依照法律、行政法规的规定应当设置但未设置账簿的。

（3）擅自销毁账簿或者拒不提供纳税资料的。

（4）虽设置账簿，但账目混乱或者成本资料、收入凭证、费用凭证残缺不全，难以查账的。

（5）发生纳税义务，未按照规定的期限办理纳税申报，经税务机关责令限期申报，逾期仍不申报的。

（6）纳税人申报的计税依据明显偏低，又无正当理由的。

纳税人有上述情形之一的，税务机关有权采用下列任何一种方法核定其应纳税额。

（1）参照当地同类行业或者类似行业中经营规模和收入水平相近的纳税人的税负水平核定。

（2）按照营业收入或者成本加合理的费用和利润的方法核定。

（3）按照耗用的原材料、燃料、动力等推算或者测算核定。

（4）按照其他合理方法核定。

采用前款所列一种方法不足以正确核定应纳税额时，可以同时采用两种以上的方法核定。纳税人对税务机关采取规定的方法核定的应纳税额有异议的，应当提供相关证据，经税务机关认定后，调整应纳税额。

（六）未办理税务登记的从事生产、经营的纳税人以及临时从事经营的纳税人的税款征收制度

《税收征收管理法》第 37 条规定："对未按照规定办理税务登记的从事生产、经营的纳税人以及临时从事经营的纳税人，由税务机关核定其应纳税额，责令缴纳；不缴纳的，税务机关可以扣押其价值相当于应纳税款的商品、货物。扣押后缴纳应纳税款的，税务机关必须立即解除扣押，并归还所扣押的商品、货物；扣押后仍不缴纳应纳税款的，经县以上税务局（分局）局长批准，依法拍卖或者变卖所扣押的商品、货物，以拍卖或者变卖所得抵缴税款。"

所称未按照规定办理税务登记从事生产、经营的纳税人，包括到外县（市）从事生产、经营而未向营业地税务机关报验登记的纳税人。

税务机关依照《税收征收管理法》第 37 条的规定，扣押纳税人商品、货物的，纳税人应当自扣押之日起 15 日内缴纳税款。

对扣押的鲜活、易腐烂变质或者易失效的商品、货物，税务机关根据被扣押物品的保质期，可以缩短前款规定的扣押期限。

（七）税收保全措施

税收保全措施，是指税务机关对可能由于纳税人的行为或者某种客观原因，致使以后的税款不能保证或难以保证的案件，采取限制纳税人处理或转移商品、货物或其他财产的措施。

《税收征收管理法》第 38 条规定："税务机关有根据认为从事生产、经营的纳税人有逃避纳税义务行为的，可以在规定的纳税期之前，责令限期缴纳应纳税款；在限期内发现纳税人有明显地转移、隐匿其应纳税的商品、货物以及其他财产或者应纳税收入的迹象的，税务机关可以责成纳税人提供纳税担保。如果纳税人不能提供纳税担保，经县以上税务局（分局）局长批准，税务机关可以采取下列税收保全措施：

（1）书面通知纳税人开户银行或者其他金融机构冻结纳税人的金额相当于应纳税款的

存款。

（2）扣押、查封纳税人的价值相当于应纳税款的商品、货物或者其他财产。其他财产，包括纳税人的房地产、现金、有价证券等不动产和动产。"

所谓"有根据认为"是指，税务机关依据一定的线索作出的符合逻辑的判断，并不等于有确定的证据。因为税收保全是一项紧急处理措施，不可能等到事实全部查清，取得充分证据后再采取行动，否则纳税人早已将其收入或财产转移、隐匿完毕了。

这里应注意的是，税务机关采取税收保全措施的前提条件是：①税务机关有根据认为从事生产、经营的纳税人有逃避纳税义务的行为；②必须是在规定的纳税期之前和责令限期缴纳应纳税款的期限内。如果纳税期和责令限期缴纳应纳税款的期限届满，纳税人还没有缴纳应纳税款的，税务机关可按规定直接采取强制执行措施，而无所谓税收保全了。

在扣押、查封纳税人的商品、货物或者其他财产时，应注意以下几个问题：

（1）可以采取税收保全措施的纳税人仅限于从事生产、经营的纳税人，不包括非从事生产、经营的纳税人，也不包括扣缴义务人和纳税担保人。

（2）个人及其所扶养家属维持生活必需的住房和用品，不在税收保全措施的范围之内。机动车辆、金银饰品、古玩字画、豪华住宅或者一处以外的住房不属于所称个人及其所扶养家属维持生活必需的住房和用品。税务机关对单价5 000元以下的其他生活用品，不采取税收保全措施和强制执行措施。所称个人所扶养家属，是指与纳税人共同居住生活的配偶、直系亲属以及无生活来源并由纳税人扶养的其他亲属。

（3）税务机关执行扣押、查封商品、货物或者其他财产时，应当由两名以上税务人员执行，并通知被执行人。被执行人是自然人的，应当通知被执行人本人或者其成年家属到场；被执行人是法人或者其他组织的，应当通知其法定代表人或者主要负责人到场；拒不到场的，不影响执行。

（4）税务机关扣押商品、货物或者其他财产时，必须开付收据；税务机关查封的商品、货物或者其他财产时，必须开付清单。

税收保全措施的终止有两种情况：一是纳税人在上款规定的限期内缴纳税款的，税务机关必须立即解除税收保全措施；二是纳税人限期期满仍未缴纳税款的，经县以上税务局（分局）局长批准，终止税收保全措施，转入强制执行措施，即税务机关以书面通知纳税人开户银行或者其他金融机构从其冻结的存款中扣缴税款，或者依法拍卖或者变卖所扣押、查封的商品、货物或者其他财产，以拍卖或者变卖所得抵缴税款。

纳税人在限期内已缴纳税款，税务机关未立即解除税收保全措施，使纳税人的合法利益遭受损失的，税务机关应当承担赔偿责任。

（八）税收强制措施

税收强制措施是指当事人不履行法律、行政法规规定的义务，有关国家机关采用法定的强制手段，强迫当事人履行义务的行为。

《税收征收管理法》第40条规定："从事生产、经营的纳税人、扣缴义务人未按照规定的期限缴纳或者解缴税款，纳税担保人未按照规定的期限缴纳所担保的税款，由税务机关责令限期缴纳，逾期仍未缴纳的，经县以上税务局（分局）局长批准，税务机关可以采取下列强制执行措施：①书面通知其开户银行或者其他金融机构从其存款中扣缴税款；②扣押、查封、依法拍卖或者变卖其价值相当于应纳税款的商品、货物或者其他财产，以拍卖或者变卖所得抵缴税款。税务机关采取强制执行措施时，对前款所列纳税人、扣缴义务人、纳税担保人未缴纳的滞纳金同时强制执行。

采取强制执行措施时，应注意以下几个问题。

（1）强制执行措施的适用范围适用于从事生产、经营的纳税人，扣缴义务人未按照规定的期限缴纳或者解缴税款，纳税担保人未按照规定的期限缴纳所担保的税款的情况。需要强调的是，强制执行措施适用于从事生产、经营的纳税人、扣缴义务人和纳税担保人，而保全措施则只适用于从事生产、经营的纳税人。

（2）采取强制执行措施必须坚持告诫在先的原则，即纳税人、扣缴义务人未按照规定的期限缴纳或者解缴税款的，应当先行告诫，责令限期缴纳。逾期仍未缴纳的，方可采取强制执行措施。如果没有责令限期缴纳就直接采取强制执行措施的，所采取的措施和程序都是违法的。

（3）税务机关采取税收保全措施和强制执行措施必须依照法定权限和法定程序，不得查封、扣押纳税人个人及其所扶养家属维持生活必需的住房和用品。

（4）实施扣押、查封时，对有产权证件的动产或者不动产，税务机关可以责令当事人将产权证件交税务机关保管，同时可以向有关机关发出协助执行通知书，有关机关在扣押、查封期间不再办理该动产或者不动产的过户手续。

对查封的商品、货物或者其他财产，税务机关可以指令被执行人负责保管，保管责任由被执行人承担。继续使用被查封的财产不会减少其价值的，税务机关可以允许被执行人继续使用；因被执行人保管或者使用的过错造成的损失，由被执行人承担。

（5）纳税人在税务机关采取税收保全措施后，按照税务机关规定的期限缴纳税款的，税务机关应当自收到税款或者银行转回的完税凭证之日起1日内解除税收保全。

（6）税务机关将扣押、查封的商品、货物或者其他财产变价抵缴税款时，应当交由依法成立的拍卖机构拍卖；无法委托拍卖或者不适于拍卖的，可以交由当地商业企业代为销售，也可以责令纳税人限期处理；无法委托商业企业销售，纳税人也无法处理的，可以由税务机关变价处理，具体办法由国家税务总局规定。国家禁止自由买卖的商品，应当交由有关单位按照国家规定的价格收购。拍卖或者变卖所得在抵缴税款、滞纳金、罚款以及扣押、查封、保管、拍卖、变卖等费用后，剩余部分应当在3日内退还被执行人。

（7）采取税收保全措施、强制执行措施的权力，不得由法定的税务机关以外的单位和个人行使。税务机关滥用职权违法采取税收保全措施、强制执行措施，或者采取税收保全措施、强制执行措施不当，使纳税人、扣缴义务人或者纳税担保人的合法权益遭受损失的，应当依法承担赔偿责任。

（九）欠税清缴制度

《税收征收管理法》在欠税清缴方面主要采取了以下措施。

1. 严格控制欠缴税款的审批权限

《税收征收管理法》第 31 条规定，缓缴税款的审批权限集中在省、自治区、直辖市国家税务局和地方税务局，体现了严格控制欠税的精神。

2. 限期缴税时限

从事生产、经营的纳税人、扣缴义务人未按照规定的期限缴纳或者解缴税款，纳税担保人未按照规定的期限缴纳所担保的税款，由税务机关发出责令限期缴纳税款通知书，责令限期缴纳或者解缴税款的最长期限不得超过 15 日。

3. 离境清税制度

《税收征收管理法》第 44 条规定："欠缴税款的纳税人或者他的法定代表人需要出境的，应当在出境前向税务机关结清应纳税款、滞纳金或者提供担保。未结清税款、滞纳金，又不提供担保的，税务机关可以通知出境管理机关阻止其出境。"

4. 建立改制纳税人欠税的清缴制度

《税收征收管理法》第 48 条规定："纳税人有合并、分立情形的，应当向税务机关报告，并依法缴清税款。纳税人合并时未缴清税款的，应当由合并后的纳税人继续履行未履行的纳税义务；纳税人分立时未缴清税款的，分立后的纳税人对未履行的纳税义务应当承担连带责任。"

5. 大额欠税处分财产报告制度

《税收征收管理法》第 49 条及其《实施细则》第 77 条规定，欠缴税款数额在 5 万元以上的纳税人，在处分其不动产或者大额资产之前，应当向税务机关报告。

这一规定有利于税务机关及时掌握欠税企业处置不动产和大额资产的动向，判断其是否有转移、隐匿财产的迹象，从而决定是否行使税收优先权，是否采取税收保全措施和强制执行措施。

6. 建立欠税公告制度

《税收征收管理法》第 44 条及其《实施细则》第 76 条规定："县级以上各级税务机关应当将纳税人的欠税情况，在办税场所或者广播、电视、报纸、期刊、网络等新闻媒体上定期或随时公告。"

国家税务总局制定发布的《欠税公告办法（试行）》自 2005 年 1 月 1 日起施行。

7. 税务机关对欠缴税款的纳税人行使代位权、撤销权制度

税务机关对欠缴税款的纳税人行使代位权、撤销权，即对纳税人的到期债权等财产权利，税务机关可以依法向第三者追索以抵缴税款。《税收征收管理法》第 50 条规定："欠缴税款的纳税人因怠于行使到期债权，或者放弃到期债权，或者无偿转让财产，或者以明显不合理的低价转让财产而受让人知道该情形，对国家税收造成损害的，税务机关可以依照合同法第 73 条、第 74 条的规定行使代位权、撤销权。税务机关依照规定行使代位权、撤销权的，不免除欠缴税款的纳税人尚未履行的纳税义务和应承担的法律责任。"

（十）税款的退还和追征制度

1. 税款的退还

《税收征收管理法》第 51 条及其《实施细则》第 78 条规定：

（1）纳税人超过应纳税额缴纳的税款，税务机关发现后应当自发现之日起 10 日内办理退还手续。

（2）纳税人自结算缴纳税款之日起 3 年内发现的，可以向税务机关要求退还多缴的税款并加算银行同期存款利息，税务机关应当自接到纳税人退还申请之日起 30 日内查实并办理退还手续。利息按照税务机关办理退税手续当天中国人民银行规定的活期存款利率计算。

2. 税款的追征制度

《税收征收管理法》第 52 条及其《实施细则》第 79 条规定：

（1）因税务机关的责任，致使纳税人、扣缴义务人未缴或者少缴税款的，税务机关在 3 年内可以要求纳税人、扣缴义务人补缴税款，但是不得加收滞纳金。

（2）因纳税人、扣缴义务人计算错误等失误，未缴或者少缴税款的，税务机关在 3 年内可以追征税款、滞纳金；有特殊情况的，追征期可以延长到 5 年。

（3）对偷税、抗税、骗税的，税务机关追征其未缴或者少缴的税款、滞纳金或者所骗取的税款，不受前款规定期限的限制。

（4）当纳税人既有应退税款又有欠缴税款的，税务机关可以将应退税款和利息先抵扣欠缴税款；抵扣后有余额的，退还纳税人。

（十一）税款入库制度

《税收征收管理法》第 53 条及其《实施细则》第 84 条规定：

（1）国家税务局和地方税务局应当按照国家规定的税收征收管理范围和税款入库预算级次，将征收的税款缴入国库。

（2）审计机关、财政机关依法进行审计、检查时，对税务机关的税收违法行为作出的决定，税务机关应当执行；发现被审计、检查单位有税收违法行为的，向被审计、检查单位下达决定、意见书，责成被审计、检查单位向税务机关缴纳应当缴纳的税款、滞纳金。税务机关应当根据有关机关的决定、意见书，依照税收法律、行政法规的规定，将应收的税款、滞纳金按照国家规定的税收征收管理范围和税款入库预算级次缴入国库。

税务机关应当自收到审计机关、财政机关的决定、意见书之日起 30 日内将执行情况书面回复审计机关、财政机关。

有关机关不得将其履行职责过程中发现的税款、滞纳金自行征收入库或者以其他款项的名义自行处理、占压。

这里应注意的是，纳税人、扣缴义务人、纳税担保人同税务机关在纳税上发生争议时，必须先依照税务机关的纳税决定缴纳或者解缴税款及滞纳金或者提供相应的担保，然后可以依法申请行政复议；对行政复议决定有异议的，可以依法向人民法院起诉。

当事人对税务机关的处罚决定、强制执行措施或者税收保全措施有异议的，可以依法申请行政复议，也可以依法向人民法院起诉。

当事人对税务机关的处罚决定逾期不申请行政复议也不向人民法院起诉、又不履行的，作出处罚决定的税务机关可以采取税收征收管理法第 40 条规定的强制执行措施，或者申请人民法院强制执行。

（十二）企业破产清算程序中的税收征管

自 2020 年 3 月 1 日起，关于企业破产清算程序中的税收征管有下列规定。

（1）税务机关在人民法院公告的债权申报期限内，向管理人申报企业所欠税款（含教育费附加、地方教育附加，下同）、滞纳金及罚款。因特别纳税调整产生的利息，也应一并申报。

企业所欠税款、滞纳金、罚款，以及因特别纳税调整产生的利息，以人民法院裁定受理破产申请之日为截止日计算确定。

（2）在人民法院裁定受理破产申请之日至企业注销之日期间，企业应当接受税务机关的税务管理，履行税法规定的相关义务。破产清算程序中如发生应税情形，应按规定申报纳税。

从人民法院指定管理人之日起，管理人可以按照《中华人民共和国企业破产法》第 25 条的规定，以企业名义办理纳税申报等涉税事宜。

企业因继续履行合同、生产经营或处置财产需要开具发票的，管理人可以以企业名义按规定申领开具发票或者代开发票。

（3）企业所欠税款、滞纳金、因特别纳税调整产生的利息，税务机关按照企业破产法相关规定进行申报，其中滞纳金、因特别纳税调整产生的利息按照普通破产债权申报。

第六节　税　务　检　查

为了验证纳税人自行申报纳税的准确性，严厉查处涉税违法案件，震慑和惩处涉税犯罪，《税收征收管理法》规定了税务检查的内容。税务机关内部设置稽查部门行使税务检查权力，常用的检查方法包括全查法、抽查法、顺查法、逆查法、现场检查法、调账检查法、比较分析法、控制计算法、审阅法、核对法、观察法、外调法、盘存法、交叉稽核法等。

一、税务检查的形式

（1）重点检查。重点检查指公民举报、上级机关交办或有关部门转来的有偷税行为或偷税嫌疑的，纳税申报与实际生产经营情况有明显不符的纳税人及有普遍逃税行为的行业的检查。

（2）分类计划检查。分类计划检查指根据纳税人历来的纳税情况、纳税人的纳税规模及税务检查间隔时间的长短等综合因素，按事先确定的纳税人分类，计划检查时间及检查频率而进行的检查。

（3）集中性检查。集中性检查指税务机关在一定时间、一定范围内，统一安排、统一组织的税务检查，这种检查一般规模比较大，如 20 世纪 90 年代前期的税收、财务、物价大检查。

（4）临时性检查。临时性检查指由各级税务机关根据不同的经济形势、偷逃税趋势、税收任务完成情况等综合因素，在正常的检查之外安排的检查，如行业性解剖、典型调查性的检查等。

（5）专项检查。专项检查指税务机关根据税收工作实际，对某一税种或税收征收管理的某一环节进行的检查，如增值税一般纳税人专项检查、漏征漏管户专项检查等。

二、税务检查的职权

（1）税务机关有权进行下列税务检查：

①检查纳税人的账簿、记账凭证、报表和有关资料，检查扣缴义务人代扣代缴、代收代缴税款账簿、记账凭证和有关资料。

税务机关检查账簿、凭证和有关资料时，可以在纳税人、扣缴义务人的业务场所进行；必要时，经县以上税务局（分局）局长批准，可以将纳税人、扣缴义务人以前会计年度的账簿、记账凭证、报表和其他有关资料调回税务机关检查，但是税务机关必须向纳税人、扣缴义务人开付清单，并在 3 个月内完整退还；有特殊情况的，经设区的市、自治州以上税务局局长批准，税务机关可以将纳税人、扣缴义务人当年的账簿、记账凭证、报表和其他有关资料调回检查，但是税务机关必须在 30 日内退还。

②到纳税人的生产、经营场所和货物存放地检查纳税人应纳税的商品、货物或者其他财产，检查扣缴义务人与代扣代缴、代收代缴税款有关的经营情况。

③责成纳税人、扣缴义务人提供与纳税或者代扣代缴、代收代缴税款有关的文件、证明材料和有关资料。

④询问纳税人、扣缴义务人与纳税或者代扣代缴、代收代缴税款有关的问题和情况。

⑤到车站、码头、机场、邮政企业及其分支机构检查纳税人托运、邮寄应纳税商品、货物或者其他财产的有关单据、凭证和有关资料。

⑥经县以上税务局（分局）局长批准，凭全国统一格式的检查存款账户许可证明，查询从事生产、经营的纳税人、扣缴义务人在银行或者其他金融机构的存款账户。税务机关在调查税收违法案件时，经设区的市、自治州以上税务局（分局）局长批准，可以查询案件涉嫌人员的储蓄存款。税务机关查询所获得的资料，不得用于税收以外的用途。

（2）税务机关对从事生产、经营的纳税人以前纳税期的纳税情况依法进行税务检查时，发现纳税人有逃避纳税义务行为，并有明显地转移、隐匿其应纳税的商品、货物以及其他财产或者应纳税的收入的迹象的，可以按照本法规定的批准权限采取税收保全措施或者强制执行措施。采取税收保全措施的期限一般不得超过 6 个月；重大案件需要延长的，应当报国家税务总局批准。

（3）纳税人、扣缴义务人必须接受税务机关依法进行的税务检查，如实反映情况，提供有关资料，不得拒绝、隐瞒。

（4）税务机关依法进行税务检查时，有权向有关单位和个人调查纳税人、扣缴义务人和其他当事人与纳税或者代扣代缴、代收代缴税款有关的情况，有关单位和个人有义务向税务机关如实提供有关资料及证明材料。

（5）税务机关调查税务违法案件时，对与案件有关的情况和资料，可以记录、录音、录像、照相和复制。

（6）税务机关派出的人员进行税务检查时，应当出示税务检查证和税务检查通知书，并有责任为被检查人保守秘密；未出示税务检查证和税务检查通知书的，被检查人有权拒绝检查。

第七节 纳税信用管理与重大税收违法失信主体信息公布

一、纳税信用管理

为促进纳税人诚信自律，提高税法遵从度，推进社会信用体系建设，税务机关按照守信激励、失信惩戒的原则，对不同信用级别的纳税人实施分类服务和管理。纳税信用管理，是指税务机关对纳税人的纳税信用信息开展的采集、评价、确定、发布和应用等活动，纳税信用管理遵循客观公正、标准统一、分级分类、动态调整的原则。国家税务总局公告2014年第40号发布的《纳税信用管理办法（试行）》，以及国家税务总局公告2020年第15号《关于纳税信用管理有关事项的公告》等部门规章规范现行纳税信用管理。

（一）适用范围

纳税信用管理办法适用于已办理税务登记，从事生产、经营并适用查账征收的企业纳税人。非独立核算分支机构可自愿参与纳税信用评价。

纳税信用管理办法还适用以下企业纳税人：

（1）从首次在税务机关办理涉税事宜之日起时间不满一个评价年度的新设立企业。

（2）评价年度内无生产经营业务收入的企业。

（3）适用企业所得税核定征收办法的企业。

（二）纳税信用信息采集

纳税信用信息采集是指税务机关对纳税人纳税信用信息的记录和收集，由国家税务总局和省税务机关组织实施，按月采集。

纳税信用信息包括纳税人信用历史信息、税务内部信息、外部信息。

（1）纳税人信用历史信息包括基本信息和评价年度之前的纳税信用记录，以及相关部门评定的优良信用记录和不良信用记录。

（2）税务内部信息包括经常性指标信息和非经常性指标信息。经常性指标信息是指涉税申报信息、税（费）款缴纳信息、发票与税控器具信息、登记与账簿信息等纳税人在评价年度内经常产生的指标信息；非经常性指标信息是指税务检查信息等纳税人在评价年度内不经常产生的指标信息。

（3）外部信息包括外部参考信息和外部评价信息。外部参考信息包括评价年度相关部门评定的优良信用记录和不良信用记录；外部评价信息是指从相关部门取得的影响纳税人纳税信用评价的指标信息。

（三）纳税信用评价

1. 纳税信用评估方法

纳税信用评价采取年度评价指标得分和直接判级方式。评价指标包括税务内部信息和外部评价信息。

年度评价指标得分采取扣分方式。纳税人评价年度内经常性指标和非经常性指标信息齐全的，从100分起评；非经常性指标缺失的，从90分起评。

直接判级适用于有严重失信行为的纳税人。

2. 纳税信用评价周期

纳税信用评价周期为一个纳税年度，有下列情形之一的纳税人，不参加本期的评价：

（1）纳入纳税信用管理时间不满一个评价年度的。

（2）本评价年度内无生产经营业务收入的。

（3）因涉嫌税收违法被立案查处尚未结案的。

（4）被审计、财政部门依法查出税收违法行为，税务机关正在依法处理，尚未办结的。

（5）已申请税务行政复议、提起行政诉讼尚未结案的。

（6）其他不应参加本期评价的情形。

3. 纳税信用级别

纳税信用级别设 A、B、C、D 四个等级。

A 级纳税信用为年度评价指标得分 90 分以上的；B 级纳税信用为年度评价指标得分 70 分以上不满 90 分的；C 级纳税信用为年度评价指标得分 40 分以上不满 70 分的；D 级纳税信用为年度评价指标得分不满 40 分或者直接判级确定的。

（1）有下列情形之一的纳税人，本评价年度不能评为 A 级：①实际生产经营期不满 3 年的；②上一评价年度纳税信用评价结果为 D 级的；③非正常原因一个评价年度内增值税连续 3 个月或者累计 6 个月零申报、负申报的；④不能按照国家统一的会计制度规定设置账簿，并根据合法、有效凭证核算，向税务机关提供准确税务资料的。

（2）有下列情形之一的纳税人，本评价年度直接判为 D 级：①存在逃避缴纳税款、逃避追缴欠税、骗取出口退税、虚开增值税专用发票等行为，经判决构成涉税犯罪的；②存在前项所列行为，未构成犯罪，但偷税（逃避缴纳税款）金额 10 万元以上且占各税种应纳税总额 10% 以上，或者存在逃避追缴欠税、骗取出口退税、虚开增值税专用发票等税收违法行为，已缴纳税款、滞纳金、罚款的；③在规定期限内未按税务机关处理结论缴纳或者足额缴纳税款、滞纳金和罚款的；④以暴力、威胁方法拒不缴纳税款或者拒绝、阻挠税务机关依法实施税务稽查执法行为的；⑤存在违反增值税发票管理规定或者违反其他发票管理规定的行为，导致其他单位或者个人未缴、少缴或者骗取税款的；⑥提供虚假申报材料享受税收优惠政策的；⑦骗取国家出口退税款，被停止出口退（免）税资格未到期的；⑧有非正常户记录或者由非正常户直接责任人员注册登记或者负责经营的；⑨由 D 级纳税人的直接责任人员注册登记或者负责经营的；⑩存在税务机关依法认定的其他严重失信情形的。

（3）纳税人有下列情形的，不影响其纳税信用评价：①由于税务机关原因或者不可抗力，造成纳税人未能及时履行纳税义务的；②非主观故意的计算公式运用错误以及明显的笔误造成未缴或者少缴税款的；③国家税务总局认定的其他不影响纳税信用评价的情形。

（四）纳税信用评价结果的确定和发布

（1）纳税信用评价结果的确定和发布遵循谁评价、谁确定、谁发布的原则。

（2）税务机关每年 4 月确定上一年度纳税信用评价结果，并为纳税人提供自我查询服务。

（3）纳税人对纳税信用评价结果有异议的，可以书面向作出评价的税务机关申请复评。作出评价的税务机关应按规定进行复核。

（4）税务机关对纳税人的纳税信用级别实行动态调整。

因税务检查等发现纳税人以前评价年度需扣减信用评价指标得分或者直接判级的，税务机关应按规定调整其以前年度纳税信用评价结果和记录。

纳税人信用评价状态变化时，税务机关可采取适当方式通知、提醒纳税人。

税务机关对纳税信用评价结果，按分级分类原则，依法有序开放：

（1）主动公开 A 级纳税人名单及相关信息。

（2）根据社会信用体系建设需要，以及与相关部门信用信息共建共享合作备忘录、协议等规定，逐步开放 B、C、D 级纳税人名单及相关信息。

（3）定期或者不定期公布重大税收违法案件信息。具体办法由国家税务总局另行规定。

（五）纳税信用评价结果的应用

对纳税信用评价为 A 级的纳税人，税务机关予以下列激励措施。

（1）主动向社会公告年度 A 级纳税人名单。

（2）一般纳税人可单次领取 3 个月的增值税发票用量，需要调整增值税发票用量时即时办理。

（3）普通发票按需领用。

（4）连续 3 年被评为 A 级信用级别（简称 3 连 A）的纳税人，除享受以上措施外，还可以由税务机关提供绿色通道或专门人员帮助办理涉税事项。

（5）税务机关与相关部门实施的联合激励措施，以及结合当地实际情况采取的其他激励措施。

对纳税信用评价为 B 级的纳税人，税务机关实施正常管理，适时进行税收政策和管理规定的辅导,并视信用评价状态变化趋势选择性地提供规定的激励措施。

对纳税信用评价为 C 级的纳税人,税务机关应依法从严管理,并视信用评价状态变化趋势选择性地采取管理措施。

对纳税信用评价为 D 级的纳税人,税务机关应采取以下措施:

(1)按照规定,公开 D 级纳税人及其直接责任人员名单,对直接责任人员注册登记或者负责经营的其他纳税人纳税信用直接判为 D 级。

(2)增值税专用发票领用按辅导期一般纳税人政策办理,普通发票的领用实行交(验)旧供新、严格限量供应。

(3)加强出口退税审核。

(4)加强纳税评估,严格审核其报送的各种资料。

(5)列入重点监控对象,提高监督检查频次,发现税收违法违规行为的,不得适用规定处罚幅度内的最低标准。

(6)将纳税信用评价结果通报相关部门,建议在经营、投融资、取得政府供应土地、进出口、出入境、注册新公司、工程招投标、政府采购、获得荣誉、安全许可、生产许可、从业任职资格、资质审核等方面予以限制或禁止。

(7)D 级评价保留 2 年,第三年纳税信用不得评价为 A 级。

(8)税务机关与相关部门实施的联合惩戒措施,以及结合实际情况依法采取的其他严格管理措施。

(六)纳税信用的修复

符合下列条件之一的纳税人,可向主管税务机关申请纳税信用修复。

(1)破产企业或其管理人在重整或和解程序中,已依法缴纳税款、滞纳金、罚款,并纠正相关纳税信用失信行为的。

(2)因确定为重大税收违法失信主体,纳税信用直接判为 D 级的纳税人,失信主体信息已按照国家税务总局相关规定不予公布或停止公布,申请前连续 12 个月没有新增纳税信用失信行为记录的。

(3)由纳税信用 D 级纳税人的直接责任人员注册登记或者负责经营,纳税信用关联评价为 D 级的纳税人,申请前连续 6 个月没有新增纳税信用失信行为记录的。

(4)因其他失信行为纳税信用直接判为 D 级的纳税人,已纠正纳税信用失信行为、履行税收法律责任,申请前连续 12 个月没有新增纳税信用失信行为记录的。

(5)因上一年度纳税信用直接判为 D 级,本年度纳税信用保留为 D 级的纳税人,已纠正纳税信用失信行为、履行税收法律责任或失信主体信息已按照国家税务总局相关规定不予公布或停止公布,申请前连续 12 个月没有新增纳税信用失信行为记录的。

二、重大税收违法失信主体信息公布管理

为更好发挥税务诚信机制在激发市场活力、营造良好营商环境等方面的职能作用,税务机关依照《重大税收违法失信主体信息公布管理办法》(国家税务总局令第 54 号)的规定,确定重大税收违法失信主体,向社会公布失信信息,并将信息通报相关部门实施监管

和联合惩戒。

重大税收违法失信主体信息公布管理应当遵循依法行政、公平公正、统一规范、审慎适当的原则。

各级税务机关应当依法保护税务行政相对人合法权益，对重大税收违法失信主体信息公布管理工作中知悉的国家秘密、商业秘密或者个人隐私、个人信息，应当依法予以保密。

税务机关工作人员在重大税收违法失信主体信息公布管理工作中，滥用职权、玩忽职守、徇私舞弊的，依照有关规定严肃处理；涉嫌犯罪的，依法移送司法机关。

（一）失信主体的确定

重大税收违法失信主体（以下简称失信主体）是指有下列情形之一的纳税人、扣缴义务人或者其他涉税当事人（以下简称当事人）：

（1）伪造、变造、隐匿、擅自销毁账簿、记账凭证，或者在账簿上多列支出或者不列、少列收入，或者经税务机关通知申报而拒不申报或者进行虚假的纳税申报，不缴或者少缴应纳税款在 100 万元以上，且任一年度不缴或者少缴应纳税款占当年各税种应纳税总额 10%以上的，或者采取前述手段，不缴或者少缴已扣、已收税款，数额在 100 万元以上的。

（2）欠缴应纳税款，采取转移或者隐匿财产的手段，妨碍税务机关追缴欠缴的税款，欠缴税款金额 100 万元以上的。

（3）骗取国家出口退税款的。

（4）以暴力、威胁方法拒不缴纳税款的。

（5）虚开增值税专用发票或者虚开用于骗取出口退税、抵扣税款的其他发票的。

（6）虚开增值税普通发票 100 份以上或者金额 400 万元以上的。

（7）私自印制、伪造、变造发票，非法制造发票防伪专用品，伪造发票监制章的。

（8）具有偷税、逃避追缴欠税、骗取出口退税、抗税、虚开发票等行为，在稽查案件执行完毕前，不履行税收义务并脱离税务机关监管，经税务机关检查确认走逃（失联）的。

（9）为纳税人、扣缴义务人非法提供银行账户、发票、证明或者其他方便，导致未缴、少缴税款 100 万元以上或者骗取国家出口退税款的。

（10）税务代理人违反税收法律、行政法规造成纳税人未缴或者少缴税款 100 万元以上的。

（11）其他性质恶劣、情节严重、社会危害性较大的税收违法行为。

税务机关对当事人依法作出《税务行政处罚决定书》，当事人在法定期限内未申请行政复议、未提起行政诉讼，或者申请行政复议，行政复议机关作出行政复议决定后，在法定期限内未提起行政诉讼，或者人民法院对税务行政处罚决定或行政复议决定作出生效判决、裁定后，有规定情形之一的，税务机关确定其为失信主体。

对移送公安机关的当事人，税务机关在移送时已依法作出《税务处理决定书》，未作出《税务行政处罚决定书》的，当事人在法定期限内未申请行政复议、未提起行政诉讼，或者申请行政复议，行政复议机关作出行政复议决定后，在法定期限内未提起行政诉讼，或者人民法院对税务处理决定或行政复议决定作出生效判决、裁定后，有第 54 号令第 6

条规定情形之一的，税务机关确定其为失信主体。

税务机关应当在作出确定失信主体决定前向当事人送达告知文书，告知其依法享有陈述、申辩的权利。

（二）信息公布

税务机关应当在失信主体确定文书送达后的次月15日内，通过国家税务总局各省、自治区、直辖市、计划单列市税务局网站，或通过税务机关公告栏、报纸、广播、电视、网络媒体等途径以及新闻发布会等形式向社会公布下列信息：

（1）失信主体基本情况。

（2）失信主体的主要税收违法事实。

（3）税务处理、税务行政处罚决定及法律依据。

（4）确定失信主体的税务机关。

（5）法律、行政法规规定应当公布的其他信息。

对依法确定为国家秘密的信息，法律、行政法规禁止公开的信息，以及公开后可能危及国家安全、公共安全、经济安全、社会稳定的信息，税务机关不予公开。

国家税务总局归集各地税务机关确定的失信主体信息，并提供至"信用中国"网站进行公开；对按规定向社会公布信息的失信主体，税务机关将失信信息提供给相关部门，由相关部门依法依规采取失信惩戒措施。

失信主体信息自公布之日起满3年的，税务机关在5日内停止信息公布。

（三）提前停止公布

失信信息公布期间，符合下列条件之一的，失信主体或者其破产管理人可以向作出确定失信主体决定的税务机关申请提前停止公布失信信息：

（1）按照《税务处理决定书》《税务行政处罚决定书》缴清（退）税款、滞纳金、罚款，且失信主体失信信息公布满6个月的。

（2）失信主体破产，人民法院出具批准重整计划或认可和解协议的裁定书，税务机关依法受偿的。

（3）在发生重大自然灾害、公共卫生、社会安全等突发事件期间，因参与应急抢险救灾、疫情防控、重大项目建设或者履行社会责任作出突出贡献的。

失信主体有下列情形之一的，不予提前停止公布：

（1）被确定为失信主体后，因发生偷税、逃避追缴欠税、骗取出口退税、抗税、虚开发票等税收违法行为受到税务处理或者行政处罚的。

（2）5年内被确定为失信主体两次以上的。

第八节　法 律 责 任

一、违反税务管理基本规定行为的处罚

《税收征收管理法》第60条及其《实施细则》第90条规定，纳税人有下列行为之一

的，由税务机关责令限期改正，可以处 2 000 元以下的罚款；情节严重的，处 2 000 元以上 1 万元以下的罚款：

（1）未按照规定的期限申报办理税务登记、变更或者注销登记的。

（2）未按照规定设置、保管账簿或者保管记账凭证和有关资料的。

（3）未按照规定将财务、会计制度或者财务、会计处理办法和会计核算软件报送税务机关备查的。

（4）未按照规定将其全部银行账号向税务机关报告的。

（5）未按照规定安装、使用税控装置，或者损毁或者擅自改动税控装置的。

（6）未按照规定办理税务登记证件验证或者换证手续的。

纳税人不办理税务登记的，由税务机关责令限期改正；逾期不改正的，经税务机关提请，由工商行政管理机关吊销其营业执照。

纳税人未按照规定使用税务登记证件，或者转借、涂改、损毁、买卖、伪造税务登记证件的，处 2 000 元以上 1 万元以下的罚款；情节严重的，处 1 万元以上 5 万元以下的罚款。

二、扣缴义务人违反账簿、凭证管理的处罚

《税收征收管理法》第 61 条规定："扣缴义务人未按照规定设置、保管代扣代缴、代收代缴税款账簿或者保管代扣代缴、代收代缴税款记账凭证及有关资料的，由税务机关责令限期改正，可以处 2 000 元以下的罚款；情节严重的，处 2 000 元以上 5 000 元以下的罚款。"

三、纳税人、扣缴义务人未按规定进行纳税申报的法律责任

《税收征收管理法》第 62 条规定："纳税人未按照规定的期限办理纳税申报和报送纳税资料的，或者扣缴义务人未按照规定的期限向税务机关报送代扣代缴、代收代缴税款报告表和有关资料的，由税务机关责令限期改正，可以处 2 000 元以下的罚款；情节严重的，可以处 2 000 元以上 1 万元以下的罚款。"

四、对逃税的认定及其法律责任

《税收征收管理法》第 63 条规定："纳税人伪造、变造、隐匿、擅自销毁账簿、记账凭证，或者在账簿上多列支出或者不列、少列收入，或者经税务机关通知申报而拒不申报或者进行虚假的纳税申报，不缴或者少缴应纳税款的，是偷税。对纳税人偷税的，由税务机关追缴其不缴或者少缴的税款、滞纳金，并处不缴或者少缴的税款 50% 以上 5 倍以下的罚款；构成犯罪的，依法追究刑事责任。

扣缴义务人采取前款所列手段，不缴或者少缴已扣、已收税款，由税务机关追缴其不缴或者少缴的税款、滞纳金，并处不缴或者少缴的税款 50% 以上 5 倍以下的罚款；构成犯罪的，依法追究刑事责任。"

《刑法》第 201 条规定：纳税人采取欺骗、隐瞒手段进行虚假纳税申报或者不申报，

逃避缴纳税款数额较大并且占应纳税额 10% 以上的，处 3 年以下有期徒刑或者拘役，并处罚金；数额巨大并且占应纳税额 30% 以上的，处 3 年以上 7 年以下有期徒刑，并处罚金。

扣缴义务人采取前款所列手段，不缴或者少缴已扣、已收税款，数额较大的，依照前款的规定处罚。

对多次实施前两款行为，未经处理的，按照累计数额计算。

有第一款行为，经税务机关依法下达追缴通知后，补缴应纳税款，缴纳滞纳金，已受行政处罚的，不予追究刑事责任；但是，5 年内因逃避缴纳税款受过刑事处罚或者被税务机关给予两次以上行政处罚的除外。

扩展阅读 11.4 案例解读

五、进行虚假申报或不进行申报的法律责任

《税收征收管理法》第 64 条规定："纳税人、扣缴义务人编造虚假计税依据的，由税务机关责令限期改正，并处 5 万元以下的罚款。

纳税人不进行纳税申报，不缴或者少缴应纳税款的，由税务机关追缴其不缴或者少缴的税款、滞纳金，并处不缴或者少缴的税款 50% 以上 5 倍以下的罚款。"

六、逃避追缴欠税的法律责任

《税收征收管理法》第 65 条规定："纳税人欠缴应纳税款，采取转移或者隐匿财产的手段，妨碍税务机关追缴欠缴的税款的，由税务机关追缴欠缴的税款、滞纳金，并处欠缴税款 50% 以上 5 倍以下的罚款；构成犯罪的，依法追究刑事责任。"

《刑法》第 203 条规定："纳税人欠缴应纳税款，采取转移或者隐匿财产的手段，致使税务机关无法追缴欠缴的税款，数额在 1 万元以上不满 10 万元的，处 3 年以下有期徒刑或者拘役，并处或者单处欠缴税款 1 倍以上 5 倍以下的罚金；数额在 10 万元以上的，处 3 年以上 7 年以下有期徒刑，并处欠缴税款 1 倍以上 5 倍以下的罚金。

七、骗取出口退税的法律责任

《税收征收管理法》第 66 条规定："以假报出口或者其他欺骗手段，骗取国家出口退税款，由税务机关追缴其骗取的退税款，并处骗取税款 1 倍以上 5 倍以下的罚款；构成犯罪的，依法追究刑事责任。对骗取国家出口退税款的，税务机关可以在规定期间内停止为其办理出口退税。"

《刑法》第 204 条规定："以假报出口或者其他欺骗手段，骗取国家出口退税款，数额较大的，处 5 年以下有期徒刑或者拘役，并处骗取税款 1 倍以上 5 倍以下的罚金；数额巨大或者有其他严重情节的，处 5 年以上 10 年以下有期徒刑，并处骗取税款 1 倍以上 5 倍以下的罚金；数额特别巨大或者有其他特别严重情节的，处 10 年以上有期徒刑或者无期徒刑，并处骗取税款 1 倍以上 5 倍以下的罚金或者没收财产。"

八、抗税的法律责任

《税收征收管理法》第 67 条规定："以暴力、威胁方法拒不缴纳税款的，是抗税，除由税务机关追缴其拒缴的税款、滞纳金外，依法追究刑事责任。情节轻微，未构成犯罪的，由税务机关追缴其拒缴的税款、滞纳金，并处拒缴税款 1 倍以上 5 倍以下的罚款。"

《刑法》第 202 条规定："以暴力、威胁方法拒不缴纳税款的，处 3 年以下有期徒刑或者拘役，并处拒缴税款 1 倍以上 5 倍以下罚金；情节严重的，处 3 年以上 7 年以下有期徒刑，并处拒缴税款 1 倍以上 5 倍以下罚金。"

九、在规定期限内不缴或者少缴税款的法律责任

《税收征收管理法》第 68 条规定："纳税人、扣缴义务人在规定期限内不缴或者少缴应纳或者应解缴的税款，经税务机关责令限期缴纳，逾期仍未缴纳的，税务机关除依照本法第 40 条的规定采取强制执行措施追缴其不缴或者少缴的税款外，可以处不缴或者少缴的税款 50% 以上 5 倍以下的罚款。"

十、扣缴义务人不履行扣缴义务的法律责任

《税收征收管理法》第 69 条规定："扣缴义务人应扣未扣、应收而不收税款的，由税务机关向纳税人追缴税款，对扣缴义务人处应扣未扣、应收未收税款 50% 以上 3 倍以下的罚款。"

十一、不配合税务机关依法检查的法律责任

《税收征收管理法》第 70 条规定："纳税人、扣缴义务人逃避、拒绝或者以其他方式阻挠税务机关检查的，由税务机关责令改正，可以处 1 万元以下的罚款；情节严重的，处 1 万元以上 5 万元以下的罚款。"

税务机关依照《税收征收管理法》第 54 条第（5）项的规定，到车站、码头、机场、邮政企业及其分支机构检查纳税人有关情况时，有关单位拒绝的，由税务机关责令改正，可以处 1 万元以下的罚款；情节严重的，处 1 万元以上 5 万元以下的罚款。

十二、涉及发票的违法行为的法律责任

（1）《税收征收管理法》第 71 条规定："违反本法第 22 条规定，非法印制发票的，由税务机关销毁非法印制的发票，没收违法所得和作案工具，并处 1 万元以上 5 万元以下的罚款；构成犯罪的，依法追究刑事责任。"

（2）《税收征收管理法》第 72 条规定："从事生产、经营的纳税人、扣缴义务人有本法规定的税收违法行为，拒不接受税务机关处理的，税务机关可以收缴其发票或者停止向其发售发票。"

（3）《刑法》第 205 条规定：虚开增值税专用发票或者虚开用于骗取出口退税、抵扣税款的其他发票的，处 3 年以下有期徒刑或者拘役，并处 2 万元以上 20 万元以下罚金；

虚开的税款数额较大或者有其他严重情节的，处 3 年以上 10 年以下有期徒刑，并处 5 万元以上 50 万元以下罚金；虚开的税款数额巨大或者有其他特别严重情节的，处 10 年以上有期徒刑或者无期徒刑，并处 5 万元以上 50 万元以下罚金或者没收财产。

单位犯本条规定之罪的，对单位判处罚金，并对其直接负责的主管人员和其他直接责任人员，处 3 年以下有期徒刑或者拘役；虚开的税款数额较大或者有其他严重情节的，处 3 年以上 10 年以下有期徒刑；虚开的税款数额巨大或者有其他特别严重情节的，处 10 年以上有期徒刑或者无期徒刑。

虚开增值税专用发票或者虚开用于骗取出口退税、抵扣税款的其他发票，是指有为他人虚开、为自己虚开、让他人为自己虚开、介绍他人虚开行为之一的。

虚开除《刑法》第 205 条规定以外的其他发票，情节严重的，处 2 年以下有期徒刑、拘役或者管制，并处罚金；情节特别严重的，处 2 年以上 7 年以下有期徒刑，并处罚金。

单位犯前款罪的，对单位判处罚金，并对其直接负责的主管人员和其他直接责任人员，依照前款的规定处罚。

（4）《刑法》第 206 条规定：　伪造或者出售伪造的增值税专用发票的，处 3 年以下有期徒刑、拘役或者管制，并处 2 万元以上 20 万元以下罚金；数量较大或者有其他严重情节的，处 3 年以上 10 年以下有期徒刑，并处 5 万元以上 50 万元以下罚金；数量巨大或者有其他特别严重情节的，处 10 年以上有期徒刑或者无期徒刑，并处 5 万元以上 50 万元以下罚金或者没收财产。

单位犯本条规定之罪的，对单位判处罚金，并对其直接负责的主管人员和其他直接责任人员，处 3 年以下有期徒刑、拘役或者管制；数量较大或者有其他严重情节的，处 3 年以上 10 年以下有期徒刑；数量巨大或者有其他特别严重情节的，处 10 年以上有期徒刑或者无期徒刑。

（5）《刑法》第 207 条规定：　非法出售增值税专用发票的，处 3 年以下有期徒刑、拘役或者管制，并处 2 万元以上 20 万元以下罚金；数量较大的，处 3 年以上 10 年以下有期徒刑，并处 5 万元以上 50 万元以下罚金；数量巨大的，处 10 年以上有期徒刑或者无期徒刑，并处 5 万元以上 50 万元以下罚金或者没收财产。

（6）《刑法》第 208 条规定：非法购买增值税专用发票或者购买伪造的增值税专用发票的，处五年以下有期徒刑或者拘役，并处或者单处 2 万元以上 20 万元以下罚金。非法购买增值税专用发票或者购买伪造的增值税专用发票又虚开或者出售的，分别依照本法第 205 条、第 206 条、第 207 条的规定定罪处罚。

（7）《刑法》第 209 条规定：　伪造、擅自制造或者出售伪造、擅自制造的可以用于骗取出口退税、抵扣税款的其他发票的，处 3 年以下有期徒刑、拘役或者管制，并处 2 万元以上 20 万元以下罚金；数量巨大的，处 3 年以上 7 年以下有期徒刑，并处 5 万元以上 50 万元以下罚金；数量特别巨大的，处 7 年以上有期徒刑，并处 5 万元以上 50 万元以下罚金或者没收财产。

伪造、擅自制造或者出售伪造、擅自制造的前款规定以外的其他发票的，处 2 年以下有期徒刑、拘役或者管制，并处或者单处 1 万元以上 5 万元以下罚金；情节严重的，处 2

年以上 7 年以下有期徒刑，并处 5 万元以上 50 万元以下罚金。

非法出售可以用于骗取出口退税、抵扣税款的其他发票的，依照第 1 款的规定处罚。

非法出售第 3 款规定以外的其他发票的，依照第 2 款的规定处罚。

（8）《刑法》第 210 条规定：盗窃增值税专用发票或者可以用于骗取出口退税、抵扣税款的其他发票的，依照本法第 264 条的规定定罪处罚。

使用欺骗手段骗取增值税专用发票或者可以用于骗取出口退税、抵扣税款的其他发票的，依照本法第 266 条的规定定罪处罚。

明知是伪造的发票而持有，数量较大的，处 2 年以下有期徒刑、拘役或者管制，并处罚金；数量巨大的，处 2 年以上 7 年以下有期徒刑，并处罚金。

单位犯前款罪的，对单位判处罚金，并对其直接负责的主管人员和其他直接责任人员，依照前款的规定处罚。

十三、银行或者其他金融机构拒绝配合税务机关依法执行职务的法律责任

（1）《税收征收管理法》第 73 条规定："纳税人、扣缴义务人的开户银行或者其他金融机构拒绝接受税务机关依法检查纳税人、扣缴义务人存款账户，或者拒绝执行税务机关作出的冻结存款或者扣缴税款的决定，或者在接到税务机关的书面通知后帮助纳税人、扣缴义务人转移存款，造成税款流失的，由税务机关处 10 万元以上 50 万元以下的罚款，对直接负责的主管人员和其他直接责任人员处 1 000 元以上 1 万元以下的罚款。"

（2）银行和其他金融机构未依照《税收征收管理法》的规定在从事生产、经营的纳税人的账户中登录税务登记证件号码，或者未按规定在税务登记证件中登录从事生产、经营的纳税人的账户账号的，由税务机关责令其限期改正，处 2 000 元以上 2 万元以下的罚款；情节严重的，处 2 万元以上 5 万元以下的罚款。

（3）《税收征收管理法》第 93 条规定："为纳税人、扣缴义务人非法提供银行账户、发票、证明或者其他方便，导致未缴、少缴税款或者骗取国家出口退税款的，税务机关除没收其违法所得外，可以处未缴、少缴或者骗取的税款 1 倍以下的罚款。"

十四、税务机关及其工作人员违反法律、法规的法律责任

（1）税务机关违反规定擅自改变税收征收管理范围和税款入库预算级次的，责令限期改正，对直接负责的主管人员和其他直接责任人员依法给予降级或者撤职的行政处分。

（2）纳税人、扣缴义务人有《税收征收管理法》第 63 条、第 65 条、第 66 条、第 67 条、第 71 条规定的行为涉嫌犯罪的，税务机关应当依法移交司法机关追究刑事责任。税务人员徇私舞弊，对依法应当移交司法机关追究刑事责任的不移交，情节严重的，依法追究刑事责任。

（3）税务机关、税务人员查封、扣押纳税人个人及其所扶养家属维持生活必需的住房和用品的，责令退还，依法给予行政处分；构成犯罪的，依法追究刑事责任。

（4）税务人员与纳税人、扣缴义务人勾结，唆使或者协助纳税人、扣缴义务人有《税收征收管理法》第 63 条、第 65 条、第 66 条规定的行为，构成犯罪的，依法追究刑事责

任；尚不构成犯罪的，依法给予行政处分。

（5）税务人员利用职务上的便利，收受或者索取纳税人、扣缴义务人财物或者谋取其他不正当利益，构成犯罪的，依法追究刑事责任；尚不构成犯罪的，依法给予行政处分。

（6）税务人员徇私舞弊或者玩忽职守，不征或者少征应征税款，致使国家税收遭受重大损失，构成犯罪的，依法追究刑事责任；尚不构成犯罪的，依法给予行政处分。

税务人员滥用职权，故意刁难纳税人、扣缴义务人的，调离税收工作岗位，并依法给予行政处分。

税务人员对控告、检举税收违法违纪行为的纳税人、扣缴义务人以及其他检举人进行打击报复的，依法给予行政处分；构成犯罪的，依法追究刑事责任。

（7）违反法律、行政和法规的规定提前征收、延缓征收或者摊派税款的，由其上级机关或者行政监察机关责令改正，对直接负责的主管人员和其他直接责任人员依法给予行政处分。

（8）违反法律、行政法规的规定，擅自作出税收的开征、停征或者减税、免税、退税、补税以及其他同税收法律、行政法规相抵触的决定的，除依照本法规定撤销其擅自作出的决定外，补征应征未征税款，退还不应征收而征收的税款，并由上级机关追究直接负责的主管人员和其他直接责任人员的行政责任；构成犯罪的，依法追究刑事责任。

（9）税务人员在征收税款或者查处税收违法案件时，未按照本法规定进行回避的，对直接负责的主管人员和其他直接责任人员，依法给予行政处分。

（10）未按照本法规定为纳税人、扣缴义务人、检举人保密的，对直接负责的主管人员和其他直接责任人员，由所在单位或者有关单位依法给予行政处分。

十五、违反税务代理的法律责任

税务代理人违反税收法律、行政法规，造成纳税人未缴或者少缴税款的，除由纳税人缴纳或者补缴应纳税款、滞纳金外，对税务代理人处纳税人未缴或者少缴税款 50%以上 3 倍以下的罚款。

复习思考题

1. 税务登记在税务管理中有何重要意义？如何办理开业、变更和注销登记？

2. 账簿凭证管理和发票管理的主要内容是什么？

3. 什么是税务检查？税务机关有哪些税务检查权？

4. 纳税申报的主要内容是什么？在我国税收征管模式改革中，应如何重视和做好纳税申报的管理工作？

5. 税款征收方式有哪些？如何适用？

6. 如何核定纳税人的应纳税额？

7. 什么是税收保全和税收强制执行措施？两者在执行的程序上有什么要求？

8. 什么是税收优先权？《税收征收管理法》明确规定税收优先权有什么现实意义？

9.《中华人民共和国刑法》对偷税罪的规定有什么变化？为什么薇某、范某某等涉嫌巨额逃税却未被追究刑事责任？

即测即练

自学自测　　扫描此码

参 考 文 献

[1] 中国注册会计师协会. 税法[M]. 北京：中国财政经济出版社，2022.

[2] 2022 年注册会计师考试应试指导及全真模拟测试《税法》（上、中、下册）[M]. 北京：科学技术出版社，2022.

[3] 刘爱明. 税法教程[M]. 长沙：湖南人民出版社，2007.

[4] 刘爱明. 税收理论与实务[M]. 北京：清华大学出版社，2011.

[5] 盖地. 税务会计与税务筹划 [M]. 13 版. 北京：中国人民大学出版社，2021.

[6] 任胜钢. 高校经济管理专业课程思政教学设计与案例[M]. 长沙：中南大学出版社，2022.

教师服务

感谢您选用清华大学出版社的教材！为了更好地服务教学，我们为授课教师提供本书的教学辅助资源，以及本学科重点教材信息。请您扫码获取。

❯❯ 教辅获取

本书教辅资源，授课教师扫码获取

❯❯ 样书赠送

财政与金融类重点教材，教师扫码获取样书

 清华大学出版社

E-mail: tupfuwu@163.com
电话：010-83470332 / 83470142
地址：北京市海淀区双清路学研大厦 B 座 509

网址：https://www.tup.com.cn/
传真：8610-83470107
邮编：100084